Egger von Möllwald

Vorschule der Ästhetik

Ein Lehr- und Lesebuch

Egger von Möllwald

Vorschule der Ästhetik
Ein Lehr- und Lesebuch

ISBN/EAN: 9783744635103

Hergestellt in Europa, USA, Kanada, Australien, Japan

Cover: Foto ©Andreas Hilbeck / pixelio.de

Weitere Bücher finden Sie auf **www.hansebooks.com**

Vorschule der Aesthetik.

Ein Lehr- und Lesebuch

von

Alois Egger,

Professor am k. k. akademischen Gymnasium in Wien.

Mit 30 in den Text gedruckten Original-Holzschnitten.

Wien, 1872.

Alfred Hölder

(Beck'sche Universitäts-Buchhandlung)

Rothenthurmstraße 15.

Vorwort.

Es läßt sich nicht leugnen, daß der Unterricht in den Elementen der Aesthetik und Kunstgeschichte bereits ein Bedürfnis der gebildeten Kreise geworden. Die deutsche Lehrerwelt suchte diesem Bedürfnisse auf mannigfache Weise entgegenzukommen, indem man die wichtigsten Kapitel der Aesthetik und Kunstgeschichte der Jugend mundgerecht zu machen bestrebt war. — Einen solchen Versuch wagte auch ich im dritten Theile meines „Deutschen Lehr- und Lesebuches für höhere Lehranstalten“, indem ich die Methode der literaturkundlichen Theile (I., II.), welche vielseitig Beifall gefunden, auch auf eine „Vorschule der Aesthetik“ in Anwendung brachte.

Der Lehrstoff ist bestimmt, dem jugendlichen Geiste jene Begriffe und Anschauungen in einfachster Weise beizubringen, welche geeignet sind, eine ästhetische und historische Auffassung der Kunstwerke anzubahnen. Er führt ein System der Künste vor und orientiert über jede Kunst insoweit, als es auf der Stufe des mittleren Unterrichtes möglich erscheint. — Aesthetik und Kunstgeschichte im strengen Sinne gehören ihrer Natur nach der Hochschule an; was von derselben geboten werden darf, kann im wahren Sinne des Wortes nur eine Vorschule, d. i. Vorbereitung sein.

Der Lesestoff gewährt den Vortheil, daß man die Jugend nach einer allgemeinen Belehrung über die Kunstgattung gleich zur Betrachtung hervorragender Kunstwerke anleiten und so dem Lehrstoffe eine sichere Basis geben kann.

Der Abschnitt, welcher die Dichtkunst behandelt, setzt die Kenntnis der beiden ersten Theile meines „Deutschen Lehr= und Lesebuches" voraus. Das Ganze ist trotz seiner möglichst einfachen Fassung selbstverständlich nur für solche Leser berechnet, welche bereits Ernst und Reife des Geistes besitzen.

Da diese Vorschule der Aesthetik auch unabhängig von den literatur= kundlichen Theilen des Lesebuches Verwendung finden dürfte, hat die Verlagshandlung vorliegende selbständige Ausgabe unter besonderem Titel veranstaltet. —

Wien am 2. Juni 1872.

Alois Egger.

Vorbegriffe.

§. 1. Kunst.

Nach dem Wahren zu forschen, nach dem Guten zu streben, und das Schöne zu bilden sind die höchsten Aufgaben für den menschlichen Geist.

Die Wahrheit erforscht der Mensch in der Wissenschaft, nach dem Guten strebt er im Leben, das Schöne bildet er in der Kunst.

Wissenschaft, Sittlichkeit und Kunst erheben den Menschen über alle irdischen Wesen, machen ihn zur Krone der Schöpfung.

> Im Fleiß kann dich die Biene meistern,
> In der Geschicklichkeit ein Wurm dein Lehrer sein,
> Dein Wissen theilest du mit vorgezognen Geistern:
> Die Kunst, o Mensch, hast du allein!
>
> Schiller.

§. 2. Phantasie.

Die Wissenschaft ist zunächst das Werk des forschenden Verstandes, die Sittlichkeit ist durch den Willen bedingt, alle Kunstthätigkeit aber ist ein Schaffen der Phantasie.

Das Schaffen der Phantasie ist ein freies, nicht an Vorbilder gebunden. Sie nimmt zwar den Stoff aus der Wirklichkeit, aus der Natur, aber sie gestaltet ihn frei, nach den Gesetzen der Schönheit. -- Manche Künste sind ohne jedes Vorbild in der Natur frei und ursprünglich aus der menschlichen Phantasie entsprungen. — In diesem Sinne hat man das Schaffen der Phantasie mit dem Schaffen der Gottheit verglichen, wie Klopstock in seiner „Messiade", wenn er von der Dichtkunst sagt:

> Weihe sie, Geist Schöpfer, vor dem ich hier still anbete,
> Führe sie mir als deine Nachahmerin, voller Entzückung,
> Voll unsterblicher Kraft, in verklärter Schönheit entgegen!

Bedarf es der schaffenden Phantasie, um das Schöne hervorzubringen, so ist der Mensch durch die anschauende Phantasie befähigt, das Schöne in sich aufzunehmen, es zu erfassen und zu empfinden.

Das Schöne findet sich nicht bloß vom Menschen geschaffen in der Kunst, sondern auch in der Natur, der leblosen wie belebten. Sowol das Kunstschöne, als das Naturschöne genießt der Mensch durch die anschauende Phantasie.

§. 3. Künstler.

Obwol alle Menschen mehr oder weniger mit Phantasie begabt sind, so sind doch nicht alle berufen und im Stande, das Schöne zu bilden.

Nur das schöpferische Genie, die besonders hohe Begabung, macht den Künstler.

Je seltener diese hohe Begabung dem Menschen zu theil wird, desto höher ist sie zu achten. Das Genie hat etwas wunderbares an sich, weil es nie gesehenes hervorbringen, nirgends gelerntes ausführen, neues nach bisher unbekannten Gesetzen schaffen kann. — Was der Künstler schafft, das wirkt auf die Menschheit begeisternd und bildend. Darum sind die Künstler die Bildner und Lehrmeister der Menschheit genannt worden, und Schiller ruft ihnen zu:

Glückselige! Die sie (die Schönheit) — aus Millionen
Die reinsten — ihrem Dienst geweiht,
In deren Brust sie würdigte zu thronen,
Durch deren Mund die Mächtige gebeut. —

Eine geringere künstlerische Begabung bezeichnen wir mit dem Worte Talent. — Genie und Talent zur Kunst sind verhältnismäßig nur wenigen eigen; aber die Fähigkeit, das Schöne in der Kunst zu empfinden, der Kunstsinn ist unter gebildeten Völkern weit verbreitet, und ein wichtiges Merkmal allgemeiner Bildung.

§. 4. Aesthetik. Kunstgeschichte.

Die Wissenschaft vom Schönen und seinen Erscheinungsweisen bezeichnet man mit dem Worte Aesthetik. — Diesen Namen als selbständige Wissenschaft erhielt sie erst im 18. Jahrhunderte durch den deutschen Philosophen Baumgarten, Professor in Halle, dessen Werk „Aesthetica“ (1750) den Grund legte. — Seither hat sie durch deutsche Philosophen, wie Kant, Schelling, Hegel, Herbart die höchste Ausbildung erlangt.

Die Wissenschaft vom Schönen beruht sowol auf Philosophie, als auf Kunstgeschichte. — Letztere ist ebenfalls im 18. Jahrhundert durch einen deutschen Kunstforscher, Winckelmann, besonders durch dessen Werk „Geschichte der Kunst des Altertums“ (1764) begründet worden. Die erste allgemeine Kunstgeschichte lieferte Franz Kugler in Berlin 1844. — Die geschichtliche Betrachtung der Dichtkunst im besonderen wurde durch die romantische Schule in Deutschland angebahnt, worauf das epochemachende Werk von Gervinus „Geschichte der deutschen Dichtung“ (1835) folgte.

Aesthetik und Kunstgeschichte sind darum im gewissen Sinne deutsche Wissenschaften, weil die Deutschen hierin die Lehrmeister aller übrigen Nationen geworden sind.

§. 5. Allgemeine Gliederung.

Die schaffende Phantasie umfaßt ein weites Reich und kann eine Fülle von Ideen und Bildern in einer Fülle von Stoffen (sinnlichem Material) zum Ausdruck bringen. Die Kunst im allgemeinen genommen ist daher sehr mannigfaltig.

Man unterscheidet Abstufungen der menschlichen Kunstthätigkeit. — Obenan stehen die eigentlichen Künste im höchsten Sinne, die gehaltvollsten Werke menschlichen Geistes; an diese reihen sich einzelne Nebenkünste, welche ihnen verwandt, denselben aber an innerer Bedeutung nachstehen. Endlich kommen die verschiedenen Zweige der Kunstindustrie in Betracht, jener Handwerke, welche entweder Gegenstände menschlichen Bedarfes nach ästhetischen Grundsätzen herstellen oder rein künstlerische Gegenstände dem allgemeinen Gebrauche zuführen.

Alle gliedern sich wieder mannigfaltig nach Stoff, Gehalt und Zweck.

§. 6. Stil.

Jede Kunst bedarf eines sinnlichen Materials, eines Stoffes aus der Sinnenwelt, den der Künstler bearbeitet; kein Kunstwerk ist rein geistiger, abstrakter Natur.

Jede Kunst bedarf eines bestimmten geistigen Inhalts, der aus des Künstlers Phantasie entsprungen, das Gemüt anregt und erhebt. Kein Kunstwerk darf rein sinnlicher Art, nur sinnengefällig sein.

Indem jede Kunst einen geistigen Inhalt in einem sinnlichen Stoffe darstellt, gibt sie demselben die ästhetisch schöne Form. Diese ist das eigenste Werk des Künstlers und oft ohne jedes Vorbild in der Natur, nie bloße Nachahmung der Natur.

Die jedem Materiale eigentümliche, dem Inhalte angemessene Darstellungsweise, also ästhetisch vollkommene Form heißt Stil.

Aesthetisch vollkommen, also stilvoll nennt man ein Kunstwerk, an welchem das Wesentliche vor dem Unwesentlichen, die Hauptsache vor der Nebensache besonders kräftig hervortritt; daher stilisieren: darstellen der Grundzüge mit Uebergehung alles Nebensächlichen.

Weil der Stil sowol durch das Material, als durch den geistigen Gehalt des Kunstwerkes bedingt ist, so wechselt er nicht nur mit jeder einzelnen Kunst, sondern auch mit den Unterarten der Künste. — Selbst jeder bedeutende Künstler hat einen Stil, der nur ihn charakterisiert; man nennt ihn Manier im besten Sinne. — Ein falscher, ästhetisch unbegründeter Stil heißt auch Manier und ein solches Verfahren Manieriertheit.

Obwol Stil jeder Kunstart eigen ist, wird der Ausdruck doch am häufigsten von der Kunst der Sprache gebraucht; Stilistik bezieht sich ausschließlich auf sprachliche Darstellung.

Die Phantasie.

(Aus „Wissenschaftliche Vorträge, gehalten zu München 1858". — Braunschweig 1858.)

1.

Welcher Unsterblichen
Soll der höchste Preis sein?
Mit niemand streit ich,
Aber ich geb ihn
5 Der ewig beweglichen,
Immer neuen
Seltsamen Tochter Jovis,
Seinem Schoßkinde,
Der Phantasie.

10 So sagt Goethe, der Dichter. Und wenn er es einem Helden
gestatten müßte, daß dieser die That für das Höchste erklärt, einem
Denker, daß er mit Aristoteles in dem philosophischen Erkennen das
Süßeste und Beste sieht, so glaube ich doch verlangen zu sollen, daß die
Phantasie neben der Intelligenz und dem Willen als die dritte
15 Grundkraft und Grundrichtung der Seele anerkannt werde. Der endliche
Geist hat seiner Natur nach eine Welt außer ihm, er bedarf ihrer und
vermittelt sich mit ihr, indem er entweder sie in sich aufnimmt oder ihr
seinen Stempel aufdrückt. Das Erste geschieht im Erkennen: da erfüllen
wir uns mit dem Inhalt der Welt, da suchen wir unsere Vernunft mit
20 dem Gesetze und Wesen der Dinge in Einklang zu bringen. Handelnd
dagegen äußern wir die innern Regungen des Willens, verwirklichen ihn
in Sitte, Staat und Geschichte und beherrschen oder verwenden die Natur
nach unserem Sinn. Soll beides, das Erkennen wie das Handeln, sich
auf geisteswürdige Weise vollziehen, so muß die Seele wissen, was sie
25 will, so muß ihr schon vor der Verwirklichung das Ziel ihrer Bewegung
als der leitende Zweck derselben gegenwärtig sein. Und es ist die Phantasie,
welche dies Bild des Erstrebten erzeugt und damit stets das Denken und
Handeln begleitet und durchdringt; es ist die Phantasie, welche dann
neben die fortwährende Aufgabe des denkenden und sittlichen Geistes die
30 Lösung derselben, die vollbrachte Harmonie des Geistes und der Natur,
in der Kunst für die Anschauung hinstellt. Alle großen Entdecker-
geister sind phantasievolle Naturen; denn jede planvolle Beobachtung setzt schon in der Seele eine Ahnung und Vorstellung dessen

voraus, was sie sucht, sonst ist sie nur ein blindes und zufälliges Tasten, und jedes Experiment ist eine Frage an die Natur, ob sie wol die Antwort gebe, welche die Einbildungskraft des Forschers vermutet. Eine [35] innere Anschauung zeigt dem Philosophen das Wort für das Rätsel der Welt, und dann sucht er den dialektischen und erfahrungsgemäßen Beweis für die von der Phantasie erfaßte Wahrheit zu gewinnen. Der Handelnde trägt ein Phantasiebild dessen in der Seele, das er verwirklichen will, ein Bild der Welt, wie sie durch seine Thaten werden soll. [40] Vortrefflich sagt Friedrich Gagern von Napoleon: Gleich dem Riesen Antäus fühlt er sich nur auf festem Boden stark, und er gebraucht seine mächtige Phantasie wie der Vogel der Wüste die Flügel, nur um die Laufbahn schneller, doch ohne den Boden zu verlassen, zurückzulegen. Und wer die Schriften Platons und Keplers oder das Leben von Columbus [45] kennt, der wird den großen Antheil der Phantasie an ihrer Thätigkeit und deren Erfolgen würdigen.

2.

Es ist ein Träumen im Wachen, wenn wir, der Wirklichkeit um uns vergessend, willenlos unseren Vorstellungen folgen, von ihren Wellen und Wogen uns schaukeln lassen; im Traume selbst gibt das Walten der [50] Phantasie sich auf beachtenswerte Weise kund. Vernunft und äußere Anschauung wirken zusammen im Wachen; hat aber der Schlaf die Sinnespforten geschlossen und das selbständige Denken zur Ruhe gewiegt, dann tritt die Einbildungskraft zugleich an beider Stelle: die Seele meint die inneren Bilder in äußerer Realität vor sich zu sehen oder ihre Stimme [55] zu hören und von Raum und Zeit wie vom Zügel des ordnenden Verstandes entbunden, gaukeln und wogen sie einher und fließen kaleidoskopisch zusammen.ˉ Der Traum veranschaulicht uns innere Zustände durch Gestalten und Vorgänge: es ist uns leicht zu Mut und wir glauben uns im Fluge durch sonnige Luft über schöne Gegenden hinzuwiegen; ein [60] Blutandrang beängstigt uns, und wir meinen, daß ein Thier uns verfolge, uns umklammere, ein Alp uns drücke. So übersetzt demnach die Phantasie die Kunde, welche wir in der Innigkeit des Gefühls von unseren Zuständen erhalten, in anschauliche und symbolische Formen. Als die der Idee des Schönen geweihte Seelenkraft wirkt sie in der Verschmelzung des Sinnlichen und Geistigen; sie wurzelt im fühlenden Geist, [65] um ihn durch das Schöne erregen zu können, das ihm eignet, als solches

in ihm erzeugt wird. Wo das Gebilde der Phantasie das Gemüt ergreifen und rühren soll, da muß es dem Gemüte entsprungen und von
70 deſſen Wärme durchdrungen ſein. Ewig wahr ſchallt das fauſtiſche Wort:

> Wenn ihrs nicht fühlt, ihr werdets nicht erjagen,
> Wenn es nicht aus der Seele dringt,
> Und mit urkräftigem Behagen
> Die Herzen aller Hörer zwingt.
> 75 Sitzt ihr nur immer! Leimt zuſammen,
> Braut ein Ragout aus and'rer Schmaus,
> Und blaſ't die kümmerlichen Flammen
> Aus eurem Aſchenhäufchen 'raus!
> Bewunderung von Kindern und Affen,
> 80 Wenn euch darnach der Gaumen ſteht! —
> Doch werdet ihr nie Herz zum Herzen ſchaffen,
> Wenn es nicht euch von Herzen geht.

Wir preiſen die Innigkeit der Empfindung in den Zeichnungen
eines Malers, wir ſehen ſeine Seele durch die Fingerſpitzen den Zug
85 der Linien leiten, er copiert nicht nach Modellen, — wo hätte ein Phidias
den Zeus, ein Raphael die ſixtiniſche Madonna, ein Cornelius die
Kaſſandra, ein Kaulbach die Sage mit Augen geſehen? — ſondern aus
der Tiefe des Gefühls geſtalten ſich ihm die Formen. Wie wir auch
lautlos in Worten denken, ſo treibt uns das Gefühl zur ausdrucksvollen
90 Geberde, und wenn wir ſie auch körperlich nicht vollziehen, ſo ſpiegelt
ſie ſich doch in der anſchauenden Seele, und es iſt die Phantaſie, welche
der Gemütsregung eine Form verleiht. Wie dem Träumenden die
körperlichen Stimmungen, ſo verwandeln ſich dem Künſtler die geiſtigen
in anſchauliche Bilder und Vorgänge, und zwar weit weniger durch
95 Reflexion, als durch ein unmittelbar organiſches Werden, das an die
Geſtaltung des eigenen Leibes nach Maßgabe der inneren Weſenheit
erinnert.

3.

Der Traum, dieſer verſteckte Poet in uns, wie Schubert ihn ge-
100 nannt hat, geht über das Gegebene hinaus und bewegt ſich frei im Reiche
des Möglichen. Er nimmt die Fäden zu ſeinem Gewebe aus der
Wirklichkeit, er verfährt nach den Kategorien des Denkbaren, aber er
erfüllt ſie mit neuem Inhalt. Die Phantaſie iſt productiv, ſie
wiederholt nicht bloß Vorſtellungsbilder, ſondern bringt ſie in nie da-

gewesene Verflechtungen und schafft nach ihrem Maße nie gesehene Ge=
stalten. Die wache Phantasie herscht über die Verbindung der Bilder [105]
und prüft sie an der Gesetzlichkeit der Natur und des Geistes; sie ist
frei von der Täuschung des Traumes; aber je schwungvoller und rascher
der Reigen der inneren Anschauungen sich vor ihr bewegt, je reicher
deren Fülle, je frischer deren Glanz, desto lebhafter und leichter kann sie
ihr Werk vollbringen. Wie aber äußere Eindrücke auf unsere Nerven [110]
die Bilder der Phantasie und die Stimmungen der Seele erwecken, so kann
auch vom Gemüte aus die Einbildungskraft erregt und die Energie der
Sinneswerkzeuge bestimmt werden, das innere Bild nach außen zu ver=
setzen, so daß wir es außer uns zu sehen und zu hören glauben. Wir
bezeichnen dies als Vision. Wir bewundern Shakespeares Meister= [115]
schaft, wie er solche Erscheinungen psychologisch motiviert und richtig dar=
stellt und erinnern an den Ausspruch seines Theseus:

> Des Dichters Aug, in holdem Wahnsinn rollend,
> Blitzt auf zum Himmel, blitzt zur Erd hinab,
> Und wie die schwang're Phantasie Gebilde [120]
> Von unbekannten Dingen ausgebiert,
> Gestaltet sie des Dichters Kiel, benennt
> Das luft'ge Nichts und gibt ihm festen Wohnsitz.

Wie eng ist uns der Kreis des irdischen Daseins gezogen, wie
wenig berührt uns im kurzen Laufe des Lebens! Aber die Phantasie [125]
stellt uns ins Freie. In der inneren Bilderwelt webend, rückt sie uns
das zeitlich und räumlich Entfernte in die unmittelbare Gegenwart; sie
ist der Zaubermantel Fausts, der uns in fremde Länder trägt, sie ist das
Wunschhütlein Fortunats, das uns in verflossene oder kommende Jahr=
hunderte versetzt, in Verkehr mit den Heroen des Altertums bringt oder [130]
uns zu Bürgern der Zukunft macht. Sie tröstet uns im Leid, indem
sie uns die Gestalten der Freude vorführt, sie mäßigt unsere Lust, indem
sie uns des Daseins Schmerz und Ernst enthüllt, sie erhebt uns aus
den Schranken der Sinne in die Freiheit des Gedankens. Der Phantasie=
lose ist der langsam kriechenden Raupe oder der starren Puppe gleich, [135]
der Phantasiereiche dem beflügelten Schmetterling. Darum mahnt uns
der Dichter den Vater zu preisen, den alten, den hohen, der uns die
Phantasie verbunden mit Himmelsband.

Alle die andern
140 Armen Geschlechter
Der kinderreichen
Lebendigen Erde
Wandeln und weiden
Im dunklen Genuß
145 Und trüben Schmerzen
Des augenblicklichen
Beschränkten Lebens,
Gebeugt vom Joche
Der Notdurft.
150 Uns aber hat er
Seine gewandteste
Verzärtelte Tochter,
Freut euch, gegönnt!

Im Tasso hat aber Goethe auch die Gefahren des Phantasie=
155lebens geschildert und die zarte, leicht zu überschreitende Gränzlinie ge=
zeichnet, die es vom Wahnsinne scheidet. Wer vorzugsweise in der
inneren Bilderwelt lebt, wird blind für die äußere Wirklichkeit, spinnt
sich in seine Vorstellungen ein und hält sie für das einzig Wahre. Je
lebhafter die Phantasiegestalten vor dem Auge des Geistes stehen, desto
160mehr entrücken sie den Menschen aus der unmittelbaren Gegenwart und
ziehen ihn in ihr Reich, daß er alles andere vergißt und träumend in
sie versinkt; und wenn sie nun so lebhaft erscheinen, daß der Dichter an
ihre Realität glaubt, wenn er ihren Zug nicht mehr beherschen kann,
und das Bewußtsein von ihnen fortgerissen wird, so verliert es sich selbst
165in ihnen, und es lagert sich die Nacht des Wahnsinns über die Seele,
welche dann nur noch der Ort ist, wo die Vorstellungen in haltungs=
losem Taumel auf und abwogen. Daher die Notwendigkeit sittlicher
Selbstbeherschung, klarer Verstandesbildung im Studium der Natur oder
Geschichte und einer zur Ordnung leitenden Schule des Lebens für
170den Künstler. Darum wollen wir mit dem Dichter in Bezug auf die
Phantasie sagen: „Begegnet ihr lieblich wie einer Geliebten!“ Wenn
er aber hinzusetzt: „Laßt ihr die Würde der Frauen im Haus,“ so
wollen wir solche doch dem sittlichen Selbstbewußtsein, der Vernunft
bewahren.

4.

Die idealbildende Phantasie, das sehen wir auch hier, ist [175] nicht eine besondere Gabe einzelner Bevorzugter, sondern eine allgemein menschliche, und der Künstler macht sie nur zum leitenden tonangebenden Princip des Geistes. Läge das Ideal nicht in jedem Gemüt, so könnte es durch die Kunst nicht erweckt werden; der Genuß und das Verständnis derselben ist ja doch nichts anderes, als daß wir sie in uns nacherzeugen. [180] Künstler ist, wer ein Idealbild der Phantasie nicht bloß innerlich hervorzubringen, sondern es auch zu äußern, gegenständlich zu machen vermag, so daß er es anderen zur Anschauung bringt und diese dadurch zu seinem eigenen Gefühl erhebt.

Wenn große Künstler alter und neuer Zeit von der Entstehung [185] ihrer Werke reden, so bekennen sie aus eigener Erfahrung, wie jene sowol eine That ihres selbst bewußten, besonnenen, erwägenden Denkens als auch ein unfreiwilliges Ereignis sind, das ihnen wird, wie Eingebung, Begeisterung, Offenbarung dem selbstkräftigen Sinnen und Erfinden, dem prüfenden Erwägen vorangehen oder es begleiten. So preist [190] Homer den Gesang als ein Geschenk der Muse, die dem Dichter alles der Wahrheit gemäß enthüllt: ja es ist Zeus selbst, der das Wort den empfindsamen Menschen eingibt und so, wie er will, sie begeistert; der Sänger singt, wie das Herz ihm erweckt wird. Gerade so will Schillers Graf von Habsburg dem Sänger nicht gebieten, denn [195]

> Er steht in des höhern Herren Pflicht,
> Er gehorcht der gebietenden Stunde.
> Wie in den Lüften der Sturmwind saust,
> Man weiß nicht, von wannen er kommt und braust,
> Wie der Quell aus verborgenen Tiefen: [200]
> So des Sängers Lied aus dem Innern schallt,
> Und wecket der dunklen Gefühle Gewalt,
> Die im Herzen wunderbar schliefen.

Oder Goethe sagt:

> In ganz gemeinen Dingen [205]
> Hängt viel von Wahl und Wollen ab, das Höchste
> Was uns begegnet, kommt, man weiß nicht woher.

Es kommt frei von den Göttern herab, sagt Schiller; wir sollen und können den Holzstoß bereiten, der zündende Funken muß vom Himmel zucken. [210]

Im ersten Buch Mosis beruft Jehova selber den Bezaleel und erfüllt ihn mit dem Geist Gottes, mit Einsicht und Geschicklichkeit für künstlerische Arbeit in Silber, Gold und Erz. Und als Haydn die Töne vernahm, durch die er das Hervorbrechen des Lichtes dargestellt, da rief 215 er mit ausgebreiteten Armen und lauter Stimme: „Das kommt nicht von mir, das kommt von oben!" „Verleihe Fülle des Gesangs aus meinem Geist!" betet Pindar zur Muse; das Lied ist zugleich die süße Frucht seines Gemüts und das Geschenk der Gottheit. Bei allem Ringen und Streben sind die großen Gedanken nichts, das wir ertrotzen können, 220 wir vermögen nur unser Herz ihnen zum fruchtbaren Boden zu bereiten; unser Geist wird selber durch sie erleuchtet, wenn sie in ihm auftauchen. Es gilt der Goethesche Vers:

Ja das ist das rechte Gleis,
Daß man nicht weiß,
225 Wenn man denkt,
Daß man denkt;
Alles ist wie geschenkt.

So schreibt auch Mozart: „Wenn ich recht für mich bin und guter Dinge, etwa auf Reisen, im Wagen oder nach guter Mahlzeit beim 230 Spazieren oder in der Nacht, wenn ich nicht schlafen kann: da kommen mir die Gedanken stromweis und am besten. Woher und wie, das weiß ich nicht, kann auch nichts dazu. Die mir nun gefallen, die behalte ich im Kopfe und summe sie auch wol vor mir hin. Halte ich das nun fest, so kommt mir bald eins nach dem andern bei, wozu so ein Brocken 235 zu gebrauchen wäre, um eine Pastete daraus zu machen, nach Contra- punkt, nach Klang der verschiedenen Instrumente rc. Das erhitzt mir nun die Seele, da wird es immer größer, und ich breite es immer weiter und heller aus."

5.

Solche Augenblicke geistiger Schöpferfreude kann der Mensch nicht 240 hergebieten, er muß ihrer warten. In der Begeisterung fühlt er sich aus den Engen und Rücksichten des gewöhnlichen Daseins befreit und in sein eigenes wahres Sein erhöht, er fühlt sich von einer höheren Macht beherrscht, und doch ist sie ihm nichts fremdes, vielmehr kommt durch sie sein eigenes innerstes Wesen zu Tage. Bacchus, der Gott des Weins, 245 ist zugleich der Gott künstlerischer Weihe und Begeisterung, und Hafis preist vor der Nüchternheit den Rausch als die selige Selbstvergessenheit, in welcher der Geist das Licht der Offenbarung empfange. Platon aber nennt die Dichter Sprecher der Götter, im Besitz dessen, der Jeden besitzt, und redet von einem heiligen Wahnsinn der Seher und Sänger; wer ohne die Begeisterung der Musen in den Vorhallen der Poesie sich ein- [250] findet, meinend, es genüge schon Kunst allein ein Dichter zu werden, ein solcher sei selbst ungeweiht, und seine, des Verständigen, Dichtung werde von der des Begeisterten verdunkelt.

Die Kunst bedarf der göttlichen Begeisterung, weil sie nicht Nach- ahmung der Natur, sondern Nachahmung Gottes ist, Neuschöpfung, [255] Ideengestaltung, die den Erscheinungen der Welt weniger ihr Abbild als ihr Urbild zur Seite stellt. Von der Notwendigkeit einer Kraft Gottes im Menschen spricht auch ein Dichter, den man gewiß nicht eines falschen Mysticismus beschuldigen wird. Goethe äußert zu Eckermann: Wenn man die Leute reden hört, so sollte man fast glauben, Gott habe sich [260] ganz in die Stille zurückgezogen und der Mensch wäre bloß auf eigene Füße gestellt und müsse sehen, wie er ohne Gott und sein tägliches un- sichtbares Anhauchen zurechtkomme. In religiösen und moralischen Dingen gibt man noch allenfalls eine göttliche Einwirkung zu, allein in Dingen der Wissenschaft und Kunst glaubt man, es sei lauter Irdisches [265] und nichts weiter als ein Produkt rein menschlicher Kräfte. Versuche es aber doch nur einer und bringe mit menschlichem Wollen und mensch- lichen Kräften etwas hervor, das den Schöpfungen, die den Namen Mozart, Raphael und Shakespeare tragen, sich an die Seite setzen lasse!

6.

Von Alters her hat man das Einwirken des göttlichen Geistes [270] auf den menschlichen als eine Erleuchtung bezeichnet; es ist ein Klar- werden früher dunkler Begriffe oder Formen, es ist eine Stärkung des menschlichen Auges, durch den Isisschleier die göttlichen Züge im Antlitz der Natur zu erkennen, im einzelnen Ereignis das Gesetz unmittelbar wahrzunehmen. „Du erleuchtest meine Leuchte," sagt der Psalmist; [275] Goethe gedenkt des inneren Lichtes, bei dessen Scheine er arbeite, und äußert einmal: des Menschen Verdüsterungen und Erleuchtungen machen sein Schicksal. Pindar singt:

Des Tages Kinder, was sind wir, was nicht?
Des Schattens Traum sind Menschen; [280]

Aber wo ein Stral vom Gotte gesandt naht,
Glänzt hellleuchtender Tag dem Mann
Zum anmutigen Leben.

Alles Klarwerden in unserer Seele beruht nun darauf, daß wir
²⁸⁵den Zusammenhang oder das Gesetz der Erscheinungen erfassen, daß uns
keine spröde Vereinzelung, keine verworrene Masse unbegriffen gegenüber=
steht, sondern daß wir die eine Idee erkennen, die in dem Vielen ihren
Reichtum ausbreitet, in jedem sich spiegelt. Die Idee aber nennen wir
den schöpferischen Gedanken im Geiste Gottes, das Musterbild der Dinge.
²⁹⁰Dies muß der Künstler als Gestaltungsgrund des Lebens und Princip
der Form erblickt haben, wenn er ein allgemein giltiges und zugleich
ihm eigentümliches Werk hervorbringen soll; dies schaut er in der Be=
geisterung. Die Idee ist das erhabene Schönheitsbild, das nach Ciceros
Wort im Geiste des Phidias thronte, auf das hinblickend er seinen Zeus
²⁹⁵und seine Pallas gestaltete. Naiv schreibt Raphael an Castiglione: Da
gute Richter und schöne Weiber selten sind, bediene ich mich einer gewissen
Idee, die mir vorschwebt; hat diese nun etwas Gutes in der Kunst, ich
weiß es nicht, aber ich bemühe mich darum. So erklärte auch Mozart,
er halte sich an eine gewisse Idee, die ihm in den Sinn komme, und
³⁰⁰spiele, wie diese ihn antriebe. Goethe, der die Frauen für das einzige
Gefäß erklärte, was den Neueren noch geblieben sei, um eine Idealität
hineinzugießen, bekennt, daß er seine Idee der Weiblichkeit nicht aus der
Erfahrung der Wirklichkeit abstrahiert habe, sondern sie sei ihm ange=
boren oder in ihm entstanden, Gott wisse woher. — Das aber ist die
³⁰⁵höchste Aufgabe der Phantasie, daß sie göttliche Ideen in
sinnenfällige Form gestaltet, und das Ideal, das ihr innerlich
gegenwärtig ist, auch äußerlich den anderen zur herzerhebenden beseligenden
Anschauung bringt.

Moriz Carriere.

Ursprung der Kunst.
(Handbuch der Kunstgeschichte, 4. Aufl. 1861, S. 1.)

Die Urzustände des menschlichen Geschlechtes sind Zustände der
Kindheit. Die Sorge des Denkens ist noch fern. Doch sind die Triebe
thätig, durch welche das Geschlecht zum Schaffen angeregt wird. Das
Bedürfnis des Lebens gibt Anlaß zu mannigfachen Einrichtungen, die
⁵Freude am Leben zu buntem Schmuck. Die Gebilde der Natur, die der

Mensch für seine Zwecke verwendet, die Eigenheiten des Stoffes, den er bearbeitet, die Lust zur Nachahmung von ergötzlichen Dingen, die er um sich erblickt, sind der Grund von allerlei Gestaltung. Aber zur Kunst führt dieses Schaffen nicht.

Dann kommt die Stunde, daß dem Menschen die geistigen Mächte [10] des Lebens kund werden. Die Gottheit offenbart sich ihm in innerer Stimme, im Gesicht der Träume, in den Wundern der Natur, das Wehen großer Ereignisse rührt seine geistigen Sinne, leitet seine Ahnung zu den Quellen, aus denen sie geströmt, zu den künftigen Tagen, die in ihrem Gefolge sind; Genossen seines Daseins, von höherer Kraft erfüllt, [15] setzen ihren Fuß auf die Häupter der Völker, und ihr Ende ruft die Schauer der Ehrfurcht wach. Das Außerordentliche ist in das Leben des Menschen getreten: er bereitet dem Gedächtnisse desselben, damit es bleibe, an der Stätte seiner Erscheinung ein festes Mal — ein Denkmal. Er gibt dem Denkmal das Gepräge des Außerordentlichen, [20] unterschieden von dem, was die Natur im Kreislauf des Jahres hervorbringt, was das tägliche Dasein fordert.

Im Denkmal ist ein geistig Empfundenes durch ein sinnliches Mittel dargestellt. Dies ist der Begriff der Kunst. Das Denkmal ist ihr Beginn. [25]

Das Denkmal ist Sinnbild jenes Außerordentlichen, Sinnbild der Kraft, welche darin offenbar geworden; es gilt dem jugendlichen Geschlechte als Träger dieser Kraft, als selbst von ihr erfüllt. Heilige Gebräuche ordnen sich zur Feier dessen, was der Inhalt des Denkmales ist. Ihre Ausführung wirkt auf die Gestaltung der Denkmalstätte, der Umgebung [30] des Denkmales ein. Was das Bedürfnis und die Lust des Lebens an schaffender Thätigkeit hervorgerufen, tritt dann, je nach Zweck und Neigung, als ein Dienendes, ein Schmückendes hinzu.

Franz Kugler.

Das Kunstwerk.

(Goethe's Werke. Stuttgart 1867. 26. Band, S. 14. „Winckelmann.")

Indem der Mensch auf den Gipfel der Natur gestellt ist, so sieht er sich wieder als eine ganze Natur an, die in sich abermals einen Gipfel hervorzubringen hat. Dazu steigert er sich, indem er sich mit allen Vollkommenheiten und Tugenden durchdringt, Wahl, Ordnung,

⁵ Harmonie und Bedeutung aufruft, und sich endlich bis zur Produktion
des Kunstwerkes erhebt, das neben seinen übrigen Thaten und
Werken einen glänzenden Platz einnimmt. Ist es einmal hervorgebracht,
steht es in seiner idealen Wirklichkeit vor der Welt, so bringt es eine
dauernde Wirkung, es bringt die höchste hervor: denn indem es aus den
¹⁰ gesammten Kräften sich geistig entwickelt, so nimmt es alles Herliche,
Verehrungs= und Liebenswürdige in sich auf und erhebt, indem es die
menschliche Gestalt beseelt, den Menschen über sich selbst, schließt seinen
Lebens= und Thatenkreis ab und vergöttert ihn für die Gegenwart, in
der das Vergangene und Künftige begriffen ist. Von solchen Gefühlen
¹⁵ wurden die ergriffen, die den olympischen Jupiter erblickten, wie wir
aus den Beschreibungen, Nachrichten und Zeugnissen der Alten uns
entwickeln können. Der Gott war zum Menschen geworden, um den
Menschen zum Gott zu erheben. Man erblickte die höchste Würde, und
ward für die höchste Schönheit begeistert. In diesem Sinne kann man
²⁰ wol jenen Alten Recht geben, welche mit völliger Ueberzeugung aus=
sprachen, es sei ein Unglück zu sterben, ohne dieses Werk gesehen zu haben.

Goethe.

Nachahmung der Natur.

(Kritische Schriften. Berlin 1828, 2. Th., S. 310.)

1.

Aristoteles hatte als Thatsache den Satz aufgestellt: die schönen
Künste seien nachahmend. Dieß war richtig, in so fern damit gesagt
sein sollte, es komme etwas nachahmendes in ihnen vor; unrichtig aber,
wenn es bedeutete, wie Aristoteles es wirklich nahm, die Nachahmung
⁵ mache ihr ganzes Wesen aus. Ueberdieß wurde Architektur und Rede=
kunst schon dadurch ausgeschlossen, die auch Aristoteles nicht in den Kreis
jener Künste zu ziehen scheint, wie viele nach ihm aus demselben Grunde.

Neuere Theoristen haben diesen Satz nun in folgenden verwandelt:
die schöne Kunst soll die Natur nachahmen.

¹⁰ Bei Natur wird oft nichts weiter gedacht, als das ohne Zuthun
menschlicher Kunst Vorhandene. Wenn man nun zu diesem verneinenden
Begriff der Natur einen eben so leidenden Begriff vom Nachahmen hin=
zufügt, so dass es ein bloßes Nachahmen, Copieren, Wiederholen bedeutet,
so wäre die ganze Kunst in der That ein brodloses Unternehmen. Man

sieht nicht ein, da die Natur einmal vorhanden ist, warum man sich ¹⁵
quälen sollte, ein zweites, jenem ganz ähnliches Exemplar von ihr in
der Kunst zu stande zu bringen, das für die Befriedigung unsers Geistes
nichts voraus hätte, als etwa die Bequemlichkeit des Genusses. So
bestände z. B. der Vorzug eines gemalten Baumes vor einem wirklichen
darin, daß sich keine Raupen und anderes Ungeziefer daran setzen, wie ²⁰
die Bewohner der nordholländischen Dörfer in der That die kleinen Höfe
an ihren Häusern der Reinlichkeit wegen nicht mit wahren Bäumen be-
pflanzen, sondern sich begnügen, auf die Wände umher Bäume, Hecken
und Lauben zu malen, die sich überdieß auch im Winter grün erhalten.
Die Landschaftmalerei würde demnach bloß dazu dienen, im Zimmer ²⁵
gleichsam eine Natur im Auszuge um sich zu haben, wobei man froh
wäre, die gebirgigen Gegenden anzusehen, ohne jedoch der rauheren
Witterung ausgesetzt zu sein und klettern zu müssen. Mir fällt dabei
die Reisenatur des Prinzen in Goethes „Triumph der Empfindsamkeit" ein. ³⁰

Aber man stelle sich wie man will, so kann man höchstens zwei
der bildenden Künste, die Malerei und die Skulptur, in diesem Sinne
zur bloßen Nachahmung der Natur machen; die Erscheinungen der
übrigen bringt man auf keine Weise heraus. Denn man halte die Musik
für Nachahmung des Naturausdrucks der Empfindungen durch Laute, ³⁵
oder lasse sie dem Gesange der Vögel abgelernt sein (wie die Chinesen
erzählen, einer ihrer Kaiser habe einsmals ein Concert von Singvögeln
vernommen und nach dem Muster desselben das erste menschliche Concert
veranstaltet): so wird man daraus nimmer das Erfordernis des Taktes,
des regelmäßigen Rhythmus ableiten, nach seiner Entstehung begreiflich ⁴⁰
machen können. Eben so ist es mit dem Silbenmaße in der Poesie: es
ist etwas durchaus idealisches und der Natur auf keine Weise abgeborgt.
So kommt man dahin, diese Dinge für außerwesentliche Zieraten zu
halten, und erklärt, einer willkürlichen Meinung zulieb dasjenige, worin
seit undenklichen Zeiten die Menschen unter allen Himmelsstrichen über- ⁴⁵
eingekommen sind, für zufällig und ungiltig, woraus denn die verkehrtesten
Regeln herfließen.

Einige haben doch gemerkt, obiger Grundsatz sei gar zu unbestimmt;
sie haben befürchtet, die Kunst möchte sich, wenn man ihr diese Breite
gäbe, in das Gleichgiltige und Widerwärtige verlieren; sie sagen des- ⁵⁰
wegen: die Kunst soll die schöne Natur, oder sie soll die Natur ins

Schöne nachahmen. Dieß heißt recht, einen von Pontius an Pilatus
weisen. Denn entweder ahmt man die Natur nach, wie man sie vor-
findet, so wird sie vielleicht nicht schön ausfallen; oder man bildet sie
55 schön, so ist es keine Nachahmung mehr. Warum sagen sie nicht gleich:
Die Kunst soll das Schöne darstellen, und lassen die Natur ganz aus
dem Spiele? So wäre man der Quälerei los, daß die Kunsterscheinungen
zur Natur in diesem Sinne umgedeutet werden müssen; was nicht ohne
die äußerste Gewaltthätigkeit möglich ist.

2.

60   In einem andern Sinne nennt man auch das Natur, was im
Menschen von selbst und ohne Anstrengung zum Vorschein
kommt, im Gegensatz mit dem künstlich angebildeten. Diese Natur hat
man der Kunst auf eine doppelte Art empfohlen: in Betreff der dargestellten Menschen, und in Betreff der Person des Künstlers. Bei den
65 übrigen Künsten leuchtet es zu sehr ein, daß deren Ausübung, wegen
ihrer durchaus künstlichen Mittel, ein gründliches methodisches Studium
erfordert; so hat denn dieser schlimme Rat, sich blindlings seinen Anlagen und einer wilden Begeisterung zu nicht bloß scheinbar, sondern
wirklich kunstlosen Ergießungen zu überlassen, am meisten in der Poesie auf
70 Irrwege geführt. Diesem Grundsatze der Natürlichkeit, welcher eigentlich
die Kunst ganz aufhebt, steht als das entgegengesetzte Aeußerste gegenüber
der Grundsatz der Künstlichkeit, welcher eine Hervorbringung der Kunst
bloß nach dem Maße der darin auf der Oberfläche erscheinenden Geschicklichkeit und Mühe schätzt. Er lautet demnach: die überwundene
75 Schwierigkeit sei die Hauptquelle des Vergnügens an schönen Geistes-
werken; deswegen sei z. B. ein Trauerspiel in gereimten Versen, und
worin es möglich gemacht worden, eine Handlung in einem einzigen
Zimmer innerhalb eines Zeitraumes von wenigen Stunden vorgehen zu
lassen, eine gar bewundernswürdige Sache. Dergleichen Aussprüche
80 zeigen aufs klarste die herschende Beschränktheit und Stümperhaftigkeit
in der Ausübung der Kunst; denn einem Meister, der das Große und
Wesentliche unter sich gebracht hat, muß die Erfüllung der mechanischen
Bedingungen nur eine Kleinigkeit sein. Entweder die Schwierigkeit wird
dem Werke noch angemerkt, so ist sie nicht recht überwunden; oder sie
85 ist vollkommen überwunden, so ergibt sie sich nicht mehr aus dessen Betrachtung, sondern es kann nur von Kennern aus eigner Erfahrung auf

sie geschlossen werden, welches gar nicht mit zum Kunstgenusse gehört. Boileau hat sich nicht geschämt, die Poesie mit der Kunst zu vergleichen, Hirseförner durch ein enges Loch zu werfen, und er hat der seinigen allerdings damit Gerechtigkeit widerfahren lassen. Wenn sie aber über= [90] haupt nichts weiter wäre, so verdienten die Poeten nur auf eben die Weise belohnt zu werden, wie von Alexander jener Mann belohnt ward, der sich ihm durch die überwundene Schwierigkeit der Hirseförner empfehlen wollte.

Was die Natürlichkeit in Ansehung der dargestellten Personen be= [95] trifft, so hat es seine Richtigkeit, daß die Darstellung Wahrheit und Tiefe haben muß, welches durch die Steifheit conventioneller Formen ganz unmöglich gemacht wird. Von diesen müssen sie also entkleidet werden. Jedoch hat die Forderung der Natürlichkeit die Ausstattung der Personen mit ausgezeichneten Eigenschaften viel zu sehr beschränkt; [100] im besten Falle hat man das Naive und Einfache, meistens das Gemeine und Platte ergriffen.

Das Natürliche wird gewöhnlich nicht nach der Menschheit im allgemeinen, wie sie sich unter verschiedenen Himmelsstrichen gestaltet hat, beurtheilt, sondern nach der einseitigen Nationalität in einem ver= [105] wöhnten Zeitalter, wo oft das Unnatürlichste natürlich geworden sein kann. Der Geizige findet die Freigebigkeit, der Feige die Tapferkeit unnatürlich, und so muß einer völlig unpoetischen Nation schon alles wahrhaft Poetische unnatürlich vorkommen, wie man es denn auch bei den Franzosen erlebt. Sie führen trotzdem, daß sie einen so großen [110] Nachdruck auf den Grundsatz der Künstlichkeit legen, auch den Grundsatz der Natürlichkeit beständig im Munde. Was ihnen natürlich scheinen soll, muß Klarheit und Bestimmtheit haben, dabei aber nüchtern sein. Sie können sogar die kalte vernünftelnde Rhetorik der Leidenschaft zu ihren Trauerspielen natürlich finden, wenn sie nur bild= und phantasielos ist; [115] im entgegengesetzten Falle würde sie ihnen bei der größten Wahrheit als übertriebener Bombast vorkommen.

Durch die gröbste Verwirrung aller Begriffe hat man das, was Form, Mittel der Darstellung ist, mit zu ihrem Inhalte gerechnet, und es z. B. für unnatürlich erklärt, wenn die Personen im Drama in Versen [120] reden, als ob der Dichter im Sinne hätte, lauter improvisierende Poeten aufzuführen, und der poetische Stil nicht auf die Bedeutung des Werkes im Ganzen ginge. So Diderot und andere nach seinem Beispiel. Was

man gegen die Oper als eine unschickliche und verwerfliche Gattung ein-
gewandt, läßt sich meistens auf diesen unstatthaften Grund zurück führen.

125 Wenn man aus dieser subjectivsten Verengung das Wort Natur
wieder zum **Inbegriff aller Dinge** erweitert, so leuchtet freilich
ein, daß die Kunst ihre Gegenstände aus dem Gebiete der Natur her-
nehmen muß; denn es gibt alsdann eben nichts anderes. Die Phantasie
kann in ihren kühnen Flügen zwar übernatürlich, aber niemals außer-
130 natürlich werden. Die Bestandtheile ihrer Schöpfungen, wie sie auch
durch ihre wunderbare Thätigkeit verwandelt sein mögen, müssen immer
aus einer vorhandenen Wirklichkeit entlehnt sein. In diesem Sinne
braucht man aber gar nicht der Kunst vorzuschreiben, daß sie die Natur
nachahmen soll, sondern sie muß es; es hat gar keine Gefahr, daß sie
135 etwas anderes können wird. Der Satz würde daher richtiger lauten:
die Kunst muß Natur bilden; wo er alsdann bloße Thatsache und
berichtigter Ausdruck von dem des Aristoteles wäre.

A. W. Schlegel.

Stil.

(Italienische Forschungen. Berlin 1827, I. Th., S. 85.)

Schon die alten Römer übertrugen das Bild des stilus, des
Griffels oder des Werkzeuges, durch welches sie ihre Gedanken und Ent-
würfe auf Wachstafeln einzugraben pflegten, auf allgemeinere Vorzüge
der Schreibart. Wir haben bekanntlich mit dem Begriffe auch das be-
5 zeichnende Wort von ihnen angenommen. Die neueren Italiener indes,
denen wir einen großen Theil unserer Kunstworte verdanken, weil sie
zuerst Dinge der Kunst mit einigem Erfolge behandelt haben, hatten
längst aufgehört mit Griffeln zu schreiben, als in dem berühmten Sonett
des Petrarca dasselbe, nur zu stile erneuerte Wort in dem Sinne eines
10 Zeichenstiftes wieder auftrat. Daher, aus dem modernen Begriffe eines
Werkzeuges der Kunst, stammt die Uebertragung des Wortes auf Vortheile der künstlerischen Darstellung, welche in der That in Italien frühe,
in Deutschland und in den übrigen tramontanen Ländern sehr spät vorkommt. Den Italienern aber, denen das Grundbild gegenwärtig blieb,
15 bezeichnete stile wie maniera durchaus nur die äußerlichen Vortheile
in der Handhabung der Form oder des Stoffes, wie die Beiworte, welche
sie mit diesem Begriffe zu verbinden gewohnt sind, deutlich an den Tag
legen. Winckelmann indes, der diesen, gleich anderen Kunstausdrücken,

von den Italienern annahm, erweiterte ihn sogleich nach seiner durchhin
höheren Ansicht, indem er die Manier, den Stil im Sinne der Italiener, [20]
mit gewissen Richtungen des Geistes in Verbindung dachte, aus diesen
jenen ableitete. Denn es ist klar, daß seine verschiedenen Kunststile der
Griechen, welche in aller Munde sind, nicht bloß auf Wahrnehmungen
angenommener Artungen des Vortrages beruhen, vielmehr besonders auf
der Beobachtung bestimmter Richtungen des geistigen Sinnes auf Edles, [25]
Gefälliges oder Anderes. Der Ausdruck: Stil schöner Formen,
welcher in noch neueren Kunstschriften vorkommt, scheint eine entschiedene
Neigung oder Gewöhnung zum Schönen anzudeuten; denn es ist un-
deutlich, ob er mehr von bestimmten Richtungen des Geistes, oder nur
von Fertigkeiten der Hand zu verstehen sei. — Doch unter allen Um- [30]
ständen möchte es gegen die Ableitung sein, solches, was bereits auf
der Wahl und Auffassung des Gegenstandes beruhet, also auf der allgemeinen Empfänglichkeit und Richtung des Geistes ganzer Schulen
oder einzelner Meister, mit einem Worte zu bezeichnen, welches ursprünglich ein bloßes Werkzeug bedeutet, also in der Strenge auch bildlich [35]
nur von Vorzügen der Behandlung des äußeren Stoffes sollte verstanden
werden.

Es ist mir unbekannt, durch welchen Zufall der obwol noch
schwankende Stilbegriff vieler Künstler der jüngsten Zeit dem Grund-
bilde des Wortes sich wiederum angenähert hat. In ihrem Sinne ist [40]
Stil nicht mehr, wie bei den Italienern, ein Besonderes und Eigentümliches, sondern ein allgemeiner, durchhin begehrenswerter Vortheil in
der Handhabung des äußeren Kunststoffes. Allerdings ist dieser Begriff
bei vielen noch immer mit Vorstellungen von beliebten Eigentümlichkeiten einzelner Schulen und Meister verbunden; doch nur, weil sie diese [45]
Eigentümlichkeiten für durchaus musterhaft und gleichsam für ein Allgemeines halten. Also werden wir nicht wesentlich weder vom Wort-
gebrauch, noch von dem eigentlichen Sinne der besten Künstler dieser
Zeit abweichen, wenn wir den Stil als ein zur Gewohnheit
gediehenes Sichfügen in die inneren Forderungen des [50]
Stoffes erklären, in welchem der Bildner seine Gestalten
wirklich bildet, der Maler sie erscheinen macht.

Stil, oder solches, was mir Stil heißt, entspringt also auf keine
Weise, weder, wie bei Winckelmann und in anderen Kunstschriften,
aus einer bestimmten Richtung oder Erhebung des Geistes, noch, wie [55]

2*

bei den Italienern, aus den eigentümlichen Gewöhnungen der einzelnen Schulen und Meister, sondern einzig aus einem richtigen, aber notwendig bescheidenen und nüchternen Gefühle einer äußeren Beschränkung der Kunst durch den derben, in ⁶⁰ seinem Verhältnis zum Künstler gestalt=freien Stoff.

C. F. von Rumohr.

Winckelmann.

(Aus dem Vortrage: „Ueber das Verhältnis der bildenden Künste zur Natur." — 1825.)

Heilig wie das Gedächtnis allgemeiner Wolthäter bleibe uns sein Andenken! Er stand in erhabener Einsamkeit, wie ein Gebirg, durch seine ganze Zeit; kein antwortender Laut, keine Lebensregung, kein Pulsschlag im ganzen weiten Reiche der Wissenschaft, der seinem Streben entgegen= ⁵ kam. Als seine wahren Genossen kamen, da eben wurde der Treffliche dahingerafft. Und dennoch hat er so großes gewirkt! Er gehört durch Sinn und Geist nicht seiner Zeit, sondern entweder dem Altertum an, oder der Zeit, deren Schöpfer er wurde, der gegenwärtigen. Er gab durch seine Lehre die erste Grundlage jenem allgemeinen Gebäude der ¹⁰ Erkenntnis und Wissenschaft des Altertums, das spätere Zeiten aufzuführen begonnen haben.

Ihm zuerst ward der Gedanke, die Werke der Kunst nach der Weise und den Gesetzen ewiger Naturwerke zu betrachten, da vor und nach ihm alles andere Menschliche als Werk gesetzloser ¹⁵ Willkür angesehen und dem gemäß behandelt wurde. Sein Geist war unter uns wie eine von sanften Himmelsstrichen herwehende Luft, die den Kunsthimmel der Vorzeit uns entwölkte, und die Ursache ist, daß wir jetzt mit klarem Aug und durch keine Umnebelung verhindert die Sterne desselben erblicken. Wie hat er die Leere seiner Zeit empfunden! ²⁰ Ja, hätten wir keinen andern Grund, als sein ewiges Gefühl der Freund= schaft und die unauslöschliche Sehnsucht ihres Genusses, so wäre diese Rechtfertigung genug für das Wort der Bekräftigung geistiger Liebe gegen den Vollendeten, den Mann klassischen Lebens und klassischen Wirkens. Und hat er außer jener noch eine andere Sehnsucht empfunden, ²⁵ die ihm nicht gestillt wurde, so ist es die nach innigerer Erkenntnis der Natur. Er selbst äußert in den letzten Lebensjahren wiederholt ver= trauten Freunden, seine letzten Betrachtungen würden von der Kunst auf die Natur gehen: gleichsam vorempfindend den Mangel und, daß ihm fehlte, die höchste Schönheit, die er in Gott fand, auch in der Harmonie des Weltalls zu erblicken.

Schelling. [30]

Beurtheilung der Kunstwerke.

(Winckelmann's Werke, herausgegeben von Fernow 1808, I. Band, S. 241: „Erinnerung über die Betrachtung der Werke der Kunst.")

Willst du über Werke der Kunst urtheilen, so sieh anfänglich hin über das, was sich durch Fleiß und Arbeit anpreiset, und sei aufmerksam auf das, was der Verstand hervorgebracht hat: denn der Fleiß kann sich ohne Talent zeigen, und dieses erblicket man auch, wo der Fleiß fehlet. Ein sehr mühsam gemachtes Bild vom Maler oder Bildhauer ist, bloß [5] als dieses, mit einem mühsam gearbeiteten Buche zu vergleichen. Denn, wie gelehrt zu schreiben nicht die größte Kunst ist, so ist ein sehr fein und glatt auspinseltes Bild allein kein Beweis von einem großen Künstler. Was die ohne Not gehäuften Stellen vielmals nie gelesener Bücher in einer Schrift sind, das ist in einem Bild die Andeutung aller [10] Kleinigkeiten. Diese Betrachtung wird dich nicht erstaunen machen über die Lorbeerblätter an dem Apollo und der Daphne vom Bernini, noch über das Netz an einer Statue in Deutschland vom ältern Adam aus Paris. Ebenso sind keine Kennzeichen, an welchen der Fleiß allein Antheil hat, fähig zur Kenntnis oder zum Unterschiede des Alten vom Neuen. [15]

Gib Achtung, ob der Meister des Werks, welches du betrachtest, selbst gedacht oder nur nachgemacht hat; ob er die vornehmste Absicht der Kunst, die Schönheit, gekannt, oder nach den ihm gewöhnlichen Formen gebildet; und ob er als ein Mann gearbeitet, oder als ein Kind gespielet hat. [20]

Es können Bücher und Werke der Kunst gemacht werden, ohne viel zu denken. Ich schließe von dem, was wirklich ist. Ein Maler kann auf diese mechanische Art eine Madonna bilden, die sich sehen läßt, und ein Professor sogar eine Metaphysik schreiben, die tausend jungen Leuten gefällt. Die Fähigkeit des Künstlers zu denken aber kann sich nur in [25] oft wiederholten Vorstellungen, so wie in eigenen Erfindungen zeigen. Denn so wie ein einziger Zug die Bildung des Gesichts verändert, so kann die Andeutung eines einzigen Gedankens, welcher sich in der Richtung eines Gliedes äußert, dem Vorwurfe eine andere Gestalt geben und die

30 Würdigkeit des Künstlers darthun. Plato in Raphaels Schule von Athen rühret nur den Finger, und er saget genug; und Figuren vom Zuccari sagen wenig mit allen ihren verdrehten Wendungen. Denn, wie es schwerer ist, viel mit wenigem anzuzeigen, als es das Gegentheil ist, und der richtige Verstand mit wenigem mehr als mit vielem zu wirken

35 liebet: so wird eine einzelne Figur der Schauplatz aller Kunst eines Meisters sein können. Aber es würde den mehrsten Künstlern ein eben so hartes Gebot sein, eine Begebenheit in einer einzigen oder in ein paar Figuren, und dieses in groß gezeichnet, vorzustellen, als es einem Scribenten sein würde, zum Versuch eine ganz kurze Schrift aus eigenem

40 Stoff abzufassen: denn hier kann beider Blöße erscheinen, die sich in der Vielheit versteckt. Eben daher lieben fast alle angehende und sich selbst überlassene junge Künstler mehr, einen Entwurf von einem Haufen zusammengestellter Figuren zu machen, als eine einzige völlig auszuführen. Da nun das Wenige, mehr oder geringer, den Unterschied unter Künstlern

45 machet, und das Unmerkliche ein Vorwurf denkender empfindlicher Geschöpfe ist; das Viele und Handgreifliche aber schlaffe Sinne und einen stumpfen Verstand beschäftiget; so wird der Künstler, der sich Klugen zu gefallen begnüget, im Einzelnen groß und im Wiederholten und Bekannten mannigfaltig und denkend erscheinen können. Ich rede hier wie

50 aus dem Munde des Altertums: dieses lehren die Werke der Alten, und es würde ihnen ähnlich geschrieben und gebildet werden, wenn ihre Schriften wie ihre Bilder betrachtet und untersuchet würden.

Winckelmann.

Hauptarten der Kunst.

§. 7. Allgemeine Charakteristik.

Zu den Hauptarten der Kunst rechnet man: 1. die Baukunst, 2. die Bildhauerei, 3. die Malerei, 4. die Tonkunst, 5. die Dichtkunst.

Die drei ersten faßt man auch unter dem Namen der bildenden Künste zusammen; ihre Werke sind raumerfüllend und werden durch das Auge wahrgenommen. — Ton- und Dichtkunst haben das mit einander gemein, daß ihr Material (Ton und Sprache) nicht in der Natur existiert, sondern erst vom Menschen erzeugt werden muß. —

A. Baukunſt.

Die Baukunſt (Architektur) verwendet als Material Stein= und Holzmaſſen, die nur mit ſchwerer Arbeit zu bewältigen ſind; ihren geiſtigen Gehalt bilden ſchöne geometriſche (architektoniſche) Formen, welche der Künſtler erfindet, um gewiſſe Ideen zum Ausbruche zu bringen. Die architektoniſchen Formen ſind es, welche die Phan=taſie des Beſchauers anregen, ein Gebäude zu einem Kunſtwerke machen.

Das architektoniſche Werk nimmt einen großen Raum ein, iſt an die Scholle gebunden und exiſtiert nur ein mal. Eine wirkliche Vervielfältigung iſt nicht möglich; Modelle in Gyps ſind nur mangelhafte Nachbildungen.

Der Architekt entwirft nur die Pläne durch Zeichnung und muß ſie zur Aus=führung den Baumeiſtern und ihren Arbeitern überlaſſen.

B. Bildhauerei.

Die Bildhauerei (Skulptur, Plaſtik) verwendet auch Stein, Holz, Erz u. ſ. w., aber nicht in ſo großen Maſſen, wie die Architektur. — Ihr Gegenſtand iſt die Ge=ſtalt der Menſchen und Thiere, ihr geiſtiger Gehalt Leben. Was ſie ſonſt noch zu bilden vermag, iſt von untergeordneter Bedeutung. — Der Bildhauer muß ſeinem Materiale jene Formen geben, welche auf den Beſchauer den Eindruck machen, als ſei der Stoff beſeelt, als habe er geiſtiges Leben.

Das plaſtiſche Kunſtwerk exiſtiert in der Regel auch nur ein mal, wie das architektoniſche; aber eine Vervielfältigung in Gyps iſt möglich. Es iſt zwar beſtimmt, an der Stelle zu bleiben, wo man es aufſtellt, aber es iſt nicht ſo ſtreng an die Scholle gebunden, als das Gebäude. — Der Künſtler muß bei der Ausführung ſelbſt Hand anlegen, wenn er auch zu der Vorbereitung Hilfsarbeiter bedarf.

C. Die Malerei.

Die Malerei wirkt durch Zeichnung und Farbe. Ihr Material iſt viel leichter und zarter, als das der beiden andern Künſte. — Den Gegenſtand ihrer Dar=ſtellung bildet das Natur=, Thier= und Menſchenleben; ſie beherrſcht alſo ein viel weiteres Gebiet. — Zeichnung und Farbe geben uns nur den Schein des Räum=lichen und Körperlichen; das maleriſche Kunſtwerk, das Bild, wirkt alſo nur durch den Schein der Wirklichkeit, hat aber keine andere (merkbare) Raumentfaltung, als die Fläche.

Das Bild wird in der Regel nur ein mal gemalt; doch iſt eine Wiederholung von derſelben Hand ebenſo möglich, als eine Vervielfältigung durch Copie, Farben=druck, oder eine Wiedergabe der Zeichnung durch Kupferſtich, Holzſchnitt, Photographie u. ſ. w. Der Künſtler muß ſein Werk größtentheils ſelbſt aus=führen; er kann der Hilfsarbeiter ganz entbehren, ungleich dem Plaſtiker und Architekten, denen ſie unentbehrlich ſind.

D. Tonkunſt.

Die Tonkunſt (Muſik) wirkt nicht durch das Auge, wie die bildenden Künſte, ſondern durch das Ohr auf unſere Phantaſie. — Ihr Material iſt der in ſeiner Höhe

und Tiefe meßbare Ton, den nur der Mensch zu Melodie und Harmonie ge=
stalten kann, die in der Natur kein Vorbild haben.

Was der Künstler im Tonmaterial darstellt, sind Tonformen, musikalische
Ideen, welche dann in uns, wie die architektonischen Formen, Gefühle und Gedanken
wecken, Stimmungen erregen.

Das Werk des Tonkünstlers hat vor den Werken der bildenden Künste das
voraus, daß es mehrmals zugleich existieren kann, wo und so oft es nämlich
durch die Instrumente zur Darstellung gelangt. Darum ist es einer viel größern Ver=
breitung fähig. — Aber es hat das eigentümliche, daß es nicht, einmal geschaffen, bleibend
besteht, sondern nur so lange, als der Ton in der Luft schwingt. Das Tonwerk muß
immer wieder von neuem hervorgebracht werden, wenn man es genießen will. Was
wir in den Noten vor uns sehen, ist nicht das Kunstwerk selbst, sondern nur Zeichen
für den ausführenden Musiker. Der Tonkünstler ist also, wie der Architekt, an aus=
führende Kräfte gebunden; nur in seltenen Fällen kann er das, was er ersonnen, ohne
Beihilfe anderer wirklich darstellen.

E. Dichtkunst.

Die Dichtkunst (Poesie) wirkt wie die Tonkunst durch das Ohr, aber auch
mittels der Schrift durch das Auge auf unsere Phantasie. Ihr Material ist die
menschliche Sprache. Aber weder was man als Laut hört, noch was man als Buch=
stabe sieht, ist das eigentliche poetische Kunstwerk, sondern dieses wird erst durch die
Sprache in der Phantasie des Hörers oder Lesers erzeugt. Während also alle andern
Kunstwerke außer uns in der Sinnenwelt existieren und auf uns wirken, erhält das
poetische seine wahre Existenz erst in uns. — Der Dichter bedarf also notwendig
des Lesers, damit sein Werk lebendig werde.

Das Gebiet der Dichtkunst ist das weiteste; es umfaßt die gesammte innere
und äußere Welt, so weit sie für die menschliche Phantasie anschaubar ist. Darum
sagt Schiller von der Poesie:

Mein unermeßlich Reich ist der Gedanke,
Und mein geflügelt Werkzeug ist das Wort. —

Das Werk des Dichters ist der weitesten Verbreitung fähig; durch
den Druck existiert es zu gleicher Zeit so oft, als es von der Phantasie eines Hörers
oder Lesers aufgenommen wird. Es ist auch nicht mehr wie das Tonwerk, an ein
vermittelndes Instrument gebunden, sondern kann überall zur Wirkung kommen,
wo die Sprache verstanden und die Kunst des Lesens geübt wird. —

Aber während alle übrigen Kunstformen allen Menschen mit offenen Sinnen,
ohne Unterschied der Nation, verständlich sind, ist die Poesie auf die Nation be=
schränkt, deren Sprache ihr Organ geworden. — Nur durch Nachbildungen, d. h.
Uebersetzungen können sich poetische Werke auch bei einer fremden Nation ein=
bürgern. — Diese Art von Nachbildung kennt keine andere Kunst.

Die Künste.

(Die Gränzen der Musik und Poesie. Eine Studie z. Aesth. d. T. — S. 12.)

Die Maler lieben es, die Musen nicht einzeln, sondern in schön verschlungener Gruppe darzustellen. So möge auch uns, die wir uns vorgesetzt haben, das Verhältnis der Tondichtung zur Wortdichtung zu untersuchen, ein Blick auf die Reihenfolge der schönen Künste vergönnt sein, auf ihr Verhältnis zu einander, auf ihre Berührungspunkte und [5] ihre stetige Entwickelung, insbesondere aber uns klar zu machen, wo bei jeder Kunst das Formale, wo das Idealmoment zu suchen sei. Wir wollen uns in Vorhinein erinnern, daß den Lebensäther aller Künste die Poesie bildet, eben jenes verklärende Idealmoment, und daß sie, die Poesie, uns endlich als eigene, selbständige Kunst entgegentritt — [10] ähnlich wie die Philosophie nicht blos die Grundlage aller einzelnen Wissenschaften ist, sondern auch als abgegränzte Wissenschaft für sich allein erscheint. Der Weg, den wir hier einschlagen, ist nur scheinbar ein Umweg, an anderer Stelle wird er uns manche Disgression, die außerdem nötig wäre, ersparen, und er wird uns nur um so sicherer zu dem [15] Ziele, das wir suchen, hinleiten.

Die Architektur ist die am meisten an die Materie gebundene Kunst.

Bei dem rohen Widerstande, oder besser gesagt, der Trägheit, welche die Materie ihrer Vergeistigung entgegensetzt, bedarf die Architektur [20] zur Ausführung ihrer Ideen auch des verhältnismäßig größten handwerklichen Apparates und der mühsamsten Bearbeitung des materiellen Substrates.

Hier müssen notwendig viele untergeordnete Arbeitskräfte mithelfen, die gemeine Geschicklichkeit des Steinmetzen, des Maurers muß [25] der künstlerischen Idee des Architekten zu Hilfe kommen, ja der Architekt gibt nur diese Idee, den Gedanken des Ganzen her, jene untergeordneten Kräfte regen sich, um diesen seinen Gedanken materiell, schau- und greifbar zu verwirklichen; er selbst legt an das in der Ausführung begriffene Werk schwerlich mit Hand an. Hier tritt aber die Person des [30] Künstlers gegen das Werk am meisten zurück. Es ist bezeichnend, daß man den Erbauer des Kölner Doms nicht mit Zuverlässigkeit kennt; und nennt man den Namen Phidias, so denkt wol jeder sogleich an das olympische Zeus-Ideal, während bei dem Namen Iktinos,

35 Kallikrates, Mnesikles sich selbst der Gebildete vielleicht erst besinnen
wird, wer von ihnen den Parthenon, wer die Propyläen gebaut hat.
Der geübte Blick fühlt allerdings aus dem Architekturwerk ein größeres
oder geringeres Verständnis der Formen und Verhältnisse, einen größeren
oder geringeren Schönheitssinn, der dem Erbauer innewohnte, sehr wol
40 heraus. Allein im Ganzen gleicht ein dorischer oder jonischer Tempel,
ein gotischer Dom mehr oder minder dem andern seiner Art, und es
kommt mehr auf die künstlerische Entwickelung des ganzen Baustiles als
Prinzip, als auf die Ausführung des Prinzipes in einzelnen bestimmten
Werken an. Der gegebene Stoff (wie er z. B. im Epos, im Drama
45 u. s. w. dem Dichter zur Fassung in künstlerische Form geboten ist)
entfällt bei der Architektur ganz; wir können nicht fragen, was dieser
oder jener Tempel oder Dom bedeute — er stellt nichts vor —
er ist eben ein Tempel, ein Dom. Die Materie verlangt hier vom
Künstler nichts, als daß er ihr schöne Formen gebe, in denen sich die
50 architektonische Idee klar ausspreche. Der Gesammteindruck eines
architektonischen Werkes wird sich daher immer nur auf sehr allgemeine
Kategorien zurückführen lassen: der Anmut — der Erhabenheit. Die
Bestimmung eines Gebäudes steht übrigens mit seinen künstlerischen
Formen nicht in einem untrennbar innern Zusammenhang — man
55 kann im Theseion sehr gut christlichen Gottesdienst halten, wogegen es
schon durchaus nicht anginge, z. B. den belvederischen Apoll zur Verehrung auf den Hochaltar zu stellen. Allerdings aber prägt sich der
Geist, die religiöse Anschauung, die Lebensweise eines Volkes in seiner
Architektur auf das bezeichnendste aus, und in diesem Sinne wäre der
60 christliche Gottesdienst im Theseion doch ein arger Misgriff. Daß der
griechische Tempel die schöne Befriedigung des Hellenen in sich selbst,
der himmelanstrebende gotische Dom den über das Irdische hinaus-
strebenden Geist des Christentums treffend ausspricht, daß der Tempel
mit seinen ringsumlaufenden Säulenreihen eben nur ein Haus für den
65 in seiner Statue repräsentierten Gott darstellt, dessen Inneres für das
Volk nicht da ist, während der Dom mit seinen nach außen sich erwei-
ternden Pforten in stummer Steinsprache zum Eintritte ins Innere, das
eine dem Aeußern völlig entsprechende künstlerische Entwickelung zeigt,
einladt und gleichsam ausruft: Kommet alle her, die ihr beladen und mühselig
70 seid! — das alles sind längst erkannte Wahrheiten. So weit — und nicht
weiter geht also die Architektur über das bloße schöne Spiel mit Formen hinaus

Ihr zunächst steht die Plastik. Auch sie hat noch mit Bewältigung der rohen Materie zu thun, doch bedeutend weniger als die Architektur. Auch hier wird der Hilfsarbeiter erst aus dem ungeformten Steinblock bis zur Andeutung ihrer allgemeinsten Formen herausklopfen, allein dann wird der Meister selbst mit dem Meißel herantreten und den Gott oder Heros endlich in vollendet schöner Bildung vor unsere Augen treten lassen.

Der „gegebene Stoff" wird hier schon mehr Wichtigkeit gewinnen. Allerdings werden wir den sitzenden Löwen vor dem Arsenal zu Venedig mit vollster Befriedigung betrachten, ohne uns zu fragen, ob es der nemäische oder ein anderer berühmter oder unberühmter Löwe sei; wie wir vorhin sagten, „der Dom ist eben ein Dom," so werden wir die Bildsäule eines schönen Jünglings eben als Bildsäule eines schönen Jünglings gelten lassen. Aber in Zeus, in Herakles u. s. w. treten uns schon ganz bestimmt ausgeprägte Persönlichkeiten, Charakterbilder, entgegen, gesetzt auch, der erste thue nichts weiter, als daß er auf dem Throne in ruhiger Majestät dasitzt, und der zweite, daß er sich an seine Keule lehnt. Aber noch mehr: wir können die Niobiden fliehend, getroffen, sterbend, wir können Laokoon von Schlangen umflochten erblicken — also bestimmte Personen in bestimmter dramatischer Situation — wir werden sogar für eine solche Richtung schon einen sehr bestimmten Maßstab anlegen, z. B. Einsprache erheben, wenn man die bekannte Barbarengruppe in Villa Ludovisi (wie ehemals geschah) als Pätus und Arria bezeichnen will — nicht aus äußern Gründen einer historischen Ueberlieferung, die sich an das Kunstwerk knüpft, sondern aus innern, uns beim Anblicke des Kunstwerkes selbst einleuchtenden Gründen.

Wir treten in der Plastik schon vor die Gestalt des Menschen, die in der Bildsäule von allen Seiten anschaubar vor uns steht; wir erkennen aber auch sein geistig sittliches Wesen, der Anschauung durch die ideal schöne Form vermittelt.

Es bedarf keines Nachweises, daß hier die Persönlichkeit des Künstlers sich uns durch sein Kunstwerk schon viel deutlicher offenbart, als es in der Architektur der Fall war.

Noch mehr ist dies in der Malerei der Fall, wo wir Cimabues, Fiesoles, Raphael Sanzios, Buonarottis geistiges Porträt — ja beinahe ihr leibliches dazu — nach dem Anblick ihrer Werke mit großer Bestimmtheit zeichnen können, auch wenn Vasari nicht geschrieben und die

eigene Kunst der Meister uns ihre Züge nicht bewahrt hätte. Die
110 Malerei ist auch an die Materie geknüpft, allein noch weniger als
die Plastik. Der handwerklich geübte Hilfsarbeiter entfällt hier ganz
und gar; des Meisters Sinn nicht allein, auch seine Hand schafft
hier alles vom Anfang bis zu Ende. Der „gegebene Stoff“ tritt hier
noch mehr in den Vordergrund, die ganz natürliche Frage beim An-
115 blick eines Bildes (und die allergewöhnlichste) lautet: „was stellt es vor“?
Wenn Tizian gleichsam abstrakte Bilder weiblicher Schönheit gibt, so
nennt er sie, wenigstens in Ermangelung eines bessern, Venus. Allein
wir lassen solche bloße Schaustellungen schöner Formen doch nur aus-
nahmsweise gelten; wir wollen Charakter, Seelenausdruck; wir fragen um
120 die Namen der Gestalten, die uns der Maler vor Augen gestellt hat,
wir wollen erhoben, oder gerührt, oder zum Lachen bewegt sein; kurz,
wir stellen schon sehr bestimmt spezielle Anforderungen, sogar an das
Zustandsbild oder an das Porträt einer uns völlig unbekannten Person.

Hier tritt also die schöne Körperbildung gegen das sittlich geistige
125 Wesen zurück. Wir können die Venus von Tizian zwar nicht umwenden,
um auch ihre Rückenpartie zu sehen; aber dafür gewinnt die Gesichts-
bildung, die sich bei der Plastik ohneweiters in einer gewissen idealen
Allgemeinheit halten kann (man denke an das bekannte griechische Statuen-
gesicht) hohe Bedeutung. Das Gesicht wird, nach dem bekannten Aus-
130 druck „Spiegel der Seele“ und gewinnt individuelle, bestimmt aus-
zeichnende Züge. Das geistig sittliche Element gewinnt in der Malerei
solche Bedeutung, und so sehr besitzt sie zum Ausdrucke desselben Mittel,
daß sie es von der Menschengestalt ganz trennen und auf unbelebtes
übertragen kann. Das Landschaftsbild ist wesentlich ein Stimmungsbild,
135 und daher zwischen Landschaftsmalerei und Musik eine merkwürdige
Verwandtschaft, wie weiterhin zu zeigen sein wird. Von den modernen
Landschaften ist das klar: die düster-großartigen Bilder norwegischer
Partien, die Abenddämmerungen mit ihren träumerisch verschwindenden
Umrissen, die zauberischen Mondnächte, die helle Sonnenglut in den
140 Darstellungen südlicher Gegenden, alles das weckt im Beschauer sehr
verschiedene und eigene Stimmungen. Sogar die sogenannte klassische
Landschaft, die zunächst auf conventionelle Formen, auf heroische oder
idyllische Zwecke losging, ist ein Stimmungsbild, freilich für einen
viel weniger mannigfaltigen Stimmungskreis. Wenn Hakert sagte, eine
145 gemalte Landschaft müsse um gut zu sein, den Wunsch im Beschauer er-

wecken, darin spazieren zu gehen, so ist damit eben auch nichts anderes
gemeint. Selbst das Stillleben darf nicht bloß auf das außerhalb des
Zweckes der Kunst liegende, ziemlich kleinliche Vergnügen hinauslaufen,
das Nachgeahmte mit der Nachahmung vergleichen zu können; es muß,
soll es ein Kunstwerk sein, einen bestimmten sittlichen Gedanken aus= 150
sprechen, wie die bekannten Stillleben auf die Vergänglichkeit alles Ir=
dischen; oder es muß sonst einen geistigen Rapport zum Menschen
haben, wie z. B. Schnaase von den sogenannten Frühstückbildern mit
Recht verlangt, daß wir aus der Auswal und Anordnung der Gegen=
stände auf Geschmack und Reichtum des abwesenden (supponierten) Be= 155
sitzers sollen schließen können. Ist ein Architekturbild nichts weiter als
eine perspectivisch und sonst richtige Darstellung eines Gebäudes, so sinkt
es zum Range eines bloßen Kosmoramenbildes herab. Auch hier wollen
wir ein Stimmungsbild, ähnlich der Landschaft. Das Thierbild muß
gleichfalls entweder Analogien menschlicher Zustände erkennen lassen, oder 160
die Beziehungen des Thieres zum Menschen darstellen. Wir erinnern
an die trefflichen kleinen Thierdramen und Idyllen von Eberle, Voltz,
Gauermann u. a. —

Sehen wir nun schon in der Malerei das materielle Element sehr
zurückgedrängt und das geistig=sittliche Wesen des Menschen völlig in 165
den Vordergrund tretend, so verschwindet endlich in der Poesie die
Materie ganz und gar. Die Iliade bleibt, was sie ist, ob sie der Rhapsode
recitiert, oder ob sie Peisistratos zu bleibender Erinnerung in Buchstaben=
zeichen niederschreiben läßt. Die menschliche Gestalt verschwindet hier
endlich ganz; sie kann nicht einmal in der Poesie einen andern Aus= 170
druck finden, als den einer dürftigen, an die malerische Phantasie des
Lesers appellierenden Beschreibung; das sittlich=geistige Element aber
wird ganz ausschließend der Gegenstand, spreche es sich nun abstrakt
durch Stimmungen weckende oder verstänig begreifliche allgemeine Dar=
stellungen aus, oder durch das Medium eines gegebenen Stoffes (einer 175
Begebenheit aus der Römerzeit zum Beispiel). Und hier nun vollends
wird der Dichter mit der Dichtung so zu sagen eins, der objectivste,
wie Homer oder Goethe nicht minder als der, welcher, wie Jean Paul
oder Heine überall seine Persönlichkeit bewußt und absichtlich einmischt.
Die allbekannten Aussprüche Goethes: „jedes echte Gedicht müsse ein 180
Gelegenheitsgedicht sein" und „er habe sich von lästigen Seelenzuständen
durch Dichtungen befreit," finden darin ihre vollständige Erklärung.

Wir haben in diesem Klimax den eigentlichen Gegenstand unseres Forschens — die Musik — nicht mitgenannt. Aus gutem Grunde, denn [185]sie weist nach den beiden äußersten Polen jenes Klimax gleichzeitig hin, sie läßt sich dort also nicht einreihen. Sie ist einerseits eine architektonisch-formelle Kunst, andererseits eine Kunst poetischer Ideen — ja bis zu einer weiterhin näher zu bestimmenden Gränze — gegebener Stoffe.

Die architektonische Form und die poetische Idee müssen sich in ihr [190]durchdringen; allerdings aber kann das eine oder das andere Element mehr oder minder entschieden vorwalten. Sie ist weniger materiell als selbst die Malerei, aber materieller als die ganz entkörperte Poesie. Ihr körperliches Medium ist die in Vibration gesetzte Luftwelle, für die alltägliche Anschauung freilich ein Material, das gleich Null zu sein [195]scheint, für den Physiker aber seine volle Realität hat. Sie ist endlich eine künstlerische Erweiterung der Persönlichkeit ihres Schöpfers, daher sein geistiges Abbild.

W. A. Ambros.

Der Künste Sendung.

(Aus „Deutsches Künstlerfest in Rom". Gedichte. Frankfurt a/M. 1860, S. 284.)

Musika.

Erhabene, unsre Mutter, Poesie!
Wie dank ich deiner mütterlichen Gunst,
Die mir den nächsten Platz an dir verlieh,
Daß fernab selbst sitzt die Farbenkunst,
5   Du gabst aus deinen Füllen mir den Ton,
Den Gott im Herzen dir hat zugesellet,
Der, wie er deiner heilgen Lipp' entflohn,
Die Röhren meines ird'schen Werkzeugs schwellet.
Als Gott der Sonnen und der Monde Lauf
10   Geordnet hat in seinen Schöpfungstagen,
Da stunden sie und warteten darauf,
Bis sie des Menschen Herze hörten schlagen.
Und als das Herz des neuen Menschen schlug,
Da fingen die dort oben an zu kreisen,
15   Und tönten hin im Melodieenzug,
Vorm Menschenohre Gottes Macht zu preisen.
Auflauschte das junge Menschenohr,

Die Erde auch begann mit ihm zu lauschen,
Der Menschenmund stimmt ein in ihren Chor,
Und drein begann der Erde Herr zu rauschen.   20
Des Wildes Brüllen war ein Lobgesang,
Der Vogel sang und unter ihm die Zweige;
Das Erz ertönte und der Stein gab Klang,
Dass himmelan ein volles Loblied steige.
Die Wasser auch auf denen Gottes Geist,   25
Bevor die Erde war geschaffen, schwebte,
Die Lüfte musicierten, doch zumeist
Musik war selbst der Mensch, des Seele lebte.
Das war die erste Musika auf Erden;
Und mir gegeben ist das hohe Amt,   30
Dass durch mich alles Klang und Ton muss werden,
Zum Himmel steigend, was von Erden stammt.

Malerei.

Vom Himmel stammt, das Gott mir gab, das Licht;
Ich neide nicht, was andre Künst' erwarben.
Ein Quell des Lichts ist Gottes Angesicht,   35
Wie Wogen strömen aus dem Quell die Farben.
Ich sammle sie zu tönenden Akkorden;
Und wie das farb'ge Saitenspiel erklingt,
Ist es nicht minder Himmelseinklang worden,
Als den Musik aus Seelentiefen zwingt.   40
Als Gott der Herr mit seiner Schöpferhand
Das neugeschaffene Menschenauge rührte,
Dass es dem Lichte sich geöffnet fand,
Und eine Welt um sich sein Nerve spürte:
Da spielte auch vor seiner Sehekraft   45
Das Gold der Sonnen und des Himmels Blau,
Der Schaum der Wasser und des Grünen Saft,
Der Blume Glut, der Edelstein im Thau.
Der Tanz der Farben wogt ihm vor den Augen,
Er sah ein schönes Bild, das Gott ihm malte,   50
Und er begann den Glanz in sich zu saugen,
Dass ihm die Lust aus allen Blicken stralte.

In Schlummer wiegt ihn drauf der Farbentanz,
Indeß vom Mann der Herr die Männin machte.
55 Im Traum umgaukelt ihn ein Bild von Glanz,
Sich selbst verschönt sah er, als er erwachte,
Der Mensch sah liebend sich im Menschenbild.
Und als die Scham sich in des Weibes Wangen malte,
Erblichen alle Farben im Gefild,
60 Weil keine Farbe gleich der Farbe stralte,
Mit Wolgefallen sah der Herr es an,
Und segnete die Kunst für künft'ge Zeiten,
Die durch ihn Menschenbilder schaffen kann,
Und um sie her der Farben Teppich breiten.
65 Zum Zeichen dessen trag ich die Palette,
Mit winz'gen Farbenhäufchen aufgeschmückt;
Aus diesen wächst die große Farbenkette,
Die Aug und Herz bezaubert und entzückt.
Die Bibel ruht in meiner rechten Hand;
70 Denn was die Welt mir beut an bunten Stoffen,
Es dient nur zu Verzierungen am Rand,
Das Hauptbild wird in ihr nur angetroffen.

Bildhauerei.

Mir ist ein stärker Werkzeug beigegeben,
Der widerspänstigen Stoffe Trotz zu brechen.
75 Mein Meisel zwingt den Stein, daß er muß leben,
Und mit Geberde muß das Erz mir sprechen.
Nicht Fabel ist es von Pygmalion,
Daß ihm den Stein belebet Göttergunst;
Das ist der allgemeine Sinn davon:
80 Den Tod belebt die Liebesbrunst der Kunst,
Es klebt ein Hang mir an zum Heidentume,
Nach dessen Bildern ich mich um hier sah;
Doch kann auch ich des wahren Gottes Ruhme
Wol dienen, auch sein Bild nur bin ich ja.
85 Als Gott der Herr die spröde Erde nahm,
Und sie ein Mensch ward unter seinen Händen,
Aus Gottes Mund in ihn der Odem kam,

Der Mensch begann sein Angesicht zu wenden
Nach seinem Schöpfer, dankend für das Sein:
Da war das erste Bild gemacht aus Erden,   90
Aus bloßer Erden, wie aus edlerm Stein
Kein gleiches künftig ward und keins wird werden.
Da gab der große Bildner zum Gedächtnis
Der von ihm selbst geübten Bildnerei,
Dem Menschengeist das rühmliche Vermächtnis,   95
Daß unterthan ihm Stein und Erde sei,
Daraus zu machen Bilder, die ihm gleichen,
Nach der von Gott erschaffenen Urgestalt.
Doch weil der Menschengeist dem Herrn muß weichen,
So blieben solche Menschenbilder kalt.   100
Es hat der Mensch in seines Irrens Zeit
Was seine Kunst aus irdschem Stoff geknetet,
Zu seines Wahnes Götzen sich geweiht,
Und statt des wahren Gottes angebetet.
Die Götter sind vom Postament gestürzt,   105
Und werden nimmer wieder drauf gestellt;
Doch mein Beruf ist nicht dadurch verkürzt,
Mein Platz ist auch in der bekehrten Welt.
Man soll auf mich als Gottes Dien'rin schaun,
Gleich Malerei, die mit den Farben blitzt;   110
Doch dazu muß vorerst ein Haus mir baun
Architektur, die mir zur Rechten sitzt.

Architektur.

Nicht dir allein, dem ganzen Schwesterchor,
Der hier versammelt um die Mutter weilt,
Bau ich ein Haus, wie es mir schwebet vor,   115
Worin ihr Platz sei jeder zugetheilt.
Die Malerei soll am Altare blühn,
Vom Chore schallen soll die Musika,
Um Säulenwerk sollst du dich flechten kühn,
Und ich will euch einander halten nah.   120
Das Haus soll streben auf zum Himmel hoch,
Die Pforten weit auf Erden aufgethan,

Das große Vorbild seh ich immer noch,
Das einst der Meister schuf nach ew'gem Plan.
125 Der Himmel selber war des Hauses Dach,
Die Berge Pfeiler, und die Erd ihr Grund;
Da war des Laubes Bildwerk mannigfach,
Das aus der Tiefe nach der Höhe stund.
Die Sterne oben an der Wölbung kreisten
130 Und tönten nieder in den Lobgesang,
Mit dem die unten in dem Hause preisten
Gott, dessen Odem gieng das Schiff entlang.
Und groß war die versammelte Gemeinde,
An mit dem Menschen betete das Thier;
135 Bis durch des Menschen Fall das Thier zum Feinde
Des Menschen ward und von ihm lernte Gier.
Da ward des Tempels Grund befleckt vom Blut,
Und trübe Dämpfe stiegen davon auf;
Die Sterne droben löschten ihre Glut,
140 Und wendeten erdabwärts ihren Lauf.
Nicht war die Welt ein Tempel Gottes mehr;
Doch wo noch auf den blutbefleckten Auen
Noch eine Stätte war vom Blute leer,
Da ließ der Herr sich einzle Tempel bauen.
145 Sie baute jedes Volk nach seinem Maß;
Doch was der Herr dabei zum Zweck gesteckt,
Der Mensch im Irrwahn oft so sehr vergaß,
Daß selbst die Tempel wurden blutbefleckt.
Mir ward das Amt vom großen Architekten,
150 In der durchs Blut vom Blut gesühnten Welt
Den Tempel ihm, nicht gleich den blutbefleckten,
Zu bauen, sondern wie's ihm wolgefällt.
Dazu hat er das Richtmaß mir gegeben,
Mit dem er selber seine Welten misst,
155 Und Sterne ließ er hier ins Kleid mir weben,
Damit mein Sinn des Himmels nicht vergißt.
Dort liegt, im Mausoleenschutt begraben,

Das Altertum, und neu ersteht's euch nie;
Hier ragt der neue Tempelbau erhaben
Zur Rechten unsrer Mutter Poesie.   160

Poesie.

Ich habe meine Töchter reden lassen;
Und was sie sprachen, sprachen sie durch mich,
So kann ich selbst mich nun ins Kurze fassen,
Denn was sie sind, zusammen, das bin ich.
Musik hat ihres Tones Füllen nur,   165
Und Malerei nur ihren Bilderhort,
Ihre Gestalt Sculptur, Architektur
Ihr Ebenmaß erhalten nur durchs Wort.
Das Wort, das durch den Mund des Herren gieng,
Und einst hat sichtbar diese Welt erbaut,   170
Das Wort, so Fleisch zum Heil der Welt empfieng,
Daß lieblich es gehört werd und geschaut.
Ich bin des Worts demüt'ge Dienerin.
Ihr alle, die ihr euch genannt, die meinen.
Zum Dienst des Wortes, dessen Magd ich bin,   175
Fordr' ich euch auf, mit mir euch zu vereinen.
Des Wortes Kraft durch Worte zu entfalten,
Dieß hohe Amt ist vor der Welt das meine;
Ihr aber sollt auf eure Art gestalten
Dasselbe, daß sein Preis vielfältig scheine.   180

Friedrich Rückert.

Schönheit und Charakter in der Kunst.

(Aus „Der Sammler und die Seinigen", 5. und 6. Brief.)

1.

Gestern meldete sich bei uns ein Fremder an, dessen Name mir nicht unbekannt, der mir als ein guter Kenner gerühmt war. Ich freute mich bei seinem Eintritt, machte ihn mit meinen Besitzungen im allgemeinen bekannt, ließ ihn wählen und zeigte vor. Ich bemerkte bald ein

⁵ sehr gebildetes Auge für Kunstwerke, besonders für die Geschichte derselben. Er erkannte die Meister so wie ihre Schüler, bei zweifelhaften Bildern wußte er die Ursache seines Zweifels sehr gut anzugeben, und seine Unterhaltung erfreute mich sehr.

Vielleicht wäre ich hingerissen worden, mich gegen ihn lebhafter zu ¹⁰ äußern, wenn nicht der Vorsatz, meinen Gast auszuhorchen, mir gleich beim Eintritt eine ruhigere Stimmung gegeben hätte. Viele seiner Urtheile trafen mit den meinigen zusammen, bei manchen mußte ich sein scharfes und geübtes Auge bewundern. Das erste, was mir an ihm besonders auffiel, war ein entschiedener Haß gegen alle Manieristen. Es ¹⁵ that mir für einige meiner Lieblingsbilder leid, und ich war um desto mehr aufgefordert zu untersuchen, aus welcher Quelle eine solche Abneigung wol fließen möchte.

Mein Gast war spät gekommen und die Dämmerung verhinderte uns, weiter zu sehen; ich zog ihn zu einer kleinen Collation, zu der unser ²⁰ Philosoph eingeladen war; denn dieser hat sich mir seit einiger Zeit genähert.

Ehe wir noch alle beisammen waren, ergriff ich die Gelegenheit, meine Manieristen gegen den Fremden in Schutz zu nehmen. Ich sprach von ihrem schönen Naturell, von der glücklichen Uebung ihrer Hand und ²⁵ ihrer Anmut; doch setzte ich, um mich zu verwahren, hinzu: Dieß will ich alles nur sagen, um eine gewisse Duldung zu entschuldigen, wenn ich gleich zugebe, daß die hohe Schönheit, das höchste Princip und der höchste Zweck der Kunst freilich noch etwas ganz anderes sei.

Mit einem Lächeln, das mir nicht ganz gefiel, weil es eine be- ³⁰ sondere Gefälligkeit gegen sich selbst und eine Art Mitleiden gegen mich auszudrücken schien, erwiederte er darauf: Sie sind denn also auch den hergebrachten Grundsätzen getreu, daß Schönheit das letzte Ziel der Kunst sei?

Mir ist kein höheres bekannt, versetzte ich darauf.

³⁵ Können Sie mir sagen, was Schönheit sei? rief er aus.

Vielleicht nicht, versetzte ich; aber ich kann es Ihnen zeigen. Lassen Sie uns, auch allenfalls noch bei Licht, einen sehr schönen Gypsabguß des Apoll, einen sehr schönen Marmorkopf des Bacchus, den ich besitze, noch geschwind anblicken, und wir wollen sehen, ob wir uns nicht ver= einigen können, daß sie schön seien. **40**

Ehe wir an diese Untersuchung gehen, versetzte er, möchte es wol nötig sein, daß wir das Wort Schönheit und seinen Ursprung näher betrachten. Schönheit kommt von Schein; sie ist ein Schein und kann als das höchste Ziel der Kunst nicht gelten: das vollkommen Charakteristische nur verdient schön genannt zu werden; **45** ohne Charakter gibt es keine Schönheit.

Betroffen über diese Art sich auszudrücken, versetzte ich: Zugegeben aber nicht eingestanden, daß das Schöne charakteristisch sein müsse, so folgt doch nur daraus, daß das Charakteristische dem Schönen allenfalls zum Grunde liege, keineswegs aber, daß dieses eins mit dem Charakteristischen **50** sei. Der Charakter verhält sich zum Schönen wie das Skelett zum lebendigen Menschen. Niemand wird leugnen, daß der Knochenbau zum Grunde aller hoch organisierten Gestalt liege: er begründet, er bestimmt die Gestalt; er ist aber nicht die Gestalt selbst, und noch weniger bewirkt er die letzte Erscheinung, die wir, als Inbegriff und Hülle eines organi= **55** schen Ganzen, Schönheit nennen.

Auf Gleichnisse kann ich mich nicht einlassen, versetzte der Gast, und aus Ihren Worten selbst erhellt, daß die Schönheit etwas Unbe= greifliches oder die Wirkung von etwas Unbegreiflichem sei. Was man nicht begreifen kann, das ist nicht; was man mit Worten nicht klar **60** machen kann, das ist Unsinn.

Ich. Können Sie denn die Wirkung, die ein farbiger Körper auf Ihr Auge macht, mit Worten klar ausdrücken?

Er. Das ist wieder eine Instanz, auf die ich mich nicht einlassen kann. Genug, was Charakter sei, läßt sich nachweisen. Sie finden die **65** Schönheit nie ohne Charakter; denn sonst würde sie leer und unbedeutend sein. Alles Schöne der Alten ist bloß charakteristisch, und bloß aus dieser Eigentümlichkeit entsteht die Schönheit.

Unser Philosoph war gekommen und hatte sich mit den Nichten unterhalten: als er uns eifrig sprechen hörte, trat er hinzu, und mein **70**

Gaft, durch die Gegenwart eines neuen Zuhörers gleichsam angefeuert, fuhr fort:

„Das ist eben das Unglück, wenn gute Köpfe, wenn Leute von Verdienst solche falsche Grundsätze, die nur einen Schein von Wahrheit
75 haben, immer allgemeiner machen. Niemand spricht sie lieber nach, als wer den Gegenstand nicht kennt und versteht. So hat uns Lessing den Grundsatz aufgebunden, daß die Alten nur das Schöne gebildet; so hat uns Winckelmann mit der stillen Größe der Einfalt und Ruhe einge= schläfert, anstatt daß die Kunst der Alten unter allen möglichen Formen
80 erscheint. Aber die Herren verweilen nur bei Jupiter und Juno, bei den Genien und Grazien, und verhehlen die unedlen Körper und Schädel der Barbaren, die struppichten Haare, den schmutzigen Bart, die dürren Knochen, die runzelige Haut des entstellten Alters, die vorliegenden Adern und die schlappen Brüste.“

85 Um Gottes willen! rief ich aus, gibt es denn aus der guten Zeit der alten Kunst selbständige Kunstwerke, die solche abscheuliche Gegen= stände vollendet darstellen? oder sind es nicht vielmehr untergeordnete Werke, Werke der Gelegenheit, Werke der Kunst, die sich nach äußern Absichten bequemen muß, die im Sinken ist?

90 Er. Ich gebe Ihnen ein Verzeichnis, und Sie mögen selbst unter= suchen und urtheilen. Aber daß Laokoon, daß Niobe, daß Dirce mit ihren Stiefsöhnen selbständige Kunstwerke sind, werden Sie mir nicht leugnen. Treten Sie vor den Laokoon, und sehen Sie die Natur in voller Empörung und Verzweiflung, den letzten erstickenden Schmerz,
95 krampfartige Spannung, wütende Zuckung, die Wirkung eines ätzenden Gifts, heftige Gährung, stockenden Umlauf, erstickende Pressung und paralytischen Tod.

Der Philosoph schien mich mit Verwunderung anzusehen, und ich versetzte: Man schaudert, man erstarrt nur vor der bloßen Beschreibung.
100 Fürwahr, wenn es sich mit der Gruppe Laokoons so verhält, was will aus der Anmut werden, die man sogar darin, wie in jedem echten Kunst= werke finden will! Doch ich will mich darein nicht mischen; machen Sie das mit den Verfassern der Propyläen aus, welche ganz der ent= gegengesetzten Meinung sind.

Das wird sich schon geben, versetzte mein Gast; das ganze Altertum [105] spricht mir zu; denn wo wütet Schrecken und Tod entsetzlicher, als bei den Darstellungen der Niobe?

Ich erschrak über eine solche Assertion; denn ich hatte noch kurz vorher freilich nur die Kupfer im Fabroni gesehen, den ich sogleich herbeiholte und aufschlug. Ich finde keine Spur vom wütenden Schrecken des [110] Todes, vielmehr in den Statuen die höchste Subordination der tragischen Situation unter die höchsten Ideen von Würde, Hoheit, Schönheit, gemäßigtem Betragen. Ich sehe hier überall den Kunstzweck, die Glieder zierlich und anmutig erscheinen zu lassen. Der Charakter erscheint nur noch in den allgemeinsten Linien, welche durch die Werke, gleichsam wie [115] ein geistiger Knochenbau, durchgezogen sind.

Er. Lassen Sie uns zu den Basreliefen übergehen, die wir am Ende des Buches finden.

Wir schlugen sie auf.

Ich. Von allem Entsetzlichen, aufrichtig gesagt, sehe ich auch hier nicht [120] das Mindeste. Wo wüten Schrecken und Tod? Hier sehe ich nur Figuren, mit solcher Kunst durcheinander bewegt, so glücklich gegeneinander gestellt oder gestreckt, daß sie, indem sie mich an ein trauriges Schicksal erinnern, mir zugleich die angenehmste Empfindung geben. Alles Charakteristische ist gemäßigt, alles natürlich Gewaltsame ist aufgehoben, und so möchte ich sagen: [125] Das Charakteristische liegt zum Grunde, auf ihm ruhen Einfalt und Würde; das höchste Ziel der Kunst ist Schönheit und ihre letzte Wirkung Gefühl der Anmut. Das Anmutige, das gewiß nicht unmittelbar mit dem Charakteristischen verbunden werden kann, fällt besonders bei diesem Sarkophagen in die Augen. Sind die [130] toten Töchter und Söhne der Niobe nicht hier als Zieraten geordnet? Es ist die höchste Schwelgerei der Kunst: sie verziert nicht mehr mit Blumen und Früchten, sie verziert mit menschlichen Leichnamen, mit dem größten Elend, das einem Vater, das einer Mutter begegnen kann, eine blühende Familie auf einmal vor sich hingerafft zu sehen. Ja, [135] der schöne Genius, der mit gesenkter Fackel bei dem Grabe steht, hat hier bei dem erfindenden, bei dem arbeitenden Künstler gestanden und ihm zu seiner irdischen Größe eine himmlische Anmut zugehaucht.

Mein Gast sah mich lächelnd an und zuckte die Achseln. Leider,
110 sagte er, als ich geendet hatte, leider sehe ich wol, daß wir nicht einig
werden können. Wie Schade, daß ein Mann von Ihren Kenntnissen,
von Ihrem Geist nicht einsehen will, daß das alles nur leere Worte
sind, und daß Schönheit und Ideal einem Manne von Verstand als ein
Traum erscheinen muß, den er freilich nicht in die Wirklichkeit versetzen
145 mag, sondern vielmehr widerstrebend findet!

Mein Philosoph schien während des letzten Theiles unseres Ge-
spräches etwas unruhig zu werden, so gelassen und gleichgiltig er den
Anfang anzuhören schien; er rückte den Stuhl, bewegte ein paarmal die
Lippen, und fieng, als es eine Pause gab, zu reden an.

150 Doch was er vorbrachte, mag er Ihnen selbst überliefern! Er ist
diesen Morgen bei Zeiten wieder da: denn seine Theilnahme an dem
gestrigen Gespräch hat auf einmal die Schalen unserer wechselseitigen
Entfernung abgestoßen, und ein paar hübsche Pflanzen im Garten der
Freundschaft zeigen sich.

2.

155 Unser würdiger Freund läßt mich an seinem Schreibtisch nieder-
sitzen, und ich danke ihm sowol für dieses Vertrauen als für den Anlaß,
den er mir gibt, mich mit Ihnen zu unterhalten. Er nennt mich den
Philosophen; er würde mich den Schüler nennen, wenn er wüßte, wie
sehr ich mich zu bilden, wie sehr ich zu lernen wünsche. Doch leider hat
160 man schon vor den Menschen, wenn man sich nur auf gutem Wege glaubt,
ein anmaßliches Ansehen.

Daß ich gestern abend mich in ein Gespräch über bildende Kunst
lebhaft einmischte, da mir das Anschauen derselben fehlt, und ich nur
einige literarische Kenntnisse davon besitze, werden Sie mir verzeihen, wenn
165 Sie meine Relation vernehmen und daraus ersehen, daß ich bloß im
allgemeinen geblieben bin, daß ich mein Befugnis mitzureden mehr auf
einige Kenntnis der alten Poesie gegründet habe.

Ich will nicht leugnen, daß die Art, wie der Gegner mit meinem
Freunde verfuhr, mich entrüstete. — Ich bin noch jung, entrüste mich
170 vielleicht zur Unzeit und verdiene um desto weniger den Titel eines

Philosophen. Die Worte des Gegners griffen mich selbst an: denn wenn der Kenner, der Liebhaber der Kunst, das Schöne nicht aufgeben darf, so muß der Schüler der Philosophie sich das Ideal nicht unter die Hirn= gespinste verweisen lassen.

Nun, so viel ich mich erinnere, wenigstens den Faden nnb den [175] allgemeinen Inhalt des Gespräches!

Ich. Erlauben Sie, daß ich auch ein Wort einrede!

Der Gast (etwas schnöde). Von Herzen gern, und wo möglich nicht von Luftbildern!

Ich. Von der Poesie der Alten kann ich einige Rechenschaft geben; [180] von der bildenden Kunst habe ich wenig Kenntnis.

Der Gast. Das thut mir leid! So werden wir wol schwerlich näher zusammenkommen.

Ich. Und doch sind die schönen Künste nahe verwandt; die Freunde der verschiedensten sollten sich nicht misverstehen. [185]

Oheim. Lassen Sie hören!

Ich. Die alten Tragödiendichter verfuhren mit dem Stoff, den sie bearbeiteten, völlig wie die bildenden Künstler, wenn anders diese Kupfer, welche die Familie der Niobe vorstellen, nicht ganz vom Original abweichen. [190]

Gast. Sie sind leidlich genug: sie geben nur einen unvollkommenen, nicht einen falschen Begriff.

Ich. Nun! dann können wir sie insofern zum Grunde legen.

Oheim. Was behaupten Sie von dem Verfahren der alten Tragödienschreiber? [195]

Ich. Sie wählten sehr oft, besonders in der ersten Zeit un= erträgliche Gegenstände, unleidliche Begebenheiten.

Gast. Unerträglich wären die alten Fabeln?

Ich. Gewiß! ungefähr wie Ihre Beschreibung des Laokoon.

Gast. Diese finden Sie also unerträglich? [200]

Ich. Verzeihen Sie! nicht Ihre Beschreibung, sondern das Be= schriebene.

Gast. Also das Kunstwerk?

Ich. Keineswegs! aber das, was Sie darin gesehen haben, die Fabel, die Erzählung, das Skelett, das, was Sie charakteristisch nennen. [205]

Denn wenn Laokoon wirklich so vor unsern Augen stünde, wie Sie ihn beschreiben, so wäre er wert, dass er den Augenblick in Stücke geschlagen würde.

Gast. Sie drücken sich stark aus.

210 Ich. Das ist wol einem wie dem andern erlaubt.

Oheim. Nun also zu dem Trauerspiele der Alten.

Gast. Zu den unerträglichen Gegenständen.

Ich. Ganz recht! aber auch zu der alles erträglich, leiblich, schön, anmutig machenden Behandlung.

215 Gast. Das geschähe denn also wol durch Einfalt und stille Größe?

Ich. Wahrscheinlich!

Gast. Durch das milderude Schönheitsprincip?

Ich. Es wird wol nicht anders sein!

Gast. Die alten Tragödien wären also nicht schrecklich?

220 Ich. Nicht leicht, so viel ich weiß, wenn man den Dichter selbst hört. Freilich, wenn man in der Poesie nur den Stoff erblickt, der dem Gedichteten zum Grunde liegt, wenn man vom Kunstwerke spricht, als hätte man an seiner Statt die Begebenheiten in der Natur erfahren, dann lassen sich wol sogar sophokleische Tragödien als ekelhaft und 225 abscheulich darstellen.

Gast. Ich will über Poesie nicht entscheiden.

Ich. Und ich nicht über bildende Kunst.

Gast. Ja, es ist wol das Beste, dass jeder in seinem Fache bleibt.

Ich. Doch gibt es einen allgemeinen Punkt, in welchem die Wir= 230 kungen aller Kunst, redender sowol als bildender, sich sammeln, aus welchem alle ihre Gesetze ausfließen.

Gast. Und dieser wäre?

Ich. Das menschliche Gemüt.

Gast. Ja, ja! es ist die Art der neuen Herren Philosophen, 235 alle Dinge auf ihren eigenen Grund und Boden zu spielen; und be= quemer ist es freilich, die Welt nach der Idee zu modeln, als seine Vor= stellungen den Dingen zu unterwerfen.

Ich. Es ist hier von keinem metaphysischen Streite die Rede.

Gast. Den ich mir auch verbitten wollte.

Ich. Die Natur, will ich einmal zugeben, lasse sich unabhängig [240] von dem Menschen denken; die Kunst bezieht sich notwendig auf denselben: denn die Kunst ist nur durch den Menschen und für ihn.

Gast. Wozu soll das führen?

Ich. Sie selbst, indem Sie der Kunst das Charakteristische zum Ziel setzen, bestellen den Verstand, der das Charakteristische erkennt, zum [245] Richter.

Gast. Allerdings thue ich das. Was ich mit dem Verstand nicht begreife, existiert mir nicht.

Ich. Aber der Mensch ist nicht bloß ein denkendes, er ist zugleich ein empfindendes Wesen. Er ist ein Ganzes, eine Einheit vielfacher, innig [250] verbundener Kräfte; und zu diesem Ganzen des Menschen muß das Kunstwerk reden, es muß dieser reichen Einheit, dieser einigen Mannigfaltigkeit in ihm entsprechen.

Gast. Führen Sie mich nicht in diese Labyrinthe! denn wer vermöchte uns herauszuhelfen? [255]

Ich. Da ist es denn freilich am besten, wir heben das Gespräch auf, und jeder behauptet seinen Platz.

Gast. Auf dem meinigen wenigstens stehe ich fest.

Ich. Vielleicht fände sich noch geschwind ein Mittel, daß einer den andern auf seinem Platze wo nicht besuchen, doch wenigstens be- [260] obachten könnte.

Gast. Geben Sie es an!

Ich. Wir wollen uns die Kunst einen Augenblick im Entstehen denken.

Gast. Gut. [265]

Ich. Wir wollen das Kunstwerk auf dem Wege zur Vollkommenheit begleiten.

Gast. Nur auf dem Wege der Erfahrung mag ich Ihnen folgen. Die steilen Pfade der Speculation verbitte ich mir.

Ich. Sie erlauben, daß ich ganz von vorne anfange! [270]

Gast. Recht gern.

Ich. Der Mensch fühlt eine Neigung zu irgend einem Gegenstand, sei es ein einzelnes belebtes Wesen —

Gast. Also etwa zu diesem artigen Schoßhunde.

275 Julie. Komm, Bello! es ist keine geringe Ehre, als Beispiel zu einer solchen Abhandlung gebraucht zu werden.

Ich. Fürwahr, der Hund ist zierlich genug, und fühlte der Mann, den wir annehmen, einen Nachahmungstrieb, so würde er dieses Geschöpf auf irgend eine Weise darzustellen suchen. Lassen Sie aber auch seine 280 Nachahmung recht gut geraten, so werden wir doch nicht sehr gefördert sein: denn wir haben nun allenfalls nur zwei Bellos für einen.

Gast. Ich will nicht einreden, sondern erwarten, was hieraus entstehen soll.

Ich. Nehmen Sie an, daß dieser Mann, den wir wegen seines 285 Talentes nun schon einen Künstler nennen, sich hierbei nicht beruhigte; daß ihm seine Neigung zu eng, zu beschränkt vorkäme; daß er sich nach mehr Individuen, nach Varietäten, nach Arten, nach Gattungen umthäte dergestalt, daß zuletzt nicht mehr das Geschöpf, sondern der Begriff des Geschöpfes vor ihm stünde, und er diesen endlich durch seine Kunst dar= 290 zustellen vermöchte.

Gast. Bravo! das würde mein Mann sein. Das Kunstwerk würde gewiß charakteristisch ausfallen.

Ich. Ohne Zweifel!

Gast. Und ich würde mich dabei beruhigen und nichts weiter 295 fordern.

Ich. Wir andern aber steigen weiter.

Gast. Ich bleibe zurück.

Oheim. Zum Versuche gehe ich mit.

Ich. Durch jene Operation möchte allenfalls ein Canon entstanden 300 sein, musterhaft, wissenschaftlich schätzbar, aber nicht befriedigend fürs Gemüt.

Gast. Wie wollen Sie auch den wunderlichen Forderungen dieses lieben Gemüts genugthun?

Ich. Es ist nicht wunderlich, es läßt sich nur seine gerechten 305 Ansprüche nicht nehmen. Eine alte Sage berichtet uns, daß die Elohim einst unter einander gesprochen: Lasset uns den Menschen machen, ein Bild, das uns gleich sei! Und der Mensch sagt daher mit vollem Recht: Laßt uns Götter machen, Bilder, die uns gleich seien!

Gast. Wir kommen hier schon in eine sehr dunkle Region.

Ich. Es gibt nur ein Licht, uns hier zu leuchten.   310

Gast. Das wäre?

Ich. Die Vernunft.

Gast. Inwiefern sie ein Licht oder ein Irrlicht sei, ist schwer zu
bestimmen.

Ich. Nennen wir sie nicht, aber fragen wir uns die Forderungen   315
ab, die der Geist an ein Kunstwerk macht. Eine beschränkte Neigung soll
nicht nur ausgefüllt, unsre Wißbegierde nicht etwa nur befriedigt, unsere
Kenntnis nur geordnet und beruhigt werden: das Höhere, das in uns
liegt, will erweckt sein; wir wollen verehren und uns selbst als verehrungs=
würdig fühlen.   320

Gast. Ich fange an, nichts mehr zu verstehen.

Oheim. Ich aber glaube einigermaßen folgen zu können. Wie
weit ich mitgehe, will ich durch ein Beispiel zeigen. Nehmen wir an,
daß jener Künstler einen Adler in Erz gebildet, der den Gattungsbegriff
vollkommen ausdrückte; nun wollte er ihn aber auf den Scepter Jupiters 325
setzen. Glauben Sie, daß er dahin vollkommen passen würde?

Gast. Es käme darauf an.

Oheim. Ich sage: nein! Der Künstler müßte ihm vielmehr
noch etwas geben.

Gast. Was denn?   330

Oheim. Das ist freilich schwer auszudrücken.

Gast. Ich vermute.

Ich. Und doch ließe sich vielleicht durch Annäherung etwas thun.

Gast. Nur immer zu!

Ich. Er müßte dem Adler geben, was er dem Jupiter gab, um 335
diesen zu einem Gott zu machen.

Gast. Und das wäre?

Ich. Das Göttliche, das wir freilich nicht kennen würden, wenn
es der Mensch nicht fühlte und selbst hervorbrächte.

Gast. Ich behaupte immer meinen Platz, und lasse Sie in die 340
Wolken steigen. Ich sehe recht wol, Sie wollen den hohen Stil der
griechischen Kunst bezeichnen, den ich aber auch nur insoferne schätze, als
er charakteristisch ist.

Ich. Für uns ist er noch etwas mehr: er befriedigt eine hohe
Forderung, die aber doch noch nicht die höchste ist.   345

Gaſt. Sie ſcheinen ſehr ungenügſam zu ſein.

Ich. Dem, der viel erlangen kann, geziemt viel zu fordern. Laſſen Sie mich kurz ſein! Der menſchliche Geiſt befindet ſich in einer herlichen Lage, wenn er verehrt, wenn er anbetet, wenn er einen Gegen350ſtand erhebt und von ihm erhoben wird; allein er mag in dieſem Zuſtand nicht lange verharren. Der Gattungsbegriff ließ ihn kalt, das Ideale erhob ihn über ſich ſelbſt; nun aber möchte er in ſich ſelbſt wieder zurück=kehren, er möchte jene frühere Neigung, die er zum Individuum gehegt, wieder genießen, ohne in jene Beſchränktheit zurückzukehren, und will auch 355das Bedeutende, das Geiſterhebende nicht fahren laſſen. Was würde aus ihm in dieſem Zuſtande werden, wenn die Schönheit nicht einträte und das Rätſel glücklich löste! Sie gibt dem Wiſſenſchaftlichen erſt Leben und Wärme, und indem ſie das Bedeutende, Hohe mildert und himmliſchen Reiz darüber ausgießt, bringt ſie es uns wieder näher. Ein ſchönes Kunſtwerk hat 360den ganzen Kreis durchlaufen; es iſt nun wieder eine Art Individuum, das wir mit Neigung umfaſſen, das wir uns zueignen können.

Gaſt. Sind Sie fertig?

Ich. Für dießmal. Der kleine Kreis iſt geſchloſſen; wir ſind wieder da, wo wir ausgegangen ſind; das Gemüt hat gefordert, das Gemüt 365iſt befriedigt, und ich habe weiter nichts zu ſagen.

Der gute Oheim ward zu einem Kranken bringend abgerufen.

Gaſt. Es iſt die Art der Herren Philoſophen, daſs ſie ſich hinter ſonderbaren Worten, wie hinter einer Aegide, im Streite einher bewegen.

Ich. Dießmal kann ich wol verſichern, daſs ich nicht als Philoſoph 370geſprochen habe: es waren lauter Erfahrungsſachen.

Gaſt. Das nennen Sie Erfahrung, wovon ein anderer nichts be=greifen kann.

Ich. Zu jeder Erfahrung gehört ein Organ.

Gaſt. Wol ein beſonderes?

375 Ich. Kein beſonderes, aber eine gewiſſe Eigenſchaft muſs es haben.

Gaſt. Und die wäre?

Ich. Es muſs producieren können.

Gaſt. Was producieren?

Ich. Die Erfahrung. Es gibt keine Erfahrung, die nicht pro= 380duciert, hervorgebracht, erſchaffen wird.

Gaſt. Nun, das iſt arg genug!

Ich. Beſonders gilt es von dem Künſtler.

Gaſt. Fürwahr, was wäre nicht ein Porträtmaler zu beneiden, was würde er nicht für Zulauf haben, wenn er ſeine ſämmtlichen Kunden producieren könnte, ohne ſie mit ſo mancher Sitzung zu incommobieren! [385]

Ich. Vor dieſer Inſtanz fürchte ich mich gar nicht; ich bin viel= mehr überzeugt, kein Porträt kann etwas taugen, als wenn es der Maler im eigentlichſten Sinne erſchafft.

Gaſt (aufſpringend). Das wird zu toll! Ich wollte, Sie hätten mich zum beſten und das alles wäre nur Spaß! Wie würde ich mich [390] freuen, wenn das Rätſel ſich dergeſtalt auflöſte! Wie gerne würde ich einem wackern Mann, wie Sie ſind, die Hand reichen!

Ich. Leider iſt es mein völliger Ernſt, und ich kann mich weder anders finden noch fügen.

Gaſt. Nun, ſo dächte ich, wir reichten einander zum Abſchied [395] wenigſtens die Hände, beſonders da unſer Herr Wirt ſich entfernt hat, der doch noch allenfalls den Präſidenten bei unſerer lebhaften Diſputation machen konnte. Leben Sie wohl, Mademoiſelle! Leben Sie wol, mein Herr! Ich laſſe morgen anfragen, ob ich wieder aufwarten darf.

So ſtürmte er zur Thüre hinaus, und Julie hatte kaum Zeit, ihm [400] die Magd, die ſich mit der Laterne parat hielt, nachzuſchicken.

Goethe.

Kunſt und Zeitalter.

(Aus dem Vortrage „Ueber das Verhältnis der bildenden Künſte zur Natur", 1825.)

Die Kunſt entſpringet nur aus der lebhaften Bewegung der innerſten Gemüts= und Geiſteskräfte, die wir Begeiſterung nennen. Alles, von ſchweren oder kleinen Anfängen zu großer Macht und Höhe heran= gewachſen, iſt durch Begeiſterung groß geworden. So Reiche und Staaten, Künſte und Wiſſenſchaften. Aber nicht die Kraft des Einzelnen richtet [5] es aus; nur der Geiſt, der ſich im Ganzen verbreitet. Denn die Kunſt insbeſondere iſt, wie die zarteren Pflanzen von Luft und Witterung, ſo von öffentlicher Stimmung abhängig, ſie bedarf eines allgemeinen Enthuſiasmus für Erhabenheit und Schönheit, wie jener, der in dem medicäiſchen Zeitalter gleich einem warmen Frühlingshauch alle die großen [10] Geiſter zumal und auf der Stelle hervorrief, einer Verfaſſung, wie ſie uns Perikles im Lob Athens ſchildert, und die uns die milde Herſchaft eines väterlichen Regenten ſicherer und dauernder als Volksregierung gewährt;

wo jede Kraft freiwillig sich regt, jedes Talent mit Lust sich zeigt, weil
15 jedes nur nach seiner Würdigkeit geschätzt wird; wo Unthätigkeit Schande
ist, Gemeinheit nicht Lob bringt, sondern nach einem hochgesteckten außer=
ordentlichen Ziel gestrebt wird. Nur dann, wenn das öffentliche Leben
durch die nämlichen Kräfte in Bewegung gesetzt wird, durch welche die
Kunst sich erhebet, nur dann kann diese von ihm Vortheil ziehen; denn
20 sie kann sich, ohne den Adel ihrer Natur aufzugeben, nach nichts Aeußerem
richten. Kunst und Wissenschaft können beide sich nur um ihre eigene
Axe bewegen, der Künstler wie jeder geistig Wirkende nur dem Gesetz
folgen, das ihm Gott und Natur ins Herz geschrieben, keinem andern.
Ihm kann niemand helfen, er selbst muß sich helfen; so kann ihm auch
25 nicht äußerlich gelohnt werden, da, was er nicht um seiner selbst willen
hervorbrächte, alsobald nichtig wäre; eben darum kann ihm auch niemand
befehlen oder den Weg vorschreiben, welchen er wandeln solle. Ist er
beklagenswert, wenn er mit seiner Zeit zu kämpfen hat, so verdient er
Verachtung, wenn er ihr fröhnt. Und wie vermöchte er auch nur dieses?
30 Ohne großen allgemeinen Enthusiasmus gibt es nur Secten, keine öffent=
liche Meinung. Nicht ein befestigter Geschmack, nicht die großen Begriffe
eines ganzen Volkes, sondern die Stimmen einzelner willkürlich aufge=
worfener Richter entscheiden über Verdienst, und die Kunst, die in ihrer
Hoheit selbst genügsam ist, buhlt um Beifall und wird dienstbar, da sie
35 herschen sollte.

Verschiednen Zeitaltern wird eine verschiedene Begeisterung zu
Theil. Dürfen wir keine für diese Zeit erwarten, da die neue jetzt sich
bildende Welt, wie sie theils schon äußerlich, theils innerlich und im
Gemüt vorhanden ist, mit allen Maßstäben bisheriger Meinung nicht
40 mehr gemessen werden kann, alles vielmehr laut größere fordert und eine
gänzliche Erneuung verkündet? Sollte nicht jener Sinn, dem sich Natur
und Geschichte lebendiger wieder aufgeschlossen, auch der Kunst ihre großen
Gegenstände zurückgeben? Aus der Asche des Dahingesunknen Funken
ziehen und aus ihnen ein allgemeines Feuer wieder anfachen wollen, ist
45 eine eitle Bemühung. Aber auch nur eine Veränderung, welche in den Ideen
selbst vorgeht, ist fähig, die Kunst aus ihrer Ermattung zu erheben, nur
ein neues Wissen, ein neuer Glaube vermögend, sie zu der Arbeit zu
begeistern, wodurch sie in einem verjüngten Leben eine der vorigen ähn=
liche Herlichkeit offenbarte. Zwar eine Kunst, die nach allen Bestim=
50 mungen dieselbe wäre, wie die früherer Jahrhunderte, wird nie wieder

kommen; denn nie wiederholt sich die Natur. Ein solcher Raphael wird nicht wieder sein, aber ein anderer, der auf eine gleich eigentümliche Weise zum Höchsten der Kunst gelangt ist. Lasset nur jene Grundbedingung nicht fehlen, und die wiederauflebende Kunst wird wie die frühere in ihren ersten Werken das Ziel ihrer Bestimmung zeigen. In der Bildung [55] des bestimmt Charakteristischen schon, geht sie anders aus einer frischen Urkraft hervor, ist, wenn auch verhüllt, die Anmut gegenwärtig, in beiden schon die Seele vorherbestimmt. Werke, die auf solche Art entspringen, sind auch in anfänglicher Unvollendung schon notwendige, ewige Werke.

Wir dürfen es bekennen, wir haben bei jener Hoffnung eines neuen [60] Auflebens einer durchaus eigentümlichen Kunst hauptsächlich das Vaterland im Auge. War doch schon zu der nämlichen Zeit, welche die Kunst in Italien wieder erweckte, aus einheimischem Boden das vollkräftige Gewächs der Kunst unseres großen Albrecht Dürer hervorgegangen: wie eigentümlich deutsch, und doch wie verwandt jenem, dessen süße Früchte [65] die mildere Sonne Italiens zur höchsten Reife brachte! Dieses Volk, von welchem die Revolution der Denkart in dem neueren Europa ausgegangen, dessen Geisteskraft die größten Erfindungen bezeugen, das dem Himmel Gesetze gegeben, und am tiefsten von allen die Erde durchforscht hat, dem die Natur einen unverrückten Sinn für das Rechte und die [70] Neigung zur Erkenntnis der ersten Ursachen tiefer als irgend einem anderen eingepflanzt, dieses Volk muß in einer eigentümlichen Kunst endigen!

Schelling.

---

§. 8. Baukunst.

Das architektonische Kunstwerk dient, wie überhaupt jeder Bau, einem bestimmten Zwecke und muß diesem durch seine Gestalt und seine Eintheilung vollkommen entsprechen. Von einem unkünstlerischen Gebäude unterscheidet es sich dadurch, daß es nicht allein zweckentsprechend ist, sondern auch durch seine ganze Anlage, durch künstlerisches Ornament, durch Formen, die nicht gerade durch das Bedürfnis geboten sind, einen ästhetischen Eindruck macht, unsere Phantasie befriedigt.

Der Architekt entwirft den Bauplan, ein Werk seiner Phantasie; er fixiert denselben durch Zeichnung oder durch ein Modell.

Die Zeichnung muß jene Ansichten darstellen, aus denen der ästhetische Charakter des Baues ersichtlich wird:

a) den Grundriß, d. h. jene Figur, welche der Bau in horizontaler Ausdehnung auf dem Boden bildet. — Hat der Bau mehrere Stockwerke, so erfordert jedes einen Grundriß;

4

b) den Aufriß, d. h. jene Figur, welche das Gebäude in seiner vertikalen Erhebung bildet und zwar sowol von der Längen- als Breitseite;

c) den Durchschnitt, d. h. die Ansicht, welche sich bietet, wenn man das Gebäude an irgend einer Stelle senkrecht durchschnitten sich denkt, sowol nach der Länge, als nach der Breite;

d) die perspektivische Ansicht, die das Gesammtbild vom günstigsten Standpunkte gibt.

Einzelheiten am Bauwerke, wie Thüren, Säulen, innere Ausstattung erfordern Detailzeichnungen.

Der so entworfene Bauplan wird dann erst mit allen Mitteln der Technik (des Bauhandwerks) ausgeführt. Die Ausführung leitet entweder der Architekt selbst oder ein Baumeister, der nicht zugleich Künstler ist.

Zur Ausführung bedarf man erst der Materialmassen, die für diese Kunst charakteristisch sind.

Das Material für Kunstbauten besteht aus: a) Hau- oder Bruchsteinen (Quadern); b) Backsteinen (Ziegeln) oder c) Holz. — Das Material hat auf den Charakter des Baues maßgebenden Einfluß. Uebrigens kommen auch alle diese Arten, sowie andere Stoffe (z. B. Eisen) bei einem und demselben Baue zur Verwendung.

Die Baukunst dient entweder religiösen oder weltlichen Zwecken. Je höhere Bedeutung diese Zwecke für das Leben der Menschheit haben, desto höheren Schwung erhält die Kunst durch sie. — Man kann diese beiden Hauptrichtungen der Kunst als Tempel- oder Kirchenbau und Palastbau bezeichnen, wenn man unter Palast jedes ausgezeichnete Gebäude zu weltlichen Zwecken verstehen will. — Der Charakter des Gebäudes wechselt naturgemäß nach den verschiedenen Zwecken.

Der Stil eines architektonischen Kunstwerkes ist aber nicht bloß durch das Material und den Zweck des Baues bedingt, sondern hängt auch vom Kulturcharakter des Volkes und der allgemeinen Bildungsstufe der Zeit ab. — Selbst bei gleichem Material und gleichen Zwecken wechseln daher die Baustile nach den Völkern oder nach der Zeit bei demselben Volke.

§. 9. Baukunst des Altertums.

a) Aegypter und Inder.

Die ältesten Baudenkmäler der Erde stehen an den Ufern des Nils; sie sind Werke der Aegypter. Dazu gehören vor allen die Pyramiden von Gizeh, die man zu den sieben Weltwundern rechnet. Sie waren bestimmt als künstlich geformte Berge (die höchste 764 Fuß) den Sarg des Herschers zu umschließen. Ferner die Tempel- und Palastruinen des ehemals hundertthorigen Theben bei den jetzigen Dörfern Luxor und Karnak. — Mächtige Umfassungsmauern, pyramidal ansteigend, ohne Fensteröffnung und Säulenstellung geben ihnen einen feierlich ernsten Charakter. Alle Wandflächen, Decken und die gewaltigen Säulen des Innenraumes sind mit geheimnisvoller, buntfarbiger Bilderschrift (Hieroglyphen) oder mit Figuren bedeckt.

Nicht minder großartig, aber jünger find die Baudenkmale der Inder auf dem Hochlande Dekan und im Tieflande Hindostan. Es sind meist in Felsen gehauene Tempel des Buddha- und Brahmakultus, wie die Grottentempel zu Ellora und auf Elephanta und der Felsentempel zu Mahamaleipur (auf Coromandel). Die freien Tempelbauten über der Erde heißen Pagoden.

Der ägyptische und indische Baustil macht durch die Massenhaftigkeit des Materials und Kolossalität der Anlage den Eindruck des Schweren, Kraftvollen, Erhabenen. — Eine höhere künstlerische Vollendung zeigen die Bauwerke der Griechen, weil in denselben das Material schöner und maßvoller gegliedert ist.

b) Griechen.

Die griechische Architektur ist am höchsten entwickelt im Tempelbau.

Der griechische Tempel bildet ein Rechteck von nicht beträchtlicher Ausdehnung. — Den Haupttheil des mauerumschlossenen Innenraumes bildet die Cella, in welcher das Bild der Gottheit stand; an diese schließen sich das Hinterhaus (Opisthodomos) und die Vorhalle (Pronaos).

Diese Räume sind wieder entweder ganz mit einer Säulenhalle umgeben (Peripteros) oder es befindet sich eine solche wenigstens an der Schmalseite des Einganges. Auf den Mauern oder den Säulen ruht das reich geschmückte und gegliederte Gebälk mit dem Fries, das ein sanft geneigtes Giebeldach trägt. — Charakteristisch für den Gesammteindruck ist das Vorherrschen der horizontalen Linie. —

Man beobachtet an den griechischen Tempelbauten dreierlei Stile, den dorischen, jonischen und korinthischen. Ihre Hauptmerkmale liegen in den Säulen. Die Säule gliedert sich in Basis, Schaft und Kapitäl; der Schaft ist stets kanelliert, d. h. mit kleinen Rinnen überzogen, die vertikal verlaufen.

Die dorische Säule ruht ohne eigentliche Basis auf dem gemeinsamen Unterbau; der Schaft verjüngt sich nach oben, und hat nur durch scharfe Kanten getrennte, offene Kanelluren. Das Kapitäl ist höchst einfach und wenig gegliedert.

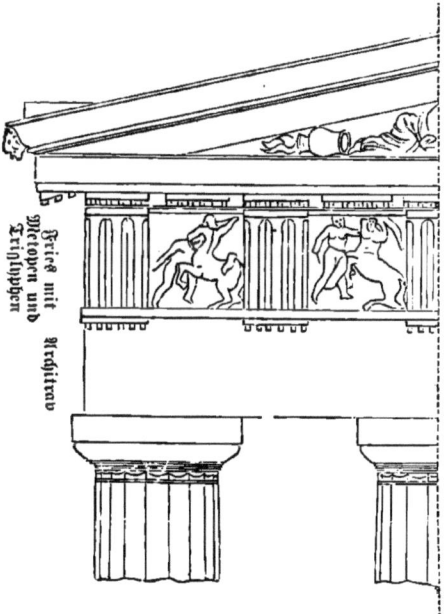

Fries mit Metopen und Triglyphen

Architrav

(Fig. 1.) Dorische Säule.

Die jonische Säule (Fig. 2) hat anmutige, heiter bewegte Formen. Sie erhebt sich auf einer mehrfach gegliederten Basis; die Kanelluren des Schaftes sind oben und unten

4*

geſchloſſen und durch einen ſchmalen Strei=
fen getrennt. Das Kapitäl iſt beſonders
durch eine an vier Seiten in Scheiben=
form auslaufende Bildung (Schnecken ge=
nannt) eigentümlich belebt.

Die korinthiſche Säule (Fig. 3)
iſt die prächtigſte, aber auch am ſpäteſten
angewendete. Sie gleicht in Baſis und
Schaft der joniſchen. Das Kapitäl aber
erhält reicheren Schmuck, indem es mit
mehreren Reihen von Blättern umkleidet
wird, die mit der Spitze ſanft über=
ſchlagen. Meiſt verwendete man dazu das
reichgegliederte Akanthusblatt.

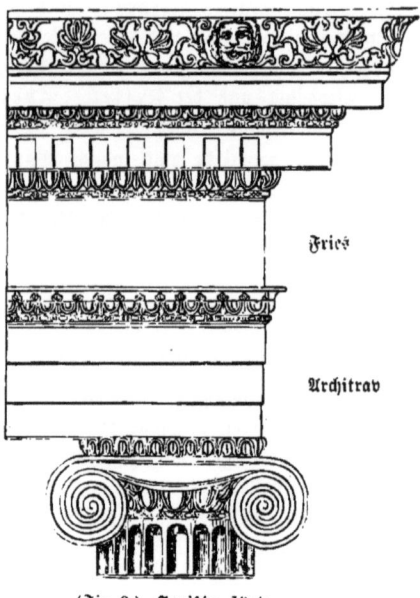

Fries

Architrav

(Fig. 2.) Joniſche Säule.

Fries

Architrav

(Fig. 3.) Korinthiſche Säule.

Der Hauptbau im doriſchen Stil, zu=
gleich das Meiſterwerk griechiſcher Architektur
iſt der Parthenon auf der Akropolis von
Athen. Der zweite Tempel auf der Akropolis,
das Erechtheion, war im joniſchen Stile
gebaut; in den Propyläen, den Eingangs=
thorhallen der heiligen Feſte, war joniſcher
und doriſcher Stil vereinigt. — Alle dieſe
Bauten liegen heute größtentheils in Trüm=
mern. Nachgebildet iſt der Parthenon in der
Walhalla bei Regensburg, die Propyläen
in Stadtthoren von München und Berlin.

c) Römer.

Die römiſche Baukunſt hat ſich direct
aus der griechiſchen entwickelt. Sie hat zu=
nächſt die Säulen umgebildet, ſie höher
und noch reicher geſtaltet, als ſelbſt die korin=
thiſche, und den glatten Schaft eingeführt.
Ihr eigentümlich iſt der Gewölbebau,
den die Griechen nicht verwendeten. Bei
den Römern kommt das Gewölbe ſchon in

feinen Hauptformen vor, dem Tonnen- (Fig. 4) und Kreuz-gewölbe (Fig. 5) und der Kup-pel (Fig. 6).

Die Verbindung des Säu-lenbaues mit dem Gewölbebau ist für die römische Architektur charakteristisch.

Der großartigste Kuppel-bau ist das P a n t h e o n in Rom, jetzt eine Kirche (St. Maria della Rotonda). — Die gewaltig-sten Bogenwölbungen zeigt das in seinen Haupttheilen noch er-haltene C o l o s s e u m in Rom, das größte Amphitheater der Welt. Außer Rom ist das neuestens aus dem Schutte ge-grabene P o m p e j i eine Hauptruinenstätte.

Trümmer römischer Bauten finden sich jedoch über das ganze Gebiet des ehemals römischen Reiches zerstreut. — Innerhalb der österreichischen Monarchie sind die Ruinen von Carnuntum an der Donau bei Wien, das Amphitheater zu Pola, der Palast des Dio-kletian zu Salona besonders bemerkenswert.

(Fig. 4.) Tonnengewölbe.

(Fig. 5.) Kreuzgewölbe.

§. 10. Baukunst des Mittelalters.

Das Mittelalter hat auf dem Gebiete der Baukunst neue Formen geschaffen, neue Stile hervorgebracht, welche den veränderten Bedürfnissen des religiösen Kultus dienten. Wie im Altertum der Tempelbau, so bezeichnet im Mittelalter der K i r c h e n b a u den Höhe-punkt der Kunstleistung.

Die großen Gegensätze der christlichen und islamitischen Welt, welche die ganze Ge-schichte des Mittelalters bewegen, haben sich auch in der Architektur ausgeprägt; es gibt eine c h r i s t l i c h e und eine i s l a m i t i s c h e Baukunst.

Innerhalb der christlichen Welt ist die Spaltung in eine abendländisch-römische und morgenländisch-griechische Kirche maßgebend.

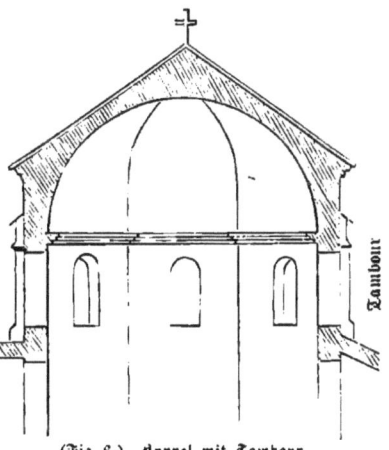

(Fig. 6.) Kuppel mit Tambour.

Die griechisch-orientalische Kirche hat wesentlich nur den einen Stil ausgebildet, den man den byzantinischen nennt. Die Völker der römischen Kirche aber, wie sie überhaupt in dieser Zeit die thatkräftigsten waren, haben eine Reihe von Baustilen geschaffen, welche der Zeit nach aufeinander folgen.

a) Basilika.

Die Form der ältesten christlichen Kirchen ist der römischen Basilika entlehnt, einer Säulenhalle, welche zum Geschäftsverkehre und zu Gerichtsverhandlungen diente.

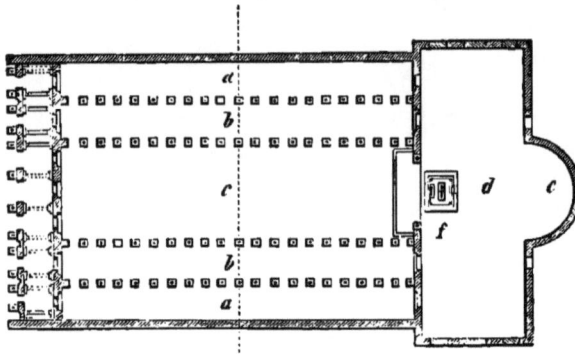

(Fig. 7.) Grundriss von Paolo.

— Ein länglicher, rechteckiger Raum ist durch zwei oder vier Säulenreihen in drei oder fünf Schiffe getheilt. An diese schließt sich ein Querschiff, welches mit einer in der Längenrichtung vorspringenden Halbkreis-Nische (Apsis) die Form eines lateinischen Kreuzes herstellt. Das Mittelschiff ist breiter und höher als die andern und ohne eigentliche Decke, so daß man das Gebälk des Dachstuhles sieht, das bunt bemalt werden mußte. — In der Apsis ist der Altar angebracht. Thürme fehlen bei den Basiliken.

Die vornehmste unter den ältesten Basiliken ist die großartige und prächtige Kirche San Paolo in Rom (Fig. 7), die durch Kaiser Konstantin im vierten Jahrhundert erbaut, leider 1823 durch Brand zerstört wurde und restauriert werden mußte. — In unserer Zeit hat König Ludwig I. zu München die Basilika des h. Bonifacius aufgeführt. —

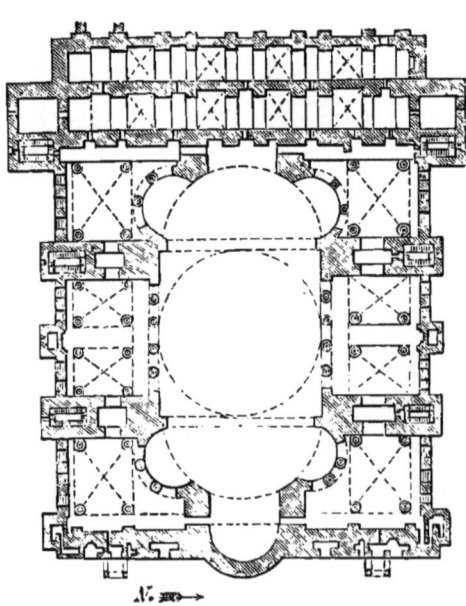

(Fig. 8.) Die Sophienkirche.

b) Byzantinisch.

Der byzantinische Stil gieng von Byzanz aus, der Hauptstadt des griechischen Theiles des Römerreiches. Der Musterbau desselben, die Sophienkirche (Fig. 8) in Konstantinopel (Hagia Sophia, Aja Sophia genannt) im 6. Jahrhunderte von Kaiser Justinian erbaut, wurde Vorbild für die meisten Kirchenbauten des griechisch = orientalischen Kultus. — Seit dem 15. Jahrhundert ist sie in eine Moschee umgestaltet.

Die Hauptmerkmale dieses Stils liegen in der fast quadratischen Form des Grundrisses und der Anordnung der Theile um einen Mittelpunkt, den ein großes Kuppelgewölbe überdeckt. Der innere Raum gewinnt die Form eines griechischen (gleicharmigen) Kreuzes.

c) Romanisch.

Aus der altchristlichen Basilika entwickelte sich seit dem 11. Jahrhundert der romanische Stil, so genannt, weil er unter dem romanischen Volke den Franzosen zuerst auftrat. — Die Grundform der Basilika, das lateinische Kreuz, bleibt; nur wird die Apsis zum Chor erweitert, unter welchem eine Krypta (Gruftkapelle) angebracht ist. — Die Schiffe erhalten eine Gewölbdecke (Tonnen = oder Kreuzgewölbe), welche von Pfeilern und Säulen getragen wird. Von dieser Wölbung und weil in den Oeffnungen und Ornamenten der Rundbogen vorherscht, nennt man diesen Stil wol auch den Rundbogenstil. An der Façade oder an der Kreuzung des Querschiffes sind meist zwei Thürme angebracht.

Ein Musterbau dieser Art ist der von Kaiser Konrad II. im 11. Jahrhundert begründete Dom zu Speier, der die Gruft der alten deutschen Kaiser birgt, daher auch Kaiserdom genannt wird. Das schönste Bauwerk romanischen Stils in österreichischen Ländern ist der Dom zu Gurk, dem ehemaligen Bischofsitze in Kärnten. — Wien hat seit 1848 in der Altlerchenfelderkirche einen Neubau romanischen Stils erhalten.

d) Gotisch.

Auf den romanischen Stil folgte im 13. Jahrhundert der gotische und kam bis zum Ausgange des Mittelalters in Anwendung. — Der Stil und sein Name stehen in keiner Beziehung zu den Goten. Die Bezeichnung kam zuerst in Italien auf, wo man den Stil als einen fremden, barbarischen spottweise gotisch nannte; sie fand Verbreitung und blieb auch, als man die hohe Bedeutung des Stils erkannt hatte. Man nent ihn wol auch germanisch oder geradezu deutsch, weil er in Deutschland zur höchsten Entwicklung kam.

Der Grundriß behielt die Form des lateinischen Kreuzes, die er schon in der Basilika hatte. An die Stelle des Rundbogens trat der Spitzbogen in den Wölbungen der Schiffe, der Fenster und Thore, wie in den Ornamenten. Daher auch der Name Spitzbogenstil.

Die Fensteröffnungen wurden weiter und prächtiger, als bei den romanischen Bauten, und mit leuchtenden Glasgemälden geschmückt. — Zur Stütze der hohen Wölbungen dienen im Innern reichgegliederte Pfeiler, und da die eigentliche Mauer nicht massiv genug war, von außen kräftige Strebepfeiler, die über die Seitenschiffe hin oft durch Strebebogen mit dem Mittelschiffe in Verbindung stehen. — Der ganze Charakter des Stiles ist emporstrebend, die vertikale Linie herscht vor. Mit

den gewaltigen Thürmen vereinigen sich zahllose Spitzgiebel und Spitzthürmchen, an
jedem geeigneten Orte angebracht, um den Eindruck des Erhebenden zu machen.

Deutschland ist reich an gotischen Bauten. Der Musterbau dieses Stils ist der
Kölner Dom, 1248 begonnen, aber nie vollendet. Seit dem 16. Jahrhundert geriet
der Bau in Verfall; erst im 19. Jahrhundert gieng man an die Restauration und
den Ausbau des kolossalen Werkes. — Berühmt sind außerdem die Münster zu Frei=
burg im Breisgau und Straßburg. — Unter den gotischen Bauten Oesterreichs
sind der Stephansdom in Wien, der Veitsdom in Prag und die Schloß=
kirche in Krakau hervorragend.

e) Islamitisch.

Der Islam hat in keiner Kunst so großartiges geschaffen, als in der Bau=
kunst. — So weit der Islam reichte, gab es auch nur einen islamitischen
(arabischen oder maurischen) Stil. —

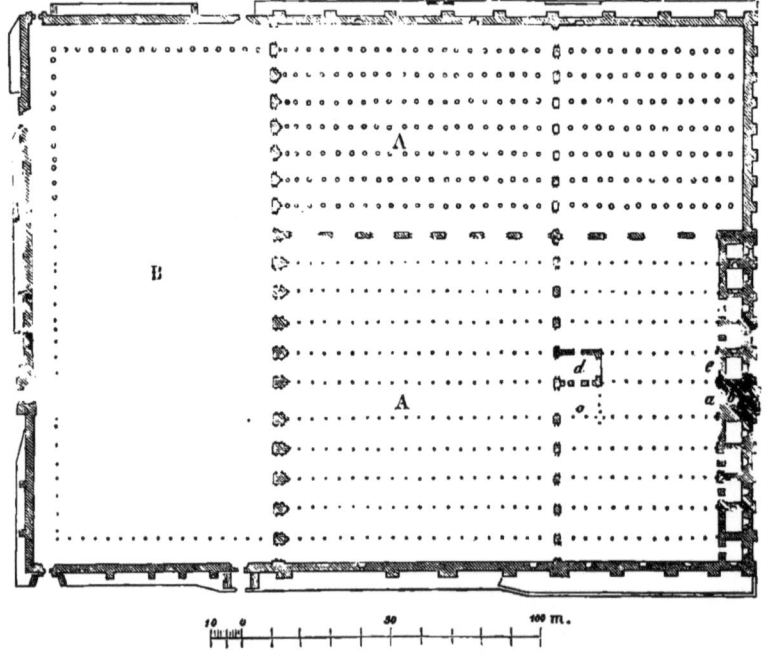

(Fig. 9.) Grundriß der Moschee von Cordova.

Die Moscheen sind von den Kirchen in Anlage und Ausstattung verschieden. —
Der Kultus erforderte eine geräumige Halle für die Gläubigen mit einem besonders
heiligen Raume für den Koran in der Richtung gegen Mekka. Die Halle konnte
ein Rundbau oder ein Rechteck sein und gab Anlaß zu Arkadenanlagen mit Säulen
und Pfeilerstellungen, die oft den ganzen Raum ausfüllen und durch Bogen
verbunden sind. Hier erscheint zuerst der Spitzbogen, der später auch in der

christlichen Gotik Anwendung fand; der Hufeisenbogen gehört nur dem is-
lamitischen Stile an. — Diese Hallen hatten entweder eine flache Holzdecke oder eine
Kuppelwölbung. Eine andere Art Wölbung, von den herabhängenden Spitzen
Stalaktitengewölbe genannt, ist für diesen Stil besonders charakteristisch. —
Für die Belebung der Mauerflächen verwenden die Araber ausschließlich Linien-
ornament und haben in dieser Art überhaupt das Höchste geleistet. — An die große
Halle der Moschee schließt sich ein Hof mit einem Brunnen für Waschungen der
Pilger, und thurmartige Minarets, von denen herab der Muezzim zum Gebete
ruft, steigen an den Seiten empor.

Die höchste Ausbildung erhielt der islamitische Stil nicht in der Heimat des
Islams, Arabien, sondern in Spanien. — Da baute Emir Abderahman schon im
8. Jahrhundert die prachtvolle Moschee von Cordova, und im 14. Jahrhundert
erhob sich auf einem Felsen über der Stadt Granada die Krone islamitischer Baukunst, der weltberühmte Palast der Alhambra. —

§. 11. Baukunst der Neuzeit.

a) Renaissance.

Das wieder eröffnete Verständnis des klassischen Altertums brachte seit dem
15. Jahrhundert einen großen Umschwung hervor im ganzen Kulturleben der abend-
ländischen Völker. Es führte auch zu einem neuen Baustil.

In Italien, speciell in Florenz, fieng man an, Grundsätze der antiken Baukunst
auf moderne Bauten anzuwenden, diese durch freie Nachbildung wiederzubeleben.
Daher nennt man die neue Bauart den Renaissancestil (Stil der Wiedergeburt).
— Spitzbogen und Strebepfeiler verschwanden; geradlinige Formen und Säulen
wurden wieder herrschend. Die horizontale Linie des griechischen, der Rundbogen des
römischen Stils finden gleichmäßig Anwendung; den innern Raum schließen entweder
Flachdecke oder Kuppel. Die Säule wird nicht nur zum Tragen und Oeffnen,
sondern auch als Decoration verwendet.

Im Mittelalter überragte der Kirchenbau jeden andern an künstlerischer Bedeutung. Seit dem Eintritte der Renaissance kommt neben dem Kirchenbau auch der
Palastbau wieder zu höherer Geltung.

Die italienische Renaissance erhielt sich in ihrer Blüte durch Brunnel-
leschi, Bramante, Michelangelo bis ins 16. Jahrhundert und fand bei allen Kulturvölkern Europas Eingang. — Die darauf folgende französische Renaissance
kam in der Zeit Ludwig XIV. zur Herrschaft, artete aber bald durch Willkür und
Ueberladung zum Barockstil aus. — Die ausgeartete deutsche Renaissance des
18. Jahrhunderts nennt man den Zopfstil.

Der hervorragendste Kirchenbau dieser Zeit ist die Peterskirche in Rom, das
Werk der größten italienischen Architekten und so verschiedener Zeiten, daß an derselben
deutlich die Wandlungen des Renaissancestils bemerkbar sind. — Der berühmteste
Profanbau in diesem Stile ist der Palazzo Pitti in Florenz, ehemals die Residenz
des Großherzogs.

In Deutschland und Oesterreich sind seit dem 16. Jahrhundert zahlreiche Kirchen, Rathäuser, fürstliche Residenzen, selbst Klöster, sowol im italienischen als französischen Renaissancestil gebaut worden. — So das Rathaus in Nürnberg, der Friedrichsbau im Schlosse zu Heidelberg, der Dom zu Salzburg, die Karlskirche in Wien. — Prinz Eugens Palast Belvedere, ein Teil der Hofburg in Wien (aus dem 18. Jahrhundert), die Halle des Belvedere auf dem Hradschin in Prag gehören ebenfalls zu den wichtigern Renaissancebauten Oesterreichs.

In dieser Zeit verlor man jedes Verständnis für die erhabenen christlichen Kirchenbaustile des Mittelalters, und verunstaltete durchweg die alten romanischen und gotischen Kirchen durch Zuthaten oder Restauration im Geschmacke der Renaissance. — Unter dem Einflusse des Jesuitenordens wurden sogar gotische Altäre entfernt und durch andere ersetzt, welche eine aus Säulen und Bogen im Stile der Zeit construierte Triumphpforte (das Symbol der triumphierenden Kirche) vorstellen, daher diese auch Jesuitenaltäre genannt werden.

b) Gegenwart.

Der großartige geistige Aufschwung des gesammten geistigen Lebens im 19. Jahrhundert brachte auch eine außerordentliche Steigerung der künstlerischen Bauthätigkeit mit sich. — Es wurde zwar kein neuer Stil geschaffen, aber man versucht, alles Edle und Große der alten Baukunst wiederzuleben. Nicht auf einen einzelnen Stil bezieht sich die Renaissance unserer Zeit, sondern auf alles, was die Vorzeit künstlerisch Reines hervorgebracht; nur von dem, was die Kunstgeschichte als Ausartung nachweist, wendet man sich ab.

In Deutschland regten sich die neuen architektonischen Bestrebungen an verschiedenen Orten. — In Berlin hat der Architekt Friedrich Schinkel (1781 bis 1841) die reinen Formen des antiken Stils wieder ins moderne Leben eingeführt. In Köln bildete sich durch den Ausbau des Domes eine Schule gotischer Architektur; von da aus verbreitete sich die neue Begeisterung für diesen Stil über ganz Deutschland. — München wurde seit 1825 durch den kunstsinnigen König Ludwig I. eine Hauptstätte der Baukunst und ist heute mit Gebäuden verschiedener Stile geschmückt. — Oesterreich folgte. — Wien ist seit 1848 in diese künstlerische Bewegung eingetreten und seit der Stadterweiterung (1860) ein Hauptsitz derselben geworden. Romanische, gotische und Renaissancebauten erhoben sich in kürzester Zeit und andere werden noch vorbereitet. Der Bau der Heilandskirche durch Professor Ferstel, die Restauration des Stephansdomes durch Oberbaurat Friedrich Schmidt, viele Werke des Architekten Theophil Hansen gehören zu den hervorragendsten architektonischen Unternehmungen unserer Zeit. — Gottfried Semper, der berühmte Erbauer des Theaters in Dresden, leitet den Bau der kaiserlichen Museen und hat die Pläne zum Neubau der Hofburg entworfen. Friedrich Schmidt ist die Aufgabe geworden, das neue Rathaus für die Stadt Wien auszuführen. —

Der Parthenon.

(Aus „Der Parthenon", Bilderwerk mit Text. Leipzig 1871. Historischer Theil S. 3 ff.)

1.

Dem Reisenden, der schon lange das Land der Griechen mit der
Seele suchte, kann kein herzerquickenderer Anblick werden, als wenn er
von Süden her den saronischen Golf hinaufsegelnd, an Aegina mit seinem
spitzen Zeusberge und seinem Athenatempel vorbei, auf die Höhe von
Salamis, kommt und nun der Blick in die Ebene von Athen sich öffnet. [5]
Den Hintergrund bilden die langgestreckte Kette des schroffen Parnes
und rechts davon das feingeschwungene pentelische Marmorgebirge, der
Brilettos, einem lebendig gewordenen Giebelfelde vergleichbar. Während
sich links, dem breit hingelagerten Salamis gegenüber, der Aegaleos un=
mittelbar aus dem Meere erhebt, davor Munichia, die steile Feste der [10]
Piräenshalbinsel, wird das Bild rechts von dem massigen Hymettos
eingerahmt, dessen allabendlich wiederkehrende violette Farbenpracht sich
jedem Beschauer unvergeßlich in die Seele prägt. Zwischen diesen Bergen,
deren Höhe 1000—1300 M. (3—4000') beträgt, zieht sich die Ebene
von dem flachen Strande der phalerischen Bucht mehrere Meilen weit [15]
gegen NNO. ins Land hinein. Am Oststrande, unmittelbar unter den
letzten Ausläufern des Hymettos, rinnt die schwache Wasserader des
Ilissos, um sich inmitten der mehr ausgedehnten als dichten Oelbaum=
pflanzungen mit dem wasserreicheren Kephisos zu vereinigen. Jenseits des
Ilissos aber ragt aus der Ebene, anscheinend vereinzelt, in Wahrheit als [20]
der südlichste Ausläufer des Anchesmos, der eigentümlichst schöne Berg
dieser Landschaft, die malerische Felskuppe des Lykabettos, bis zu 284
Meter (874' Par.) empor und blickt auf die Gruppe steiniger Höhen
herab, welche in geringer Entfernung von ihm hingestreckt liegen und von
der Seeseite aus den Fuß des Lykabettos verdecken. Auf dem breiten [25]
Rücken dieses mehrfach getheilten Höhenzuges, die See und die Ebene
im Auge, mögen wol die ältesten Ansiedler den bequemsten Platz für
ihre Wohnungen gefunden haben. Dazu bedurften sie aber als not=
wendiger Ergänzung des nur wenig landeinwärts, gegen den Lykabettos
hin gelegenen Tafelfelsens, der Akropolis, welche 151 M. (471' Par.) [30]
hoch, den ganzen Höhenzug überragt und beherrscht. Denn so wenig der
doppelt so hohe, aber spitze Lykabettos zu einer Burganlage geeignet ist,
so natürlich bietet sich dazu die Akropolis dar. Nur von der Seite

jenes Höhenzuges, von Westen her, ist sie zugänglich, wo überdieß der
35 sanfte Anstieg nordwärts durch den niedrigeren, gegen die Burg bis auf
150 Schritte sich hinaufschiebenden Buckel des Areopags geschützt wird:
der nördliche, östliche und südliche Rand der Akropolis ist schroff, von
höchst energischer Einzelbildung des harten spröden Kalkgesteins, mit viel-
fachen größeren und kleineren Höhlen, namentlich an der Nordseite, über-
40 säet. Die steilen Wände setzen auf einen langsamer, aber immer noch
rasch genug abfallenden breiteren Fuß auf, der sich erst etwa 70 M.
(220′) unterhalb der Burgfläche allmählich in die Ebene verliert. Die
Burgfläche selbst ist ungefähr 275 M. (900′) lang und an der breitesten
Stelle etwa halb so breit, aber keineswegs ganz eben. Ursprünglich zog
45 sich der höchste Rücken ostwärts in der Längsrichtung des Felsens hin,
gegen Norden ein wenig, stärker gegen Süden und Südosten geneigt, bis
hier die kimonische Mauer und die damit verbundene Auffüllung des
Plateaus zugleich eine ebenere Fläche und einen steileren äußeren Rand
schufen.

50   Dieser Burgfels, dessen Hochfläche auch im heißesten Sommer vom
kühlenden Seewind bestrichen wird und einer reinen Luft genießt, während
unten Stadt und Felder in dichten Staubwolken ersticken und verdorren,
von dessen Rücken man die weite Ebene und das Meer bis fernhin
zu den bläulichen Bergreihen von Argolis ebenso frei überschaut,
55 wie seine eigene charakteristische Form, welche der Mythos mit einem
Kasten verglich, von allen Punkten der umliegenden Landschaft die
Augen auf sich zieht — dieser Fels hatte neben seinem Beruf, Schutz
und Centrum für Stadt und Land zu sein, eine uralte heilige Bedeutung.
Denn auf seiner Höhe war der Streit Athenas und Poseidons
60 um die Herschaft über das attische Land zu Gunsten der ersteren entschieden worden, und der alte Tempel der Athena Polias, unweit des
nördlichen Randes an einer gesenkten Stelle erbaut, das schon von der
homerischen Poesie besungene „feste Haus des Erechtheus", umschloß
in seinem heiligen Bezirk die Wahrzeichen jenes Götterstreites, den Oel-
65 baum und das Dreizackmal, zugleich aber auch die Kulte beider Gottheiten. Der oberste Schiedsherr des Streites war nach der ursprünglichen Form der Sage der alte Inhaber der Burg, Zeus Polieus.
Südöstlich vom Poliastempel, da wo die Burgfläche am höchsten ist,
standen sein Bild und sein Altar, und die später nahe dabei errichtete
70 Gruppe, welche die Erschaffung des Oelbaumes und der Dreizackquelle

durch Athena und Poseidon darstellte, mag den Platz bezeichnet haben,
wo einst die Götter unter Zeus Vorsitz zu Gericht saßen.

2.

Vom alten Schatzhause war nichts übrig geblieben als die
gewaltige Substruction, welche so zu sagen selbst ein Theil des Burg-
felsens geworden war. Durch die großartigen Aufschüttungen, die mit [75]
Kimons Bau der südlichen und östlichen Burgmauer verbunden waren,
entstand im Süden und Südosten des Bauplatzes eine geräumige ebene
Fläche, aus welcher der große tempellose Stereobat nur um so kahler
hervorschaute. Eine neue Verwendung sollte er erst durch Perikles finden,
dann aber auch eine solche, welche ebenso eng mit der politischen Be- [80]
deutung des neuen Athen, wie mit der Entwickelung seiner Kunstblüte
verknüpft war. Denn als S ch a tz h a u s des attischen Bundes und Staates,
als Aufbewahrungsort der kostbaren Habe der Polias und der anderen
Götter Athens, sowie der Processionsgeräte zu den herlichsten Festfeiern,
als S ch a u p l a tz d e r p a n a th e n ä i s ch e n S i e g e s f e i e r, endlich als hohe [85]
Schule zugleich und als vollendetes Meisterstück der in unzertrennlichem
Verein wirkenden attischen Architektur und Skulptur ist der glänzendste
Vertreter der Macht und Pracht des perikleischen Athen der P a r th e n o n.

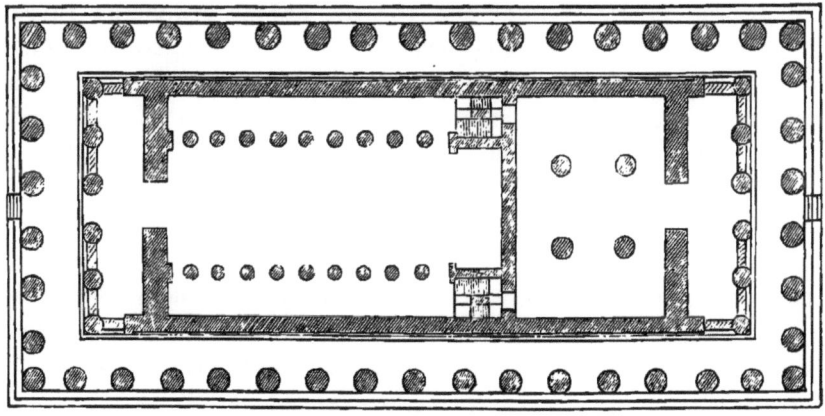

(Fig. 9.) Grundriß des Parthenon.

Die gewöhnliche Ansicht läßt den Bau des P a r th e n o n etwa
im Jahre 443 beginnen; Thukydides mit seiner Partei habe sich ja den [90]
perikleischen Plänen widersetzt, und erst nach dessen Verbannung im

Jahre 443 habe Perikles die Staatsgelder mit voller Freiheit zu seinen Prachtbauten verwenden können, erst damals, oder doch nur wenig früher, sei also auch der Parthenon begonnen worden. In der
95 That finden wir den Widerspruch gegen Perikles ganze Kunstthätigkeit und insbesondere gegen seine „Tempel zu tausend Talenten" in dem anscheinend authentischen Redebruchstück, welches Plutarch wol aus Jons Reiseschilderungen entlehnt hat. Wir werden da mitten in den erregten Parteikampf versetzt, welcher dem Ostrakismos des Thukydides vorher-
100 gieng. Aber es handelt sich auch gar nicht um eine noch bevorstehende Maßregel. „Man wirft uns" sagt der Redner „die Ueberführung des Schatzes nach Athen vor; den besten Grund dafür aber, die Sicherung vor den Barbaren und gute Aufbewahrung, den hat Perikles zu nichte gemacht, indem er wie ein übermütiger Tyrann die für den Krieg be-
105 stimmten Gelder in eitlem Tand und Ausputz unserer Stadt mit Gold und edlem Gestein, mit Statuen und Tempeln zu tausend Talenten vergeudet". Damals war also jene Bauthätigkeit bereits im vollen Gange, vielleicht schon seit längerer Zeit. Denn in die gleiche Zeit gehört auch die Geschichte, Perikles habe dem Volke die Frage vorgelegt, ob er viel
110 verausgabt habe, und auf die Bejahung hin sich bereit erklärt die bereits erwachsenen Kosten aus seiner Kasse zu ersetzen und die Bauten als eigene Weihegaben an die Gottheit zu vollenden und zu bezeichnen; da habe ihn aber das Volk ermächtigt auch ferner ohne Knauserei die Staatsgelder zu verwenden. Vollendet war, so viel wir wissen, damals nur
115 erst das Odeion, aber es ist schwer glaublich, daß man dieß abgewartet habe, um mit dem Parthenon zu beginnen. Kein Zweifel, daß letzterer unendlich viel wichtiger und dringlicher war als das Odeion, er bedurfte aber auch wegen seines Umfanges und der Art seines Schmuckes weit längerer Vorbereitung und Ausführung. Abgesehen von der unglaub-
120 lichen technischen Vollendung der Architektur, welche namentlich jede der 62 großen und 36 kleinen Säulen zu einem wahren Kunststück machte, hatten allein die Bildhauer etwa fünfzig überlebensgroße Statuen für die Giebelfelder, 92 Metopen in Hautrelief, beinahe 160 Meter (523' engl.) flaches Friesrelief, endlich den 26 Ellen hohen Goldelfenbeinkoloß aus-
125 zuführen, und wie auszuführen! Dafür hätten sechs bis acht Jahre genügen sollen? An den viel kleineren Propyläen, welche nur achtzehn große und sechs kleine Säulen haben und keinerlei plastischen Schmuck, bei denen man sich überdieß die ganze Schulung durch den vorherge-

gangenen Bau des Parthenon zu nutze machen konnte, ward fünf Jahre
lang gebaut, ohne daß sie ganz fertig geworden wären: sollte da für den [130]
großen Tempel die Zeit von sechzehn Jahren zu reichlich bemessen sein?
Man würde die von Plutarch gerühmte Raschheit des Schaffens, welcher
es gelang während der einen perikleischen Verwaltung eine Fülle von
Werken zu vollenden, deren sonst jedes mehrere Generationen in Anspruch
genommen hätte, man würde diese Raschheit ins Wunderbare übertreiben, [135]
wollte man die Frist ohne alle Not beschränken. War doch der Parthenon
lange nicht der einzige Bau, den es zu vollenden galt, und sehen wir
doch an diesem selber, namentlich an den Metopen, deutlich genug, wie
allmählich Phidias sich seine Gehilfen erziehen mußte. Schon dieser
Grund allein muß vor der Annahme einer allzu kurzen Bauzeit warnen. [140]

Perikles ließ sich in diesem Falle wie auch sonst meistens zum
Mitgliede der Baucommission machen, deren Obmann und entscheidender
Stimmführer er gewesen sein wird. Sein künstlerischer Beirat war
sein ebenbürtiger Freund Phidias, der sich schon unter Kimons Staats-
leitung ausgezeichnet und auf der Burg selbst die eherne Kolossalstatue [145]
der streitbaren Göttin errichtet hatte. Er führte die entscheidende Stimme
in der Beratung und die oberste Aufsicht bei der Ausführung, auch in
architektonischen Dingen — eine Stellung die am wenigsten in Athen
von Neid und Verleumdung unangetastet bleiben konnte, sondern will-
kommenen Stoff für die Witze und Ausfälle der Komiker bot, welche die [150]
spätere anekdotensüchtige Geschichtschreibung nur zu gern als bare
Münze annahm. Der leitende Architekt war Iktinos, der sich auch durch
den Bau des großen Weihetempels in Eleusis und des Apollontempels
in Bassä hervorthat, ein Mann, den Varro unter die sieben berühmtesten
Baumeister Griechenlands rechnete; ihm zur Seite, vermutlich als eigent- [155]
licher Bauführer, Kallikrates, welcher die südliche der beiden Schenkel-
mauern ausgeführt hatte. Nachdem nun die Pläne festgestellt waren und die
Ausführung ins Werk gesetzt werden konnte, da begann ein reges Leben auf
der Akropolis. Fuhrwerke und Lastthiere brachten täglich neues Material
zum Bau, vor allem die großen Blöcke und Platten pentelischen Marmors, [160]
aus denen der ganze Tempel errichtet und aller Skulpturschmuck gefertigt
werden sollte. Ein altes achtzigjähriges Maulthier, so erzählte man,
hatte sich so an diese Arbeit gewöhnt, daß es sich auch, nachdem es wegen
seines Alters zur Ruhe gesetzt worden war, aus freien Stücken den Zügen
der Lastwagen, welche vom Kerameikos zur Burg sich hinaufbewegten, [165]

anschloß, munter nebenher trabte und die andern Thiere anfeuerte, wofür es denn auch freie Verpflegung auf Staatskosten erhielt. Oben in den Bauhütten arbeiteten Zimmerleute, Steinmetzen, Schmiede; da war an den Skulpturen thätig, was nur das damalige Athen von tüchtigen Bild=
170 hauern besaß, Männer der verschiedensten Richtungen, aus der Schule des Kritios, des Kalamis, des Myron, aber alle dem einen Willen des Phidias folgend und, so weit es einem jeden gegeben war, in dessen Ab= sichten und Pläne eindringend, seine Skizzen nach bestem Vermögen aus= führend. Von dieser Mannigfaltigkeit der Richtungen und des Könnens
175 gewähren die erhaltenen Metopen, offenbar der am frühesten begonnene Theil des plastischen Schmuckes, ein recht anschauliches Bild. Phidias selbst aber hatte rastlos zu componieren und zu entwerfen, zu skizzieren und zu modellieren, vor allem seine Hauptaufgabe, die kolossale chryselephan= tine Statue zu fördern, wobei er einer Menge von Hilfsarbeitern bedurfte:
180 Goldschmiede, Elfenbeinarbeiter, Maler, Ciseleure. Zugleich mußte er sein Auge überall haben, damit wenn auch nicht alles gleichmäßig und gleich vollendet werde, so doch nichts allzu sehr hinter dem vorgesteckten Ziele zurück= bleibe. Dieser bunten Thätigkeit fehlten denn auch die neugierigen Zuschauer nicht; Männer und Frauen aus Athen besuchten den Meister und die
185 Seinigen bei der Arbeit und fanden auch ihren Stolz in dem neu ent= stehenden Prachtbau.

3.

In der Gegenwart ist und bleibt Athens Burg das höchste Ziel, nach dem jeder Freund der alten Kunst strebt. Selbst die Schätze des britischen Museums, so reich sie auch sind, können jenen unmittelbaren
190 Eindruck nicht ersetzen, den der Anblick der zerstörten Akropolis gewährt. Denn hier steht alles mit einander im engsten Zusammenhange: hier ist vor allem die Natur, aus welcher diese Kunst hervorgewachsen ist. Der Parthenon schließt sich in seiner Grundform wie in seinem Aufbau aufs engste dem Burgfelsen an, den er krönt. Von seinem Giebel schweift
195 unwillkürlich der Blick zu dem Giebelfelde des pentelischen Berges, aus dessen Klüften das Material des Tempels gewonnen ward. Die Ein= fachheit der Gesammtverhältnisse ebenso sehr wie die äußerste Feinheit aller Einzelformen und dazu der Farbenschmuck der über den Tempel gebreitet war — das alles ist der umgebenden Natur abgelauscht. Die
200 Kunst setzt eben nur fort, und vollendet was jene angelegt und vorge= bildet hat, als eine gelehrige Schülerin, aber auch als „der schönen

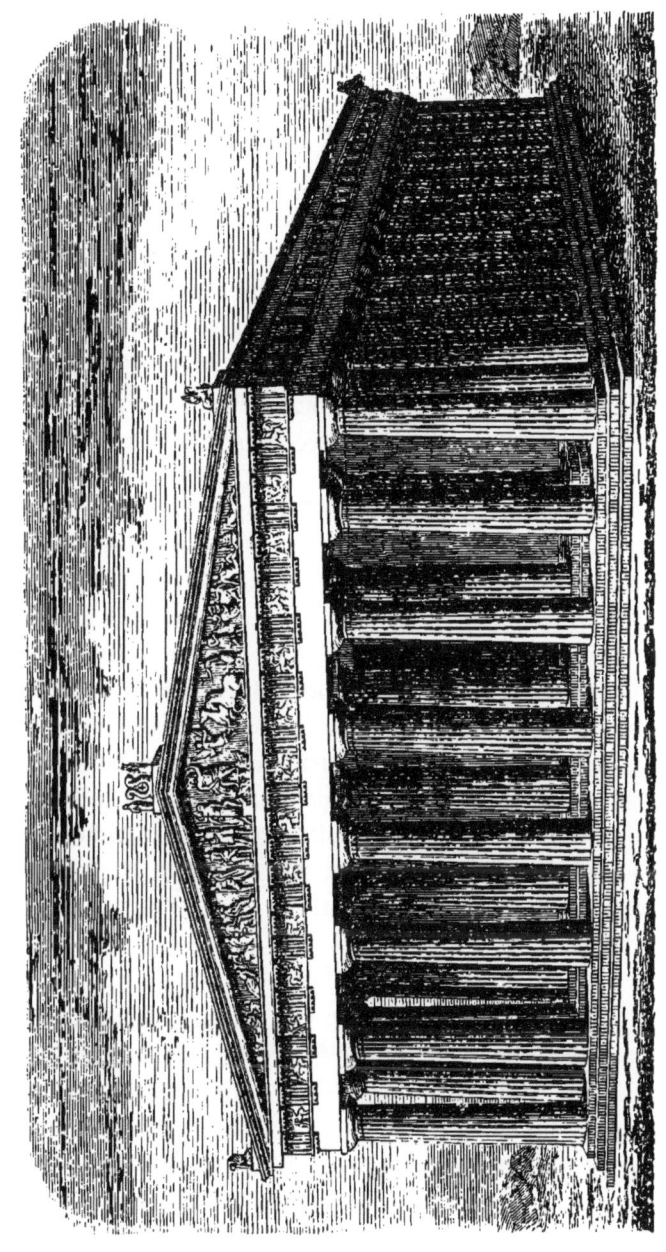

(Fig. 10.) Ansicht des Parthenon.

Mutter schönere Tochter": der Künstler ist eingegangen in die Absicht
des Schöpfers und hat in dessen Sinne der Schöpfung die Krone auf=
205 gesetzt. Und wenn im blendenden Tageslicht es weh thut, alle die Ver=
wüstung anzuschauen, welche Menschenhand und Menschenunverstand in
diesem göttlichen Menschenwerk angerichtet haben, wenn es unmöglich
scheint in dem vereinzelten, zerrissenen, zerstörten noch das Ganze wieder=
zuerkennen, da warte man die Nacht ab! Wer könnte den Eindruck ver=
210 gessen, der je beim Mondenschimmer aus der Halle der Propyläen
herausgetreten ist! Da wirken nur die großen Verhältnisse, die erregte
Phantasie ergänzt alle Lücken und überdeckt alle Entstellungen: das kleine
stille Heiligtum der Polias zeigt noch seine alte vollendete Zierlichkeit,
und darüber thront der majestätische Säulenwald des großen Tempels.
215 Man vergißt die Christen und die Türken, die Venetianer und Lord
Elgin, und beugt sich in stummer Bewunderung vor dem Künstlergeist,
der dies eine Ganze erschuf, der „die Burg mit den Denkmalen dieser
Bauwerke schmückte und ihrer natürlichen Schönheit die Schönheit reichster
Kunst im Wetteifer hinzugesellte, so daß sie ganz und gar wie ein Weih=
220 geschenk oder vielmehr wie ein großes Kunstwerk dasteht."

Doch die Wissenschaft darf nicht bloß bewundern, sie darf es nicht
der Phantasie allein überlassen die gelösten Theile wieder zum Ganzen
zu fügen, sondern sie muß in ernster Arbeit Hand anlegen, daß Iktinos
und Phidias großes Werk wieder ganz und klar und rein erkannt werde.
225 Erst wenn dieß mit Benutzung aller Hilfsmittel geschehen ist, wird sie
sich das Recht erworben haben, gleich den alten Athenern auszurufen:
„Wie schön ist doch der Parthenon!"   Adolf Michaelis.

Das Pantheon in Rom.
(Geschichte der bildenden Künste bei den Alten, II. Band, 2. Aufl. S. 350,
Düsseldorf 1866).

Marcus Agrippa, bekanntlich der Freund und Tochtermann des
August, erhielt von diesem die Erlaubnis oder den Auftrag, die Stadt
mit prachtvollen Bauten zu schmücken, namentlich auch mit großen
öffentlichen Bädern. Mit diesen stand dann das Pantheon in Ver=
5 bindung, ursprünglich wol nur als ein Theil derselben, später als Tempel
einer größeren Anzahl von Göttern geweiht, von denen uns Mars, Venus
und der Divus Julius, der vergötterte Cäsar, genannt werden. Be=
kanntlich waren Venus und Mars durch Aeneas und Romulus die
göttlichen Stammältern des römischen Volkes, und das julische Geschlecht

nahm sie im engeren Sinne für sich in Anspruch. Aus der Aufstellung ihrer Bilder in der Verbindung mit dem Cäsars hat man daher gefolgert, daß das Gebäude der Verherlichung des julischen Hauses dienen sollte, eine Annahme, die im Hinblick auf die vielen für andere Götterbilder bestimmten Nischen im Innern nicht sehr wahrscheinlich erscheint. Ob der Name „Pantheon" dem Gebäude gleich anfangs oder erst später beigelegt, ist ungewiß, doch rührt er aus römischer Zeit her; schon Plinius kennt ihn. Die Verbindung einer größeren Mehrzahl von Gottheiten in einem Tempelhause, vielleicht auch (durch eine unbewußte Gedankenverbindung) der Eindruck der grandiosen Kuppel, die sich wie das Himmelsgewölbe über die Erde weit und groß über das Innere erhebt, möchten diesen anfangs wahrscheinlich nicht officiellen Namen in Umlauf gebracht haben.

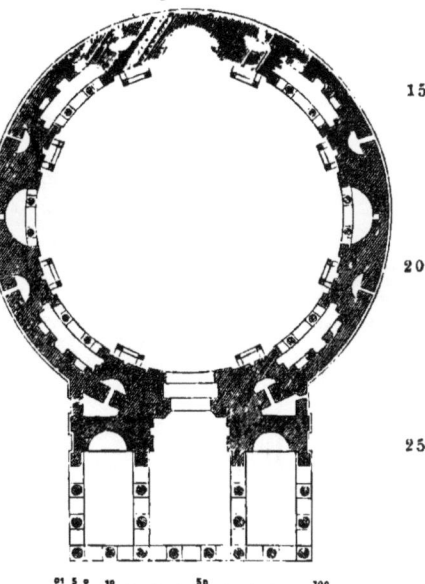

(Fig. 11.) Grundriß des Pantheon.

Die Construction des Gebäudes ist höchst einfach. Ueber einer kreisrunden Mauer von gewaltiger Stärke erhebt sich ein Kuppelgebäude in Form einer halben Kugel. Die Mauer, auf welcher diese Kuppel ruht, ist eben so hoch als sie selbst; die Höhe des ganzen Gebäudes ist also dem Durchmesser des unteren Rundbaues völlig gleich. Der Rundbau und die Kuppel bilden der Höhe nach gleiche Hälften des Ganzen. Es kann nichts Regelmäßigeres und Einfacheres gedacht werden, und eben durch diese einfache Regelmäßigkeit macht das weitgespannte freie Gewölbe eine gewaltige Wirkung und erinnert notwendig an den grandiosen Anblick des Firmaments. Die Wand des Rundbaues ist im Innern durch acht, in der Dicke der Mauer angebrachte und von Wandpfeilern eingefaßte Nischen getheilt, von denen eine die Eingangsthür bildet, die anderen sieben jede ein Götterbild enthielten. Die Nische der Thüre und die gegenüberliegende sind mit einem Rundbogen gedeckt, welcher das Gebälk durchbricht und in die Attika einschneidet, während über den sechs anderen Gebälk und Attika fortlaufen und in der Oeffnung jeder Nische durch zwei korinthische Säulen und zwei ihnen ent-

5*

sprechende Pilaster getragen werden. Die der Thür gegenüber liegende
Nische und die beiden äußersten zur Rechten und Linken bilden innerlich eine
50 Rundung, die vier anderen sind eckig. Die Säulen sind von kostbaren
Marmorarten, das Gewölbe mit nach oben sich verjüngenden Kasetten

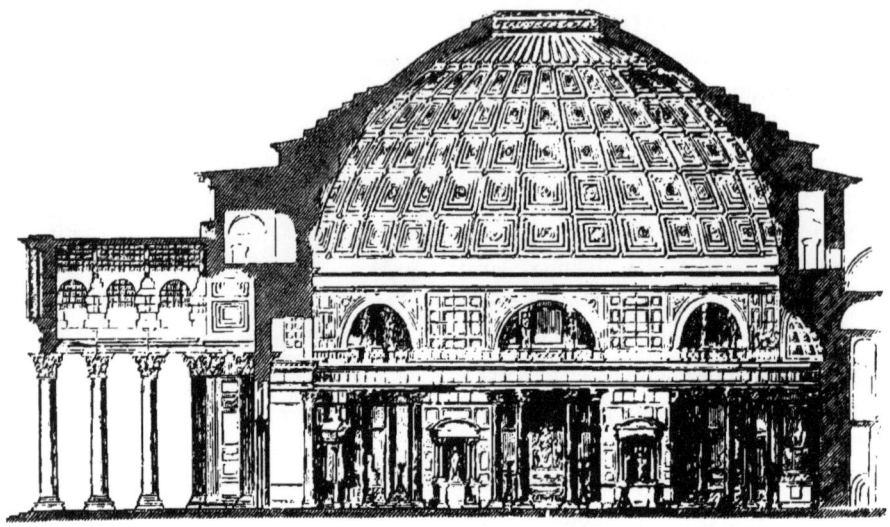

(Fig. 12.) Durchschnitt des Pantheon.

geschmückt, worin sich vergoldete Rosetten befanden. Sehr merkwürdig
ist, daß die Kuppel oben eine Lichtöffnung von 26 Fuß hat, der Fußboden hat deshalb eine leichte Senkung nach der Mitte zu, wo kleine
55 Löcher zum Ablaufen des Regenwassers angebracht sind. Im Aeußern
erscheint die Kuppel bei weitem flacher, weil die Mauer höher hinauf-
gezogen ist. Dieß hatte theils den Zweck der Sicherung des Gewölbes
durch eine kräftigere Widerlage, theils war es aber auch erforderlich,
um dem Auge einen Theil der Kuppel zu verbergen; denn durch dieselbe
60 Höhe, welche das Innere so schön macht, würde sie von Außen lastend
und ungeschickt erscheinen. Die Kugelform ist so sehr das Bild eines
festen inneren Zusammenhangs, daß die Halbkugel (zumal da man im
Aeußeren ihre Höhlung nicht sieht) wie eine compacte, gewaltige Masse
auf dem Unterbau gelastet haben würde, wenn derselbe nur gleiche Höhe
65 wie diese Halbkugel gehabt hätte. An den runden Unterbau schließt sich
dann eine geräumige Vorhalle an, auf sechzehn korinthischen Säulen in
drei Reihen, von denen die vordere acht enthält, mit einem doppelten
Giebel bedeckt. Es läßt sich nicht verkennen, daß dieser Giebel und überhaupt die geradlinige Form des Portikus sich der runden des Gebäudes

nicht ganz harmonisch anschließt; noch deutlicher als bei dem gewöhnlichen [70] römischen Prostylos ist diese Vorhalle ein Zusatz, ein angefügter Schmuck, der nicht aus dem Ganzen hervorgegangen ist. In der That wird aus verschiedenen Umständen wahrscheinlich, daß sie nicht im ursprünglichen Plane lag, sondern erst nach Vollendung des Rundbaues, wiewol noch durch Agrippa, hinzukam. Es mochte eine ästhetische Notwendigkeit sein, [75] welche dieß veranlaßte; denn die hohe Mauer des Unterbaues ohne andere Zierde als die einer einfachen Thür, würde schwerfällig und plump, wie ein unförmlicher Thurm da gestanden haben, und es bedurfte eines Vorbaues, der auf die heitere Feierlichkeit des Tempels vorbereitete. Auch ist die gerade Linie dem Auge so wesentlich in der Architektur, daß sie [80] wenigstens in einer Vorhalle angegeben sein mußte.

Bekanntlich ist das Pantheon vollständiger erhalten, als irgend ein anderes antikes Gebäude. Schon im frühen Mittelalter zur Kirche geweiht, hat es nur den reichen Erzschmuck verloren, und Heiligenbilder sind an die Stelle der heidnischen Götter getreten. Auch im Aeußern [85] hat es nur durch die Hinzufügung zweier überaus häßlicher Glocken= thürme und die Erhöhung des Erdbodens gelitten; denn ursprünglich führten sieben Stufen in den Portikus, wodurch das Ganze minder schwer auf dem Boden lastete, sich selbständiger erhob.   Karl Schnaase.

Der Kaiſerdom zu Speier.
(Die Meiſterwerke der Kirchenbaukunſt. Leipzig 1871. S. 107.)

1.

Es gibt kaum einen Ort in deutschen Landen, wo die Erinnerung an unsere alte Reichsherrlichkeit so mächtig und weihevoll in dem denken= den Betrachter angeregt wird, wie in dem stillen Platanenhain, welcher die ehrwürdigen Mauern des Speierer Doms umgibt. Ein bekiester Pfad führt uns vom Rheinufer durch Wiesen und Weinpflanzungen die [5] Höhe hinan, welche Kaiser Konrad II., um seine Bauten gegen den An= drang des Stromes zu schützen, mit einer Bruchsteinböschung einfassen ließ. Eine mittelalterliche Warte schaut von hier weit in das gesegnete Rheinthal hinaus. Wenn man die Lichtung hinter sich läßt und der Stadt zuwandert, so treten plötzlich die altersgrauen Wände des Doms, [10] zuerst der halbrunde Chor und unter ihm die düsteren Fenster der Kaiser= gruft, dann die östlichen Thürme und das mächtige Querschiff aus dem Gebüsch hervor. Wir nähern uns dem Bau bis auf zwanzig Schritte. Hier ist an einem zerborstenen Mauerpfeiler eine Inschrifttafel angebracht,

¹⁵ welche das Andenken an die frevelhafteste Unthat, welche Frankreich an Deutschland begangen hat, an die Zerstörung Speiers durch die Mord= brenner Ludwigs XIV., wach erhält. Die Trümmer, vor denen wir stehen, gehören zu der kaiserlichen Pfalz, welche nordöstlich an den Chor des Domes angebaut war und bei dem Brande von 1689 mit zu Grunde ²⁰ gieng. Hier wandelte einst der fromme Konrad mit seiner Gemahlin Gisela. In den Hallen, zu denen dieser zertrümmerte Bogengang hin= führte, mag der Plan des Domes entworfen worden sein, mit welchem der Kaiser sein geliebtes Speier ehren und alle Prachtbauten der Christen= heit übertreffen wollte.

²⁵ Die Sage hat an die Gründung der Kirche einen Zug geknüpft, der für Konrads kirchlichen Eifer bezeichnend ist. Der Kaiser, so be= richtet ein späterer Chronist, war durch den jähen Tod seines Sohnes Konrad tief erschüttert und beschloß demütigen Sinnes, drei Kirchen an einem Tage zu stiften. Am zwölften Juli 1030 zog er, so heißt es, ³⁰ zuerst nach Limburg an der Haardt und gründete dort die jetzt in Trümmern liegende Klosterkirche; dann begab er sich mit großem Gefolge von Fürsten und Rittern nach Speier, um hier noch an demselben Vor= mittage die Grundsteine der Johanniskirche und des Domes zu legen.

2.

Der 31. Mai 1689, welcher dem Glanze der alten Reichsstadt ³⁵ Speier das Ende bereitete, hat den geweihten Räumen größeren Schaden zugefügt, als es fünf Jahrhunderte vermocht hatten. Nicht genug, daß der Brand der Stadt sich durch die vom Winde verwehten Funken dem Gebälke der westlichen Kuppel mittheilte, die Scharen Montclars legten obendrein Brand in der Kirche an und zerschlugen, als die Trümmer ⁴⁰ ausgeglüht hatten, mit schonungsloser Wut alle nicht transportablen Schätze und Monumente, deren sie habhaft werden konnten. Selbst die Ruhe der Kaisergruft blieb nicht ungestört. Die Vandalen rissen die Leichen Albrechts von Oesterreich und der Beatrix, der Gemahlin Friedrich Rotbarts, aus ihren marmornen Sarkophagen heraus und warfen ihre ⁴⁵ Gebeine in den Schutt.

3.

Aber ein zweites 1689 brach über den Dom herein. Wieder waren es die Franzosen, welche ihm, dießmal im Dienste der Völker= freiheit, während des Krieges von 1794 den Untergang zu bereiten drohten. Mit der Brandfackel begnügte sich der revolutionäre Fanatis=

muß nicht. Das Gebäude sollte buchstäblich dem Erdboden gleichgemacht [50]
und auf seiner Stelle ein Platz für die Feste der Freiheit hergerichtet

(Fig. 13.) Ansicht des Kaiserdoms.

werden. Zum Glück stand man später von diesem Aeußersten ab. Aber
eine nochmalige Verstümmelung der geschichtlich denkwürdigen Monumente
und heiligen Geräte der Kirche blieb unabwendbar.

55 Die Folge war wiederum eine langjährige Verödung der geweihten Stätte, bis ein Dekret des Kaisers Napoleon vom 23. September 1806 sie wenigstens dem christlichen Kultus wiedergab. In das Verdienst ihrer völligen Restauration theilen sich die drei ersten Könige von Baiern. Maxmilian I., unter welchem das Bistum Speier wieder ins Leben 60 gerufen ward, weckte durch reiche Geldspenden den Eifer für den Neubau des Kaiserdomes. Im Jahre 1822 konnte der erste Gottesdienst in dem=selben gehalten werden. König Ludwig I. nahm den von Hübsch entworfenen westlichen Facadenbau und die Ausmalung des Inneren in Angriff. Unter Maximilian II.

65 wurden die Neubauten und Malereien ihrer jetzigen Vollendung zugeführt. Im August 1861 begieng die Kirche in ihrem neuen festlichen Gewande die Feier ihres achthundertjährigen 70 Bestehens.

Wenn wir den romanischen Stil im Dome von Mainz bis zu seinen primitivsten Formen zurück= verfolgen konnten, so bietet uns der 75 Dom von Speier dagegen ein Bei= spiel der völlig entwickelten, mit großer Consequenz und Feinheit durchgebil= deten Gestaltung dieser Bauweise dar. Es ist nicht unwahrscheinlich, daß 80 der Meister, dem wir den Entwurf des Ganzen und besonders des schön gegliederten Gewölbesystems verdan= ken, die einfachere Anlage der Main= zer Kathedrale vor Augen hatte.

85 Der Grundriß zeigt die durch= aus normale Disposition romanischer Kirchen. Betrachten wir ihn einmal unter Vergleichung des Pisaner Domes. Hier wie dort ein lateinisches

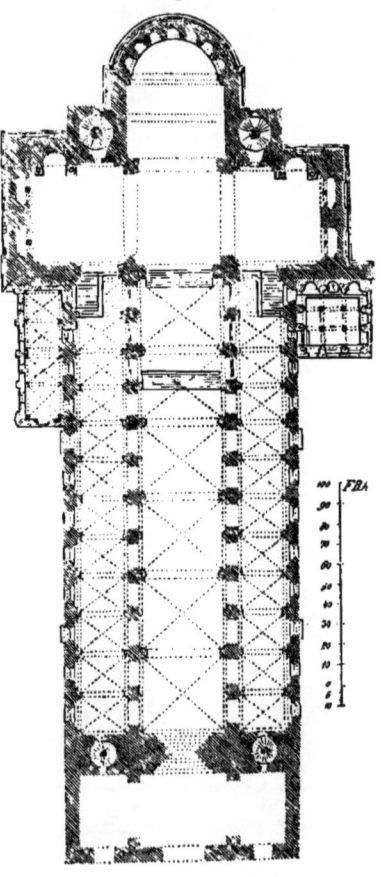

(Fig. 14.) Grundriß des Kaiserdoms.

90 Kreuz, dessen östlicher Arm sich um die Breite des Mittelschiffes in gerader Linie über den Querbau fortsetzt und hinten von einer halbkreis= förmigen Apsis geschlossen wird; dann ein breites Querhaus, dort dreischiffig

und in Apsiden auslaufend, hier nur einschiffig und seitwärts mit kleinen Kapellen, östlich mit Nischen ausgestattet; endlich ein großes Langhaus, in Pisa fünf-, in Speier dreischiffig, welches dort unmittelbar von der Façade begränzt wird, hier, wie in der altchristlichen Zeit, durch eine breite Vorhalle zugänglich ist. Wenn man bei diesem Vergleiche nur auf die horizontale Disposition der Theile sieht, so muß die Gliederung des Pisaner Domes reicher als die der Speierer Kathedrale erscheinen. Namentlich die Durchführung der mehrschiffigen Anlage durch den Querbau und den östlichen Theil des Langhauses bis unmittelbar vor die Altarnische verleiht dem Dome von Pisa einen ungemein freien, eleganten Charkter. Umgekehrt ist die Sachlage, wenn man den Aufbau bei der Vergleichung mit ins Auge faßt. In dieser Beziehung vertritt der Dom von Speier eine höhere Stufe der mittelalterlichen Kirchenbaukunst, als der von Pisa und gerade in der grandiosen Einfachheit, mit der diese Conception hier durchgeführt ist, besteht ihr größter Vorzug.

Es ist überhaupt einer der wesentlichsten Fortschritte des romanischen Bausystems, daß der Chor und die an ihn grenzenden östlichen Theile durch eine bedeutende Erhöhung des Bodens vor den übrigen Räumen ausgezeichnet werden. Im Speierer Dom war diese hier besonders großartig entwickelte Anlage durch die Kaisergruft bedingt, welche sich unter dem ganzen Chor- und Querschiffraume hin erstreckt. Unter dem Scheitel des zweiten Mittelschiffgewölbes, vom Querhaus an gerechnet, steigt man zunächst auf zehn Stufen zu dem sogenannten Königschor hinan und von diesem führt dann wieder eine breite neunstufige Treppe auf die Höhe des Querschiffes, welches auch mit den Seitenschiffen durch schmalere Stiegen in Verbindung steht. Hierdurch wird der Blick, wenn er sich die Perspective des Langhauses hinunter dem Altare zuwendet, unwillkürlich nach oben gerichtet und dort durch die weiten einfachen Rundbögen der Gewölbe und des Kuppelraumes aufgefangen. Zugleich ist hierdurch der Chor, als der Sitz der Geistlichkeit, vor den übrigen Räumen der Kirche, als dem Aufenthaltsorte der Gemeinde, in prägnanterer Weise ausgezeichnet, als es früher der Fall war. Das Priestertum erhebt sich auch architektonisch über den Laienstand. In der Schönheit der Verhältnisse, in welchen diese Anlage durchgeführt ist, in der zugleich imposanten und reichen Anordnung der Wölbungen und Bögen, sowie in der fein abgewogenen Lichtvertheilung kann der Speierer Dom den Vergleich mit den Meisterwerken der Kirchenbaukunst aller folgenden Zeiten aushalten.

4.

Letzteres gilt auch von der nach Hübschs Entwürfen erbauten
Vorhalle, in welche wir von dem Langhause durch ein großes rund=
bogiges Portal gelangen, dem gegenüber an der Facade drei ähnliche
Pforten ins Freie hinausführen. Die Portale sind an ihren Säulchen
135 und Bändern mit fein sculptierten Ornamenten und Bildwerken geschmückt.
Ueber der Vorhalle spannt sich ein dreigetheiltes Rundbogengewölbe aus,
dessen Felder aus abwechselnd weißen und roten Backsteinen konstruiert
sind. Die Scheidbögen zur Seite sind mit Reliefs auf Goldgrund aus=
gestattet; der Bogen über dem inneren Kirchenportale trägt eine Madonna
140 mit Heiligen, welche der Maler des Domes den Dank für die glückliche
Führung seiner Arbeiten darbringt. An den Wänden stehen in gold=
grundierten Nischen die Statuen der acht Kaiser, welche in der Gruft
begraben liegen, von den Wiener Bildhauern Fernkorn und Dietrich in
Sandstein ausgeführt. Darüber sind endlich die Medaillons der be=
145 sonders hervorragenden Förderer des Bistums Speier und des Dom=
baues angebracht, u. a. auch das des Kaisers Franz Joseph I. von Oester=
reich, welcher zu der Ausschmückung der Vorhalle 52,000 Gulden beisteuerte.

Wir kehren, bevor wir das Aeußere des Domes betrachten, noch
einmal in das Langhaus zurück, um uns die Krypta und die Seiten=
150 kapellen der Kirche öffnen zu lassen. Es gibt wenige Krypten, die
sich an Größe und Schönheit mit der des Speierer Domes messen
könnten. Man gelangt auf einer der beiden Treppen, welche aus den
Seitenschiffen hinunterführen, zunächst in einen langen dreischiffigen Raum,
der sich unter dem Querbau des Domes hinzieht und dessen Kreuz=
155 gewölbe unter der Vierung von mächtigen Pfeilern, in den Seitenarmen
von Säulen gestützt werden. Mit diesem Raume steht ein anderer,
unter dem Chor der Kirche befindlicher Theil in Verbindung. Zwischen
zwei gewaltigen Mauermassen führt uns ein Durchgang in denselben
hinein. Er bildet eine förmliche kleine Unterkirche mit halbrunder Altar=
160 nische und einem reich gegliederten Kreuzgewölbe, dessen rundbogige
Gurten von Säulen getragen werden. Wir haben hier offenbar den
ältesten, aber deshalb keineswegs den künstlerisch unvollkommensten Theil
des Domes vor uns. Im Gegentheil zeigt die Durchbildung der Kämpfer
und Gesimse auffallend fein und kräftig entwickelte Profile. Die Pfeiler
165 des vorderen Raumes haben Halbsäulen als Vorlagen; und selbst in den
einfachen attischen Basen und den abgerundeten Würfelkapitälen verrät
sich ein edler, durchgebildeter Schönheitssinn. In der Krypta liegen eine

Anzahl Bischöfe und Adelheid, die Tochter Kaiser Heinrichs VI. be=
graben. Eine Nische an der westlichen Wand umschließt jetzt den Grab=
stein Kaiser Rudolfs von Habsburg, den einzigen, der, außer [170]
zwei vor kurzem in die Pfeiler des Königschores eingelassenen Kaiser=
denkmalen, der französischen Zerstörung, wenn auch mehrfach beschädigt,
entgangen ist. Die Gräber der Kaiser liegen nicht in der Krypta selbst,
sondern in einer besonderen Gruft, zwölf Fuß unter dem Boden des
Königschores, in zwei Reihen nebeneinander. Im Jahre 1739 hat man [175]
sie zum letzten Male untersucht, um zu sehen, welchen Schaden die Ver=
wüstung Montclars angerichtet habe. Man suchte den Eingang zu der
Gruft mehrere Tage lang von der Westseite der Krypta aus vergebens.
Endlich drang man von oben durch den Boden des Königschores hinab
und fand die Särge in getrennt ummauerten Gräbern von acht Fuß [180]
Länge und vier Fuß Breite beigesetzt, meistens nur je einen, zuweilen
aber auch zwei Särge nebeneinander. So ruhten hier Konrad II., Hein=
rich III., Heinrich IV., Heinrich V., Philipp von Schwaben, Rudolf von
Habsburg, Adolf von Nassau, Albrecht von Oesterreich und die Kaiserin
Gisela, Gemahlin Konrads II., Bertha, Gemahlin Heinrichs IV., Beatrix [185]
zweite Gemahlin Friedrich Rotbarts, nebst ihrer Tochter Agnes. Außer
den oben erwähnten Särgen Albrechts von Oesterreich und der Kaiserin
Beatrix schienen die Gräber unverletzt geblieben zu sein. Die Gebeine
Albrechts konnten zum Theil aus dem Schutte wieder hervorgezogen und
von neuem beigesetzt werden. Man wollte sie an dem gespaltenen [190]
Schädel erkennen, welcher sich neben dem Sarge fand. Der Kaiser soll
nämlich bei dem Mordanfall, den sein Neffe Johann auf ihn machte,
von einem Grafen von Palm einen Hieb am Kopf erhalten haben. Der
Boden des Königschores trägt jetzt die unter König Ludwig I. von
Baiern errichteten Monumente Adolfs von Nassau und Rudolfs von [195]
Habsburg, ersteres nach L. v. Klenzes Plan von Ohnmacht, letzteres
von Schwanthaler ausgeführt.   K. v. Lützow.

Der Kölner Dom.
(Die Meisterwerke der Kirchenbaukunst. Leipzig 1871. S. 261.)

1.

> Vidi templum arte media pulcherrimum,
> quamvis incompletum, quod haud immerito
> summum vocant.
> *Petrarca.*

Es liegt in der Natur aller menschlichen Entwickelung, daß die
Werke der Blütezeiten weniger durch die Originalität als durch die
künstlerische Vollendung ihrer Gestalt ausgezeichnet sind. Das Athen

des Perikles hat weder den dorischen, noch den ionischen Baustil erschaffen, aber es hat beide zur höchsten Schönheit ausgebildet. In den
Schöpfungen eines Phidias und Raffael bewundern wir mehr als alles
andere den harmonischen Verein sämmtlicher Eigenschaften, welche sonst
nur in einer Fülle bedeutender Menschen vereinzelt auftreten und nun
plötzlich wie durch ein Wunder, welches die Kraft des Individuums zu
der des ganzen Ge-
schlechtes steigert, in
einem einzigen Genius
verkörpert erscheinen.

Auch das berühmte
Bauwerk, dessen Be-
trachtung uns jetzt zu
beschäftigen hat, steht
in ähnlichem Verhält-
nis zu den architektoni-
schen Schöpfungen der
voraufgegangenen Epo-
chen. Der Kölner
Dom gilt wie durch
ein stilles Ueberein-
kommen, an welchem
die Kritik bisher nicht
zu rütteln vermocht hat,
für die feinste Blüte
der mittelalterlichen
Architektur. Aber auch
er ist keine Original-
schöpfung im vollen
Sinne des Worts; er
trägt nicht die Züge der
Jugend, sondern einer
männlichen Reife zur
Schau, in welcher sich,

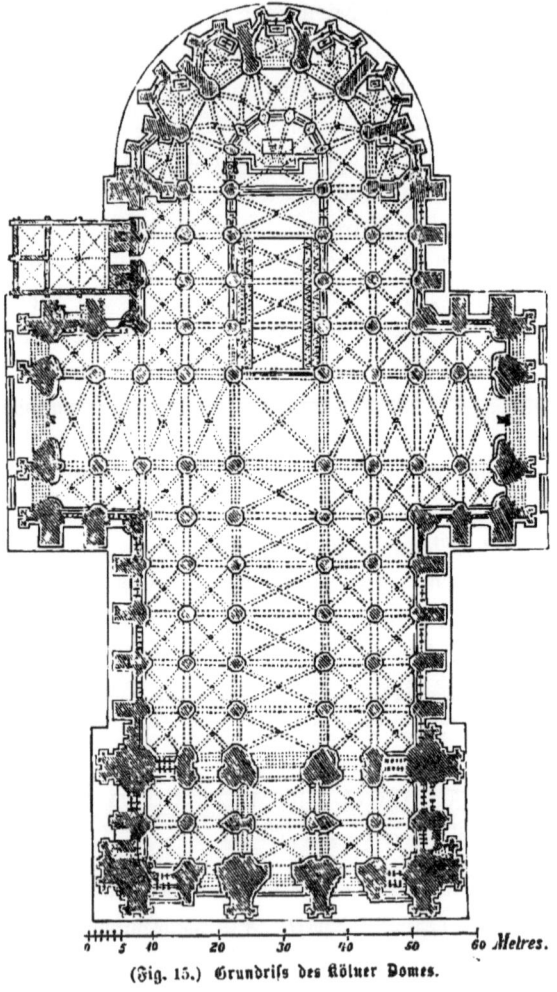

(Fig. 15.) Grundriß des Kölner Domes.

wie in den Werken jener Glanzepoche Griechenlands, Herbigkeit und
Anmut zu unvergleichlicher Harmonie verbinden.

Schon die Gestaltung des Grundplanes gibt uns hierüber vollkommen Aufschluß. Seine Hauptform ist die des Kreuzes, weist somit

auf die primitive Kirchenanlage zurück, welche wir im weiteren Verlaufe
des Mittelalters, namentlich durch Abkürzung oder durch Verdoppelung
des Querbaues, mannigfach verändert, zuweilen gänzlich aufgegeben
fanden. Mit der Vorhalle, welche sich als Untergeschoß der Hauptthürme 45
im Westen an das Langhaus anschließt, hat der Dom eine innere Gesammtlänge von 421 Fuß, bei einer Breite von 140 Fuß. Die äußere
Länge wird auf 532 Fuß angegeben. Das Querhaus, welches 234 Fuß
Länge und etwa 94 Fuß Breite mißt, hat drei Schiffe, das Langhaus
fünf, und ebenfalls fünfschiffig ist der vordere, drei Gewölbefelder tiefe 50
Chorraum, welcher in dem von sieben polygonalen Kapellen umkränzten
Chorhaupte endigt. So entsteht ein Raum, der an lichter innerer Ausdehnung alle bisher in Deutschland geschaffenen Bauten weit hinter sich
läßt, wie uns folgende Uebersicht der Flächenräume der in diesem Werke
beschriebenen deutschen Dome veranschaulicht. 55

Dom zu Köln . . . . 62918 Quadratfuß rhein.

" " Speier . . . . . 45615 " "

" " Straßburg . . 41702 " "

" " Mainz . . . . . 37506 " "

" " Wien . . . . . . 32400 " " 60

" " Freiburg . . . . 30101 " "

" " Bamberg . . . 23499 " "

Diese mächtige Ausdehnung stellt sich aber nicht, wie bei den Werken
früherer Epochen, in einfacher Massenhaftigkeit, sondern als ein reich
gegliedertes Ganzes dar, durch dessen Eintheilung derselbe Rhythmus, 65
der schon in der Grundform angedeutet vorliegt, konsequent bis ins kleinste
Detail durchgeführt ist.

2.

Endlich in dem allgemeinen Aufschwunge der Geister nach der
glücklichen Beendigung der deutschen Freiheitskriege, fanden sich die Kräfte,
welche auch dieses ehrwürdige Werk des Mittelalters dem Verderben 70
entrissen. Neben S. Boifferée, der schon unter Napoleon I. für den
Dom gewirkt, muß hier vor allen der Namen Schinkels genannt
werden. Eine von ihm im Jahre 1816 unternommene Reise, welche
auch für die Erhaltung anderer Monumente am Niederrhein von glück-
bringenden Folgen war, gab zunächst Anlaß zu einer gründlichen Repa- 75
ratur des Hauptdaches, der sich in den folgenden Jahren weitere Aus-
besserungen am Strebesystem und an den Fenstern des Chores anschlossen.
König Friedrich Wilhelm III. von Preußen und seine Regierung unter-

(Fig. 16.) Der Kölner Dom.

stützten den Bau jährlich mit namhaften Summen; auch die alte Dom=
steuer wurde wieder eingeführt. Aber der mächtigste Hebel für den Fortgang [80]
der Arbeiten war die inzwischen entflammte Begeisterung ganz Deutsch=
lands für das größte kirchliche Denkmal seiner Vergangenheit, in dessen
Ruin es ein trauriges Symbol seiner eigenen Zerrissenheit, in dessen
Vollendung es ein Wahrzeichen seiner geistigen Macht und Herlichkeit
erblickte. 1841 erfolgte die Gründung des Kölner Dombauvereins, [85]
dessen unausgesetzte begeisterte Wirksamkeit das Muster für zahlreiche
ähnliche genossenschaftliche Unternehmungen unserer Zeit abgegeben hat.
Unter dem Vortritte der Fürsten, von denen sich namentlich König
Ludwig I. von Baiern durch bedeutende Geldbeiträge und sonstige Schen=
kungen auszeichnete, vereinigten sich alle deutsche Stämme zu reichlichen [90]
Beisteuern. So konnte denn am 4. September 1842 der neu vollendete
Chor festlich eingeweiht werden, und König Friedrich Wilhelm IV. von
Preußen, der schon als Kronprinz dem Bau seinen kunstsinnigen Eifer
zugewendet hatte, legte an demselben Tage unter dem Jubel einer uner=
meßlichen Volksmenge die erste Hand an den Weiterbau der westlichen [95]
Theile. Der alte Krahn, inzwischen einmal abgebrochen, aber auf be=
sonderen Wunsch der Kölner Bürgerschaft neu aufgerichtet, hob zum
ersten Male wieder einen Baustein auf die mit Blumen und Bändern
geschmückte Höhe.

Wie jedermann weiß, haben uns die inzwischen verflossenen Jahre [100]
eine rege und erfolgreiche Fortsetzung des damals begonnenen Werkes
gebracht. Das Querschiff ist bis auf einzelne Theile der plastischen Aus=
schmückung vollendet und über der Kreuzung mit einem aus Eisen kon=
struierten Dachreiter bekrönt. Auch das Langhaus gieng seiner Vollendung
entgegen. Das Strebesystem ist in allen wesentlichen Stücken fertig. [105]
Der Schlußgiebel an der Westfaçade ist aufgerichtet. Das in seinen
Haupttheilen ebenfalls aus Eisen konstruierte Dach des Langhauses wurde
bis zum First emporgeführt und nach Entfernung der alten Trennungs=
mauer am 15. Oktober 1863 die Weihe des Inneren vollzogen.

K. v. Lützow.

Von deutscher Baukunst.
(1823.)

Einen großen Reiz muß die Bauart haben, welche die Italiener
und Spanier schon von alten Zeiten her, wir aber erst in der neuesten,
die deutsche (tedesca, germanica) genannt haben. Mehrere Jahr=
hunderte ward sie zu kleinern und zu ungeheuern Gebäuden angewendet;

⁵ der größte Theil von Europa nahm sie auf; tausende von Künstlern, abertausende von Handwerkern übten sie; den christlichen Kultus förderte sie höchlich und wirkte mächtig auf Geist und Sinn: sie muss also etwas Großes, gründlich Gefühltes, Gedachtes, Durchgearbeitetes enthalten, Verhältnisse verbergen und an den Tag legen, deren Wirkung ¹⁰ unwiderstehlich ist.

Merkwürdig war uns daher das Zeugnis eines Franzosen, eines Mannes, dessen eigene Bauweise der gerühmten sich entgegensetzte, dessen Zeit von derselben äußerst ungünstig urtheilte; und dennoch spricht er folgendermaßen:

¹⁵ „Alle Zufriedenheit, die wir an irgend einem Kunstschönen empfinden, hängt davon ab, dass Regel und Maß beobachtet sei: unser Behagen wird nur durch Proportion bewirkt. Ist hieran Mangel, so mag man noch so viel äußeren Zierrat anwenden: Schönheit und Gefälligkeit, die ihnen innerlich fehlen, wird nicht ersetzt; ja man kann sagen, dass ²⁰ ihre Häßlichkeit nur verhaßter und unerträglicher wird, wenn man die äußern Zierraten durch Reichtum der Arbeit oder der Materie steigert.

Um diese Behauptung noch weiter zu treiben, sage ich, dass die Schönheit, welche aus Maß und Proportion entspringt, keineswegs kostbare Materien und zierlicher Arbeit bedarf, um Bewunderung zu er- ²⁵ langen; sie glänzt vielmehr und macht sich fühlbar, hervorblickend aus dem Wuste und der Verworrenheit des Stoffes und der Behandlung. So beschauen wir mit Vergnügen einige Massen jener gotischen Gebäude, deren Schönheit aus Symmetrie und Proportion des Ganzen zu den Theilen und der Theile untereinander entsprungen erscheint, und ³⁰ bemerklich ist, ungeachtet der häßlichen Zierraten, womit sie verdeckt sind, und zum Trotz derselben. Was uns aber am meisten überzeugen muss, ist, dass wenn man diese Massen mit Genauigkeit untersucht, man im Ganzen dieselben Proportionen findet, wie an Gebäuden, welche nach Regeln der guten Baukunst erbaut, uns beim Anblick so viel Vergnügen ³⁵ gewähren." (François Blondel, Cours d'Architecture. Cinquième partie. Liv. V, Chap. XVI, XVII.)

Erinnern dürfen wir uns hierbei gar wol jüngerer Jahre, wo der Straßburger Münster so große Wirkung auf uns ausübte, dass wir unberufen unser Entzücken auszusprechen nicht unterlassen konnten. Eben das, was der französische Baumeister nach gepflogener Messung und ⁴⁰ Untersuchung gesteht und behauptet, ist uns unbewußt begegnet, und es wird ja auch nicht von jedem gefordert, dass er von Eindrücken, die ihn überraschen, Rechenschaft geben solle.

Standen aber diese Gebäude Jahrhunderte lang nur wie eine alte
Ueberlieferung da, ohne sonderlichen Eindruck auf die größere Menschen=
masse, so ließen sich die Ursachen gar wol angeben. Wie mächtig hin= 45
gegen erschien ihre Wirksamkeit in den letzten Zeiten, welche den Sinn
dafür wieder erweckten! Jüngere und Aeltere beiderlei Geschlechts waren
von solchen Eindrücken übermannt und hingerissen, daß sie sich nicht allein
durch wiederholte Beschauung, Messung, Nachzeichnung daran erquickten
und erbauten, sondern auch diesen Stil bei noch erst zu errichtenden, le= 50
bendigem Gebrauch gewidmeten Gebäuden wirklich anwendeten, und eine
Zufriedenheit fanden, sich gleichsam urväterlich in solchen Umgebungen
zu empfinden.

Da nun aber einmal der Antheil an solchen Productionen der
Vergangenheit erregt worden, so verdienen diejenigen großen Dank, die 55
uns in den Stand setzten, Wert und Würde im rechten Sinne, das
heißt historisch zu fühlen und zu erkennen, wovon ich nunmehr einiges
zur Sprache bringe, indem ich mich durch mein näheres Verhältnis zu
so bedeutenden Gegenständen aufgefordert fühle.

Seit meiner Entfernung von Straßburg sah ich kein wichtiges, 60
imposantes Werk dieser Art. Der Eindruck erlosch, und ich erinnerte
mich kaum jenes Zustandes, wo mich ein solcher Anblick zum lebhaftesten
Enthusiasmus angeregt hatte. Der Aufenthalt in Italien konnte solche
Gesinnungen nicht wieder beleben, um so weniger, als die modernen
Veränderungen am Dome zu Mailand den alten Charakter nicht mehr 65
erkennen ließen; und so lebte ich viele Jahre solchem Kunstzweige ent=
fernt, wo nicht gar entfremdet.

Im Jahre 1810 jedoch trat ich, durch Vermittlung eines edeln
Freundes, mit den Gebrüdern Boisserée in ein näheres Verhältnis. Sie
theilten mir glänzende Beweise ihrer Bemühungen mit, sorgfältig ausge= 70
führte Zeichnungen des Doms zu Köln, theils im Grundriß theils
von mehreren Seiten, machten mich mit einem Gebäude bekannt, das,
nach scharfer Prüfung, gar wol die erste Stelle in dieser Bauart ver=
dient. Ich nahm ältere Studien wieder vor, und belehrte mich durch
wechselseitige freundschaftliche Besuche und emsige Betrachtungen gar 75
mancher aus dieser Zeit sich herschreibenden Gebäude, in Kupfern, Zeich=
nungen, Gemälden, so daß ich mich endlich wieder in jenen Zuständen
ganz einheimisch fand.

Allein der Natur der Sache nach, besonders aber in meinem Alter
und meiner Stellung, mußte mir das Geschichtliche dieser ganzen Ange= 80

Egger. 6

legenheit das Wichtigste werden, wozu mir denn die bedeutenden Samm=
lungen meiner Freunde die besten Fördernisse darreichten.

Nun fand sich glücklicherweise, daß Herr Moller, ein höchst gebil=
deter, einsichtiger Künstler, auch für diese Gegenstände entzündet ward
85 und auf das glücklichste mitwirkte. Ein entdeckter Originalriß des Kölner
Doms gab der Sache ein neues Ansehen; die lithographische Copie des=
selben, ja die Contrabrücke, wodurch sich das ganze zweithürmige Bild
durch Zusammenfügen und Austuschen den Augen darstellen ließ, wirkte
bedeutsam, und was dem Geschichtsfreunde zu gleicher Zeit höchst will=
90 kommen sein mußte, war des vorzüglichen Mannes Unternehmen, eine
Reihe von Abbildungen älterer und neuerer Zeit uns vorzulegen, da
man denn zuerst das Herankommen der von uns dießmal betrachteten
Bauart, sodann ihre höchste Höhe, und endlich ihr Abnehmen vor Augen
sehen und bequem erkennen sollte. Dieses findet nun um desto eher
95 statt, da das erste Werk vollendet vor uns liegt, und das zweite, das
von einzelnen Gebäuden dieser Art handeln wird, auch schon in seinen
ersten Heften zu uns gekommen ist. Goethe.

Der Stephansdom in Wien.
(Die Meisterwerke der Kirchenbaukunst. Leipzig 1871. 2. Aufl., S. 303.)

1.

Der österreichische Kaiserstaat bildet von Alters her die Gränzwacht
des Germanentums gegen das südliche und südöstliche Europa. Hier
strömen die mannigfaltigsten politischen und socialen Elemente aus Ita=
lien und Deutschland, aus den slavischen, magyarischen und orientalischen
5 Ländergebieten zu einer bunten Mischung zusammen. Die innere Ge=
schichte Oesterreichs gewährt den Anblick eines immer neu entbrennenden
Kampfes und einer stets mit frischer Kraft unternommenen Aussöhnung
dieser Elemente. So verschiedenartig aber auch die nationalen Bestand=
theile des Reiches sind, und so wechselvoll ihre Stellung und Verbindung
10 sich gestaltete: die geistige Kultur Oesterreichs ist im Wesentlichen deutsch
und der lebendige Contakt mit deutscher Wissenschaft und Kunst bildet
eine der sichersten Bürgschaften seines Bestandes.

Auch in architektonischer Beziehung muß Oesterreich zu den deut=
schen Gränzgebieten gerechnet werden und zwar seiner geographischen
15 Lage gemäß zu denjenigen, welche der Wellenschlag der mittelalterlichen
Kunstbewegung am spätesten in seine Kreise zog. Die Spitzen seiner
Denkmälerwelt sind daher weniger durch Reinheit des Stiles als durch
Glanz, Kühnheit und Reichtum ausgezeichnet.

Der St. Stephansdom in Wien, das bedeutendste kirchliche
Bauwerk Deutschösterreichs, bietet den besten Beleg für diese Bemerkung [20]
dar. Derselbe kann sich an organischer Schönheit mit den Meisterwerken
der französischen und westdeutschen Gotik nicht messen. Dagegen steht
er an Originalität und Kühnheit der Anlage, sowie an Reiz und Fülle
der Durchbildung keinem verwandten Bauwerke des Mittelalters nach.

Schon die ältesten Theile des Gebäudes lassen gewisse Züge dieser [25]
Eigentümlichkeit erkennen. Es sind dieß die Unterbauten der beiden acht=
eckigen Westthürme, der sogenannten Heidenthürme, und das dazwischen
liegende Stück der Façade. Sie stammen noch von der alten romanischen
Pfarrkirche her, welche Markgraf Heinrich Jasomirgott um das
Jahr 1144 weihte, und von der die Geschichte meldet, daß sie namentlich [30]
in den Jahren 1258 und 1276 von starken Bränden heimgesucht worden
ist. Nach einem alten Verzeichnis der Baumeister und Steinmetzen
Wiens, welches im Archive der Wiener Bau= und Steinmetzmeister auf=
bewahrt wird, hat man vermutet, daß Meister Oktavian Volkhner aus
Krakau der Urheber des Planes der alten Kirche gewesen sei. Die Ur= [35]
kunde lehrt jedoch nur, daß er 1150 als Baumeister an derselben thätig
war, während der Bau bereits in den dreißiger Jahren des Jahrhunderts
begonnen sein muß. Seine Vollendung fällt beträchtlich später. Die Ent=
stehungszeit der Façade dürfte schwerlich über den Anfang des dreizehnten
Jahrhunderts zurückreichen. Der Bau zeigt durchaus die Weise des [40]
spätromanischen Stiles mit seiner üppigen, in den figürlichen Theilen
roh phantastischen Ornamentation, wie sie namentlich im deutschen Süden
und in dessen Gränzländern um diese Zeit sich häufig findet. Vor allem
ragt die stattliche Portalhalle durch ihre Dekorationsfülle hervor.

2.

In den ersten Decennien des vierzehnten Jahrhunderts wurde eine [45]
völlige Neugestaltung der Kirche in Angriff genommen. Dieselbe dauerte
über zwei Jahrhunderte und läßt uns folgende Stadien ihrer Entwickelung
erkennen.

Der Umbau begann, wie so häufig, mit dem Chor. Die eigen=
tümliche Gestaltung der Chorpfeiler an der Vierung ist nur aus dem [50]
Anschluß an den alten romanischen Querbau zu erklären. Schon bald
nach 1300 wurde durch Herzog Albrecht I. der Grundstein des neuen
Chores gelegt, und das Werk so kräftig gefördert, daß zu Ostern 1340
unter Albrecht II. die Weihe vorgenommen werden konnte. Der Chor

bietet uns ein Beispiel des der deutschen Gotik vorzugsweise eigentüm=
lichen und auch in Süddeutschland nicht seltenen Hallenbaues dar. Er
besteht aus drei gleich hohen Schiffen, jedes von Pfeilerare zu Pfeiler=

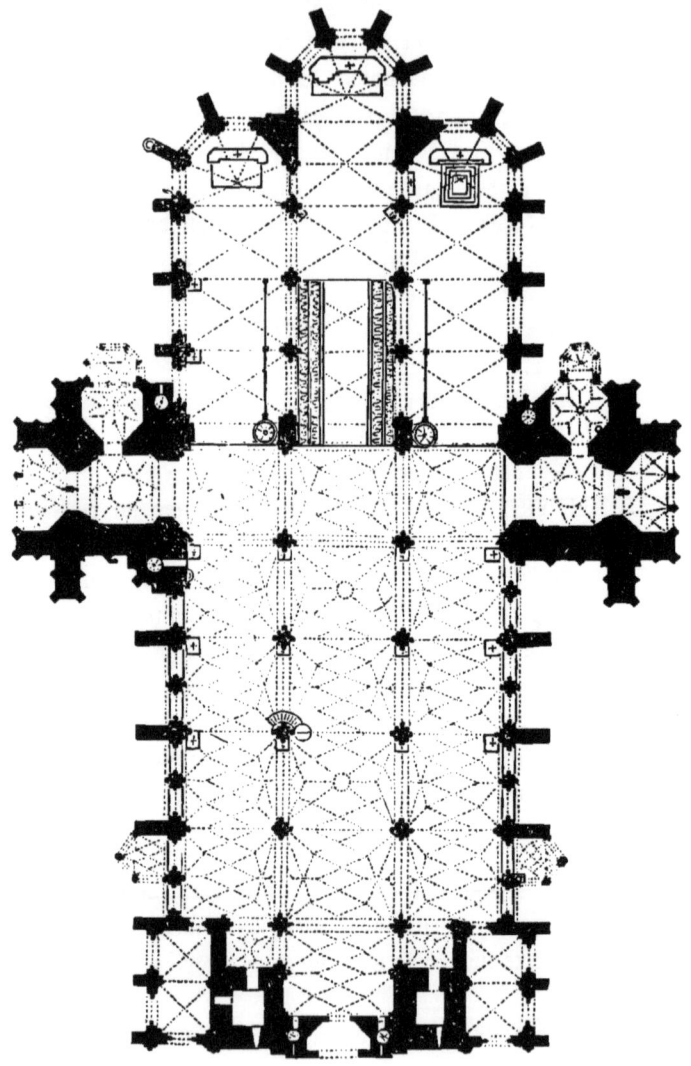

(Fig. 17.) Grundrifs des Stefansdomes in Wien.

are 36 Fuß breit. Die Gesammtlänge beläuft sich auf 124, die Höhe
auf 71 Fuß. Jedes der drei Schiffe hat einen polygonen, durch drei
Seiten des Achtecks gebildeten Abschlufs. Das Mittelschiff tritt nach

Art einiger von uns betrachteter französischer Kathedralen über die beiden anderen in Gestalt einer tiefen Kapelle hinaus.

3.

Ein zweites Stadium der Baugeschichte des Domes beobachten wir am Langhause. Die Anlage desselben hat im ganzen viel Uebereinstimmendes mit dem Chore. Sie ist ebenfalls dreischiffig und kommt auch in den Breitenverhältnissen der Schiffe dem älteren Bau nahezu gleich; nur das Mittelschiff hat in dem letzteren eine etwas geringere Breite, während die Außenmauern beider Theile durchaus in gleicher Flucht liegen. Bedeutender für die räumliche Wirkung des Innern ist der beträchtlich größere Pfeilerabstand in der Längenrichtung. Während die Jochbreite im Chore 24 Fuß beträgt, beläuft sie sich hier auf 30 Fuß; während sich dort zwischen jedem Strebepfeilerpaar je ein viergetheiltes Fenster befindet, sind hier deren zwei an jedem Abstand angebracht; freilich schlanker als jene, jedoch ebenfalls viergetheilt und durch einen Zwischenpfeiler getrennt. Der Hauptunterschied zwischen Chor und Langhaus besteht im Aufbau. Während nämlich die Seitenschiffe mit denen des Chores gleich hoch sind, steigt das Mittelschiff bis zu der Höhe von 89 Fuß, 18 Fuß höher als jene, empor. Man wollte hierdurch den Eindruck des Kühnen und Schlanken steigern, der durch die schlichte Hallenform des Chors nicht hinreichend ausgesprochen schien.

4.

Wir fügen hier gleich die Betrachtung der übrigen hervorragenden Werke der monumentalen und dekorativen Kunst ein, welche die Mauern und Hallen des Domes zieren. Umwandert man die Wände im Innern und am Aeußeren, so mustert der Blick eine fast ununterbrochene Reihe von Denksteinen mit bildnerischen Darstellungen mannigfacher Art, meistens aus der Zeit der Renaissance, zum Theil in rotem Marmor, häufig auch in gewöhnlichem Haustein, oft roh und handwerksmäßig ausgeführt. Unter den größeren Denkmalen am Aeußeren sei das vermeintliche Grab des Nithart Fuchs, des lustigen Rates am Hofe Herzog Ottos des Fröhlichen hervorgehoben. Es war ein zierlicher, leider jetzt fast ganz zerstörter Baldachin, welcher den ebenfalls arg mitgenommenen Steinsarkophag mit der liegenden Gestalt des Toten überschattete. Ein Holzverschlag unmittelbar neben dem Singerthor birgt gegenwärtig die Reste des ehrwürdigen Monumentes. Auch das Grabmal Herzog Rudolfs IV. und seiner Gemahlin Katharina (?), das älteste

Denkmal im Innern des Domes, ist nur noch eine traurige Ruine.
Die sehr beschädigten Gestalten der beiden Toten ruhen auf einem
Sarkophag aus rotem Marmor, dessen Vorderseite mit einer kleinen gotischen Arkadenstellung auf schlanken Säulchen verziert ist. Das Denkmal
100 ist an die Südwand des linken Seitenchores angelehnt. Der gegenüberliegende Seitenchor enthält das berühmteste Grabmal von St. Stephan,
das des Kaisers Friedrich III. († 1493). Dasselbe wurde noch
bei des Kaisers Lebzeiten von dem dazu 1467 aus Leyden berufenen
Meister Nicolas Lerch begonnen und 1513 von Michael Dichter zu Ende
105 geführt. Es ist ein Sarkophag aus rotem, weißgeflecktem Marmor, auf
hohem Stufenuntersatz, oben mit der ruhenden Figur des Toten im
flachen Relief, am Rande von zahlreichen Wappen umgeben, und unten
mit figurenreichen, von Pfeilern und geschweiften Bögen eingerahmten
Reliefdarstellungen biblischen und legendarischen Inhalts geschmückt. Den
110 Fuß umkriecht ein ganzes Heer von Drachen, Molchen und ähnlichen
Ungeheuern. In entsprechendem Abstande läuft dann eine Brüstung, aus
demselben Marmor durchbrochen gearbeitet, und mit Statuetten Christi,
der Apostel und Heiligen geziert, um den Sarkophag herum. Im ganzen
will man nicht weniger als 240 Figuren zählen, von denen einige der
115 kleinen stehenden Gestalten von den Pfeilern der Brüstung, bei etwas
gedrungenen Körperverhältnissen und schwerer Gewandung, durch lebendigen Ausdruck der Köpfe und sorgfältige Ausführung den Blick fesseln.
Im übrigen ist das Werk mehr durch seinen Reichtum und den ge-
schmackvollen Aufbau des Ganzen als durch geistigen Gehalt und
120 Schönheit des Details ausgezeichnet. Kurz erwähnt seien ferner die
reich mit Bildwerk ausgestatteten Chorstühle, 1484 von Wilhelm
Rollinger geschnitzt; der marmorne Taufstein in der Katharinenkapelle,
481 durch Meister Heinrich an den zwölf Seitenflächen mit Statuetten, der
Apostel und am Fuße mit vier sitzenden Gestalten geschmückt; die Ciborien-
125 altäre in den Seitenschiffen, besonders der von schlanken Rundsäulen getra-
gene, mit herrlichem, feinen Maßwerk verzierte Baldachin links neben dem
Eingang in die Kreuzkapelle; endlich in dieser letzteren, zu welcher man durch
ein prächtiges schmiedeeisernes Gitter im Rococcostil gelangt, das Denkmal
Prinz Eugens von Savoyen ein marmorner Obelisk mit Bildwerk
130 und Trophäen ausgestattet.

5.

Eine Hauptaufgabe ist unserer Betrachtung noch in dem Aeußeren
des Doms, besonders in seinem riesigen Thurmbau vorbehalten.

Ein eigentliches Querhaus ist bei St. Stephan nicht vorhanden, aber es bietet sich uns dafür ein origineller Ersatz in den hohen hallen- artigen Untergeschossen der beiden Hauptthürme, welche [135] nördlich und südlich an die ersten Joche des Langhauses angebaut sind, und zu denen von außen prachtvoll geschmückte niedrige Vorhallen die Zugänge bilden. An die Ostseiten jener Hallen sind dann noch zwei achteckige Kapellen angelehnt, die südliche der heil. Katharina, die nörd- liche der heil. Barbara geweiht, beide mit schönen Netzgewölben über- [140] spannt und von eleganter spätgotischer Durchbildung.

Bekanntlich ist von den beiden großen Thürmen nur der südliche vollendet; von dem nördlichen, dessen Ausführung eine schon sehr mittelmäßige, rein handwerkliche ist, steht etwa ein Drittel der Gesammthöhe. Originalzeichnungen seines von Meister Pilgram ent- [145] worfenen Grundrisses befinden sich in Brünn und Wien. Der Südthurm imponiert jedem schon durch seine mächtige Höhe und Schlankheit. Er ist nach dem Straßburger der höchste sämmtlicher deutschen Thürme; vor der letzten Restauration maß er 435 Fuß 6³/₄ Zoll; jetzt ist er um 1 Fuß höher. Mit dieser Kühnheit der Anlage verbindet sich der höchste Reichtum [150] in der dekorativen Durchbildung und eine Mannigfaltigkeit durchbro- chener, lustig emporgegipfelter Einzelheiten, welche dem Auge bei jedem neuen Anblick einen frischen Reiz darbieten.

Vergleichen wir die Gesammtanlage des Thurmes mit andern, früher betrachteten Meisterwerken gleicher Gattung, vornehmlich [155] mit dem als Muster bezeichneten Freiburger Münsterthurm, so tritt uns ein höchst beachtenswerter Unterschied entgegen. Die Schönheit des Frei- burger Thurmes beruht in erster Linie auf der scharfen Betonung der drei Hauptmassen: Unterbau, Glockenhaus und Helm. Eine so strenge, organisch durchgeführte Dreigliederung lag bei dem Thurme von St. [160] Stephan nicht in der Absicht des Architekten. Ihm kam es vor allem auf ein kühnes und ununterbrochenes Emporführen der Massen an. „Daher läßt er die gewaltigen Eckpfeiler schon sehr frühe in Fialen auf- schießen, sehr mäßig sich verjüngen und diese Arbeit so anhaltend und ruhig fortsetzen, daß sich kein bemerkbarer Absatz bildet und der Umriß [165] des Ganzen im allgemeinen Ueberblick eine einzige steile Pyramide dar- stellt, an der man nur bei weiterer Prüfung die schwachen Abstufungen der einzelnen Theile wahrnimmt." Besonders bei der senkrechten Ansicht der Seitenflächen macht sich dieses allmäliche Ansteigen der Umrißlinien geltend. In der Queransicht gehen die Massen mehr auseinander [170]

(Fig. 18.) Die Stefanskirche in Wien.

und namentlich der Ansatz des Helms kommt entschieden zum Ausdruck. Nur an dieser Stelle lösen sich die Spitzen der Fialen vom
Thurmkörper los und bilden gleichsam einen zackigen Kelch, aus dem
die Spitze mit ihrer mächtigen Kreuzblume schlank emporschießt. Auch
an dem Helm setzt sich das allmälige Wachsen und Aufstreben noch[175]
fort. An zwei Stellen ist das lichte Gebäude mit einem Kranz von
kleinen Giebelspitzen umgeben, welche eine mäßige Verdickung des Helms
hervorbringen. Es ist, als sammelte sich hier die emporstrebende Kraft,
um dann nur um so energischer gen Himmel zu steigen. Als her-
schendes Motiv der Dekoration kehrt an dem ganzen Thurm der durch=[180]
brochene Giebel, in den verschiedensten Größen und mit den mannigfaltigsten Stabwerkfüllungen, wieder. Die Behandlung des Details hat
vorwiegend den strengen, mathematischen Charakter des vierzehnten Jahrhunderts.

Die Baugeschichte der westlichen Theile des Domes und der[185]
Thürme reicht von jener Zeit bis in unsere Gegenwart hinein.

Das Verdienst, den Ausbau des Langhauses und der Thürme begonnen zu haben, gebührt dem Nachfolger des obengenannten Albrecht II.,
dem Erzherzoge Rudolf IV., mit dem Beinamen „der Stifter." Die
Arbeiten nahmen ihren Anfang im Jahre 1359 und dauerten das ganze[190]
14. Jahrhundert und die ersten Decennien des folgenden hindurch.
Rudolf berief zum Leiter des Ganzen einen Baumeister aus Klosterneuburg, welcher mit einem in den Urkunden mehrfach erwähnten Meister
Wenczla identisch zu sein scheint. Derselbe nahm den Bau des Langhauses in Angriff und machte Pläne zu den beiden Hauptthürmen, von[195]
denen der südliche bei des Meisters Tode (1404) bis über die Hälfte
fertig war. Noch vor dieser Zeit wurden links und rechts vom Haupt-
portal die Kreuz= und Eliginskapelle an die Façade angefügt. Aus dem
organischen Zusammenhange des Langhauses mit dem Südthurm geht
klar hervor, daß beide von einem und demselben Meister gleichzeitig con=[200]
cipiert sein müssen. Unter den Baumeistern des fünfzehnten Jahrhunderts
ragt namentlich Hans von Brachadicz hervor. Er setzte 1433 dem
hohen Thurm seine bekrönende Spitze auf und scheint hierbei ganz besonders durch Einflüsse der Prager Bauhütte und durch Gedanken,
welche er, durch Unruhen von dort vertrieben, beim Dombau von St. Veit[205]
nicht zur Ausführung bringen konnte, geleitet worden zu sein. Im Jahre
1446 folgte die Einwölbung des Langhauses, 1450 die Grundsteinlegung
zum nördlichen Thurm, 1490 die Vollendung des hohen Giebeldaches

und 1492 der Bau der an die Halle des nördlichen Thurmes ange=
210 lehnten Barbarakapelle.

Die Frühzeit des sechzehnten Jahrhunderts brachte zunächst die
reizvollen kirchlichen Ausstattungsstücke, die Kanzel, den Orgelfuß
u. a. hinzu. Auch die zierlichen Vorhallen des Singer= und des Bischofs=
thores an den Seitenschiffen der Kathedrale fallen in diese Periode.
215 Dann folgen Gefahren und Unglücksfälle.

Nach einem Bestande von kaum hundert Jahren zeigte der süd=
liche Thurm in Folge mehrfacher Blitzschläge höchst bedenkliche Spuren
mangelhafter Festigkeit. Die große Eisenstange, welche den Kern der
Spitze bildete, soll krumm gebogen gewesen sein, so daß bereits 1516 durch
220 Meister G. Hauser eine Erneuerung der dadurch angegriffenen Theile
nötig wurde. Aehnliche Erscheinungen traten in noch drohenderer Weise
nach dem Erdbeben vom Jahre 1590 hervor. Die Pyramide des Thurms
wich beträchtlich aus der senkrechten Stellung. Aber es scheint an Mitteln
und an Interesse gefehlt zu haben, den Bau gründlich vor noch größerer
225 Gefahr zu schützen. Er blieb im Wesentlichen unangetastet bis zum Jahre
1838, wo sich in Folge der starken Senkung sogar einzelne Steine aus
dem Gemäuer herauslösten. Die damals vorgenommene Untersuchung
zeigte, daß die Abweichung des obersten Theiles auf 63 Fuß Länge
3 Fuß 4 Zoll betrug und daß das Material in Folge der Verschie=
230 bungen sich an mehreren Stellen in völliger Auflösung befand. Jetzt
wurde schleunige Abhilfe angeordnet. 1839 begann man die Abtragung
der Spitze bis zu der angegebenen Gränze, so wie die Einklammerung
der unteren Theile. An Stelle der durchbrochenen steinernen Bekrönung
erhielt der Thurm einen Aufsatz von Eisen, welcher außen mit Steinwerk
235 bekleidet ward. Im Oktober 1842 wurde der neuen Spitze die Kreuz=
blume aufgesetzt. Allein bald zeigte es sich, daß durch diese Art von
Restauration dem Uebel keineswegs durchgreifend abgeholfen war, und
daß auch andere Theile des Gebäudes sich in einem gefahrdrohenden
Zustande befanden. Der wiedererwachte Sinn für die Bauwerke des
240 Mittelalters warf überdieß auf manche von alters her bestehende Lücken
und auf die vielen störenden Zusätze der letzten Jahrhunderte ein grelles
Licht. So schlug jetzt die frühere Theilnahmlosigkeit in begeisterten Eifer
um, und man beschloß, den ganzen Dom einer nochmaligen vollstän=
digen Restauration zu unterziehen, bei welcher das alte System der
245 Bemäntelungen gründlich aufgegeben wurde.

Zunächst wurden die Giebel an der Nord= und Südseite des Lang=
hauses vollendet, sodann mehrere der unschönen späteren Zuthaten aus
dem Inneren, besonders aus den Kapellenräumen entfernt, sämmtliche
schadhafte Stellen des Gewölbesystems ausgebessert und endlich in neuester
Zeit Hand an den wiederholten Umbau des südlichen Thurmes gelegt. 250
Leiter dieser Unternehmungen, welche unter Aufsicht eines Dombau=
Comités und mit namhafter jährlicher Unterstützung von Seiten des
Staates, der Stadt, des Hofes und der Geistlichkeit betrieben worden,
war anfangs Dombaumeister L. Ernst. Er baute 1853 die Giebel an
der Südseite, 1856 die an der Nordseite des Langhauses aus, restaurierte 255
1855 die Barbarakapelle, 1858 die Vorhalle des Bischofsthores, die
beiden Kapellen an der Façade, einen Theil der Gewölbe und Strebe=
pfeiler des Chores, und ging endlich an die Wiederherstellung des Haupt=
thurmes, dessen Construktion sich namentlich an der neu aufgesetzten Spitze
als durchweg schadhaft herausgestellt hatte. Der Helm wurde in einer 260
Ausdehnung von 170 Fuß abgetragen und auf Grund der ursprünglichen
Anlage der Plan für den Neubau festgestellt. Die Ausführung ist nur
zu einem sehr geringen Theil Ernst's Werk. Er starb im Oktober 1862,
nachdem erst einige Schichten des Neubaues vollendet waren. Sein Nach=
folger, der jetzige Dombaumeister Friedrich Schmidt, führte in 1 1/2 265
Jahren das Werk zu Ende, so daß am 18. August 1864 die Kreuz=
erhöhung erfolgen konnte. Wenn auch der alte Plan im wesentlichen bei=
behalten blieb, so ist die Art der Construktion auf zweckmäßigen Grund=
lagen und nach Regeln eines kunstgerechten Fugenschnittes doch durchaus
Fr. Schmidt's Verdienst. Der Aufbau des Helmes und der Gewölbe, 270
die Verbindung der eisernen Helmstange mit dem Steinbau und die Zu=
sammenfügung der kolossalen Kreuzblume sind jetzt der Art, daß der
Thurm fortan getrost dem Andrange der Zeit und des Wetters trotzen
kann. Im Laufe der letzten Jahre haben auch die unteren Theile des
Thurmes in allen schadhaft gewordenen Details eine gründliche Ausbes= 275
serung erfahren und gegenwärtig ist man mit der Restauration der an=
stoßenden Katharinenkapelle nach Maßgabe der alten Pläne beschäftigt.
Zunächst wird jetzt die Restauration des nördlichen Thurms in Angriff
genommen. Ob der Nordthurm, der 1562 provisorisch eingedeckt wurde,
völlig ausgebaut werden oder etwa, wie es bei St. Ouen in Rouen 280
der Fall ist, in einer mit Fialen ausgestatteten Brüstungsgalerie seinen
Abschluß finden wird, ist noch eine offene Frage. Jedenfalls müßte der
vom Meister Pilgram entworfene Plan im Aufbau bedeutende Verän=

derungen erleiden und nur der Grundsatz der alten Meister aufrecht
285 erhalten werden, keine strenge Symmetrie zwischen beiden Thürmen walten
zu lassen, damit jeder in seiner Individualität unberührt und namentlich dem
Südthurm, diesem Wahrzeichen der Kaiserstadt, seine imposante Wirkung
gesichert bleibe. Karl v. Lützow.

Vor dem Stephansdom.

(Aus „Pfaff vom Kahlenberg". Ein ländliches Gedicht, Leipzig 1850, S. 205.)

Vor ihrem Blick der Münster steht
Und weist, ein schweigender Prophet,
Mit straff emporgestreckter Hand
Hinauf ins dunkle Sternenland.

5 Ein deutscher Meister war's vom Rhein,
Der christlichen Sinn hier formt' in Stein.
In Tempelhallen fühlst du beben
Der Völker tiefstes Seelenleben.

In stolzen Säulen rafft' empor
10 Vom Erdengrunde sich der Hellene;
Doch ob er bald zurück sich sehne,
Aus Ziel den Glauben bald verlor —
Rasch brach er ab, zog zwischen sich
Und jene Höhen einen Strich,

15 Sein Quergebälk, um sich hienieden
Ganz abzuschließen in heit'rem Frieden,
Umsäumend mit engem Säulenraum
Den vollsten, reichsten Göttertraum.

Der Römer wirft den runden Bogen
20 Empor in anmutvollem Schwung,
Doch mählig, scheint's, zur Niederung
Hat irdische Wucht ihn rückgezogen;
Hier stieg er, daß auf jener Seite
Er dann in Anmut niedergleite.

25 Den Himmel stürmt in tapfrer Hast
Der deutsche Christ, der beide Theile
Des spitzen Bogens zusammenfaßt
Und aufwärts schießt gleich einem Pfeile.

Das Münster mit dem steilen Dach
30 Dringt in den Himmel allgemach
Gleich eingetriebnem mächt'gem Keile;

Und wie er auch den Ernst des Ganzen
Mit Ast= und Blumenschmuck umrändert,
Die Giebel sind erhob'ne Lanzen,
Wenn auch bekränzt und reich bebändert.   35
Doch deutsche Kunst ist's, die vollbringt,
Daß Anmut der Gewalt nicht fehle;
Der Thurm von Stein scheint eine Seele,
Die christlich fromm nach aufwärts ringt.
Mühvoll aus rauhen Erdenmassen   40
Hebt sich die gottgeweihte Quader;
Jetzt strömt ihr Leben in die Ader,
Beginnt in Formen sich zu fassen.
In rohen Stämmen klimmt's zum Licht,
In Stufen nur mit steiler Wendung,   45
Bis zwischendurch ein Stral jetzt bricht,
Das Leuchten künftiger Vollendung.
Und freier, kühner wird das Klettern
Und schießt in Zweigen, quillt in Blättern;
Durchbrochnes Laub mit zarten Rippen   50
Will Morgenthau im Aether nippen;
In Fluten strömt der Tag darein,
Verklärt, vergeistigt wird der Stein
Und treibt so luftig leichte Ranken:
Dir bangt, daß sie im Winde schwanken.   55
Jetzt faßt zusammen sich's zum Kerne,
Zur Rose wird der Giebelstein
Und mündet all sein irdisch Sein
Verduftend in die ew'gen Sterne.

Anastasius Grün.

Renaissance in Italien.
(Handbuch der Kunstgeschichte, 2. Aufl. Stuttgart 1861. II. Band, S. 237.)

Italien erscheint als die Wiege der modernen Architektur; die Werke, welche dort ausgeführt wurden, blieben fast aus=
schließlich das Vorbild für die architektonischen Unternehmungen der
übrigen Länder. Wir haben somit für jetzt unsere vorzüglichste Aufmerk=
samkeit den Monumenten dieses Landes zuzuwenden. Hier fand sich die 5
größte Anzahl mehr oder weniger erhaltener Denkmäler aus der Zeit

des klassischen Altertums vor; doch nicht bloß dieß äußerliche Verhältnis,
sondern zugleich das innerliche, daß auch der Geist der Italiener während der gesammten Zeit des Mittelalters eine gewisse Verwandtschaft
10 mit den früheren Bewohnern des Landes bewahrt hatte, war der Grund,
daß sie zuerst und mit Entschiedenheit auf die Formen der antiken Architektur eingiengen. Diese ihre Sinnesrichtung hatte es namentlich verhindert, daß das gotische Bausystem bei ihnen zu einer klaren Entfaltung
gekommen war. Wenn uns einerseits an ihren gotischen Bauten der
15 rein dekorative Gebrauch oder Misbrauch der aus dem Norden über-
kommenen Einzelformen und der Mangel an organischer Durchbildung
empfindlich auffiel, so war auch unter dieser entlehnten Hülle das Regen
eines neuen Geistes nicht zu verkennen, welcher statt der rhythmischen
Bewegung des nordisch Gotischen die Schönheit des Raumes und der
20 Massen zum Lebensprincip hatte. Dieser neue Sinn mußte schon an sich
die Architektur — seit überhaupt die Bande der Gotik sich aufzulösen
begannen — dazu nötigen, sich den Formen der klassischen Kunst wiederum völlig hinzugeben. So entwickelt sich in Italien die moderne
Architektur bereits in der frühesten Zeit des 15. Jahrhunderts; und nur
25 in einzelnen Ausnahmen (die besonders der Lombardei angehören) sehen wir
im Verlauf dieses Jahrhunderts noch Bauwerke gotischen Stiles ausführen,
der diesseits der Alpen geraume Zeit noch entschieden vorherschend blieb.

Die ersten Unternehmungen, die in Italien im Verlauf des 15.
Jahrhunderts zur Gestaltung und Ausbildung des modernen Architektur-
30 stiles geschahen, bilden die eigentliche Blütezeit desselben. An der Gränz-
scheide des romantischen Zeitalters stehend, weht auf sie noch ein fri-
scherer Lebenshauch herüber, der ihnen ein anziehendes Gepräge verleiht.
Noch bemüht man sich, mit Selbständigkeit die klassischen Formen aufzufassen und diese mit besonderer Rücksicht auf das, von den antiken Ge-
35 bäuden abweichende Ganze auszubilden, während sich später vielmehr
dem, als unabweisliches Princip — und trotzdem doch nur unvollständig
aufgenommenen antiken Systeme fügen muß. Hätte die moderne Architektur
diese Schritte des 15. Jahrhunderts länger verfolgt, hätte sie sich nicht
späterhin einem vorgeblich antiken, in der That aber einseitig von einer
40 geringen Anzahl antiker Gebäude abstrahierten Canon gefügt, so würde sie
neben den schönen rhythmischen Verhältnissen auch einen lebensvollern und
schönern Organismus des Einzelnen beibehalten und weiter ausgebildet haben.

Bedeutsam erscheint zunächst und vorzugsweise die Palast-Archi-
tektur dieser Periode. Die architektonischen Massen wurden hier noch

kräftig und großartig zusammengehalten, ohne durch eine vorgesetzte 45
Schein-Architektur auf eine dem Auge gefällige, immerhin jedoch conventionelle Weise belebt zu sein; aber da, wo die Massen sich naturgemäß
in einzelne Theile sondern, namentlich an den Oeffnungen der Fenster
und Thüren, entwickelt sich gleichwol eine bewegtere Gliederung, wozu
die Formen der antiken Kunst mit Geist und mit Geschmack verwandt 50
werden. Freilich ist dieß nur eine Architektur des Aeußern, doch ist dieselbe viel mehr, als eine müßige Dekoration. Auch die kirchlichen Gebäude erhielten eine analoge, bisweilen anmutige und großartige Gliederung. Das Innere zeigt zunächst eine geschmackvolle Umgestaltung der
mittelalterlichen Dispositionsweisen; so findet sich in einigen Kirchen, 55
welche der früheren Zeit des 15. Jahrhunderts angehören, ein geistreiches
Zurückgehen auf die einfache Basilikenform; später erscheinen Gewölb-
anlagen nach römischer Art, mit massigen, durch Pilaster bekleideten
Pfeilern, zumeist auch mit Kuppeln, nach jener, ehemals im byzantinischen
Reiche ausgebildeten Weise. Außerdem hat das ganze 15. Jahrhundert 60
ein Ideal des Centralbaues verfolgt, wozu das Pantheon in Rom den
nächsten Anlaß gab; über den absoluten Vorzug der centralen Anlagen
herrschte, wie es scheint, kein Zweifel. Ein specifischer Widerwille gegen
das Kreuzgewölbe, welches für die Längen-Bewegung des gotischen
Kirchenbaues so wesentlich gewesen war, ist nicht zu verkennen. 65

Mit der Erneuerung antiker Bauformen gieng eine hohe Ausbil-
dung der ganzen dekorativen Kunst in demselben Sinne Hand in
Hand. Gemäß dem echten Prachtsinn und Reichtum des damaligen Ita-
liens erhielten nicht nur alle beweglichen und unbeweglichen Geräte,
Einbauten, Grabmäler, Altäre, Kanzeln, Bekleidungen u. s. w. die reichste 70
Ausstattung, sondern auch die Architektur selbst füllte sich mit schmückenden
Einzeltheilen an und bediente sich zu diesem Ende oft der kostbarsten
Incrustationen. Franz Kugler.

Die St. Peterskirche zu Rom.
(Die Meisterwerke der Kirchenbaukunst. Leipzig 1871 — 2. Aufl.)

Aus den Rotunden erwuchs allmälig des griechischen Kreuzes
Form; aus diesem sodann ward das lateinische Kreuz:
Aber es blieb die Rotunde, sie ward zur Kuppel erhoben:
Möchte sie stets doch ruhn über dem griechischen Kreuz!
Platen.

1.

Fast zwölfhundert Jahre lang stand auf dem Platze der jetzigen
St. Peterskirche die altehrwürdige Basilika, welche Kaiser Con-
stantinus, der Ueberlieferung zufolge gleichzeitig mit der Basilika

St. Paul vor den Mauern der Stadt, aus dem Material des nero-
nischen Circus über den Gebeinen des hier gekreuzigten Apostels aufführen ließ. Mannigfache schwere Schicksale waren über den statt-
lichen Bau, eine fünfschiffige Basilika mit Querhalle und umsäul-
ten Vorhof, im Laufe der Jahrhunderte dahingegangen. Zwei Mal
wüteten räuberische Sarazenenscharen in den glanzerfüllten Räumen.
Durch die Belagerung Friedrichs I. (1167) litt auch das Aeußere
beträchtlichen Schaden. Eine Zeitlang lag das Heiligtum in völliger
Verwüstung da.

Dennoch konnte sich Papst Nikolaus V., als er beschloß, die
alte St. Petersbasilika niederzureißen, und einen neuen, weit pracht-
volleren Dom an ihre Stelle zu setzen, keineswegs auf die Baufälligkeit
der Kirche Constantins berufen. Unter anderem zeigte sich das Balken-
werk beim Abbruche des Gebäudes noch so fest, daß man es beim Bau
des Palazzo Farnese wieder zu verwenden wagte. Für Nikolaus, den
ehrgeizigen Zögling der Mediceer, bedurfte es auch eines derartigen
äußeren Anstoßes nicht. Lag ja doch ein völliger Umbau des vatika-
nischen Bezirks mit allen Palästen, Thürmen und Mauern in seiner
Absicht: ein Umbau, durch dessen Großartigkeit er mit dem Rom der
Cäsaren wetteifern und allen Visconti, Gonzaga und Medici den Rang
ablaufen wollte! St. Peter, die ruhmreiche Krönungsstätte der Kaiser
und der Päpste, sollte der Gipfelpunkt dieser hochstrebenden Unternehmungen sein. Der auf die Wiederbelebung des Altertums gerichtete
Humanismus, welcher seit Petrarca sich aller freien Geister Italiens bemächtigt und unter einem Cosimo und Lorenzo die Gunst mächtiger Für-
stenhöfe errungen hatte, er hielt jetzt seinen Einzug in den Vatican.
Wie sich Papst Nikolaus mit einem glänzenden Kreise humanistischer Gelehrten und Dichter umgab, wie er mit Begierde hellenische und römische Autoren sammelte und namentlich für die Uebersetzung der Griechen
ins Lateinische mit an Verschwendung streifender Liberalität Sorge trug,
so war es auch sein Ideal, die alte Herlichkeit der klassischen Architektur
in dem neuen Rom wieder aufleben zu sehen. Es ist für die Richtung
dieser Bestrebungen charakteristisch, daß der Papst den großen Leon
Battista Alberti, den strengsten Klassiker unter den Meistern der
Frühepoche der Renaissance, auf mehrere Jahre zu sich rief, bei welcher
Gelegenheit ihm dieser 1452 sein Hauptwerk: „Arte edificatoria", die
erste moderne Theorie der Baukunst, überreichte.

Zu dem Bau der neuen Peterskirche hatte sich Nikolaus das Modell von dem Florentiner Meister Bernardo Rossellino anfertigen lassen. Im Jahre 1450 begann man hinter der Apsis der alten Basilika mit der Fundamentirung. Aber die Arbeit war kaum eine Mannshöhe aus dem Boden heraus, als der baulustige Urheber 1455 das Zeitliche segnete, mehr als ein übergewaltiges Unternehmen als Torso den Nachfolgern hinterlassend.

Unter diesen trat nun aber fünfzig volle Jahre lang und mehr ein gänzlicher Stillstand im Bau der Peterskirche ein. Nur Paul II., der übrigens kein sonderlicher Freund jenes kunsteifrigen Humanismus war, soll eine Summe Geldes für die Wiederaufnahme der Arbeiten ausgesetzt haben. Dass es aber hierzu wirklich gekommen sei, wird nicht berichtet.

Die Regierung des großen Giuliano della Rovere, welcher als Julius II., den Namen Cäsars borgend, im Jahre 1503 den päpstlichen Stuhl bestieg, machte dieser Stagnation ein Ende. Man erzählt, dass die nächste Veranlassung zum Weiterbau in dem bekannten Plane des Papstes gelegen habe, sich schon bei Lebzeiten ein Grabdenkmal zu errichten. Julius II. hatte sich dazu den jungen Michelangelo Buonaroti, der eben damals für seine Vaterstadt Florenz den kolossalen David vor dem Palazzo vecchio vollendet hatte, nach Rom berufen, und getragen von den hochfliegenden Plänen des päpstlichen Gönners, war der Entwurf des Meisters zu solchem Riesenmaß emporgewachsen, dass man sich wegen der Aufstellung des Monumentes in einiger Verlegenheit befand. Indessen hatte der Plan, von dem wir in der Uffiziengallerie zu Florenz eine Handzeichnung besitzen, den ganzen Beifall des Papstes gefunden, und dieser beauftragte Michelangelo selbst mit der Wahl des Ortes. So kam man zunächst auf den Gedanken, an der Stelle der von Rosellino begonnenen Tribuna, deren Grundmauern Michelangelo aus der Vergessenheit hervorzog, eine besondere Kapelle für das Grabmal zu bauen. Dann erfolgte aber der Beschluss, den Plan des Papstes Nikolaus wieder aufzunehmen und einen Theil der neu zu errichtenden St. Peterskirche für das Monument zu bestimmen. Unter den einlaufenden Bauplänen wählte Julius den des Bramante als den schönsten aus und beeilte sich, am 18. April des Jahres 1506 die feierliche Grundsteinlegung der Kirche vorzunehmen.

Inzwischen war in der italienischen Baukunst die durchgreifendste Veränderung vor sich gegangen. Die Kunstanschauungen des Mittel-

Egger. 7

alters, welche wir in den zuletzt betrachteten Domen noch vorherrschend
⁸⁰ fanden, wurden allmählig durch den allgemeinen Aufschwung der klassischen Studien bei Seite gedrängt. Wir sehen sie noch in der Früh-
renaissance, wo der neue Stil erst eben die Schwingen zu regen beginnt, in manchen constructiven und ornamentalen Wendungen sich auf
eine oft anziehende, kühne und phantastische Weise geltend machen. Allein

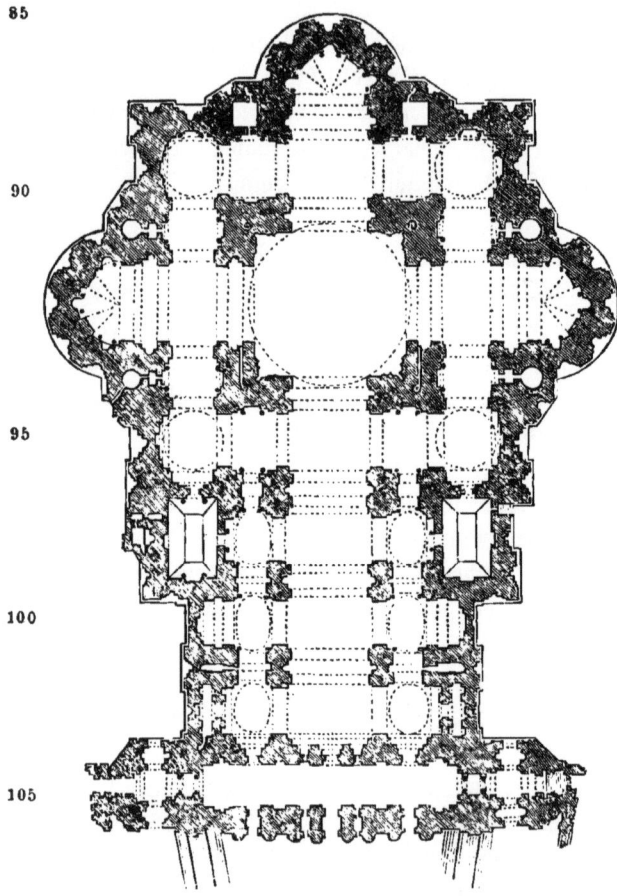

⁸⁵ mit dem Ende des
fünfzehnten Jahrhun-
derts findet dieser Ue-
bergangsstil in Italien
seinen Abschluß. Von
⁹⁰ hier an datieren wir
den Anfang des rei-
nen Klassicismus, der
Hochrenaissance.

2.

⁹⁵ Nach San Gallos
Tode (1546) war die
Wahl der Bauverwal-
ter zunächst auf Ra-
faels Schüler Giulio
Romano gefallen.

¹⁰⁰ Die Unterhandlun-
gen mit ihm dauerten
mehrere Monate lang,
bis Giulio seiner an-
dauernden Kränklich-
¹⁰⁵ keit zu Mantua erlag.

Hierauf knüpfte der
Papst mit Michel-
angelo an. Der Mei-
ster zögerte in Rück-

(Fig. 19.) Grundriß der Peterskirche.

¹¹⁰ sicht auf sein hohes Alter — er zählte damals 72 Jahre — und weil er die
Baukunst nicht für sein eigentliches Fach hielt, den Auftrag anzunehmen.
„Ich rufe Gott zum Zeugen an," schreibt er 1557 an Vasari, „wie ich
vor zehn Jahren gegen meinen Willen mit großer Gewalt von Papst
Paul III. zum Bau von S. Peter in Rom gezwungen worden bin."

Nachdem er sich aber einmal dem Amt unterzogen hatte, gieng er mit [115] der begeisterten Energie eines Jünglings, ungehindert durch die zahllosen Schwierigkeiten der Sache und die Intriguen der Anhänger San Gallos, an die Ausführung. Dass er den Entwurf seines Vorgängers nicht billigte, hatte man schon vor seiner Ernennung zum Dombaumeister gewusst. In einem Briefe an einen gewissen Bartolomeo unterwirft [120] er namentlich die schlechte Beleuchtung der Nebenräume einer scharfen Kritik. Ueberdiess war ihm San Gallos Plan viel zu weitläufig und kostspielig angelegt. „Alle, die sich von Bramantes Plan entfernt haben," sagte er, „haben sich von der Wahrheit entfernt." Sein eigener Entwurf, den er, beiläufig bemerkt, in vierzehn Tagen vollendete, griff daher [125] wieder auf Bramantes griechisches Kreuz zurück, gab dem Kuppelbau größere Festigkeit und entwickelte namentlich in der Durchbildung des Einzelnen weit einfachere Principien als der des jüngeren San Gallo. Die freudigste Zustimmung von Seiten des Papstes und eine unbeschränkte Vollmacht für die Ausführung folgten der Vorlage des Projectes auf [130] dem Fuße.

Michelangelo entließ darauf alle Beamten seines Vorgängers und schränkte das Personalbudget aufs äußerste ein. Dabei gieng er mit dem besten Beispiele voran. Siebzehn Jahre lang verwaltete er die Stelle des ersten Baumeisters unentgeltlich: „zur Ehre Gottes und des [135] heiligen Petrus," lauten die Worte, welche auf den besonderen Wunsch dem Installirungsdekret des Papstes vorangestellt werden mussten. Die Arbeiten begannen mit der nochmaligen Verstärkung der Kuppelpfeiler; dann wurden die Chor=Tribünen durch Mauern verbunden und die Bekleidung des Aeußeren in Angriff genommen. Im Jahre 1557 waren Fenster, [140] Pilasterstellung und Attika wenigstens in den westlichen Theilen vollendet. Die Hauptgewölbe hatten ihren Schluss, der Unterbau stand fertig da. Die folgenden sieben Jahre dagegen ließen wegen Geldmangels wieder nur ein langsames Vorschreiten des Werkes zu. Man schloss die Kreuzarme, stattete die Pfeiler des Innern mit Nischen, Pilastern und dem [145] weit vorladenden Hauptgesims aus und gieng dann endlich an den Ausbau der Kuppel. Als Michelangelo 1564 neunzigjährig aus dem Leben schied, war der Tambour vollendet und von dem Gewölbe lag das detaillirte Modell vor, welches der Meister auf Andringen seiner Freunde hatte anfertigen lassen, und welches noch heute ebenfalls im Ottagono [150] di S. Gregorio zu sehen ist. Dass man sich bei der Ausführung mit größter Genauigkeit an den Plan halten sollte, wurde von Pius IV.,

7*

(Fig. 20.) Das Innere der Peterskirche.

unter dessen Pontifikat Michelangelos Tod eintrat, und von seinem Nachfolger Pius V. ausdrücklich befohlen. Bis zur Vollendung verflossen
aber noch über 26 Jahre. Am 14. Mai 1590 begieng Papst Sixtus V. [155]
die Einweihung der Kuppel und kurz darauf, unter Gregor XIV., ward
auch die Laterne glücklich zu Ende geführt. Die Leiter dieser Arbeiten,
Giacomo della Porta und Giovanni Fontana, besorgten außerdem die
Mosaicierung der Kuppel, die vergoldeten Stuccaturen des Mittel- und
Querschiffes und die Marmorbekleidung des Fußbodens, welcher letztere [160]
zugleich beträchtlich erhöht wurde. Bei dieser Gelegenheit räumte man
auch die Tribüne der alten Peterskirche fort, welche bis dahin unverletzt im Innern des Neubaues erhalten geblieben war. Gleichzeitig empfieng
der Dom seinen gegenwärtigen Hauptaltar.

3.

Kühnheit der Construction, riesenmäßige Dimensionen und die feinste [165]
Abwägung in den Profilen und Details gegen die imposante Masse des
Ganzen prägt diesem Wunderwerke im Aeußeren, wie im Inneren, den
Stempel unübertroffener Vollendung auf. Was im Pantheon begonnen,
in der Hagia Sophia weitergeführt, von Brunelleschi mit hochstrebendem
Sinne wieder aufgenommen und von Bramente in der Grundlage vor- [170]
gezeichnet war: Michelangelo hat ihm die endgiltige Gestalt gegeben und
dadurch nicht nur der Weltstadt an der Tiber ihre geistige Signatur
aufgedrückt, sondern auch der kirchlichen Baukunst des Abendlandes für
alle ferneren Zeiten die Bahn gewiesen.

Wenn wir auf den Treppen zwischen der doppelten Kuppel zu den [175]
Kandelabern emporsteigen, welche die Attika der säulenumstellten Laterne
schmücken, und von hier den Blick über die gewaltige Roma dahinschweifen
lassen, bis an das von fern her glänzende Meer und wieder zurück über
die bräunlichen Flächen der Campagna, dann muß wol vor allem jenes
schlichte Giebeldach, das dort am Südrande der Stadt aus dunklen Back- [180]
steinmauern emporsteigt, unsere Aufmerksamkeit fesseln. Es ist S. Paolo
fuori le mura. Wir sind durch den Gang der geschichtlichen Entwickelung, deren Hauptstationen den Gegenstand der vorliegenden Darstellung bilden, an den Ausgangspunkt unserer Betrachtung zurückgeführt.
In Rom liegen Anfang und Ende der christlichen Kirchen- [185]
baukunst. Römische Formen waren es, aus denen der christliche Geist
sich in der Basilika das erste, noch halbheidnische Gebäude für seine
Gottesanschauung schuf. Ins römische Gewand kleidete er sich wieder, als

es mit jener jugendlichen Epoche der christlichen Völkergeschichte, welche wir das Mittelalter nennen, zu Ende gieng und eine neue Kultur begann, auf deren Wesen ebenfalls heidnische Elemente, und zwar weit mächtiger und tiefer als am Anfange der christlichen Zeit eingewirkt haben. Wir können nicht ermessen, wie weit diese neue Entwickelung bereits gediehen ist. So viel aber scheint uns ausgemacht, daß dieselbe zu einer end= giltigen künstlerischen Gestaltung ihrer religiösen Anschauungen noch nicht gelangt ist. Wenigstens hat sie bisher kein kirchliches Bauwerk aufzu= weisen, in welchem der moderne religiöse Gedanke sich frei von den Fesseln der römischen Tradition und zugleich in einer künstlerisch rei= neren und höheren Gestalt offenbart hätte, als in S. Peter.

Karl v. Lützow.

§. 12. Bildhauerkunst.

Das plastische Kunstwerk dient nicht, wie das architektonische, materiellen, sondern stets rein ästhetischen Bedürfnissen. — Es erscheint aber häufig in enger Ver= bindung mit der Baukunst, indem es entweder selbst eine architektonische Umgebung verlangt, oder der Architektur sich unterordnet, ihr als Zierde dient.

Der höchste Gegenstand der plastischen Kunst ist die menschliche Gestalt. — Während der Architekt die architektonischen Formen erfindet, hat der Plastiker ein Vorbild in der Natur und bedarf des Studiums des menschlichen Körpers (Anatomie). — Häufig bildet der Künstler sein Modell nach einem lebendigen Körper unmittel= bar. — Auf die menschliche Gestalt ist der Künstler angewiesen, ob er göttliche Personen, oder Allegorien, oder wirkliche Menschen darstellt.

Die Kunst bildet die Gestalt gern nackt oder halb bekleidet, weil ihre volle Schönheit nur am reinen Geschöpfe Gottes sichtbar wird. Halbe Gewandung kann die Gestalt künstlerisch beleben, weil sie ihr Mannigfaltigkeit bringt. Vollständige Bekleidung ist dem plastischen Ideale nur dann nicht hinderlich, wenn sie selbst ästhetisch motiviert ist, d. h. die natürliche Form und Bewegung nicht verdeckt.

Der Bildhauer beginnt mit der Ausarbeitung einer Thonskizze, in welcher er den Gegenstand so darstellt, wie ihn seine Phantasie zu gestalten vermag. Diese Skizze wird meist in Gyps übertragen, um sie bleibend zu erhalten; auch ist sie kleiner als das eigentliche Werk. — Nach der Skizze wird das Thon= und Gypsmodell in der Größe hergestellt, die das vollendete Werk haben soll. — Das Gypsmodell dient als Vorlage bei Herstellung des eigentlichen Kunstwerkes. — Dasselbe kann in Holz geschnitzt, in Stein gehauen, oder in Erz gegossen werden. — Unter der Bildhauerkunst begreift man darum auch die Holzschnitzerei und die Erzgießerei.

Der Künstler, welcher in Holz oder Stein arbeitet, läßt meist das Material durch seine Hilfsarbeiter erst zurichten und behält seiner Hand die Vollendung der Form, die Ausführung der feinen und schwierigen Einzelheiten vor. — Neben der Bildhauerei in Stein besteht die Kunst des Steinschneidens, ein Verfahren, das man bei edlen und besonders harten Steinen anwendet, um entweder vertiefte oder erhabene Figuren darauf darzustellen. Es versteht sich, daß geschnittene Steine nie großen Umfangs sein können. Vertieft geschnittene nennt man in der Regel Gemmen, erhaben gearbeitete Kameen; doch werden beide Bezeichnungen auch ohne Unterschied gebraucht.

Für den Erzguß bedarf es noch weiterer Vorbereitung. Nach dem Gypsmodell wird eine Hohlform aus Formsand, bestehend aus Kern und Mantel, hergestellt. Diese muß in der Dammgrube befestigt werden, damit der Guß des geschmolzenen Erzes in den Hohlraum zwischen Mantel und Kern erfolgen könne. — Nach der Abkühlung wird die Form zertrümmert. Nun bedarf es noch der Bearbeitung des rohen Erzgusses mit Säuren und Feilen, damit das Erz den passenden Glanz erhalte. Die Herstellung des feinen Ornaments an der Erzfigur erfolgt durch den Grabstichel und heißt Ciselierung.

Einen besonderen Zweig der Plastik bildet die getriebene Arbeit. Metallplatten (meist Gold, Silber oder Kupfer) werden mit dem Hammer so bearbeitet, daß erhabene Figuren aus der Fläche heraustreten oder die Platte selbst eine bestimmte Form annimmt. — Diese Technik war besonders im 16. und 17. Jahrhundert üblich.

Das Material der plastischen Kunst ist ein mannigfaltiges, aber von verschiedenem Werte. — Thon ist für den Künstler nur im weichen Zustande brauchbar; er dient ihm zu den Vorarbeiten, zur Skizze und zum Modell. Gebrannter Thon (terra cotta) wird für plastische Werke häufig verwendet, wenn sie zu dekorativen Zwecken bestimmt sind. — Gyps ist dem Künstler notwendig zur Herstellung des bleibenden Modells; dient aber auch zur Vervielfältigung des Kunstwerkes, indem man von einer Form viele Abgüsse machen kann. — Man stellt heute in Ermangelung von Originalien ganze Museen von Gypsabgüssen berühmter Kunstwerke zusammen.

Die Holzschnitzerei verwendet meist Lindenholz. — Die eigentliche Skulptur bedient sich entweder des Sandsteines oder des Marmors, als des edelsten Materials. Im Altertume war parischer und pentelischer Marmor im Gebrauch, heute gilt der aus Carrara als der beste; neuestens ist auch Tiroler Marmor (aus Laas in Vintschgau) in Aufnahme gekommen. Für kleinere Skulpturarbeiten, Schmucksachen kommen edle Steine in Verwendung.

Für den Guß wird Erz, eine Mischung von Kupfer und andern Metallen, selten Blei oder Zink verwendet. — Im Freien bekommt das Erz mit der Zeit einen grünlichen Ueberzug, den man Patina nennt; aber es widersteht den Einflüssen der Atmosphäre am stärksten.

Die plastischen Kunstwerke treten in verschiedenen Formen auf.

Ein Standbild (Statue) nennt man es, wenn es die volle Gestalt darstellt. Eine Abart desselben ist das Reiterstandbild.

Eine Büste stellt nur den Kopf mit einem Theile der Brust dar.

Das Relief gibt die Gestalt nicht in voller räumlicher Ausdehnung, sondern läßt sie nur theilweise aus der Fläche hervortreten, das Basrelief (Tiefrelief) halberhaben, das Hautrelief (Hochrelief) mehr als halberhaben. Das Sonsrelief zeigt die Figur vertieft. — Gemmen und Kameen sind edle Steine mit oft höchst kunstvollen Reliefarbeiten.

Eine Gruppe besteht aus mehreren Figuren, entweder freien Statuen oder in Relief gebildet.

Die Plastik heißt die monumentale Kunst vorzugsweise, weil sie am meisten zu Denkmalzwecken dient, obwol auch Architektur und Malerei dazu verwendet werden können.

Seit dem 16. Jahrhundert errichtet man Museen für Plastik, Sammlungen von plastischen Kunstwerken. Die reichsten sind gegenwärtig das vatikanische und capitolinische Museum zu Rom, das britische Museum zu London, das Museum des Louvre in Paris und die Glyptothek in München.

§. 13. Plastik des Altertums.

Bei den Aegyptern und den asiatischen Kulturvölkern stand die Plastik noch ganz im Dienste der Architektur. Reliefskulpturen schmückten die Wände ihrer Gebäude und selbst statuarische Bildungen standen nicht für sich da, sondern um einen Bau zu zieren.

Die Griechen haben zuerst eine selbständige plastische Kunst geschaffen und sie zugleich zu einer Höhe gebracht, die sie bisher bei keinem zweiten Volke erreichte. — Mit Vorliebe verherrlichten sie ihre Götter und Heroen in Erz und Marmor. Ein nur von ihnen gebrauchtes Material ist Gold und Elfenbein. — Bei chryselephantinen Statuen war der Körper aus Elfenbein, die Gewandung aus Holz, mit Gold überzogen. — Zwar blieb die Plastik auch hier in Verbindung mit der Architektur; Statuen schmückten das Giebelfeld des Tempels, Reliefs füllten die Metopen und den Fries (wie am Parthenon). Aber das Bild der Gottheit im Tempel war nicht mehr Schmuck des Gebäudes, sondern beherschte dasselbe.

Die plastische Kunst der Griechen blühte besonders in zwei Schulen, der attischen und der argivischen, denen später noch die rhodische folgte, als die Kunst schon im Niedergange war.

Die Hauptvertreter der attischen Schule sind Pheidias (Phidias), sein Zeitgenosse Myron, und deren Nachfolger Skopas und Praxiteles. — Pheidias gilt überhaupt als der größte Bildhauer der Welt. Unter seinen Werken wurden das Zeusbild zu Olympia, die Pallas Athene im Parthenon, die Aphrodite von Elis besonders bewundert. Wir kennen alle diese nur aus Beschreibungen und Nachbildungen. Der Zeus von Olympia ist unter andern nachgebildet in einer kleinen Broncestatue des kaiserl. Antikenkabinetes in Wien. — Erhalten sind uns von Pheidias Werken Figuren des Giebelfeldes und des Frieses am Parthenon, die sich jetzt größtentheils im britischen Museum zu London befinden.

Von Myron war eine Kuh berühmt; ein Diskuswerfer von demselben ist in mehreren Nachbildungen erhalten.

Skopas schuf die Statue des zitherspielenden Apollon, von welcher eine Nachbildung im Vatikan aufbewahrt wird. Die Kunst des Praxiteles bewundern wir in einer Apollostatue und einer Aphrodite (Venus von Milo), welche das Museum des Louvre zieren. In den Hallen der Uffizien zu Florenz steht die berühmte Gruppe der Niobiden, von der es zweifelhaft ist, ob sie von Skopas oder Praxiteles stammt.

Als Meister der argivischen Schule werden Polyklet, der Zeitgenosse des Pheidias, und Lysippos genannt, der zu Alexander des Großen Zeit lebte. Wie Pheidias das Zeusideal, so schuf Polyklet das Ideal der Hera in Gold und Elfenbein. Wir kennen davon noch eine Marmor-Copie des Kopfes, die als Juno Ludovisi (vom Palazzo Ludovisi in Rom) weltberühmt ist. — Lysippos war ausschließlich

Erzgießer und bildete mit Vorliebe kräftige Männergestalten. Seine Statue eines Athleten, in Marmor nachgebildet, ist noch im Vatikan zu sehen. — Auch hat er zahlreiche Porträtstatuen Alexander des Großen geschaffen.

Die rhodische Schule ist repräsentirt durch Chares, dessen eherne Statue des Sonnengottes der Koloß von Rhodus genannt und zu den sieben Weltwundern gezählt wurde. — Aber das berühmteste heute noch erhaltene Werk der rhodischen Schule ist die Gruppe des Laokoon, die 1512 in Rom gefunden seither im Vatikan aufbewahrt wird. — Ihr künstlerisch verwandt ist die Gruppe des farnesischen Stieres im Museum zu Neapel.

Wie die Architektur so hat auch die Plastik unter den Römern eifrige Pflege gefunden; aber sie blieb noch mehr als jene von den Griechen abhängig. — Ein eigentümlich römisches Gepräge erhielt die Kunst nur durch Ausbildung der Porträtplastik unter den Kaisern, welche unter den Griechen nicht in dem Grade üblich war. — Aus dieser Zeit römisch=griechischer Kunst sind uns noch mehrere Werke erhalten. Die berühmtesten darunter sind: die mediceische Venus (in den Uffizien zu Florenz), der farnesische Herkules (im Museum von Neapel), der borghesische Fechter (im Louvre zu Paris), endlich der sogenannte Apollo vom Belvedere (im Vatikan zu Rom). — Außerdem besitzen wir noch zahlreiche Porträtstatuen und Büsten der römischen Kaiser in verschiedenen Museen. Eine Reiterstatue des Mark Aurel steht heute auf dem Capitole zu Rom.

Zu den ausgezeichnetsten Reliefskulpturen des Altertums gehört die Gemma augustea im kaiserlichen Antikenkabinete in Wien, welche von ganz unschätzbarem Werte ist.

§. 14. Plastik des Mittelalters.

Die Baukunst des Mittelalters hat unter dem Einflusse des religiösen Lebens neue Formen und Stile gefunden, die ihr eine selbständige Bedeutung neben den Werken des Altertums sichern. Weniger günstig war das Schicksal der Plastik. Zwar bot ihr die christliche Architektur und der Kultus eine Fülle von Anlässen und Stoffen: aber sie erreichte nie die Vollendung der Antike.

Die Baukunst und der Geist des Islams war der Plastik geradezu feindlich. Nach orientalischer Anschauung gilt es als Frevel an der Gottheit, die menschliche Gestalt plastisch oder malerisch darzustellen. Daher entbehren die islamitischen Bauten des plastischen Schmuckes und haben durchweg nur Linienornament.

Aus der altchristlichen Zeit sind uns mehrere Sarkophage mit Reliefs erhalten, die an antike Vorbilder erinnern. — Eine große Broncestatue des h. Petrus in der Peterskirche zu Rom ist der Rest der wenigen statuarischen Werke dieser Zeit.

In der Epoche des romanischen Stils fand die Plastik die höchste Pflege in Deutschland. Man schmückte Portale mit Statuen, Kanzeln mit Reliefs, schnitzte Reliquienschreine aus Elfenbein. — Von Werken dieser Zeit ist die Thür des Domes zu Hildesheim (mit Relief) und der Löwe zu Braunschweig (beide Erzguß), sowie ein kostbares Jagdhorn im Domschatze zu Prag (Elfenbeinschnitzerei) besonders bedeutend.

Die Plastik der gotischen Zeit erreichte ihren Höhepunkt im 13. Jahrhundert und in Frankreich, doch zählt auch Deutschland ausgezeichnete Werke dieser Periode. So die Statuen im Freiburger Münster, an der Façade des Straßburger, an den Pfeilern des Kölner Domes.

Die Holzschnitzerei fand durch die Gestaltung der gotischen Altäre reichliche Ausbildung. — Doch haben die meisten solcher Altäre im 17. und 18. Jahrhundert den sogenannten Jesuitenaltären weichen müssen. Unter den noch erhaltenen ist der Altar zu St. Wolfgang im Salzkammergut hervorragend.

§. 15. Plastik der Neuzeit.

a) 15. und 16. Jahrh.

Ein neuer Aufschwung der plastischen Kunst gieng im Zeitalter der Renaissance von Italien aus, bedingt durch ein tieferes Studium der Antike und der Natur. — Hier wirkten die größten Plastiker der Neuzeit und entstanden Werke, welche gleich den griechischen unübertroffen dastehen.

Unter diesen Meistern der Plastik ragen besonders hervor die Florentiner Lorenzo Ghiberti (1378—1455), Sansovino († 1529) und Michelangelo Buonarotti (1475—1564). — Vom Hauptwerke Ghibertis, den Thüren des Baptisteriums in Florenz (Relief) sagte Michelangelo, daß sie würdig seien die Pforten des Paradieses zu bilden. Ueber einem Portale desselben Baptisteriums steht auch das Hauptwerk Sansovinos, die Broncegruppe der Taufe Christi.

Michelangelo war groß als Architekt, als Bildhauer und als Maler. Die Plastik betrachtete er aber selbst als seine eigentliche Sphäre. — Eine Reihe von allbewunderten Werken geben Zeugnis von seiner Kunst. — Im Dome von St. Peter steht die Pietà, eine Madonna, die über dem Leichname Christi trauert; vor dem Palazzo vecchio in Florenz erhebt sich die kolossale Marmorstatue des David, und die Kirche von St. Lorenzo schmücken die Grabmale der Mediceer Giuliano und Lorenzo. — Zu einem Grabmale des Papstes Julius II. machte Michelangelo den Entwurf; ausgeführt wurde nur die Statue des Moses, die in Gypsabgüssen weitverbreitet ist.

In Deutschland war zur Zeit der Renaissance Nürnberg der Hauptsitz der bildenden Kunst. — Hier wirkte Adam Krafft, von dem die Passionsreliefs an der Sebalduskirche und das Sakramentshäuschen in der Lorenzerkirche herrühren. Sein Zeitgenosse Peter Vischer war Meister der Broncearbeit; dessen Hauptwerk, das Sebalbusgrabmal in der gleichnamigen Kirche, nennen Kunsthistoriker das höchste Heiligtum deutscher Kunst. — Auch der Bildhauer Veit Stoß, von Geburt ein Krakaner, lebte damals in Nürnberg. Obwol besonders Meister in der Holzschnitzerei, lieferte er doch für die Krakauer Domkirche das Porphyrbild des Königs Kasimir Jagello, und die Marmorstatue König Kasimirs des Großen.

In Wien ist diese Periode der Kunst durch das Grabmal Kaiser Friedrichs III. und die Kanzel des Stephansdomes, in Innsbruck durch das Grabmal Kaiser Maximilian I. vertreten. — Der Sargdeckel des ersteren ist ein Werk von Meister Lerch aus Leyden; das zweite stammt von verschiedenen Künstlern, der Haupttheil von Colin aus Mecheln. Die Marmorreliefs an den Seiten des Sarkophages erklärte ein moderner Meister des Reliefs (Thorwaldsen) für das vollendetste in ihrer Art.

b) 18. und 19. Jahrhundert.

Unter den Bildhauern der neuesten Zeit haben besonders der Italiener Canova (1758—1841) und der Däne Thorwaldsen (1770—1844) sich einen Weltruhm erworben. — Zu Canovas Hauptwerken gehören „Christinens Grabdenkmal" und

„Theseus mit dem Kentauren" (beide in Wien), sowie die Gruppe der „Grazien", sämmtlich in Marmor. — Von Thorwaldsen befindet sich das meisterhafte Relief des „Alexanderzuges" in Italien, die bewunderte Statue des „segnenden Christus" und das Potockimonument in der Domkirche zu Krakau, das Standbild des Nikolaus Copernikus in Warschau, das Guttenbergs in Mainz und das Schillers in Stuttgart.

In Deutschland fand die Kunst der Plastik in neuester Zeit hervorragende Pflege und ausgezeichnete Vertreter. Danecker in Stuttgart schuf 1806 die Kolossal= büste Schillers, seines Jugendfreundes; Christian Rauch (1774—1859) in Berlin unter vielen andern Werken die Reiterstatue König Friedrich II.; Ludwig Schwan= thaler (1802—1848) in München die Giebelgruppen an der Walhalla zu Regens= burg, sowie das Mozartdenkmal für Salzburg.

Nach diesen wurde Dresden durch Ernst Rietschel (1804—1861) eine Haupt= stätte der Plastik. — Von seinen Werken fanden die Lessingstatue in Braunschweig und die „Schiller=Goethegruppe" in Weimar besondern Beifall.

Wien besitzt aus dem vorigen Jahrhundert ein hervorragendes plastisches Werk an Raphael Donners Brunnenfiguren auf dem neuen Markt. Seit 1806 schmückt Zauners Reiterstatue Kaiser Josefs II. den Josefsplatz vor der Hofburg. — In letzter Zeit ist Wien eine Hauptstätte wie für Architektur, so auch für plastische Kunst geworden, welche sowol öffentliche Plätze als Gebäude mit verschiedenen Standbildern schmückt. — Die Reiterstandbilder Erzherzog Karls und des Prinzen Eugen von Fernkorn auf dem Burgplatze gehören zu den bedeutendsten Produkten der Erzgießerei für Wien. — Schuberts Marmorstandbild von Kundtmann ziert den Stadtpark.

Ein großes Schillerdenkmal in Erz von Schilling sowie ein Grill= parzermonument wird vorbereitet. —

Pallas Athene und der olympische Zeus von Phidias.

(Aus „Geschichte der Plastik von den ältesten Zeiten bis zur Gegenwart",
Leipzig 1863, S. 117.)

Die zweite Epoche von Phidias Künstlerlaufbahn wird von den Arbeiten ausgefüllt, mit welchen die Akropolis zu Athen verherrlicht werden sollte. Perikles ließ den von den Persern zerstörten Festtempel der jungfräulichen Schutzgöttin Athene, den Parthenon, neu und glänzender wieder aufbauen; Phidias leitete nicht bloß alle damit verbundenen [5] künstlerischen Unternehmungen, sondern er schuf auch mit einer zahlreichen Werkstatt den unermeßlich reichen plastischen Schmuck des Parthenon. Vor allem war von seiner Hand das kolossale goldelfenbeinerne Tempel= bild der Athene. Es hatte eine Höhe von sechsundzwanzig Ellen und stellte die Göttin nicht in ihrer kriegerischen Bedeutung, sondern als [10] friedliche, siegverleihende dar. Aber auch von diesem Werke vermögen

wir uns keine selbst nur in den Hauptsachen genaue Vorstellung zu
machen. Wir wissen, daß die Göttin stehend gebildet war, daß sie in
den Händen eine goldene Nike und den Speer trug, daß der Schild
15 niedergesetzt war, und zu ihren Füßen ein Abbild der heiligen Burgschlange sich befand. Die Nachbildungen und die Münzdarstellungen
geben uns über die Vertheilung dieser Attribute keine Auskunft. Gehen
wir aber davon aus, daß der Schild naturgemäß auf der linken Seite
gestanden, und die rechte Hand die Nike gehalten habe, so verlangt das
20 künstlerische Gleichgewicht, daß der linken Hand die Lanze, und der
rechten Seite die Burgschlange zugetheilt werde. Der Kopf muß von
ernster, erhabener Schönheit gewesen sein. Den goldenen Helm, der ihn
bedeckte, schmückte vorn eine Sphinx und auf beiden Seiten ein Greif.
Auch die übrigen Teile der Rüstung waren reich verziert. Die Brust
25 umgab der Panzer mit dem Gorgoneion, das den furchtbar schönen
Medusenkopf zeigte. Auf der inneren Seite des Schildes war der Kampf
der Giganten gegen die Götter, auf der äußeren Seite die Amazonenschlacht dargestellt, in welcher Phidias sein Bild und das des Perikles
angebracht hatte. Sogar den Rand der Sandalen der Göttin bedeckte
30 ein Relief mit dem Kampfe der Lapithen und Kentauren, und an der
Basis war die Geburt der Pandora im Beisein vieler Götter ciseliert.
Die nackten Teile des Körpers waren aus Elfenbein, die Augen aus
funkelnden Edelsteinen eingesetzt, die Gewänder, Waffen und der reiche
Schmuck aus Gold getrieben. Das Gold allein repräsentierte die unge-
35 heure Summe von vierundvierzig Talenten. Das Bild wurde 437 v. Chr.
vollendet; um 400 mußte Aristokles die Basis restaurieren. Trotz theil-
weiser Beraubung durch den Thrannen Lachares (296 n. Chr.) stand es
noch gegen Ende des vierten Jahrhunderts unsrer Zeitrechnung in seiner
Herlichkeit da. Seitdem ist es spurlos verschwunden, und nur die Stelle,
40 wo die Basis gestanden, hat man neuerdings auf dem Felsboden der
Akropolis aufgefunden.

Hatte Phidias in diesem gepriesenen Werke die jungfräuliche Göttin
der Weisheit, die friedliche, siegspendende Beschützerin zu einem Charakter-
bilde ausgeprägt, dessen Hauptzüge in allen späteren Darstellungen der
45 Göttin nachklingen, so wurde ihm in Olympia eine noch höhere Aufgabe
zu theil, ja die höchste, welche die hellenische Anschauung zu stellen hatte.
Es galt für den Tempel zu Olympia ein Bild des Vaters der
Götter und Menschen, des Herschers im Olympos zu schaffen.
Auch hier wurde das gewaltige, über vierzig Fuß hohe Werk aus Gold

und Elfenbein über einem hölzernen Kerne gebildet, aber nicht stehend [50] wie die Athene, sondern auf einem prachtvollen Throne sitzend. Ein Kranz von Oelzweigen krönte das Haupt. Die Linke hielt das Scepter, das

den Adler, den Vogel des Zeus, trug; auf der aus= gestreckten Rechten schwebte [55] eine geflügelte Nike. So wurde der Gott, mit Be= ziehung auf die olympischen Spiele, gleich der Athene Parthenos, als Siegver= [60] leiher bezeichnet. Ein gol= dener Mantel, mit einge= legten Figuren und Lilien geschmückt, bedeckte die ge= waltigen Formen. — Noch [65] reicher als das Bildwerk selbst waren Thron und Schemel des Gottes in Gold und Edelsteinen, El= fenbein und Ebenholz aus= [70] geführt. Der Sitz hatte außer den vier Füßen noch ebenso viele Säulen zur Unterstützung der ungeheu= ren Last des Kolosses. An [75] den Füßen waren vierund= zwanzig Nikegestalten als Tänzerinnen angebracht; an den Querriegeln, welche die Füße miteinander ver= [80] banden und befestigten, sah man in Einzelfiguren die

(Fig. 21.) Zeusstatuette in Wien.

acht alten Kampfarten, und außerdem die Schlacht des Herakles und The= seus gegen die Amazonen. Zwischen den unteren Theilen der Füße waren Schranken angeordnet, deren Vorderseite nur blau gemalt war, da sie [85] durch die Füße und den herabfallenden Mantel des Gottes größtentheils verdeckt wurden; an den drei übrigen Seiten dagegen hatte Panaenos,

des Phidias Neffe, neun Darstellungen aus der Heroensage gemalt.
Ferner sah man, vielleicht an den Armlehnen, Sphinxgestalten, welche
90 Knaben raubten, darunter Apollo und Artemis, welche die Niobiden
töteten. An der Rücklehne waren die Horen und Chariten, am Fuß-
schemel goldne Löwen und des Theseus Schlacht gegen die Amazonen
angebracht. Endlich war auch die Basis, auf welcher der Thron sich
erhob, mit Göttergestalten ganz bedeckt.

95 Aus all dieser reichen Pracht muß sich um so feierlicher die
majestätische Gestalt des Gottes hervorgehoben haben. Phidias hatte in
ihm nicht bloß den huldvollen, gütigen Allvater, sondern auch den gewaltigen Beherrscher des Olympos dargestellt. Er hatte sich dabei der
Schilderung Homers angeschlossen, der den Gott, selbst wo dieser mild
100 die Bitte der Thetis gewährt, bloß durch seinen Wink den Olympos erschüttern läßt:

„Also sprach und winkte mit schwärzlichen Brauen Kronion,
Und die ambrosischen Locken des Königs walleten vorwärts
Von dem unsterblichen Haupt: es erbebten die Höh'n des Olympos."

105 Diese Charakteristik ist uns in späteren, wenngleich schwachen Nachbildungen mehrfach erhalten, wie denn fortan die Grundzüge des höchsten
Gottes der Hellenen durch Phidias Meisterwerk festgestellt waren. —
Unter den späten Werken, die einen Schimmer des Originales wenigstens
unsrer Anschauung vermitteln, sind die Marmorstatue des Zeus Verospi,
110 und der zu Otricoli gefundene Marmorkopf, beide jetzt im Vaticani-
schen Museum, die wichtigsten.*) Das letztere Werk, obwol bereits
zum Manierierten und weichlich Schwülstigen in der Formbehandlung
neigend, und überhaupt nicht ohne gewisse Uebertreibungen, gibt uns einen,
wenn auch schwachen Anklang an das Original. Der Hauptaccent der
115 Charakteristik liegt unverkennbar in der Fülle der stolz sich aufbäumenden
und in großen Massen zu beiden Seiten herabfallenden Locken, so wie
in den kühn geschwungenen Brauen, unter denen hervor die Augen über
das weite Weltall zu blicken scheinen. Die gedrungene Stirn, die mächtig
vorspringende Nase vollenden den Eindruck der Weisheit und Kraft,
120 während die vollen, leichtgeöffneten Lippen mildes Wolwollen umspielt,
und der üppige Bart gleich den fest und schön gerundeten Wangen sinnliche Frische und unvergängliche Mannesschönheit verrät.

————

*) Zu den wichtigsten Nachbildungen des olympischen Zeus zählt Overbeck in
seiner „Kunstmythologie" (I, 121) auch eine Broncestatuette im kais. Antikenkabinette
zu Wien, welche der beigegebene Holzschnitt (Fig. 21) vergegenwärtigt.

Der Zeus des Phidias war die höchste Bewunderung des gesammten Altertumes; er überlebte den Gott selbst, denn erst im 5. Jahrhundert der christlichen Zeitrechnung zerstörte ein Brand das Bild und den Tempel. [125] Jeder Hellene wallfahrtete zu ihm; glückselig wurde gepriesen, wer ihn gesehen hatte. Auch auf einen Römer, wie den Aemilius Paulus, machte der olympische Zeus den gewaltigsten Eindruck; ihm erschien mindestens der homerische Zeus verkörpert, wenn nicht gar der Gott selbst gegenwärtig. Plinius nennt ihn unnachahmlich, spätere preisen seinen Anblick [130] gerade wie ein Zaubermittel, welches alle Sorge und alles Leid vergessen mache, und Quintilian sagt, der Zeus des Phidias habe sogar der bestehenden Religion noch ein neues Moment hinzugefügt, so sehr komme die Majestät des Werkes dem Gotte selber gleich. Hatte doch der Beherrscher des Olympos dem Meister einen Beweis seines Wolgefallens zu [135] geben nicht verschmäht. Denn, so erzählt die fromme Sage, als Phidias vor dem vollbrachten Werke im Tempel betend den Gott um ein Zeichen bat, ob das Werk ihm wolgefällig sei, da fuhr plötzlich ein Blitz von der Rechten her aus heiterm Himmel durch die Oeffnung des Tempeldaches dicht neben dem Meister in den Boden nieder.   Lübke. [140]

Die Hera von Polyklet.
(Aus „Gesch. der Plastik von den ältesten Zeiten bis auf die Gegenwart". Leipzig 1863, S. 147.)

Obwol nach dem Zeugnis der Alten Polyklet nicht gerade in Götterdarstellungen, wol aber in Menschenbildern trefflich war und darin das Würdige, Ehrbare zu schönem Ausdruck brachte, schuf er in seinen späteren Lebensjahren doch eine Idealgestalt, welche für die folgende Zeit eine typische Bedeutung erlangt hat. Dieß ist das kolossale Goldelfen- [5] beinbild der Hera für den nach einem Brande des Jahres 423 wieder aufgebauten Tempel der Göttin in Argos. Sie saß auf einem Throne, die Stirn mit dem Diadem gekrönt, auf welchem die Chariten und Horen in Reliefs angebracht waren. In der einen Hand hielt sie das Scepter, in der andern den Granatapfel; den Thron umrankte eine Rebe, und [10] ihre Füße ruhten auf einem Löwenfell. Von dem majestätischen Eindruck des Werkes zeigt eine Nachbildung aus späterer Zeit, der kolossale Marmorkopf der Hera in Villa Ludovisi zu Rom, daher Juno Ludovisi genannt, ein Werk, das im großartigen Formcharakter die unnahbare Hoheit einer Gemahlin des Allherrschers Zeus mit weiblicher Anmut und freundlicher [15] Würde paart. Die strenge, gebietende Stirn wird zu huldvoller Lieb-

lichkeit gemildert durch das weiche, lockige Haar; auf den sanft gerun=
deten Wangen blüht unvergängliche Jugendschönheit, und der mächtige
Bau der Nase, des Mundes und Kinnes drückt eine Energie des Cha=
20 rakters aus, die auf sittlicher Reinheit beruht und von einem Schimmer

(Fig. 22.) Juno.

wunderbarer Schönheit umflossen wird. Der Künstler hatte in der Ehegöttin
weniger eine bestimmte, geistige Potenz, als vielmehr eine sittliche Macht, die
heilige Bedeutung eines allgemein menschlichen Verhältnisses zu verkörpern,
und das ist ihm in mustergiltiger Weise gelungen. Daß das kolossale Bild
25 bis ins einzelne der schmückenden Theile mit hoher Feinheit und zierlicher
Sauberkeit gearbeitet war, dürfen wir schon aus dem Umstande schließen, daß
Polyklet auch als trefflicher Ciseleur gerühmt wird.   Lübke.

Der Torſo.

(„Winckelmanns Werke". Stuttgart 1817, II. Band, S. 67.)

Ich führe dich jetzo zu dem ſo viel gerühmten und niemals genug ge=
prieſenen Rumpf eines Herkules; zu einem Werke, welches das ſchönſte
ſeiner Art, und unter die höchſten Hervorbringungen der Kunſt zu zählen
iſt von denen, welche bis auf unſere Zeit gekommen ſind. Wie werde
ich dir denſelben beſchreiben, da er der ſchönſten und der bedeutendſten 5
Theile der Natur beraubet iſt! Sowie von einer prächtigen Eiche, welche
umgehauen und von Zweigen und Aeſten entblößet worden, nur der
Stamm allein übrig geblieben iſt, ſo gemishandelt und verſtümmelt ſitzet
das Bild des Helden: Kopf, Arme und Beine und das Oberſte der
Bruſt fehlen. 10

Der erſte Anblick wird dir vielleicht nichts als einen verunſtalteten
Stein entdecken; vermagſt du aber in die Geheimniſſe der Kunſt einzu=
dringen, ſo wirſt du ein Wunder derſelben erblicken, wenn du dieſes
Werk mit einem ruhigen Auge betrachteſt. Alsdann wird der Herkules
wie mitten in allen ſeinen Unternehmungen erſcheinen, und der Held 15
und der Gott werden in dieſem Stücke zugleich ſichtbar werden.

Da, wo die Dichter aufgehört haben, hat der Künſtler angefangen.
Jene ſchwiegen, ſobald der Held unter die Götter aufgenommen, und
mit der Göttin der ewigen Jugend iſt vermählet worden; dieſer aber
zeigt uns denſelben in einer vergötterten Geſtalt, und mit einem gleichſam 20
unſterblichen Leibe, welcher dennoch Stärke und Leichtigkeit zu den großen
Unternehmungen, die er vollbracht, behalten hat.

Ich ſehe in den mächtigen Umriſſen dieſes Leibes die unüberwun=
dene Kraft des Beſiegers der gewaltigen Rieſen, die ſich wider die Götter
empörten, und in den phlegräiſchen Feldern von ihm erlegt wurden; und 25
zu gleicher Zeit ſtellen mir die ſanften Züge dieſer Umriſſe, die das Ge=
bäude des Leibes leicht und gelenkſam machen, die geſchwinden Wen=
dungen deſſelben in dem Kampfe mit dem Achelous vor, der mit allen
vielförmigen Verwandlungen ſeinen Händen nicht entgehen konnte. In
jedem Theile dieſes Körpers offenbaret ſich, wie in einem Gemälde, der 30
ganze Held in einer beſonderen That, und man ſiehet, ſo wie die rich=
tigen Abſichten in dem Bau eines Palaſtes, hier den Gebrauch, zu
welcher That ein jeder Theil gedienet hat.

Ich kann das Wenige, was von der Schulter noch zu ſehen iſt,
nicht betrachten, ohne mich zu erinnern, daß aus ihrer ausgebreiteten 35

Stärke, wie auf zwei Gebirgen, die ganze Last der himmlischen Kreise
geruhet hat. Mit was für einer Großheit wächst die Brust an, und
wie prächtig ist die anhebende Rundung ihres Gewölbes! Eine solche
Brust muß diejenige gewesen sein, auf welcher der Riese Antäus und
40 der dreileibige Geryon erdrücket worden. Keine Brust eines drei= und
viermal gekrönten olympischen Siegers, keine Brust eines spartanischen Krie=
gers, von Helden geboren, muß sich so prächtig und erhöhet gezeiget haben!

Fraget diejenigen, die das Schönste in der Natur der Sterblichen
kennen, ob sie eine Seite gesehen haben, die mit der linken Seite zu
45 vergleichen ist! Die Wirkung und Gegenwirkung ihrer Muskeln ist mit
einem weislichen Maße von abwechselnder Regung und schneller Kraft
wunderwürdig abgewogen, und der Leib mußte durch dieselbe zu allem,
was er vollbringen wollte, tüchtig gemacht werden. So wie in einer
anhebenden Bewegung des Meeres die zuvor stille Fläche in einer nebligen
50 Unruhe mit spielenden Wellen anwächset, wo eine von der andern ver=
schlungen, und aus denselben wiederum hervorgewälzet wird: eben so
sanft aufgeschwellet und schwebend gezogen fließet hier eine Muskel in
die andere, und eine dritte, die sich zwischen ihnen erhebet, und ihre Be=
wegung zu verstärken scheinet, verlieret sich in jene, und unser Blick wird
55 gleichsam mit verschlungen.

Hier möchte ich stille stehen, um unseren Betrachtungen Raum zu
geben, der Vorstellung ein immerwährendes Bild von dieser Seite ein=
zudrücken; allein die hohen Schönheiten sind hier in einer unzertrenn=
lichen Mittheilung. Was für ein Begriff erwächst zugleich hier aus
60 den Hüften, deren Festigkeit andeuten kann, daß der Held niemals ge=
wanket und nie sich beugen müssen!

In diesem Augenblick durchfährt mein Geist die entlegensten Ge=
genden der Welt, durch welche Herkules gezogen ist, und ich werde bis
an die Gränzen seiner Mühseligkeiten und bis an die Denkmale und
65 Säulen, wo sein Fuß ruhete, geführet, durch den Anblick der Schenkel
von unerschöpflicher Kraft, und von einer den Gottheiten eigenen Länge,
die den Helden durch hundert Länder und Völker bis zur Unsterblichkeit
getragen haben. Ich fieng an, diese entfernten Züge zu überdenken, da
mein Geist zurückgerufen wird durch einen Blick auf seinen Rücken. Ich
70 wurde entzückt, da ich diesen Körper von hinten ansehe, so wie ein Mensch,
der nach Bewunderung des prächtigen Portals an einem Tempel auf die
Höhe desselben geführet würde, wo ihn das Gewölbe desselben, welches
er nicht übersehen kann, von neuem in Erstaunen setzt.

Ich sehe hier den vornehmsten Bau der Gebeine dieses Leibes, den Ursprung der Muskeln und den Grund ihrer Lage und Bewegung, und dieses alles zeiget sich wie eine von der Höhe der Berge entdeckte Land= schaft, über welchen die Natur den mannigfaltigen Reichtum ihrer Schön= heiten ausgegossen. So wie die luftigen Höhen derselben sich mit einem sanften Abhange in gesenkte Thäler verlieren, die hier sich schmälern und dort erweitern: so mannigfaltig, prächtig und schön erheben sich hier schwellende Hügel von Muskeln, um welche sich oft unmerkliche Tiefen, gleich dem Strome des Mäanders, krümmen, die weniger dem Gesichte als dem Gefühle offenbar werden.

Scheinet es unbegreiflich, außer dem Haupte in einem andern Theile des Körpers eine denkende Kraft zu zeigen, so lernet hier, wie die Hand eines schöpferischen Meisters die Materie geistig zu machen vermögend ist. Mich däucht, es bilde mir der Rücken, welcher durch solche Betrachtungen gekrümmet scheinet, ein Haupt, das mit einer frohen Erinnerung seiner erstaunenden Thaten beschäftigt ist; und indem sich so ein Haupt voll von Majestät und Weisheit vor meinen Augen erhebet, so fangen sich an in meinen Gedanken die übrigen mangelhaften Glieder zu bilden: es sammelt sich ein Ausfluß aus dem Gegenwärtigen, und es bildet sich gleichsam eine plötzliche Ergänzung. — Durch eine geheime Kunst aber wird der Geist durch alle Thaten seiner Stärke bis zur Vollkommenheit seiner Seele geführet, und in diesem Torso ist ein Denkmal derselben, welches ihm keine Dichter, die nur die Stärke seiner Arme besingen, errichtet: der Künstler hat sie übertroffen. Sein Bild des Helden gibt keinen Gedanken von Gewaltthätigkeit und ausgelassener Liebe Platz. In der Ruhe und Stille des Körpers offenbaret sich der gesetzte große Geist; der Mann, welcher sich aus Liebe zur Gerechtigkeit den größten Gefährlichkeiten aus= gesetzet, der den Ländern Sicherheit und den Einwohnern Ruhe geschaffet.

In diese vorzügliche und edle Form einer so vollkommenen Natur ist gleichsam die Unsterblichkeit eingehüllet, und die Gestalt ist bloß wie ein Gefäß derselben; ein höherer Geist scheinet den Raum der sterblichen Theile eingenommen und sich an die Stelle derselben ausgebreitet zu haben. Es ist nicht mehr der Körper, welcher annoch wider Ungeheuer und Friedenstörer zu streiten hat; es ist derjenige, der auf dem Berge Öta von den Schlacken der Menschheit gereiniget worden, die sich von dem Ursprunge der Aehnlichkeit mit dem Vater der Götter abgesondert.

So vollkommen hat weder der geliebte Hyllus, noch die zärt= liche Jole den Herkules gesehen, so lag er in den Armen der Hebe,

8*

der ewigen Jugend, und zog in sich einen unaufhörlichen Einfluß derselben.

[115] Von keiner sterblichen Speise und groben Theilen ist sein Leib ernähret; ihn erhält die Speise der Götter, und er scheint nur zu genießen, nicht zu nehmen, und völlig, ohne angefüllet zu sein.

O möchte ich dieses Bild in der Größe und Schönheit sehen, in welcher es sich dem Verstande des Künstlers geoffenbaret hat, um nur allein von dem Ueberreste sagen zu können, was er gedacht hat, und wie [120] ich denken sollte! Mein großes Glück nach dem seinigen würde sein, dieses Werk würdig zu beschreiben. Voller Betrübnis aber bleibe ich stehen, und so wie Psyche anfieng, die Liebe zu beweinen, nachdem sie dieselbe kennen gelernt; so bejammere ich den unersetzlichen Schaden dieses Herkules, nachdem ich zur Einsicht der Schönheit desselben gelanget bin.

[125] Die Kunst weinet zugleich mit mir: denn das Werk, welches sie den größten Erfindungen des Witzes und Nachdenkens entgegensetzte, und durch welches sie noch jetzo ihr Haupt wie in ihren goldenen Zeiten zu der größten Höhe menschlicher Achtung erheben könnte; dieses Werk, welches vielleicht das letzte ist, in welches sie ihre äußersten Kräfte ge-[130]wandt hat, muß sie halb vernichtet und grausam mißhandelt sehen. Wem wird hier nicht der Verlust so vieler hundert anderer Meisterstücke derselben zu Gemüte geführet! Aber die Kunst, welche uns weiter unterrichten will, rufet uns von diesen traurigen Ueberlegungen zurück, und zeiget uns, wie viel noch aus dem Uebriggebliebenen zu lernen ist, und mit was [135] für einem Auge es der Künstler ersehen müsse.   Winckelmann.

Die Gemma augustea in Wien.
(Aus einem Vortrage im Wiener Altertumsvereine am 19. Jänner 1872.)

1.

Die geschnittenen Steine sind die kostbarsten, aber auch reizvollsten Denkmale des Altertums, denn hier wird die Kunst, deren Geist und Charakter in kleinem Rahmen so herlich hervortritt, durch die Natur, die Pracht und den Glanz des Steines unterstützt und gehoben. Ein Kunst-[5]werk kann sich in der That nicht vortheilhafter präsentieren als in der Transparenz eines wie eine brennende Kohle glühenden Carneols bei vertieft geschnittenen Steinen, wobei die Zeichnung in der feinsten Modellierung mit den weichsten Schatten erscheint, oder in der bläulich weißen, milchigen Lage auf dunkelbraunem Grunde eines Onyxes bei erhoben gearbeiteten [10] oder Kameen. Ein besonderer Vorzug der geschnittenen Steine ist auch der, daß wir sie ganz so vor uns sehen, wie sie aus der Hand des Künstlers hervorgiengen; denn das edle Material widersteht jeder Veränderung; der feinste Strich, der Glanz der Polierung, die zartesten Nüancen der Zeichnung und Modellierung sind unverändert geblieben. Zudem sind sie bei der Härte des Stoffes größtentheils vollständig [15] erhalten.

Eine überaus schwieriges, sprödes Material hat der Steinschneider zu überwinden und es gehörte die riesige geistige Kraft und Intensität der Empfindung der alten Kunst dazu, um dasselbe so völlig zu beherrschen, und die immensen technischen Schwierigkeiten so zu überwinden, [20] daß die Freiheit des Schaffens, die Lebendigkeit des Ausdruckes, die Durchgeistigung der Formen und die Schönheit ihrer Bildung nicht wesentlich beeinträchtigt wurde. Denn alle die Steine, welche die Alten bearbeiteten, wie Onyx, Achat, Jaspis, Carneol u. s. w. sind viel härter als Stahl, werden von der schärfsten englischen Stahlfeile nicht [25] angegriffen, konnten daher nur auf die Art bearbeitet werden, wie man sie noch heut zu Tage schneidet, nämlich durch den Schliff mit Diamantpulver. Es ist dieß wol die schwierigste und mühevollste Technik im ganzen Gebiet der Kunst. Um so bewundernswerter ist die Vollendung, welche die Alten hierin erreichten und die Meisterschaft, welche durch [30] diese technische Schwierigkeiten nicht beirrt wurde.

Bei dieser mühsamen Technik und der Seltenheit großer orientalischer Onyxe, deren gleichmäßig wechselnde, dunkle und helle Lagen für die Ausführung von Reliefbildern geeignet waren, ist es begreiflich, daß sehr große Kameen von mehr als 15—20 Quadratzollen höchst selten sind. [35] Die meisten von diesen enthält das kais. Antiken=Cabinet und in dieser Beziehung ist diese Sammlung unstreitig die erste in der Welt; hier finden sich fast so viele große beisammen, als in allen übrigen europäischen Museen zusammengenommen. —

Die größte Kamee ist die, welche im Cabinet des médailles der [40] Bibliothek von Paris aufbewahrt wird, von fast 1 Fuß Höhe, 10″ Breite. Sie stellt die Apotheose des Augustus dar und die Verherlichung des julischen Geschlechtes. — So interessant diese Kamee als Familienbild ist, so gering ist sie in Bezug auf künstlerische Ausführung, die fast roh zu nennen ist; denn die scharf und hoch über das Planum hervortretenden Gestalten sind von [45] harter, derber Zeichnung, wenig modelliert, wie ausgeschnitten und aufgelegt; zudem ist der Stein unrein mit störenden braunen Flecken in der weißen Lage. In Beziehung auf Kunstwert steht diese Kamee tief unter

der ihr an Größe zunächſt kommenden, alſo zweitgrößten aller bekannten,
50 der Gemma augustea des kaiſerl. Antiken=Cabinetes mit der Dar=
ſtellung von Auguſts pannoniſchem Triumph. Die Größe unſeres
Steines beträgt 7¹/₄" Höhe, 8¹/₂" Breite.

(Fig. 23.) Die Gemma augustea.

2.

Der Stein iſt der Quere nach getheilt. In der oberen Abtheilung
erſcheint als Hauptfigur der thronende Auguſtus. Daß es wirk=
55 lich dieſer Kaiſer iſt, geht aus den Geſichtszügen hervor, welche die ent=
ſchiedenſte Aehnlichkeit mit den zahlreichen Portraits des Kaiſers auf ſeinen
Münzen zeigen. Jeder Zweifel, daß hier Auguſtus dargeſtellt ſei, wird aber
behoben durch das neben ihm im Felde angebrachte Himmelszeichen des Stein=
bocks (Capricornus), der Auguſt's Horoſkop war. Als er dem Mathematiker
60 Theogenes zu Apollonia in Illyrien auf deſſen Befragen ſagte, daß er
unter dem Himmelszeichen des Steinbocks geboren ſei, ſprang dieſer auf,
betete ihn an und prophezeite ihm ſeine künftige Größe. Auguſtus,
abergläubiſch wie ſeine ganze Zeit, legte hohen Wert auf dieſes Horoſkop,
ließ es im ganzen Lande verkünden und im Jahre 11, als Druſus die

Cherusker besiegte, ließ er den Capricornus wiederholt auf seine Münzen [65]
setzen. Das Antiken-Cabinet besitzt eine Reihe von diesen Münzen. Als
Zeichen des Thierkreises erscheint er hier auf der Sonnenscheibe; hinter
ihm Stralen oder ein Stern, wie gewöhnlich die Himmelszeichen dargestellt wurden.

Augustus ist in idealer Gewandung dargestellt, der Oberleib ent- [70]
blößt, das Himation über den Schoß gelegt. Eckhel und andere haben
gemeint, er sei als Jupiter dargestellt; allein er hält in der Rechten nicht
den Blitz, wie dieser, sondern den gekrümmten Augurenstab (lituus), mit
dem die Auguren die Himmelsgegenden zu theilen pflegten, das Zeichen
der obersten Pontifical- und Augurenwürde; die Linke stützt sich auf das [75]
lange Herscherscepter; zu seinen Füßen sitzt der zu ihm aufblickende Adler,
ebenso das Attribut Jupiters als das Symbol der römischen Macht. Der
Kaiser ist also hier nicht als olympischer Zeus, sondern nur in einer idealeren
Gestalt, als Jupiter terrestris dargestellt, wie es schon seit Alexander des
Großen Zeiten bei Herschern üblich war, denen man göttliche Ehren erwies. [80]

Auf gleichem Throne mit ihm sitzt die Göttin Roma, wie sie gewöhnlich dargestellt wurde: behelmt, die Linke lässig an den Griff des
um die Schulter gehängten Schwertes gelegt, die Rechte auf Speer und
Schild. Sie wendet sich gnädig wolwollend dem Kaiser zu. Keinesfalls
ist hier die Gemahlin Augusts, Livia, unter dem Bilde der Roma vor- [85]
gestellt, wie Eckhel und andere vermuteten; denn abgesehen davon, daß
die Göttin durchaus nicht die Gesichtszüge der Livia hat, war es auch
den Ideen im augusteischen Zeitalter widersprechend, eine Kaiserin als
Kriegsgöttin darzustellen, und nach dem Zeugnisse des Tacitus war
Agrippina, die Gemahlin des Claudius, die erste, die im kriegerischen [90]
Gewande abgebildet wurde. Dagegen war die Gemeinschaft des Augustus mit der Göttin Roma, welche zusammen die Herschaft und Macht-
fülle des Staates darstellten, in den Ideen der Zeit begründet. Als man
in Asien dem Augustus zu Ehren Tempel errichten wollte, gestattete er
die Aufstellung seiner Statue nur in Verbindung mit jener der Roma. [95]
Die beiden Repräsentanten der römischen Macht haben die Füße auf
Schilde gestellt zum Zeichen des beendigten Krieges.

Vor ihnen nun hält der Triumphwagen, dessen Viergespann
die geflügelte Siegesgöttin lenkt; sie hält mit beiden Händen die
Zügel, in der rechten überdieß die Geißel, und wendet den Blick eben- [100]
falls gegen den Kaiser, auf den als Herscher und Hauptperson überhaupt
alle Personen des Bildes sehen. Tiberius, unverkennbar durch die

Gesichtszüge, ist im Begriffe vom Siegeswagen abzusteigen, und er blickt wie begrüßend auf seinen Vater. Er ist mit den Insignien des
105 Triumphators angethan, der langen Toga, den scepterartigen Feldherrn= stab in der einen, die Rolle mit den Siegesberichten in der anderen Hand, auf dem Haupte den Lorbeerkranz; den Fuß bekleidet der Calceus senatorius. So geschmückt beschreibt ihn Sueton bei seinem Einzuge in Rom nach dem Siege über die Pannonier. Unter dem Wagen liegen
110 wieder die Zeichen des beendeten Krieges: Helm und Lanze. Zwischen dem Wagen und dem Herscherpaare, etwas mehr im Hintergrunde steht ein kräftiger Jüngling, die rechte Hand in die Seite gestemmt, (bei den Alten ein Friedenszeichen), die Linke auf den Griff des Schwertes gelegt. Es ist der 26jährige Germanicus, der Unterfeldherr seines Oheims
115 Tiberius im pannonischen Kriege; er ist in seiner Kriegsrüstung, nicht in der Triumphatoren=Toga dargestellt, weil ihm nur die triumphalischen Ehrenzeichen, die Ovation zuerkannt worden war. Alles stimmt genau mit der Erzählung des Suetonius über die Feier des Triumphes, den Tiberius wegen seiner Unterwerfung der Pannonier i. J. 11 n. Chr.
120 hielt, überein. —

Noch bleibt die schön angeordnete Gruppe hinter dem Throne zu erklären.

Cybele, die Göttin der bewohnten, cultivierten Erde, kenntlich an dem Schleier und der Mauerkrone auf dem Haupte, setzt dem Augustus einen Eichenkranz auf, das Zeichen der Rettung und des Woles der
125 Bürger; der Kaiser hatte sich ihn durch die Pacificierung der Donau= länder wol verdient. Vor Cybele sieht man einen nackten Mann von derben Zügen, trübem Ausdruck, mit langem, herabhängendem, wie triefendem Haar und Bart. Es ist der Repräsentant der vom Kaiser errungenen Herschaft zur See, Neptun oder Oceanus. Vor ihm sitzt
130 in sehr graziöser Stellung, eine schöne, jugendliche Frau, mit Ephen bekränzt, die Linke auf ein großes Füllhorn gestützt, mit entblößtem Ober= leib, bei ihr zwei kleine Knaben, deren einer Kornähren hält. So werden die segenbringenden Schutzgöttinen der fruchtbaren, elementaren Erde: Abundantia, Fecunditas, Felicitas, desgleichen der Inbegriff der edlen
135 Tugenden und des Wolergehens: Pietas und Hilaritas dargestellt. In dieser ist also der dauernde Segen der Wolfahrt ausgedrückt; alle drei Gestalten zusammen symbolisieren die Macht und Herschaft des Kaisers über Erde und Meer, sowie das irdische Glück, die Fülle der Güter, die durch ihn und durch seine Siege dem mächtigen Staate zu
140 Theil geworden.

3.

Wir wenden uns nun zu der unteren Abtheilung des Steines. Hier
sehen wir die weiteren Folgen des glücklichen Krieges dargestellt, die ge=
fangenen Feinde und die Errichtung eines Tropäums als Sieges=
zeichen durch römische Soldaten; andere Unterworfene werden bei den Haaren
herbeigeschleppt, um gedemütigt am Fuße des Tropäums zu sitzen. Vier [145]
Soldaten, von denen zwei gerüstet sind, zwei ihre Harnische abgelegt
haben — vielleicht zum Zeichen, daß sie einheimischen Auxiliartruppen
angehören — sind beschäftigt das Tropäum, bestehend aus Wappenrock,
Helm und Schild aufzurichten; auf dem Schilde ist ein Skorpion ab=
gebildet, nach einigen das Zeichen der Streitbarkeit der unterjochten [150]
Feinde, nach anderen das astrologische Zeichen des Tiberius, der geboren
war, als die Sonne im Zeichen des Skorpions stand. Das Tropäum
mag eine Andeutung der tropäengeschmückten Triumphbogen sein, die zu
Ehren des Tiberius in Pannonien errichtet wurden. Gewöhnlich wurden
die Gefangenen mit auf den Rücken gebundenen Händen neben das [155]
Siegeszeichen gesetzt. Dieß ist bei einem der Fall, der mit wirrem Haar
und Bart wild um sich blickt; es dürfte wol der unterworfene Pan=
nonier Pinnetes sein. Er trägt Schuhe und faltige Beinkleider, die
charakteristische Tracht der unrömischen Barbaren; der Oberleib aber ist
nackt. So zogen auch nach der Beschreibung des Livius die Kelten in [160]
die Schlacht. Neben dem Pannonier sitzt eine Frau wehklagend und
traurig, den Kopf in die Hände gelegt; dabei Köcher und Bogen als
Beutestücke. — Rechts sehen wir von rückwärts einen fast weiblich aus=
sehenden Soldaten mit zwei Speeren in der Hand, — nach der Kopfbinde
zu schließen wahrscheinlich ein asiatischer Auxiliar, — der einen Gefangenen [165]
bei den Haaren zum Tropäum zerrt; Erbarmen flehend scheint dieser die
Knice seines Peinigers umfassen zu wollen. Um den Hals trägt er einen
Halsring (Torques), wie solche von den Bewohnern unserer Länder ge=
tragen wurden und auch noch vorhanden sind.

Den Schluß bildet ein leicht bekleideter Krieger, wahrscheinlich von [170]
den Hilfstruppen aus den südlicheren Provinzen, der eine Frau bei den
Haaren herbeizieht. Die linke Hand legt er an den Griff des Schwertes.
Er trägt einen Helm, sehr ähnlich den etruskisch=keltischen, die man in
Rabkersburg (Steiermark) und in Hallstatt ausgegraben.

Schönheit des Materials und der künstlerischen [175]
Arbeit sind an diesem Steine gleich bewundernswert.
Die milchweiße Lage auf der dunkelbraunen ist außerordentlich gleich und

zart durchscheinend, so daß der Künstler die Schichten in sehr malerischer
Weise verwenden konnte. **Die Wirkung ist so zauberhaft,** daß ein
180 Gypsabguß nicht entfernt eine Vorstellung von der Schönheit des
Originales gibt. Die Zeichnung ist fast durchaus correct und gut, die
Composition, der Ausdruck und die feine Modellierung sind unübertrefflich.
Welcher Adel liegt in der Gruppe des göttlich thronenden Herscherpaares,
wie majestätisch sind diese Gestalten, welche den Mittelpunkt der ganzen
185 Darstellung bilden, sie dominieren und zuerst in's Auge fallen. Von einer
gewissen historischen Treue ist der vom Wagen steigende Triumphator mit
seinem Legaten, edel und höchst anmutig die allegorische Gruppe der Götter
hinter dem Throne. Hier ist noch viel von der Idealität der griechischen,
unter den Kaisern nach Rom verpflanzten Kunst zu erkennen.

190 In der unteren Abtheilung ist die Zeichnung der derben Figuren
zwar weniger schön; aber um so naturwahrer und lebensvoller sind diese,
und es tritt hier der gesunde Realismus, die auf verständlichen Ausdruck
der Einzelerscheinung gerichtete Tendenz der besseren römischen Kunst in
günstigster Weise hervor. Die Soldaten, welche in stolzer Siegesfreude
195 ihr Ehrenzeichen aufstellen, bilden einen schlagenden Gegensatz zu der
gebrochenen Kraft der Unterworfenen. Sehr ausdrucksvoll erscheint der
Gegensatz des trotzig=wild um sich blickenden Barbaren gegen die in
stummen Schmerz hinbrütende, traurig=resignierte Frau; dieser Mann kann
zwar unterworfen und gefesselt werden, aber sein Haß, sein Mut bleibt
200 ungebrochen. Dagegen hat sich sein Genosse (rechts) den Siegern gebeugt,
sein schwächerer Geist ist gedemütigt und fleht um Mitleid und Er=
barmen. So geht durch die ganze lebensvolle Darstellung ein großer
Zug, ein reiches dramatisches Element entfaltet sich hier, und das
Pathetische, das die spätere griechische Kunst so sehr auszeichnet, er=
205 scheint noch in voller Kraft. Nehmen wir die treffliche Modellierung,
die wundervolle Behandlung der feinen Gewänder und die fein berechnete
malerische Wirkung dazu, so dürfen wir unsere Kamee unbedingt als
die erste, als den Triumph der Steinschneidekunst bezeichnen.
Aber nicht nur als Kunstwerk bietet sie so hohes Interesse, sondern auch
210 dadurch, daß sie das **älteste historische Bildwerk** ist, welches einen be=
stimmten Moment der Geschichte in individueller Weise zur
Darstellung bringt, und aus dem Altertume auf uns gekommen ist.

Für uns hat die Kamee noch ein besonderes Interesse, da die Dar=
stellung mit der Geschichte unserer Länder im Zusammenhange steht, indem
215 sie Tiber's Triumph über die aufständischen Pannonier, welche er in einem

dreijährigen Feldzuge (6—9 n. Chr.) besiegt und dauernd unterworfen hatte, veranschaulicht.

4.

Ueber die Geschichte des Steines ist nicht viel sicheres bekannt. Er soll in Palästina gefunden worden sein; daß er im Orient gearbeitet wurde, ist wahrscheinlich, weil gerade dort am meisten Augustus mit 220 Roma zusammen verehrt und auch durch Tempelbauten verherlicht wurde. Durch die Johanniterritter zu Jerusalem soll der Stein an Philipp IV., den Schönen, von Frankreich gekommen sein, der ihn den Nonnen zu Poissy vermachte. In den Religionsunruhen wurde er von Kaufleuten nach Deutschland gebracht und von Kaiser Rudolf II. um die damals unerhörte 225 Summe von 12,000 Ducaten angekauft, was nach den Geldverhältnissen der Gegenwart jetzt wenigstens 500,000 fl. betragen würde. Der Kaiser hat sich durch diesen hochherzigen Act ein ehrenvolles Denkmal gesetzt, das ihm ein erhebenderes Andenken sichert, als eines aus Erz oder Marmor. — Gewiß gehört es zu den schönsten Aufgaben der Fürsten, 230 welche über die Güter der Erde verfügen, Kunstwerke zu entlohnen und zu kaufen. Welche ungeheuren, dem ganzen Volke zu Gute kommenden materiellen Vortheile dieß bringt, beweisen München und Dresden. Noch reichlicher als die materiellen fließen jedoch die geistigen Zinsen einer solchen Kapitalsanlage durch Förderung des Kunstsinnes, Bildung des Geschmackes, 235 gesteigertes Geistesleben. Und so hat Kaiser Rudolf II., indem er das wundervolle Kunstwerk ankaufte, seinem Hause eine bleibende, edle Zierde erworben und allen kommenden Geschlechtern einen Schatz hinterlassen, der durch hohe Kunst und Fülle historischer Belehrung eine unversiegbare Quelle geistiger Nahrung bleibt.

Ed. Freih. v. Sacken.

Kampfgruppen.
(Anforderung an den modernen Bildhauer. 1817.)

In der neuesten Zeit ist zur Sprache gekommen, wie denn wol der bildende Künstler, besonders der plastische, dem Ueberwinder zu Ehren, ihn als Sieger, die Feinde als Besiegte darstellen könne, zur Bekleidung der Architektur, allenfalls im Fronton, im Fries, oder zu sonstiger Zierde, wie es die Alten häufig gethan. Diese Aufgabe zu lösen hat in den 5 gegenwärtigen Tagen, wo gebildete Nationen mit gebildeten kämpfen, größere Schwierigkeit als damals, wo Menschen von höhern Eigenschaften mit rohen thierischen oder mit thierverwandten Geschöpfen zu kämpfen hatten.

Die Griechen, nach denen wir immer als unsern Meistern hinauf= schauen müssen, gaben solchen Darstellungen gleich durch den Gegensatz 10 der Gestalten ein entschiedenes Interesse. Götter kämpfen mit Titanen und der Beschauende erklärt sich schnell für die edlere Gestalt; eben derselbe Fall ist, wenn Herkules mit Ungeheuern kämpft, wenn Lapithen mit Kentauren in Händel geraten. Zwischen diesen letztern läßt der Künstler die Schale des Sieges hin und wieder schwanken, Ueberwinder und Ueberwundene wechseln ihre Rollen, und immer fühlt man sich geneigt, dem rüstigen Heldengeschlecht endlich Triumph zu wünschen. Fast entgegengesetzt wird das Gefühl angeregt, wenn Männer mit Amazonen sich balgen; diese, obgleich derb und kühn, werden doch als die schwächern geachtet, und ein heroisch Frauengeschlecht fordert unser Mitleid, sobald es besiegt, verwundet oder tot erscheint. Ein schöner Gedanke dieser Art, den man als den heitersten sehr hoch zu schätzen hat, bleibt doch immer jener Streit der Bacchanten und Fannen gegen die Thyrrhener. Wenn jene als echte Berg = und Hügelwesen, halb reh =, halb bocksartig, dem räuberischen Seevolk dergestalt zu Leibe gehen, daß es in das Meer springen muß, und im Sturz noch der gnädigen Gottheit zu danken hat, in Delphine verwandelt, seinem eigenen Elemente auch ferner anzugehören, so kann wol nichts Geistreicheres gedacht, nichts Anmutigeres den Sinnen vorgeführt werden.

Etwas schwerfälliger hat römische Kunst die besiegten und gefangenen, faltenreich bekleideten Dacier ihren geharnischten und sonst wolbewaffneten Kriegern auf Triumphsäulen untergeordnet; der spätere Polidor aber und seine Zeitgenossen die bürgerlich gespaltenen Parteien der Florentiner auf ähnliche Weise gegen einander kämpfen lassen. Hannibal Carracci, um die Kragsteine im Saale des Palastes Alexander Fava zu Bologna bedeutend zu zieren, wählt nämlich rüstige Gestalten mit Sphinxen oder Harpyien im Faustgelag, da denn letztere immer die unterdrückten sind — ein Gedanke, den man weder glücklich noch unglücklich nennen darf. Der Maler zieht große Kunstvortheile aus diesem Gegensatz; der Zuschauer aber, der dieses Motiv zuletzt bloß als mechanisch anerkennt, empfindet durchaus etwas Ungemüthliches; denn auch das Ungeheuer will man überwunden, nicht unterdrückt sehen.

Aus allem diesem erhellt jene ursprüngliche Schwierigkeit, erst Kämpfende, sodann aber Sieger und Besiegte charakteristisch gegen einander zu stellen, daß ein Gleichgewicht erhalten und die sittliche Theilnahme an beiden nicht gestört werde.

In der neuern Zeit ist ein Kunstwerk, das uns auf solche Art ansprüche, schon seltener. Bewaffnete Spanier mit nackten Amerikanern im

Kampfe vorgestellt zu sehen, ist ein unerträglicher Anblick; der Gegensatz
von Gewaltsamkeit und Unschuld spricht sich allzu schreiend aus, eben [50]
wie beim bethlehemitischen Kindermord. Christen über Türken siegend
nehmen sich schon besser aus, besonders wenn das christliche Militär im Costüm
des siebzehnten Jahrhunderts auftritt. Die Verachtung der Mohamedaner
gegen alle Sonstgläubigen, ihre Grausamkeit gegen Sklaven unseres Volkes,
berechtigt sie, zu hassen und zu töten. [55]

Christen gegen Christen, besonders der neuesten Zeit machen kein
gutes Bild. Wir haben schöne Kupferstiche, Scenen des amerikanischen
Krieges vorstellend, und doch sind sie mit reinem Gefühl betrachtet un=
erträglich. Wouniformierte, regelmäßige, kräftig bewaffnete Truppen, im
Schlachtgemenge mit einem Haufen zusammengelaufenen Volkes, worunter [60]
man Priester als Anführer, Kinder als Fahnenträger schaut, können das
Auge nicht ergetzen, noch weniger den innern Sinn, wenn er sich auch
sagt, daß der Schwächere zuletzt noch siegen werde. Findet man auch
gar halbnackte Wilde mit im Conflict, so muß man sich gestehen, daß es
eine bloße Zeitungsnachricht sei, deren sich der Künstler angenommen. [65]
Ein Panorama von dem schrecklichen Untergange des Tippo Saib kann
nur diejenigen ergetzt haben, die an der Plünderung seiner Schätze Theil
genommen.

Wenn wir die Lage der Welt wol überdenken, so finden wir, daß
die Christen durch Religion und Sitten alle mit einander verwandt und [70]
wirklich Brüder sind, daß uns nicht sowol Gesinnung und Meinung als
Gewerb und Handel entzweien. Dem deutschen Gutsbesitzer ist der
Engländer willkommen, der die Wolle vertheuert, und aus eben dem
Grunde verwünscht ihn der mittelländische Fabrikant.

Deutsche und Franzosen, obgleich politisch und moralisch im ewigen [75]
Gegensatz, können nicht mehr als kämpfend bildlich vorgestellt werden:
wir haben zu viel von ihrer äußern Sitte, ja von ihrem Militärputz auf=
genommen, als daß man beide fast gleich costümierte Nationen sonderlich
unterscheiden könnte. Wollte nun gar der Bildhauer, damit wir dahin
zurückkehren, wo wir ausgegangen sind, nach eigenem Recht und Vortheil [80]
seine Figuren aller Kleidung und äußern Zierde berauben, so fällt jeder
charakteristische Unterschied weg, beide Theile werden völlig gleich; es sind
hübsche Leute, die sich einander ermorden, und die fatale Schicksalsgruppe
von Eteokles und Polynikes müßte immer wiederholt werden, welche bloß
durch die Gegenwart der Furien bedeutend werden kann. [85]

Russen gegen Ausländer haben schon größere Vortheile: sie besitzen aus ihrem Altertum charakteristische Helme und Waffen, wodurch sie sich auszeichnen können; die mannigfaltigen Nationen dieses unermeßlichen Reichs bieten auch solche Abwechslungen des Costüms, die ein geistreicher 90 Künstler glücklich genug benützen möchte.

Solchen Künstlern ist diese Betrachtung gewidmet; sie soll aber- und abermals aufmerksam machen auf den günstigen und ungünstigen Gegenstand; jener hat eine natürliche Leichtigkeit und schwimmt immer oben, dieser wird nur mit beschwerlichem Kunstapparat über Wasser 95 gehalten.

Goethe.

Die Pietà von Michelangelo.

(Aus „Leben Michelangelo's". I. B., S. 187.)

Michelangelos Hauptwerk, diejenige Arbeit, durch die er plötzlich aus einem geachteten Künstler zum berühmtesten Bildhauer Italiens ward, ist heute so gut wie unsichtbar: die trauernde Maria mit dem toten Sohne im Schoß, la Pietà, wie die Italiener eine solche 5 Gruppe nennen. Der Cardinal von San Dionigi, ein Franzose, bestellte sie bei ihm. Zuerst in eine Seitenkapelle der alten Basilika von Sanct Peter postiert, erhielt sie beim Umbau der Kirche einen anderen Platz, und steht jetzt wiederum in einer Seitenkapelle von Sanct Peter, so hoch und in so verderbtem Lichte aber, daß es geradezu unmöglich ist, 10 aus der Nähe oder aus der Ferne ihres Anblickes theilhaftig zu werden. Copien, welche verschiedene Bildhauer für römische und florentinische Kirchen anfertigen, kommen nicht in Betracht. Es bleibt nichts übrig, als sich an Abgüsse zu halten.

Das Material aber ist ein wesentlicher Bestandtheil einer Bild- 15 hauerarbeit. Holz, Marmor, Bronce bedingen jedes eine eigentümliche Behandlung. Es kann eine Bronce-Arbeit nicht mechanisch in Marmor copiert werden, ohne einen Theil ihres Inhaltes einzubüßen, noch weniger verträgt ein Marmorwerk die mechanische Nachbildung in Metall. Gyps aber ist gar kein Material, ein negativer, toter Stoff, der statt der 20 weichen, durchsichtigen, fast bewegten Oberfläche des Marmors, nur eine starre, lastende Ruhe gibt. Die ideale Aehnlichkeit mit der menschlichen Haut, deren sanfte, leicht wechselnden Flächen und Linien der schöne Stein anzunehmen befähigt ist, geht beim Gyps verloren, und dennoch ist er unentbehrlich, wie die Gelegenheit, bei der er ebenso arg geschmäht 25 wird, am besten darlegt.

Was sich bei näherer Betrachtung der Pietà zuerst zeigt, ist die
ungemeine Vollendung des Einzelnen, verbunden mit einer wunderbaren
Harmonie des Ganzen. Von allen Seiten bietet die Gruppe edle Linien.
Die Stellung der beiden Gestalten zu einander ist die hergebrachte; viele
Maler haben vor Michelangelo Maria und Christus so dargestellt. 30

(Fig. 24.) Die Pietà.

Aber wie sehr übertrifft Michelangelo sie sämmtlich! Die Lage des auf den
Knieen der Frau ruhenden Körpers, die Falten ihres Gewandes, das ein
quer über die Brust laufendes Band andrückt, die Neigung des Hauptes,
das sich so trostlos und so erhaben zu dem Sohne herabneigt, oder das
seinige, das tot, erschöpft und mit milden Zügen in ihrem Arme ruht: 35
man fühlt, jeder Zug ist zum erstenmale geschaffen von Michelangelo,
und das, worin er andere nachahmte in dieser Gruppe, war nur ein
allgemeines Eigentum, das er benutzte, weil seine Anwendung hergebracht
war. Nur Handwerker und Stümper reden von gestohlenen Ideen. Das
geistige Eigentum besteht nicht in dem, was sich einem Meister nehmen 40
läßt, sondern in dem, was ihm niemand rauben kann, und wenn er es

selber gestatten wollte. Michelangelo wäre gar nicht im Stande ge=
wesen, die Gedanken anderer anzuwenden. Sie würden auf ihm gelastet
haben, statt ihn zu fördern.

45   Unser tiefstes Mitleid wird erweckt durch den Anblick Christi.
Die beiden Beine mit matten Füßen daran, die über dem Knie der
Mutter seitswärts herabbaumeln, der hängende Arm, der eingeknickte,
gesunkene Leib, das vom Halse hinterrücks gefallene Haupt, die Windung
des ganzen Manneskörpers, der daliegt, als wäre er durch den Tod
50 wieder zum Kinde geworden, das die Mutter in ihre Arme genommen
hat, dabei im Antlitz eine wunderbare Vermischung des althergebrachten
byzantinischen Typus (in länglichen Zügen mit getheiltem Barte) und
der edelsten Bestandtheile des jüdischen Nationalausdruckes: keiner vor
Michelangelo wäre darauf verfallen. Je öfter man das Werk betrachtet,
55 um so rührender wird seine Schönheit; überall die reinste Natur, deren
Inneres und Aeußeres ineinander aufgehen. Was vor dieser Arbeit in
Italien von Bildhauern geleistet worden ist, tritt in Schatten und nimmt
das Ansehen von Versuchen an, denen es irgendwo fehlt, sei es am
Gedanken oder in der Ausführung; hier deckt sich beides. Künstler,
60 Werk und Zeitumstände greifen ineinander ein, und es entstand etwas,
das vollkommen genannt zu werden verdient. Michelangelo zählte vier=
undzwanzig Jahre, als er seine Pietà beendete. Er war der erste Meister
in Italien, der erste der Welt von nun an, sagt Condivi; ja man gieng
so weit, zu behaupten, sagt er weiter, daß Michelangelo die antiken
65 Meister übertroffen habe.   Hermann Grimm.

Denkmale.

     Da man in Deutschland die Neigung hegt, Freunden und besonders
Abgeschiedenen Denkmale zu setzen, so habe ich lange schon bedauert, daß
ich meine lieben Landsleute nicht auf dem rechten Wege sehe.

     Leider haben sich unsere Monumente an die Garten= und Land=
70 schaftsliebhaberei angeschlossen, und da sehen wir denn abgestumpfte
Säulen, Vasen, Altäre, Obelisken, und was dergleichen bildlose allge=
meine Formen sind, die jeder Liebhaber erfinden und jeder Steinhauer
ausführen kann.

     Das beste Monument des Menschen aber ist der
75 Mensch. Eine gute Büste in Marmor ist mehr wert als alles Archi=
tektonische, was man jemand zu Ehren und Andenken aufstellen kann;
ferner ist eine Medaille, von einem gründlichen Künstler nach einer Büste

oder nach dem Leben gearbeitet, ein schönes Denkmal, das mehrere Freunde besitzen können und das auf die späteste Nachwelt übergeht.

Bloß zu beider Art Monumenten kann ich meine Stimme geben, [80] wobei denn aber freilich tüchtige Künstler vorausgesetzt werden. Was hat uns nicht das fünfzehnte, sechzehnte und siebzehnte Jahrhundert für köstliche Denkmale dieser Art überliefert, und wie manches schätzenswerte auch das achtzehnte! Im neunzehnten werden sich gewiß die Künstler vermehren, welche etwas Vorzügliches leisten, wenn die Liebhaber das [85] Geld, das ohnehin ausgegeben wird, würdig anzuwenden wissen.

Leider tritt noch ein anderer Fall ein. Man denkt an ein Denkmal gewöhnlich erst nach dem Tode einer geliebten Person, dann erst, wenn ihre Gestalt vorübergegangen, und ihr Schatten nicht mehr zu haschen ist. [90]

Nicht weniger haben selbst wolhabende, ja reiche Personen Bedenken, hundert bis zweihundert Ducaten an eine Marmorbüste zu wenden, da es doch das Unschätzbarste ist, was sie ihrer Nachkommenschaft überliefern können.

Mehr weiß ich nicht hinzuzufügen, es müßte denn die Betrachtung sein, daß ein solches Denkmal überdieß noch transportabel bleibt und zur [95] edelsten Zierde der Wohnungen gereicht, anstatt daß alle architektonischen Monumente, an den Grund und Boden gefesselt, vom Wetter, vom Mutwillen, vom neuen Besitzer zerstört und, so lange sie stehen, durch das An- und Einkritzeln der Namen geschändet werden.

Alles hier Gesagte könnte man an Fürsten und Vorsteher des ge-[100] meinen Wesens richten, nur im höhern Sinne. Wie man es denn, so lange die Welt steht, nicht höher hat bringen können als zu einer ikonischen Statue.

Goethe.

Das Schiller-Goethe-Denkmal in Weimar.

(Aus „Ernst Rietschel". Leipzig 1863. — S. 275.)

1.

Karl Alexander, Erbgroßherzog von Sachsen-Weimar, hatte seit der Aufstellung der Herder-Statue (von Schaller) den Gedanken verfolgt, auch den drei andern Sternen Weimars, wie sie König Ludwig nannte, Ehrenstatuen zu errichten. Schon im Jahre 1849 war hiervon die Rede. Rauch sollte Schillers und Goethes Standbild herstellen, während für [5] Wieland Rietschel in Vorschlag gekommen war. Rauch hatte bereits auch eine Modellskizze der beiden Dichter, in einer Gruppe vereinigt und in antikem Costüm, eingereicht. Im Laufe der Verhandlungen ergab sich jedoch ein

Egger.9

Widerstreit zwischen den Ansichten Rauchs und König Ludwigs. Letzterer
10 hatte sich nämlich gegen den Erbgroßherzog erboten, das vorrätige Metall
von Navarinkanonen im Werte von 7000 Gulden zur Herstellung des
Erzgusses zu schenken, hatte aber als Bedingung seines Beitritts zum
Unternehmen, welches mit Hilfe des deutschen Volks zustande gebracht
werden sollte, folgende Punkte festgestellt. „Nicht nur Goethe, auch
15 Schiller muß einen Lorbeerkranz haben; nicht in antikem Costüm können
Schiller und Goethe in Weimar auf öffentlichem Platze aufgestellt werden;
nicht in Berlin, sondern in München werden die Statuen gegossen.“
König Ludwig wollte nicht, daß mit unsern größten Männern — wie
er sich immer schlagend ausdrückt — eine „Maskerade“ getrieben werde,
20 und auch beim Erbgroßherzog mochte das seit Lessings Standbild in
Deutschland allgemein gewordene Verlangen nach unmittelbarer historischer
Treue überwiegend sein. Rauch gieng auf die ihm gestellten Bedingungen
nicht ein, namentlich deshalb nicht, weil er das Werk in Berlin unter
seiner Aufsicht ausführen lassen wollte. „Wir haben hier unbeschäftigte
25 Gießer und Ciseleure, denen ich mit vollem Vertrauen unter meinen
Augen diese Arbeiten übergeben könnte.“ Außerdem widersetzte sich diesem
Anerbieten ein bei Rauch sehr tiefgehendes Gefühl. Er selbst nannte es
„Ambition“. Es war ebenso natürlich, daß der Künstler, welcher seit
einem Zeitraum von vierzig Jahren rastlos an dem Aufblühen der
30 Sculptur und der damit zusammenhängenden Thätigkeit in Berlin gearbeitet, wünschen mußte, daß dieß Nationalwerk, wenn er den Auftrag
übernahm, auch in Berlin gegossen würde, wie es andererseits erklärlich
war, daß der rührige König, dem die von ihm geschaffene Erzgießerei
sehr am Herzen lag, den Guß für dieselbe begehrte.

35 Ueberdieß wollte Rauch sich nicht der Forderung des modernen
Costüms fügen; er hatte vor kurzem erst sein riesenhaftes Denkmal
Friedrichs des Großen beendet und freilich so viele Pantalons, Stiefel,
Knöpfe, Schnüre und Tressen an seinen militärischen Helden zu machen
gehabt, daß er sich nach anderm sehnte. Der Erbgroßherzog hatte nun
40 zwischen dem König und dem Künstler zu entscheiden, und er stellte sich
mit vollster Ueberzeugung auf die Seite des Königs. Rauch lehnte somit
ab, und als man sich daher nach einem andern Künstler umzusehen ge-
nötigt war, richteten sich die Blicke zunächst auf den Bildner Lessings.
Unterm 11. Mai 1852 ließ Dr. Ernst Förster, welcher dem ganzen
45 Unternehmen sehr nahe stand, im Auftrage des Erbgroßherzogs an
Rietschel die Frage ergehen, ob er die Herstellung des Modells zum

ehernen Ehrendenkmal Schillers und Goethes übernehmen wolle. „Das
Herlichste, was Deutschlands Neuzeit" — ruft er aus — „der Geschichte
dargebracht, ist die Erscheinung Goethes und Schillers. Mit dem Rufe,
dieß Herlichste zu verherlichen, begrüße ich Dich im Vaterlande." 50

Fürwahr, es war dieß für den Künstler ein schöner Willkomm!
Dennoch sprach sich Rietschel über die Annahme noch nicht aus. Ihm
gieng die treue Bewahrung freundschaftlicher Rücksichten über alles, und
er wollte zunächst von Rauch selbst die Gründe hören, welche diesen be=
wogen hätten, auf das ganze Unternehmen zu verzichten. Erst in Weimar, 55
und nachdem ihn vor allem Hofrat Schöll, ein treuer Freund Rauchs,
über das Verhältnis desselben zur Sache aufgeklärt, endlich letzterer selbst
ihm dringend die Annahme empfohlen hatte, faßte er den Entschluß, das
ihm angetragene Werk zu übernehmen.

In Weimar hatte er auch die Rauchsche Skizze gesehen, welche sich 60
jetzt im Schillerhause daselbst befindet. Dieselbe stellt Goethe und Schiller
nebeneinander in Tunica, Griechenmantel und Sandalen dar. Goethe
hebt den Lorbeerkranz hinter Schillers Schulter empor, als ob er diesen
damit bekrönen wollte, ihn jedoch so haltend, daß er zwischen beiden
Häuptern sichtbar wird. Dieser Gedanke ist glücklich und plastisch klar. 65
Weniger bedeutend und deutlich ist die Bewegung der andern Hand
Goethes, welche er Schiller reicht.

Rietschel machte von Anfang an gegen Rauch kein Hehl daraus,
daß er die Auffassung im antiken Costüm nicht für die wünschenswerte
halten könne, während Rauch von deren Richtigkeit innig durchdrungen 70
war und sich nur schwer von dem Auftrage getrennt hatte. Spricht er
sich doch ganz offen gegen Rietschel über die „Widerwärtigkeit" aus,
„welche in die Goethe=Schiller=Denkmalsache gebracht worden" sei, und
fügte hinzu: „Bliebe mir Zeit bei den angefangenen Arbeiten, so würde
ich auf der Stelle unbestellt die Modellausführung meiner Gruppe lebens= 75
groß beginnen, um sie zu fixieren, und zu einer etwaigen Marmorausführung
in größerem Maßstabe vorbereiten — das sind aber Luftschlösser für den
Fünfundsiebzigjährigen, wie Sie denken können." Rietschel aber hatte
schon vorher gegen ihn brieflich geäußert, er würde, wenn Rauchs
Marmorgruppe vielleicht für eine andere Stadt bestellt würde, darin nur 80
eine Herzensgenugthuung finden und dieß zugleich im Interesse der Kunst
wünschen. „Ihr Entwurf ist schön," — fügt er hinzu — „bedeutungs=
voll, würde dem hohen Gegenstand genugthun. — Wie soll ich die Auf=
gabe lösen? Im modernen Costüm! — das ich zwar von vornherein

9*

⁸⁵ als hier notwendig angesehen und ansehen mufs" u. s. w. Es ist ein Verlust, dafs
Rauch sein Werk nicht unternahm. War auch seine Auffassung eine ent=
schieden irrtümliche, so wäre doch die Aufgabe von ihm kräftig und lauter
gelöst worden und immerhin ein schon durch die Vergleichung interessantes
⁹⁰ Werk entstanden. Jedenfalls war der ganze Vorgang ein für das Verhältnis
der Künstler gefährlicher, und es gereicht beiden zur Ehre, dafs er die Innig=
keit desselben in keiner Weise auch nur auf kurze Zeit zu trüben vermochte.

Beiden Dichtern waren zwar in Frankfurt a. M. und Stuttgart
schon Ehrenstatuen errichtet, aber abgesehen davon, dafs sie mehr lokales
⁹⁵ Interesse hatten, konnten sie dem deutschen Volke nicht völlig genügen.
Die Vernachläfsigung in Schwanthalers Goethe ist selbst dem blödesten
Auge zu auffallend sichtbar, Thorwaldsens Schiller in Stuttgart traf
aber in der Darstellung zu wenig mit dem Bilde überein, welches in
der Seele des deutschen Volkes von seinem großen Dichter lebt. Jetzt
¹⁰⁰ errichtete nun Deutschland der Gemeinschaft der beiden großen Geistes=
heroen in Weimar — der Stätte ihres gemeinsamen Lebens und Wirkens
— ein Denkmal, und Rietschel war es vorbehalten, dem Drange nach
lebensvoller Wahrheit der Gestalten Genüge zu leisten.

Nachdem das großherzogliche Haus von Weimar für die Bildung
¹⁰⁵ der drei Statuen, Goethes, Schillers und Wielands, 6700 Thaler ge=
währt, das Erz der König Ludwig von Baiern geschenkt und der Groß=
herzog von Baden die Herstellung des Postaments von schönem Granit
aus seinen Mitteln bestreiten zu wollen erklärt hatte, wurde die für die
Gufs= und Errichtungskosten noch nötige Summe von beiläufig 12000
¹¹⁰ Thalern durch Sammlungen in Deutschland zu decken beschlossen. Hierbei
ist und bleibt es eine charakteristische Thatsache, dafs zu diesem Denkmal,
welches „die deutsche Nation" ihren größten Männern errichtete, sehr viele,
ja die meisten deutschen Fürsten gar nichts beitrugen, der Kaiser Napoleon
aber und zwei französische Prinzen mit 2600 Francs auf der Einnahme=
¹¹⁵ liste figurieren; Berlin, welches später so energisch für die auf dem
Gensdarmenmarkt daselbst aufzustellenden Dichterstatuen sammelte, zu dem
Denkmal in Weimar einen Thaler beigesteuert hat, während Mailand
einen Beitrag von 44 Thalern einsandte.

Am 8. Juli 1852 wurde der Contract zwischen dem Erbgroßherzog
¹²⁰ Karl Alexander und Rietschel abgeschlossen, wonach letzterer die Her=
stellung der beiden neun Fuß drei Zoll hohen Modelle gegen ein Honorar
von 5500 Thalern übernahm.

2.

Rietschel gieng sofort, nachdem er inzwischen auch die Arbeiten fürs Museum zu Dresden begonnen hatte, an die schwierige Aufgabe. Ende des Jahres 1852 war der Entwurf hergestellt, dessen Gedanke später 125 im großen Modell zum vollendeten Ausdruck gekommen ist.

(Fig. 25.) Schiller-Goethe-Denkmal.

Die beiden Dichter stehen nebeneinander. Der Künstler hatte — wie er sich selbst ausdrückt — in Goethe die selbstbewußte Größe und klare Weltanschauung in möglichst ruhiger und fester Haltung, hingegen Schillers kühnen, strebenden, idealen Geist durch mehr vorstrebende Be- 130 wegung und etwas gehobenern Blick zu charakterisieren versucht. Die

Gestalten selbst sind nach Kleidung und Individualität so gehalten, wie ihre Stellung im Leben es bedingt. Goethe im Hofkleid, Schiller in der gewöhnlichen bürgerlichen Tracht seiner Zeit. Da eine körperliche
135 Berührung als Zeichen ihrer Freundschaft stattfinden mußte, so glaubte er in der Lage der linken Hand Goethes auf Schillers Schulter das trauliche Gemütsverhältnis anzudeuten. Goethe, als ein Mann von fünfzig Jahren, zehn Jahre älter als Schiller und früher im Besitze des höchsten Ruhms, hält den Kranz fest, den er als Symbol der Unsterblich=
140 keit errungen, den ihm die Natur gereicht hat. Schiller, seiner hohen Bedeutung sich bewußt, faßt zugleich an denselben, aber es ist nur ein flüchtig Daranrühren dieser feinen Hand, welcher keine Zeit gegeben war zum ruhigen Festhalten des einmal gewordenen und errungenen Glücks, der Hand, die nur kurze Frist den Kranz des Dichterruhms berührte,
145 um sich dann in sehnsüchtiger Bewegung nach den Sternen zu erheben.

Es ist kaum zu begreifen, wie man hie und da diese Handbewe=
gung verschieden zu deuten vermocht hat; sie ist völlig klar. Ein anderes Bedenken wurde gegen die Vermischung von Symbol und wirk=
licher Lebenswahrheit erhoben. Rietschel selbst hat sich über dieß Be=
150 denken hinweggesetzt. Er schrieb in jener Zeit: „Nur ein Motiv mit dem Kranze, den Goethe hält, und in welchen Schiller hineinfaßt, erregt verschiedene Ansicht. Die Künstler finden Gedanken und Dar=
stellung, wie ich die Handhabung des Kranzes gefaßt, sehr glücklich; die Schriftleute haben Bedenken: Symbol und wirkliche Lebenswahrheit
155 nebeneinander! Ich meine, man soll den ersten Eindruck auf sich wirken lassen. Durch Reflexion und Abstraction kann man das Blaue vom Himmel herunter als unpassend erkennen. Ich glaube, ich habe in Goethe den Herschenden, in Schiller den Strebenden dargestellt.“

In Weimar erregte der Entwurf ungetheilten Beifall. Der geniale
160 Maler Preller, der gewiß nicht der realistischen Richtung in der Kunst huldigt, war voll Begeisterung dafür, meinte, es habe sich seiner eine totale Freude bemächtigt, ihn ein tiefes Anheimeln beim Anblick durch=
drungen, und er versicherte, daß ihn selbst die Bekleidung, der Rauch'=
schen Idealgewandung gegenüber, nur angenehm berührt habe. Auch in
165 München fand die Skizze gute Aufnahme, namentlich war man — wie nebenher zu bemerken — über Rietschels Art zu skizzieren in Erstaunen versetzt. Und in der That sind seine Skizzen darin vorzüglich, daß sie überall die künstige feine Ausbildung zwar nur vorzeichnen, dennoch aber so vorzeichnen, daß man die Ausbildung selbst gar nicht vermißt.

König Ludwig sprach seine große Zufriedenheit aus, wie aus einem [170] von ihm an den Künstler gerichteten Briefe hervorgeht, stieß sich aber an dem „Degenkleide" Goethes im Gegensatze zu Schillers Rock, während einige wenige Stimmen Münchens auch hier dem Mantel mit dem obligaten „Faltenwurf" das Wort redeten. Dennoch blieb Rietschel bei seinem Entwurfe stehen. Nichts drückt die Gesinnung desselben, mit der [175] er die Arbeit begann, besser aus, als die wenigen Worte eines Briefs an König Ludwig, mit welchen er die Skizze nach München begleitete: „Möge sich das, was hier in dieser wie in jeder Skizze nur unzulänglich angedeutet werden konnte, bei tieferm Durchführen und Durchdenken im Großen dem hohen Ziele: das deutsche Volk damit zu be= [180] friedigen, nahe führen lassen!" Die Aussprache dieses Wunsches gegen den großgesinnten König hat aber um so mehr Wert, als ein Künstler gerade ihm gegenüber leicht versucht sein konnte, des Königs Befriedigung und Beifall als das Ziel seines Strebens hinzustellen. —

3.

Die Begeisterung, welche dieses Werk in Deutschland hervorrief, [185] war eine in der Geschichte der Kunst seltene und ganz allgemeine; schon in Dresden, wo das Gypsmodell ausgestellt wurde, dann in München, endlich in Weimar. Es war ein Ereignis — die Ankunft dieses Modells in der Erzgießerei zu München. Die Künstlerwelt geriet in Bewegung, man war einig darüber, daß der Eindruck überwältigend [190] sei. Alle vorgefaßten Meinungen und Wünsche mußten verstummen vor der Schönheit und Lebendigkeit des Werks, vor dem Ernste und der Gediegenheit der Durchführung. Ein Ruf freudiger Bewunderung gieng durch alle Zeitschriften damaliger Zeit, und namentlich unter den Münchner Künstlern war das Gefühl allgemein, „daß seine Arbeit als eine wirkliche [195] Eroberung der Plastik dastehe."

Der Director der Erzgießerei, von Miller, berichtete an das Comité in Weimar, daß von den vielen Statuen, die ihm von den Künstlern unserer Zeit zum Erzgusse anvertraut worden, noch kein Modell eine solche Vollendung gezeigt hätte, wie dieses, und daß, wenn sein Eifer in [200] dieser Aufgabe noch einer Steigerung fähig gewesen wäre, es beim An= blick des herrlichen Kunstwerks hätte geschehen müssen. Die höchste An= erkennung zollte auch König Ludwig dem Künstler. Er war völlig elektrisiert, als er die Gruppe sah, und rief mehrmals mit bewegter lauter

205 Stimme: „Das ist mein Schiller!" So stimmte das Bild mit seinem
Ideale zusammen! —

Reicher noch belohnt und nicht geknickt, wie er gefürchtet, wurde der
Künstler durch die jubelnde Begeisterung, die sich kund gab, als die Statuen=
gruppe am 4. September 1857 zugleich mit dem Standbilde Wielands
210 von Hans Gasser enthüllt wurde. Es war ein Nationalfest im edelsten
Sinne, diese Gedenkfeier des deutschen Volks an den herlichen Fürsten
Karl August und an die ihm in Geist und Freundschaft verbundenen
Dichter.

Für Rietschel war es ein ergreifender Augenblick, als Director
215 Heiland seine begeisterte Rede, welche der Enthüllung vorangieng, mit den
Worten schloß: „Der Dichter irdische Erscheinung festzuhalten und sie in
unvergleichlichen Gestalten, verbunden durch den Kranz des Ruhms, auf
die Nachwelt zu bringen, das ward dem geistvollen Künstler beschieden,
dem Deutschland bereits seinen Lessing verdankt. Ihm gelang es, dort
220 jenes majestätische Haupt zu bilden,

Welchem Phöbus die Augen, die Lippen Hermes gelöset,

Und das Siegel der Macht Zeus auf die Stirne gedrückt,

bei dessen Anblick die Seele des Beschauers voll ward, wie der Than=
tropfen von der Morgensonne; hier dieses edle, im Abglanz einer
225 idealen Welt verklärte Antlitz, voll von jenem Mute, der den Widerstand
der stumpfen Welt besiegt.

Von jenem Glauben, der sich stets erhöhter

Bald kühn hervordrängt, bald geduldig schmiegt,

Damit das Gute wirke, wachse, fromme,

230 Damit der Tag dem Edlen endlich komme.

Der Kranz aber, der sie verbunden hält, ist zugleich dein Kranz,
mein deutsches Volk! — der Kranz, mit dem sie dich königlich geschmückt
haben vor allen Völkern der Erde. Schaue es selbst und kränze deine
Dichter mit neuer Verehrung und neuer Liebe!"

Andreas Oppermann.

Zauner's Reiterstatue Josef's II.

Eines der ersten Monumente, welches unter dem Umschwunge der
Ideen der neuen Zeit entstand, die mit Winckelmann und Lessing anhebt,
ist die Reiterstatue Kaiser Josef des Zweiten in Wien. Die
gleichartigen Denkmäler aus unmittelbar früherer Zeit: die Monumente
5 des großen Kurfürsten in Berlin (von Schlüter) und die Reiterstatue

Peter des Großen in Petersburg athmen noch die Ideen der barocken
Zeit. Sie zeigen malerisch bewegte Formen und Linien, sind oft großartig in ihrer Conception und glänzend in ihrer Durchführung, aber vorwiegend decorativ in ihrer Gesammtwirkung. Auch Rafael Donner mit
seinen reizenden Brunnenfiguren auf dem neuen Markte in Wien gehört
jener Zeit an. Gegen dieses vorwiegend malerische und decorative
Element in der Plastik war das Bestreben jener Männer gerichtet, welche
in ihrem Geiste nach Rom und Athen gewendet das Stilprincip der
antiken Plastik in die moderne Welt eingeführt wissen wollten. Ruhe in
der Bewegung, Einfachheit in den Formen, Schönheit in dem Gesammt-
eindrucke sollten vorherschen. Das malerische Element sollte das plastische
nicht erdrücken; die Gränzscheiden zwischen Malerei und Bildhauerei sollten
gewahrt bleiben.

Franz Zauner, dem im Jahre 1795 vom Kaiser Franz I.
der Auftrag zu theil wurde, für Josef II. das Monument zu entwerfen, hatte in Rom Gelegenheit sich mit den Ideen der neuen
Zeit vertraut zu machen. Er war im Jahre 1776 nach Rom gekommen, kurze Zeit, nachdem Winckelmann in Triest einen gewaltsamen Tod gefunden hatte. Seit dem Jahre 1763 war Winckelmanns
Hauptwerk die „Geschichte der Kunst des Altertums" in den Händen
aller, und die Anschauungen der Barocke überall im Schwinden begriffen.
Zauner schloß sich der neuen Zeit rasch an. Nicht unvorbereitet, vor
allem nicht unerfahren in der technischen Handhabung der Plastik, betrat
er den klassischen Boden der ewigen Roma. Er war damals 30 Jahre
alt. Geboren zu Kauns in Ober-Innthal 1746, kam er früh nach
Wien, arbeitete unter Schletterer und später unter Bayer, der die großen
Bildhauerarbeiten leitete, welche im Schönbrunner Parke damals
ausgeführt worden. Noch heutigen Tages bezeugen diese Werke die Geschicklichkeit der Bildhauer; sie sind eine würdige Decoration der glänzenden Gartenanlage des kaiserl. Schlosses. Zauner machte sich bald unter
den Hilfsarbeitern Bayers bemerkbar, und wußte sich die Gunst des
Fürsten Kaunitz zu erwerben. Dieser ebnete ihm den Weg nach Rom.
Er kam in seine Heimat, den Geist geläutert durch das Studium der
Antike, erhielt schon im Jahre 1781 die Professur der Bildhauerei an
der Akademie der bildenden Künste in Wien und wurde später ihr
Director. Als ihm der Auftrag zu theil wurde, den populärsten Fürsten
der habsburgischen Dynastie in einem Monumente zu verherrlichen, welches
in Bronce ausgeführt werden sollte, war er sich wie der Größe, so auch

der Schwierigkeiten seiner Aufgabe bewußt. Denn er hatte nicht bloß
45 das Monument zu entwerfen, sondern auch den Erzguß durchzuführen.
Und gerade darin zeigte sich der klare, verständige und überlegte Geist
Zauners. Denn im Erzgusse selbst war er nicht so erfahren wie in der
Kunst des Modellierens und in der Handhabung des Meißels. In Wien
gab es damals nur Techniker der Glocken = und Kanonengießerei, aber
50 keine Anstalt für Kunstwerke. Was ihm aus diesen Kreisen geboten
werden konnte, war nur weniges. Das meiste mußte er selbst ersinnen;
und doch hat er den Erzguß ebenso glücklich, als in verhältnismäßig
kurzer Zeit zustande gebracht. Der Bildhauer Falconet und der Gießer
Kajlow brauchten bloß zur Bearbeitung und Aufstellung der Statue Peter
55 des Großen 14¹⁄₂ Jahre. Mayer, Sally und der Gießer Gor kamen
in 15 Jahren mit dem Denkmale Friedrich V. in Kopenhagen zustande.
Dieselbe Zeit brauchte Bouchardon und Pigalle zur Aufstellung des
Denkmals Ludwig XV. in Paris. Das Monument Zauners konnte
schon nach dem eilften Jahre, 1806, enthüllt werden.
60 Vorsichtig gieng er dabei zu Werke; um sich Erfahrungen zu sam=
meln, führte er ein Modell des großen Denkmales im kleinen aus und
goß dieses im Jahre 1797. Es ist dieß dasselbe reizende Monument,
welches jetzt im botanischen Garten in Schönbrunn aufgestellt ist.
Im September des Jahres 1800 sah Zauner die Figur des Kaisers,
65 im Februar 1803 die des Pferdes aus dem Gußhause glücklich hervor=
gehen. Die Hauptschwierigkeiten beim Gusse waren überwunden. Die
Metalldicke beträgt an der dünnsten Stelle einen halben Zoll, der innere
leere Raum des Pferdes ist groß genug, um 25 Menschen zu beherbergen.
Für das Piedestal wurde Mauthhausner Granit gewählt, ein Material,
70 das sich in der Praxis glänzend bewährt.
Die Raumverhältnisse des Platzes, auf welchen das Monument
zu stehen kam, stimmen vortrefflich mit den Dimensionen des Denkmales
selbst. Die Gebäude des Josefsplatzes umrahmen in harmonischer Weise
das Denkmal, dessen Grundfläche 7° lang und 6° breit ist. Die Höhe
75 des ganzen Monumentes beträgt 5° 3' 8", die Höhe der Hauptgebäude,
welche das Monument umgeben, etwas über 15°. Das richtige Ver=
hältnis der Zahlen springt sogleich in die Augen; das Monument wird
durch die Gebäude nicht gedrückt.
Das ganze Denkmal ist mit Ecksäulen und Barrieren umgeben, ge=
80 schmückt mit Bronce=Medaillons, die sich auf das thatenreiche Leben und
die Tugenden des unvergleichlichen Monarchen beziehen.

Aus der so abgeschlossenen Grundfläche erhebt sich in einfachen Formen der Sockel, auf beiden Langseiten geschmückt mit Reliefs, die sich auf die Bemühungen des Kaisers beziehen, die Wohlfahrt seiner

(Fig. 26.) Reiterstatue Joseph II.

Völker in Schifffahrt und Landbau zu fördern. Auf den Schmalseiten [85] stehen die beiden Inschriften:

IOSEPHO II. AVG. QVI SALVTI PVBLICAE VIXIT NON DIV SED TOTVS

und

FRANCISCVS ROM. ET AVST. IMP. EX PATRE NEPOS ALTERI PARENTI POSVIT MDCCCVI. [90]

Ein stark profiliertes Gesimse schließt den Sockel ab; auf dem= selben steht die kolossale Reiterstatue des Kaisers. Wer dieses

Monument betrachtet, sieht deutlich, daß Zauner nicht umsonst in Italien
gewesen, nicht fruchtlos die Lehren der Antike und der Winckelmann'schen
95 Schule in sich aufgenommen hat. Nicht umsonst hat Zauner die Reiter-
statuen Mark Aurels (auf dem Capitole) betrachtet.

Zauner hat das moderne Costüm verworfen. Niemand wird ihm
heutigen Tages, am wenigsten in Wien, Unrecht geben; denn seinem
inneren Wesen nach ist das moderne Costüm unplastisch und unschön.
100 Auch die Form und die Gestalt des Pferdes ist nicht die, wie es der
Zeitgeschmack begünstigte, sondern wie es der Kunstgeschmack erfordert;
ruhig schreitet es aus. Auf dem Pferde sitzt der Kaiser entblößten, mit
einem Lorbeerkranze geschmückten Hauptes in römischem Costüme
und erhebt die rechte Hand mit einer einfachen, leicht verständlichen
105 Bewegung: er segnet die Völker, die jetzt ihn segnen und die Werke,
die sein großer Sinn geschaffen hat, und die bis auf den heutigen Tag
dauern.

Und so ist dieses Standbild in das Bewußtsein des Volkes über-
gegangen, ein Wahrzeichen Wiens und Oesterreichs auf dem Felde der
110 Skulptur geworden, wie der Stephansdom auf dem der Architektur.
Aber auch als Wahrzeichen geistigen und politischen Strebens hat man
das „Josefsmonument" gefeiert, und die Poesie hat „Sein Bild" mit
ihrem Glorienschein umgeben. Zedlitz windet seine Todtenkränze „dem
kühnen Streiter für der Wahrheit Fahnen" und nennt das Denkmal
115 eine „Memnonsäule, die freudig schallt, wenn Licht Aurora bringet." —

Anastasius Grün aber, als Dichter und Redner selbst ein Vorkämpfer der höchsten Interessen Oesterreichs, ruft voll Entzücken bei der
Enthüllung des Monumentes:

„Ruhig auf granitnem Sockel schwebt das Kaiserbild voll Glanz,
120 Um die Schläfe keine Krone, nur den selbsterrungnen Kranz!
Hoch zu Roß, das Antlitz lächelnd, und empor die rechte Hand
Sanft erhoben, wie zum Segen über sein geliebtes Land! —
Ja du bist es, weiser Josef! Voll von Kraft und Mark und Klang
So im Bilde von Metalle, wie dein Leben all entlang!
125 Dem getreu und kühn beharrlich, was als edel du erkannt,
Und an deinem großen Werke bauend fest mit ehrner Hand!" —

(Spaziergänge eines Wiener Poeten.)

R. v. Eitelberger.

§. 16. Malerei.

Die Malerei hat ein feineres Material und ein weiteres Gebiet der Darstellung als die beiden andern bildenden Künste. Als Kunst der Farbe erscheint sie zwar häufig im Dienste der Architektur und Plastik, indem sie Mauerflächen und Statuen, besonders Holzschnitzwerke mit Farben schmückt (Bemalung); aber sie behauptet neben beiden auch ihren selbständigen Rang (Malerei). —

Im malerischen Kunstwerke sind drei Momente zu unterscheiden: die Erfindung, die Zeichnung und die Färbung (Colorit). Die Erfindung ist eine Gabe des Genies; die Zeichnung kann nach Regeln erlernt werden, das Colorit ist Sache des künstlerischen Auges und technischen Vortheils. — Die Harmonie und der Ton der Farben kann nicht gelernt werden, sondern hängt wesentlich vom Farbensinne des Künstlers ab. —

Auf der Zeichnung beruht die Kunst der Perspective, die einen wesentlichen Reiz der Malerei ausmacht, denn sie zaubert einen Raum auf die Fläche, der in Wirklichkeit nicht da ist. Sie erfordert aber auch, daß die Gegenstände nicht so dargestellt werden, wie sie sind, sondern wie sie dem Auge von einem gewissen Standpunkte aus erscheinen. —

Man unterscheidet zwischen Zeichnung und Gemälde. — Zur Zeichnung bedient man sich einfärbiger Stoffe (gewöhnlich in Form von Stiften), zum Gemälde verschiedener Farbstoffe, die mit dem Pinsel aufgetragen werden.

Die Arten der Zeichnungen und Gemälde beruhen wieder entweder auf verschiedener Technik (dem Verfahren der Darstellung) oder auf verschiedenen Stoffen der Darstellung.

a) Zeichnungen.

Feder- und Bleistiftzeichnungen werden auf Papier und Pergament aufgetragen; sie sind gewöhnlich Skizzen oder Bilder kleinen Umfanges. Der Bleistift ist viel verwendbarer als die Feder. —

Die Kohlenzeichnung erfordert einen größeren Umfang, weil die Kohle einen breiten Strich macht. Sie kann auf Papier oder Mauerflächen aufgetragen werden. Heute dient sie vorzüglich zur Herstellung großer Cartons, die entweder selbständig oder Vorbilder für wirkliche Gemälde sein können.

Demselben Zwecke können auch Kreidezeichnungen dienen. Die Kreide gibt einen feinern Strich als die Kohle. Neben schwarzer Kreide verwendet man auch weiße, um die Lichter aufzusetzen.

Die Tusch- und Sepiazeichnung ist auch einfärbig; aber diese werden nicht mit Stiften, sondern mit dem Pinsel hergestellt, wie die Gemälde.

b) Gemälde.

Der Zeichnung am nächsten steht das Pastellbild, weil dazu Stifte verwendet werden, aber von verschiedener Farbe. — Pastellfarben sind leicht verwischbar. —

Unter Miniaturbildern versteht man heute durchweg Gemälde im kleinsten Maßstabe. Ursprünglich bedeutete „Miniatur" die Anwendung von Mennigfarben (minium) in den Handschriften des Mittelalters. Weil diese Handschriftenbilder alle klein sind, wurde das Wort für Kleinmalerei überhaupt gebraucht.

Das Aquarellbild hat seinen Namen von den Wasserfarben. Der Malgrund ist gewöhnlich starkes Papier. Das Verfahren nennt man aquarellieren; dasselbe ist erst neuerer Zeit in Aufnahme gekommen.

Das Tafel- oder Staffeleibild ist entweder auf Holz oder Leinwand aufgetragen, die mit einem kreideartigen Malgrund zur Aufnahme der Farben überzogen werden muß. Man verwendet zu Tafelbildern heute meist Oelfarben d. h. solche, die durch Mischung mit Oel auf dem Malgrunde haften. Die Oelmalerei ist erst im 15. Jahrhundert durch die niederländischen Maler, Brüder van Eyck in Aufnahme gekommen. Früher bediente man sich anderer Bindemittel, wie Harz, Gummi, Eiweiß u. s. w. Farben mit solchen Bindemitteln nennt man Temperafarben; sie sind heute neben den Oelfarben noch in Gebrauch. — Die Tafelbilder dienen entweder zum Schmuck architektonischer Räume, oder sie werden in Gallerien gesammelt und aufbewahrt.

Die Wandmalerei ist an die Architektur gebunden, weil sie eine Wandfläche als Malgrund voraussetzt. Das Wandgemälde ist in der Regel größer, als das Tafelbild und besonders zur Darstellung großartiger Stoffe geeignet. Diese Malerei hat daher einen vorwiegend monumentalen Charakter. Das Verfahren bei der Wandmalerei ist ein verschiedenes.

Gewöhnlich ist es entweder Seccomalerei, wenn die Farben auf trockenem Grunde aufgetragen werden (al secco) oder Frescomalerei, wenn frischer, noch nasser Mörtel (al fresco) den Malgrund bildet. — Neuestens ist in Deutschland noch die Stereochromie in Aufnahme gekommen. Man malt mit mineralischen Wasserfarben auf trockenem Mauergrunde und überzieht das Gemälde mit Wasserglas. Dadurch wird es fixiert und gegen jede Verwitterung geschützt, welcher die gewöhnliche Wandmalerei ausgesetzt ist.

Der Wandmalerei verwandt ist das Mosaik, insoferne es auch Farbe und Zeichnung fordert und meist auf Mauerflächen in Anwendung kommt. Es unterscheidet sich aber von der eigentlichen Malerei, indem es durch farbige Stiften aus Glas, Stein, Holz, Thon zusammengesetzt, also eigentlich nicht gemalt wird. —

Die Glasmalerei dient zur Ausschmückung großer Fensterflächen, besonders gotischer Dome. — Ihre Technik ist verschieden. Meist wird färbiges Glas genommen, darauf die Zeichnung und die Schattierung mit einem dunklen Farbenton aufgetragen. Oder man malt förmlich auf Glas und brennt dann die Farben ein, wie es bei der Porcellanmalerei geschieht. —

Auch die Emailmalerei bedarf des Feuers, weil die auf Gold oder Silber aufgetragenen Farben erst eingeschmolzen werden müssen. Dadurch erhalten sie den dem Email eigenen Glanz. — Die von den Alten geübte enkaustische Malerei beruht ebenfalls auf einem Einbrennen; man hat aber das Geheimnis dieser Technik noch nicht entdecken können.

c) Stoffliche Gliederung.

Sowol Zeichnungen als Gemälde erhalten einen verschiedenen Charakter nach den Stoffen, die sie darstellen. Es sind darum für dieselben auch verschiedene Bezeichnungen im Gebrauche.

Ein Bild, welches leblose Dinge darstellt, die aber in einer bestimmten Beziehung zum Menschen stehen, heißt: Stillleben. Die Blumenmalerei entfaltet dagegen den Reiz des höchsten vegetabilischen Lebens. Eine höhere Stufe der organischen Schöpfung stellt die Thiermalerei dar. — Großartige Werke von Menschenhand gibt die Architekturmalerei wieder. —

Scenen aus dem einfachen, beschränkten, aber urwüchsigen, bürgerlichen Leben geben Sitten- oder Genrebilder. Scenen aus dem geselligen Leben conventionell gebildeter Stände heißen dagegen Conversationsstücke. — Die einzelne Gestalt oder die Büste geben das Porträt, wenn sie dem lebenden Originale ähnlich gebildet werden.

Am höchsten stehen in Bezug auf geistigen Gehalt die Landschafts- und Historienmalerei. — Erstere umfaßt alles, was in der landschaftlichen Natur an malerischen Reizen liegt. Thiere, Menschen und Menschenwerke dienen ihr als Staffage, als belebende Beigabe. Die Landschaftsmalerei als solche, in früherer Zeit unbekannt, entwickelt sich erst seit dem 17. Jahrhunderte. — Die höchsten Sphären des Menschenlebens, der Ernst und die Größe desselben bilden den Gegenstand der Historienmalerei. Sie erfordert nicht notwendig historische Vorgänge, sondern Scenen von hoher Bedeutung, und bedingt einen würdevollen Stil.

Eine Abart dieser Kunstrichtung ist die religiöse Malerei einerseits, die Schlachtenmalerei anderseits. —

§. 17. Malerei des Altertums.

Die Kunst der Malerei lernten die Völker des Altertums später, als die Plastik und Architektur.

Die Aegypter und Indier, welche bereits erhabene Bauten aufführten, verstanden die Farbe nur in der einfachsten Weise zu verwenden, d. h. ohne Schatten und Perspective Wände und Figuren damit zu bemalen. —

Eine wirkliche Kunst wurde die Malerei erst bei den Griechen und Römern.— Freilich ist uns von ihren malerischen Werken viel weniger übrig geblieben, als von den plastischen und architektonischen, weil sie viel mehr der Zerstörung unterliegen. Wir kennen das Meiste nur aus Berichten. —

Unter den Griechen war im 5. Jahrhundert Polygnet als Maler gefeiert, der die Prachtbauten Athens sowol, als die Tempelhalle zu Delphi mit Bildern aus der Sage und Geschichte schmückte. — Später wetteiferten zu Ephesus in Kleinasien Zeuxis und Parrhasios in der Tafelmalerei. Die Anekdote von den „Trauben" des Zeuxis und dem „Vorhange" des Parrhasios deutet darauf hin, daß ihr Streben auf täuschende Nachahmung der Wirklichkeit gerichtet war. — Die höchste Vollendung erreichte die griechische Malerei durch Apelles, den Zeitgenossen Alexander des Großen, dessen Porträt er in Farben ebenso meisterhaft herstellte, wie Lysippus in Erz. — Das berühmteste aber unter seinen Gemälden war „Aphrodite, aus den Fluten des Meeres emporsteigend". —

Die Römer haben nur die Kunst der Griechen fortgesetzt, auch meist nur griechische Meisterwerke nachgebildet. — Die Ruinen von Herkulanum und Pompeji zeigen uns noch eine Fülle von antiken Wandmalereien, unter andern auch ein

Mosaikbild von höchster Vollendung, das eine Alexanderschlacht vorstellen soll. — Auch an zahlreichen Vasen können wir noch die malerische Kunst der Alten bewundern. —

§. 18. Malerei des Mittelalters.

Die Malerei des christlichen Mittelalters steht fast vollständig im Dienst der Kirche. Sie stellt nur religiöse Gegenstände dar und schmückt das Kultusgebäude mit einer Fülle von Farben und Gestalten. —

Der Islam, der die Plastik verwarf, beschränkte auch die Malerei auf das farbige Linienornament. Aber in der Farbenornamentik hat die islamitische Kunst auch das höchste geleistet, wie noch die Moscheen, besonders aber die Reste der Alhambra beweisen. —

Die christliche Wandmalerei fand reiche Anwendung erst in den Katakomben, dann in den Basiliken, den Kirchen des byzantinischen und romanischen Stils, welche breite Mauerflächen boten für die Kunst des Pinsels. Auch musivische Technik (Mosaik) kam dabei häufig in Anwendung. Berühmt sind die Mosaiken in der Basilika San Paolo zu Rom und in der Hagia Sophia zu Konstantinopel. Letztere sind durch die Türken meist übertüncht, aber gerade dadurch erhalten worden. —

Der gotische Stil war der Wandmalerei nicht so günstig, wie der Plastik, weil ihm breite Mauerflächen fehlen. Dafür gaben die weiten und hohen Fenster des gotischen Domes Anlass zur Ausbildung der Glasmalerei, wie wir sie z. B. an den Chorfenstern des Kölner Domes bewundern. Ebenso hat der gotische Altar die Tafelmalerei gefördert, in dem sich die Architektur desselben um ein Altarbild anordnete, und die Flügel, welche auf der einen Seite Holzschnitzerei trugen, auf der andern Flächen boten für Gemälde. — Das gotische Mauerwerk dagegen ist häufig mit farbigem Linienornament verziert, wie man dieß am besten noch in der berühmten Kapelle des Justizpalastes (St. Chapelle) zu Paris sehen kann. —

Die Ausschmückung der Handschriften führte zur Miniaturmalerei, die durch das ganze Mittelalter hindurch geübt wurde. Eines der ältesten Beispiele bietet das Manuscript der Genesis in der Wiener Hofbibliothek. —

Die Kunst des Emails, wie sie das Mittelalter betrieb, bewundern wir ganz besonders an dem sogenannten Verduner Altar zu Klosterneuburg (bei Wien), einem Werke des 11. Jahrhundert. 51 vergoldete Erztafeln enthalten Scenen aus dem alten Testamente. —

§. 19. Malerei der Neuzeit.

a) Italien.

Wie die Architektur und Plastik, so nahm auch die Malerei gegen Ende des Mittelalters in Italien einen neuen Aufschwung. Ja diese trat erst jetzt in die Epoche ihrer höchsten Vollendung. Wie nie früher und nie später fanden sich hier eine Anzahl größter Meister und hervorragender Talente zusammen, um das 15. und 16. Jahrhundert zur Glanzzeit der Malkunst zu machen. — Das Gebiet der Kunst erweiterte sich, indem neben der religiösen Malerei auch die weltliche zu ausgezeichneter Geltung kam.

Aus der Menge der Künstler, die Italien damals mit ewigen Werken schmückten, wie sie kein zweites Land besitzt, ragen einzelne als Führer hervor und repräsentieren zugleich die vier Hauptgruppen oder Schulen: die florentinische, die lombardische, die römische und venetianische. —

Florenz war der Ausgangspunkt der Renaissance für Architektur und Plastik; es war auch die Hauptschule der italienischen Malerei. Als ihr Vertreter kann Michelangelo Buonarotti gelten, der in Architektur, Bildhauerei und Malerei das Höchste geleistet. Man rühmt von ihm, daß er in erhabener Gedankentiefe, kühner und großartiger Formbildung alles übertreffe, was sonst die Kunst der Maler geschaffen. Er malte nur große Fresken, keine Tafelbilder. Darum sind seine Werke nicht, wie die der andern Maler, in der Welt verbreitet. — Sein Hauptwerk ist die Decke und Altarwand der sixtinischen Kapelle im Vatikan, „das gewaltigste Denkmal der Malerei aller Zeiten". — Michelangelo hat auf der Decke die Hauptscenen der Genesis und auf der Altarwand das jüngste Gericht dargestellt.

Der Repräsentant der lombardischen Schule, Leonardo da Vinci (1452 bis 1519) war wie Michelangelo in allen drei bildenden Künsten Meister. Obwol in Florenz gebildet, vollendete er zu Mailand sein weltberühmtes „Abendmal" im Refectorium der Kapuziner, das leider nur halb zerstört auf uns gekommen. Cartons von Leonardo's Hand zu diesem Abendmal befinden sich jetzt in Weimar. Eine Mosaikcopie ist in der Minoritenkirche zu Wien zu sehen. Zur lombardischen Schule ist außerdem noch Correggio (1494—1534) zu zählen, dessen Hauptwerke in der Stadt Parma bewundert werden.

An der Spitze der römischen Schule steht Rafael Santi aus Urbino (1483—1520). Wie Leonardo in Florenz gebildet, wirkte er vorzüglich in Rom. — Zu den höchsten Leistungen seines Pinsels gehören seine zahlreichen (50) Madonnen, welche das Ideal der heiligen Jungfrau und Mutter in verschiedener Auffassung darstellen und heute in vielen Museen und Gallerien zerstreut sind. Die berühmteste ist die sixtinische Madonna im Museum zu Dresden. — Die „Madonna im Grünen" gehört der Belvedere-Gallerie in Wien an, und die durch Copien sehr verbreitete „Madonna della sedia" (mit dem Sessel) ziert den Palazzo Pitti zu Florenz. — Außerdem schmückte Rafael vier Zimmer (stanze) und die Loggien (offene Gallerien) des Vatikans mit unsterblichen Fresken, worunter die „Schule von Athen" und die „Constantinsschlacht" (beide in den Stanzen) ganz besonders bewundert werden. —

Der Meister der venetianischen Schule war Tiziano Vecellio (1477 bis 1576), dessen Werke durch glänzendes Colorit alle andern übertreffen. — Sie sind heute theils in Venedig, Florenz und Rom, theils in Paris, Berlin, Dresden und Wien (Belvederegallerie) zu sehen. — Unter seinen Porträten ist das Kaiser Karls V. bemerkenswert, der den Künstler sehr auszeichnete. —

b) Spanien.

In der Geschichte der Malerei nimmt auch Spanien eine ehrenvolle Stellung ein. Als die politische Größe dieser Weltmacht bereits im Sinken war, erhoben sich künstlerische Größen, um der Nation eine geistige Bedeutung zu sichern. —

Die Blüte der spanischen Malerei repräsentiert die Schule von Sevilla, deren Hauptmeister Velazquez (1599—1660) und Murillo (1618—1682) waren; der eine begründete besonders durch seine Porträte, der andere durch zahlreiche Madonnen-bilder den Weltruf der spanischen Kunst. — Von Murillo ist es bemerkenswert, daß er dem Christuskinde auf seinen Madonnenbildern gerne einen habsburgischen Gesichtstypus gab. —

c) Niederlande.

Um dieselbe Zeit, wie in Spanien, blühte die Kunst der Malerei auch in den Niederlanden. Schon im 15. Jahrhundert zwar hatten die Brüder van Eyck in Flandern die Oelmalerei begründet und dadurch einen bedeutenden Fortschritt in der Kunst überhaupt angebahnt. Im 17. Jahrhundert bildete sich hier eine flandrische und eine holländische Schule.

An der Spitze der ersten stehen Peter Paul Rubens (1577—1640) und dessen Schüler van Dyck (Deick). —

Rubens malte mit Vorliebe Bilder von großartigem Inhalt; sein Genie war dem des Michelangelo verwandt. Seine Werke bilden heute die Hauptschätze der Museen Europas; am meisten besitzt davon die Belvedere-Gallerie in Wien, die Pinakothek in München, und die Stadt Antwerpen, in der Rubens lebte. — In Wien sind unter andern zwei große (ursprünglich) Altarbilder, die Wunder des hl. Ignatius und des hl. Franz Xaver darstellend, in München das kolossale „jüngste Ge-richt" und die „Amazonenschlacht", im Dom zu Antwerpen die „Kreuzabnahme" zu sehen.

Van Dyck that sich besonders als Porträtmaler am Hofe Karls I. von Eng-land hervor. „Die Kinder Karls I." befinden sich im Museum zu Dresden.

Der Hauptmeister der holländischen Schule war Rembrandt von Ryn (1606—1669). Von seinen Werken sind die „Nachtwache" (zu Amsterdam), das „Gast-mal des Ahasverus" (zu Dresden), der „Simson" (zu Berlin), sein eigenes, wie seiner Mutter Bild (zu Wien) die berühmtesten. —

Andere niederländische Meister bildeten das moderne Genrebild aus, welches der früheren Malerei unbekannt war. Der erste darunter war Peter Breughel, auch der Bauernbreughel genannt, weil er mit derber Laune Scenen aus dem Landleben malte. Ihm folgten David Teniers und Adrian Ostade. —

Der Holländer Ruysdael war einer der ersten, welcher die Landschaftsmalerei cultivierte, welche erst in diesem Jahrhundert als selbständige Richtung auftritt. —

d) Deutschland.

Nächst Italien regte sich das Kunstleben am Ausgange des Mittelalters vor allem in Deutschland. — Doch wurde hier mehr die Tafel- als die Wandmalerei betrieben. Man unterscheidet für das 16. Jahrhundert eine schwäbische, eine fränkische und eine sächsische Malerschule. —

Die schwäbische Schule bildete sich in Augsburg und Ulm; ihre vor-züglichsten Meister sind die beiden Hans Holbein (Vater und Sohn), welche be-sonders auf dem Gebiete der religiösen Malerei sich hervorthaten. Holbein der j. lebte lange Zeit am Hofe Heinrichs VIII. von England als Porträtmaler. — Die mei-sten Bilder der beiden Holbein befinden sich heute noch in Augsburg; der große Cyklus der „Passion" vom jüngern Holbein ist zu Basel, und seine berühmte Ma-donna zu Darmstadt, von welcher eine Nachbildung in Dresden bewundert wird. —

Als Haupt der fränkischen Malerschule und Meister der deutschen Kunst erscheint Albrecht Dürer (1471—1528), „die Liebe und der Stolz der deutschen Nation". Er wirkte in seiner Vaterstadt Nürnberg nicht nur als Maler, sondern auch als Baumeister, Kupferstecher und Holzschnitzer. Unter seinen Gemälden sind die „Vier Apostel" in der Pinakothek in München das berühmteste. Das „Rosenkranzfest" befindet sich im Kloster Strachow zu Prag, zwei Bilder: „Marter der Heiligen" und „Anbetung der Dreifaltigkeit" im Belvedere zu Wien. Unter seinen Kupferstichen ist die „Passion" (16 Blätter) berühmt; von den Holzschnitten ist „die Ehrenpforte des Kaisers Maximilian" im Rathause von Nürnberg als das größte existierende Werk dieser Art bemerkenswert. —

Die Albertina (Kunstsammlung des Erzherzogs Albrecht) in Wien besitzt eine große Anzahl Dürer'scher Kupferstiche und Holzschnitte. —

Als Haupt der sächsischen Schule zu Wittenberg hat sich Lucas Cranach (1472—1558) hervorgethan. Von ihm finden sich Altarbilder zu Wittenberg und Weimar. —

Nach dem 16. Jahrhundert trat für Deutschlands malerische Thätigkeit eine Pause von fast zwei Jahrhunderten ein. Im 17. Jahrhunderte fehlte jede bedeutende Kraft; im 18. sind nur der sächsische Hofmaler Rafael Mengs, die Porträtmalerin Angelika Kaufmann und Tischbein, der Freund Goethes, als höher strebende Talente zu nennen. —

Erst im 19. Jahrhunderte gelangte die Kunst der Farben unter dem Einflusse des allgemeinen geistigen Aufschwungs zu neuem Leben. Besonders die romantische Schule übte reichhaltigen Einfluß auf künstlerisch begabte Naturen. — In den Tagen Winckelmanns schon begann die Wallfahrt deutscher Künstler nach Rom, und das Studium der antiken, wie italienischen Vorbilder. In der Heimat selbst wurden ihnen durch das Aufblühen der Wandmalerei höhere Aufgaben gestellt. Die stets wachsende Theilnahme des Publikums führte zur Gründung zahlreicher Kunstvereine. So wurde Deutschland, der Sitz der höchsten Wissenschaft, auch das Hauptland für das Kunststreben der Gegenwart. Sowol an Mannigfaltigkeit, als an Größe des Inhaltes sind die Werke der deutschen Kunst in der Gegenwart von keinem andern Volke übertroffen worden.

Beschränkte sich das künstlerische Streben auch nicht auf einzelne Orte, so sind für die neuere Zeit doch München, Düsseldorf und Wien als Hauptsitze von Malerschulen zu nennen.

München verdankt seinen künstlerischen Ruhm dem Könige Ludwig I. — Durch ihn wurde Peter von Cornelius (1783—1867), dessen Schöpfungen das Eintreten der neuen Aera der deutschen Kunst bezeichnen, zur Leitung der Akademie berufen. — Cornelius verherlichte zu München in den Fresken der Glyptothek die antike Mythenwelt, in der Loggia der Pinakothek die Geschichte der christlichen Kunst, und im Bildercyklus der Ludwigskirche den christlichen Glauben. Wie Michelangelo in der Sixtina schmückte hier Cornelius die Altarwand mit der Darstellung des jüngsten Gerichtes. — Sein letztes großes Werk bilden die Fresken in der Königsgruft zu Berlin. — Zu seinen frühesten Leistungen gehören dagegen Bilder zu Goethes „Faust" und zum „Nibelungenliede" (1817). —

10*

Cornelius Nachfolger in der Direction der Münchner Akademie ist sein Schüler Wilhelm Kaulbach, dessen großartigstes Werk: Die Hauptepochen der Weltgeschichte (Stereochromie) das Treppenhaus des neuen Museums in Berlin schmücken. — Unter seinen Zeichnungen sind die zu Goethes „Reineke Fuchs" durch ihren klassischen Humor berühmt.

An diese Hauptvertreter der Münchner Schule reihen sich zahlreiche und bedeutende Künstler, worunter der Oesterreicher Moriz von Schwind als Maler der deutschen Sagen= und Märchenwelt (Aschenbrödel, sieben Raben, Melusine) den ersten Rang behauptet.

Düsseldorf erhielt durch den Director der Akademie Wilhelm Schadow und Friedrich Lessing eine hervorragende Bedeutung als Kunstschule. — Diese Schule wandte sich vorzüglich der Tafelmalerei zu, da ihr nicht, wie der Münchner, größere Aufgaben für Wandmalerei zu theil wurden. — In der Historienmalerei geht Lessing, im Genre Ludwig Knaus, in der Landschaft Achenbach allen voran.

Wien ist in der Kunstwelt besonders durch zwei geniale Maler von ganz verschiedener geistiger Richtung vertreten. — Während Josef von Führich (neben Friedrich Overbeck in Rom) als der genialste Vertreter der religiös christlichen Malerei gilt, wandte sich Karl Rahl mit Vorliebe dem griechisch=heidnischen Altertume zu und lieferte eine Reihe antiker Mythenbilder, welche meist Wiener Salons schmücken. Sein inhaltreichstes Werk: Der Hellenenfries, für die Universität in Athen bestimmt, blieb Farbenskizze, weil die Ausführung al fresco durch den Sturz des Königs Otto vereitelt wurde. Der Fries enthält eine meisterhafte Darstellung der Kulturentwicklung der alten Griechen in Gruppen ihrer Geistesheroen. Nach der Farbenskizze wurden Stiche durch den österreichischen Kunst= verein publiciert. —

Farbe und Zeichnung.

(Aus „Diderot's Versuche über die Malerei". Uebersetzt und mit Anmerkungen begleitet. II. Kap. Meine kleinen Ideen über die Farben.)

1. **Hohe Wirkung des Colorits.** Die Zeichnung gibt den Dingen die Gestalt, die Farbe das Leben; sie ist der göttliche Hauch, der alles belebt.

Die erfreuliche Wirkung, welche die Farbe auf das Auge macht, ist die Folge einer Eigenschaft, die wir an körperlichen und unkörperlichen Erscheinungen nur durch das Gesicht gewahr werden. Man muß die Farbe gesehen haben, ja man muß sie sehen, um sich von der Herlichkeit dieses kraftvollen Phänomens einen Begriff zu machen.

2. **„Seltenheit guter Coloristen."** Wenn es mehrere treffliche Zeichner gibt, so gibt es wenig große Coloristen. Ebenso verhält sich's in der Literatur: hundert kalte Logiker gegen einen großen Redner, zehn große Redner gegen einen vortrefflichen Poeten. Ein

großes Interesse kann einen beredten Menschen schnell entwickeln, und
Helvetius mag sagen, was er will, man macht keine zehn guten Verse
ohne Stimmung, und wenn der Kopf darauf stünde." 15

Hier spielt Diderot nach seiner Art, um das Mangelhafte seiner
besondern Kenntnisse zu verbergen, die Frage, über die man unterrichtet
werden möchte, ins allgemeine und blendet mit einem falsch angewendeten
Beispiel aus den redenden Künsten. Immer wird alles dem guten Genie
zugeschoben, immer soll die Stimmung alles leisten. Freilich sind Genie 20
und Stimmung zwei unerläßliche Bedingungen, wenn ein Kunstwerk her=
vorgebracht werden soll; aber beide sind, um nur von der Malerei zu
reden, zur Erfindung und Anordnung, zur Beleuchtung wie zur Färbung
und zum Ausdruck, sowie zur letzten Ausführung nötig. Wenn die Farbe
die Oberfläche des Bildes belebt, so muß man das geniale Leben in 25
allen seinen Theilen gewahr werden.

Auch könnte man überhaupt jenen Satz gerade umwenden und
sagen: Es gibt mehr gute Coloristen als Zeichner, oder, wenn wir
anders billig sein wollen: Es ist in einem Fall so schwer als in dem
andern, vortrefflich zu sein. Stelle man übrigens den Punkt, auf welchem 30
einer für einen guten Coloristen gelten soll, so hoch oder tief als man
will, so wird man immer zum wenigsten eine gleiche Zahl der Meister
finden, wenn man nicht etwa gar mehr Coloristen antrifft. Man darf
nur an die niederländische Schule und überhaupt alle diejenigen denken,
welche Naturalisten genannt werden. 35

Hat es damit seine Richtigkeit, und gibt es wirklich ebensoviel
gute Coloristen als Zeichner, so führt uns dieß zu einer andern wichtigen
Betrachtung. Bei der Zeichnung hat man in den Schulen, wenn auch
keine vollkommene Theorie, doch wenigstens gewisse Grundsätze, gewisse
Regeln und Maße, die sich überliefern lassen; bei dem Colorit hingegen 40
weder Theorie noch Grundsätze, noch irgend etwas, was sich überliefern
läßt. Der Schüler wird auf Natur, auf Beispiele, er wird auf seinen
eigenen Geschmack verwiesen. Und warum ist es denn doch eben so
schwer gut zu zeichnen, als gut zu colorieren? Darum, dünkt uns, weil
die Ausübung der Regeln sehr verwickelt ist, ein anhaltendes Nachdenken 45
und eine gewisse Strenge fordert; das Colorit hingegen ist eine Er=
scheinung, die nur aus Gefühl Anspruch macht, und also auch durchs
Gefühl instinctmäßig hervorgebracht werden kann.

Ein Glück, daß es sich also verhält! Denn sonst würden wir, bei
dem Mangel von Theorie und Grundsätzen, noch weniger gut colorierte 50

Bilder haben. Daß es ihrer nicht mehr gibt, hat mancherlei Ursachen. Diderot bringt in der Folge verschiedenes hierüber zur Sprache.

Wie traurig es aber mit dieser Rubrik in unsern Lehrbüchern aus= sehe, kann man zum Beispiel erfahren, wenn man den Artikel Colorit in Sulzers allgemeiner Theorie der schönen Künste mit den Augen eines Künstlers betrachtet, der etwas lernen will. Findet man von Anleitung da nur eine Spur, daß der Verfasser auf das, worauf es eigentlich an= kommt, wenigstens hindeute?

Der Lernbegierige wird an die Natur zurückgewiesen; er wird aus einer Schule, zu der er ein Zutrauen setzt, hinaus auf die Berge und Ebenen, in die weite Welt gestoßen; dort soll er die Sonne, den Duft, die Wolken, und wer weiß was alles, betrachten; da soll er beobachten, da soll er kennen lernen, da soll er wie ein Kind, das man aussetzt, sich in der Fremde durch eigene Kräfte forthelfen. Schlägt man deswegen das Buch eines Theoristen auf, um wieder in die Breite und Länge der Erfahrung, um in die Unsicherheit einzelner zerstreuter Beobachtungen, in die Verwirrung einer ungeübten Denkkraft zurückgewiesen zu werden? Freilich ist das Genie im allgemeinen zur Kunst, sowie im besondern zu einem bestimmten Theile der Kunst unentbehrlich; wol ist eine glück= liche Disposition des Auges zur Empfänglichkeit für die Farben, ein ge= wisses Gefühl für die Harmonie derselben von Natur erforderlich; freilich muß das Genie sehen, beobachten, ausüben und durch sich selbst bestehen: dagegen hat es Stunden genug, in denen es ein Bedürfnis fühlt, durch den Gedanken über die Erfahrung, ja wenn man will, über sich selbst erhoben zu werden. Dann nähert es sich gern dem Theoretiker, von dem es die Verkürzung seines Wegs, die Erleichterung der Behandlung in jedem Sinne erwarten darf.

3. „Urtheil über die Farbengebung. Nur die Meister der Kunst sind die wahren Richter der Zeichnung; die ganze Welt kann über die Farbe urtheilen."

Hierin können wir keineswegs einstimmen. Zwar ist die Farbe in doppeltem Sinne, sowol in Absicht auf Harmonie im ganzen als auf Wahrheit des Dargestellten im einzelnen, leichter zu fühlen, insoferne sie unmittelbar für gesunde Sinne spricht; aber von dem Colorit, als eigentlichem Kunstprodukte, kann doch nur der Meister, sowie von allen übrigen Rubriken urtheilen. Ein buntes, ein heiteres, ein durch eine gewisse Allgemeinheit oder im besondern harmonisches Bild kann die Menge anlocken, den Liebhaber erfreuen; jedoch urtheilen darüber kann

nur der Meister oder ein entschiedener Kenner. Entdecken doch auch
ganz ungeübte Menschen Fehler in der Zeichnung; Kinder werden durch
Aehnlichkeit eines Bildes frappiert, es gibt gar vieles, was ein gesundes
Auge im einzelnen richtig bemerkt, ohne im ganzen zulänglich, in Haupt=
punkten zuverlässig zu sein. Hat man nicht die Erfahrung, daß Ungeübte
Tizians Colorit selbst nicht natürlich finden? Und vielleicht war Diderot
auch in demselben Falle, da er nur Verdinet und Chardin als Muster
des Colorits anführt.   Goethe.

Christliche Kunsttypen.

("Handbuch der kirchlichen Kunstarchäologie des deutschen Mittelalters."
Leipzig 1868, S 892 und 898.)

1. Gott Vater.

Die alte christliche Kunst trug schriftgemäß gerechte Scheu, den
allgegenwärtigen Geist, dessen Antlitz kein Mensch je gesehen hat, noch
sehen kann, gestaltlich darzustellen, und beschied sich, die Gegenwart des
Allmächtigen durch die segnende Hand, durch den aus den Wolken
reichenden Arm zu symbolisieren. Wo der Gegenstand der Darstellung,
wie in der Schöpfungsgeschichte ꝛc. die Darstellung der leibhaftigen gött=
lichen Gestalt erheischte, erscheint statt des gestaltlosen, undarstellbaren
Vaters der Sohn, als das Fleisch gewordene Wort, das Ebenbild des
unsichtbaren Gottes, durch das alle Dinge gemacht sind. Seit dem 12.
Jahrhundert indes übertragen die Künstler die Gestalt des Sohnes auch
auf den Vater, so daß es in manchen Fällen nur aus dem Zusammenhange
zu deuten möglich ist, wer unter der dargestellten Person zu verstehen sei, ob
der Vater oder der Sohn, der mit dem Vater eins ist. Erst seit dem
Ende des 14. Jahrhunderts bildet sich für Gott den Vater
ein eigener Typus aus. Er erscheint als Greis von 60—80 Jahren,
mit langem, weißem, (ungetheiltem) Bart, eine abgelebte Gestalt, bekleidet
mit den Insignien der Majestät, im Costüme des Papstes, Kaisers,
Königs ꝛc. den Reichsapfel zum Zeichen der Weltregierung haltend. Die
Renaissance sucht das hinfällige, grämliche Bild mit Allgewalt und Würde
zu schmücken und der erhabenen Idee anzunähern.

2. Christus.

Die altchristliche Kunst begnügte sich, den Erlöser durch Symbole
(das Monogramm, den Fisch, das Kreuz, das Lamm ꝛc.) oder durch
Allegorien (Orpheus, den guten Hirten) andeutend darzustellen, und

die erſten kirchlichen Chriſtusbilder kommen ſchwerlich vor dem dritten
25 Jahrhundert vor. Der Heiland erſcheint hier (auf Sarkophagen in den
Katakomben) in holdſeliger Jugend und ohne Bart in einer idealen Auf-
faſſung, die ſich, der Anſchauungsweiſe der Heidenchriſten entſprechend,
an den bereits fertigen Typus des guten Hirten, wie dieſer formell
aus dem antikheidniſchen Bilde des widdertragenden Hermes hervorge-
30 gangen war, anſchloß. Neben dieſem älteſten Katakombentypus
entwickelt ſich dann aus dem Streben, der göttlichen Geſtalt eine höhere
Würde und gewichtigeren Ausdruck zu verleihen, vielleicht unterſtützt
durch irgend eine Ueberlieferung von dem wirklichem Ausſehen Jeſu,
jener andere, zuerſt in den Moſaikbildern des Sanktuariums der Kirchen
35 ſeit dem 6. Jahrhundert aufgenommene ſ. g. Moſaikentypus (das
längliche Geſicht mit dem geſpaltenen Bart und getheiltem Haupthaar),
welchen das ganze Mittelalter feſthielt, obgleich der jugendliche Typus
des Chriſtusbildes ohne Bart hin und wieder noch bis zum 13. Jahrhundert, namentlich in Darſtellungen des verherlichten Gottesſohnes, ſich
40 erhalten hat. Die Häſslichkeit und die gealterten Züge mehrerer Chriſtus-
köpfe ſcheinen mehr aus der Unbeholfenheit der alten Künſtler im Indi-
vidualiſieren der Seelenzuſtände, als etwa aus dogmatiſchen Gründen
erklärt werden zu müſſen. Doch wird man, wo beide Typen des Chriſtusbildes nebeneinander erſcheinen (der verherlichte Gottesſohn ohne Bart,
45 der leidende Menſchenſohn mit dem Bart), berechtigt ſein, dieſen zwei-
fachen Typus aus den Schriften des alten Teſtamentes zu erklären. —

Heinrich Otte.

Das chriſtliche Madonnen-Ideal.

(Aus „Die Frauen in der Kunſtgeſchichte" in „Kunſthiſtoriſche Studien",
Stuttgart 1869, S. 151.)

1.

Eine neue verheißungsvolle Zukunft eröffnet ſich für die Stellung
und Geltung des weiblichen Geſchlechtes mit dem Chriſtentum. Es
iſt bekannt, daß die Religion der erlöſenden Liebe vorzüglich von den
Frauen mit Eifer erfaſst wurde. Bot ſie doch in den Gräueln einer ver-
5 worfenen Welt dem reineren Gemüte einen Zufluchtsort, in deſſen Schutze
ſich ein neues ſittliches Leben geſtalten konnte. Aber noch wichtiger war,
daß fortan die germaniſchen Völker in ihrer zwar rohen, aber
unverderbenen Naturkraft an die Spitze der Weltbewegung traten.
Wie ſie überhaupt der neuen Lehre einen empfänglichen Sinn entgegen

brachten, so hegten sie namentlich eine angeborene Verehrung vor den [10]
Frauen, die einen idealen Aufschwung nehmen und in der Gestalt der
jungfräulichen Gottesmutter ihren höchsten Ausdruck finden
sollte. Freilich waren die gewaltsamen Erschütterungen, unter denen
das römische Weltreich zu Grabe getragen und neue germanische Reiche
gebildet wurden, nicht geeignet für das Aufblühen einer edleren Sitte; [15]
freilich waren die Zeiten einer Fredegunde und Brunhilde wenig angethan,
eine reinere Vorstellung von der Würde der Frauen zu erzeugen. Das
Heftige, Gewaltsame, Rauhe behält noch lange im Leben der germanischen
Völker die Oberhand und noch die Gestalten eine Kriemhild und
Brunhild in den Nibelungen lassen mehr das Männliche, Heroische als [20]
das Zarte, Weibliche zur Geltung kommen. So finden wir denn auch
in den Madonnenbildern der frühen christlichen Epoche
bis tief ins zwölfte Jahrhundert hinein kaum einen Hauch anmutiger
Empfindung. Entweder im starren Hofprunk byzantinischer Mosaiken und
Miniaturen, oder in dem vergröberten und entarteten Nachklang antiker [25]
Auffassung tritt uns die Gestalt der Maria entgegen; oft wol feierlich,
großartig, majestätisch, aber nicht mit dem gewinnenden Zauber seelenvoller
Weiblichkeit. Noch im dreizehnten Jahrhundert weiß der große Nicolo
Pisano die Madonna nicht höher zu feiern, als indem er ihr auf den
Reliefs der Marmorkanzeln zu Pisa und Siena den Charakter einer [30]
antiken Göttin, einer in römische Prachtgewande gehüllten, mit dem
Diadem geschmückten Juno gibt, an deren Thron die Könige der Erde,
die Weisen aus dem Morgenlande anbetend niedersinken. Und zu gleicher
Zeit ungefähr vermögen Cimabue zu Florenz und Duccio zu Siena,
die Erneuerer der Malerei in Italien, eine seelenvollere Darstellung der [35]
Gottesmutter nur im Anlehnen an die byzantinische Form zu ver=
suchen. Gleichwol zünden ihre Werke schon in dem erregbaren Sinne des
Volkes, das hier eine Offenbarung des Göttlichen erkennt, und die fertig
gewordenen Altarbilder aus den Werkstätten der beiden Meister in feier=
licher Prozession wie im Triumph zur Kirche führt. [40]

Gewiß brach hier ein neues Leben durch die Fesseln einer tra=
ditionell erstarrten Kunst. Dennoch gehört die tiefere, innigere Auf=
fassung des Madonnen=Ideals in dieser Epoche nicht Italien
sondern dem Norden an, dem Norden, der damals den Höhepunkt
mittelalterlichen Lebens erreichte. Schwärmerische Begeisterung, zuerst [45]
durch die Kreuzzüge genährt, dann überall im glänzenden Treiben des
Rittertums zur Blüte gebracht, gibt dem gesammten Dasein einen

erhöhten Schwung. Neben dem ritterlichen Leben mit seinen Abenteuern, seiner Festeslust, seinem verfeinerten Minnedienst wächst in Freiheit und
50 Arbeit ein gediegenes Bürgertum heran, das im jugendlichen Gefühle seiner Thatkraft nicht selten mit den Rittern wetteifert. Ueberall erwacht, wie vom Winterschlafe, die nationale Poesie und reißt alle Gemüter zu herzbewegendem Sange hin.

Und wie immer im Mittelalter prägt die Religion diesem Aufschwung
55 der Empfindung auch ihrerseits den geweihten Stempel auf. Der Marienkultus ist die kirchliche Form des Minnedienstes; ein gutes Theil zärtlicher Gefühle sucht und findet seinen Gegenstand in der Madonna; hinreißende Hymnen erschallen zu ihrem Preis; Litaneien, angefüllt mit den schwärmerischen Ausdrücken und orientalischen Phantasien des hohen
60 Liedes, wechseln damit; glänzende Kathedralen, in dem neugeschaffenen gotischen Stile, erheben sich aller Orten zu Ehren der Gottesmutter, und die großen Städte wetteifern miteinander, sowie die Laien mit den Geistlichen, die Abteien mit Bischofssitzen wechselseitig in solchen Prachtwerken.

Es versteht sich, dass von dieser gesteigerten Begeisterung ein voller
65 Stral auf die Schöpfungen der bildenden Künste fällt. Aus der Statuenmasse, die um diese Zeit den Körper der Kathedralen bedeckt, taucht manch schönes Madonnenbild hervor. Schlank und fein, von edlen Gewändern umflossen, das lockige Köpfchen und die Schulter geneigt, auf den Armen das Kind, „der Welt und des Himmel Wonne," und im
70 märchenhaften Antlitz ein Lächeln süßer Unschuld. So stehen diese Madonnen zu Amiens, Reims, Paris, zu Straßburg, zu Freiburg (an der goldnen Pforte), und in ihnen hat sich zu unvergänglicher Anmut versteinert, was jener Zeit als höchster Begriff edler und schöner Weiblichkeit vorschwebte.

2.

75 Nie vielleicht ist die Seele eines Künstlers, ohne jemals ins Weiche oder Sentimentale abzuirren, so vollkommen organisiert gewesen, die ganze Schönheit, Anmut und Reinheit des weiblichen Wesens nachzuempfinden und in die Sonnenhöhe vollendeter Kunst zu versetzen, als die Rafael's war. Betrachtet man nur seine Madonnen und heiligen Familien,
80 so findet man, dass er in ihnen mit voller Seele sein Eigenstes gegeben und das ursprünglich bloß kirchliche Thema zur höchsten, rein menschlichen Vollendung und Freiheit erhoben hat. — Obwol der Meister jung und sogar unvermält gestorben ist, hat doch keiner je mit solcher Hingebung das Glück des Familienlebens verherlicht wie er. Etwa ein halbes

Hundert von Madonnen läßt sich von ihm nachweisen, da er [85] von seiner ersten Jugendzeit an bis in seine letzten Tage immer vom neuen diesen Lieblingsgegenstand behandelte; aber stets weiß er das einfachste und menschlich reinste Thema der Mutterliebe neu zu variieren, so daß diese Werke allein schon deutlich seinen Entwicklungsgang spiegeln. Voll kindlicher Befangenheit sind seine Madonnen aus der [90] ersten Zeit, da er noch unter dem Einfluß seines Lehrers Pietro Perugino stand. Sie blicken uns mit sanften Taubenaugen an, wie erstaunt über das unbegreifliche Wunder, das sie in Gestalt eines lächelnden Kindleins auf dem Arme halten. Dann, während seines florentinischen Aufenthalts, schreiten sie stufenweise zu anmutig entwickelter [95] Jungfräulichkeit fort, werden holde Hausfrauen und weilen mit still zufriedenem Lächeln im engen Kreise der Familie, dessen unerschöpfliches Thema die munteren Spiele des kleinen Christus und seines Kameraden Johannes bilden. Endlich aber, in den reifsten Werken des Meisters, geht die Madonna zum Ausdruck großartig freier ächt mütterlicher Würde [100] über, die durch einen geheimnisvollen Zauber von Unschuld und Reinheit geweiht ist. So sind diese Bilder die menschlich liebenswürdigen Schilderungen eines einfach innigen Familienlebens, und dennoch sind sie, auch ohne Heiligenschein und Goldgrund, göttlicher als alle früheren Madonnen. Es ist ein Triumph des rein Menschlichen über das Symbolisch-Dog- [105] matische; die letzte Eisrinde typisch-conventioneller Form ist hingeschmolzen unter den Stralen einer freigewordenen Kunst, die ihr Zenith erreicht hat.

Am liebsten umgibt der Meister seine heiligen Familien mit einer heiteren Landschaft. Diesen Gestalten wird es zu eng im prunkvollen Bau der Kirchen und Altäre; sie gehören als freie Menschen in [110] freie Natur. Ein göttlicher Frieden breitet sich über die Gefilde, die von fernen Bergen wie in silbernem Rahmen gehalten werden. Das Kind spielt mit einer Blume oder einem Vogel, und die Mutter schaut lächelnd zu. Oder sie hebt mit leiser Hand den Schleier von dem Schlafenden und zeigt ihn dem kleinen neugierigen Johannes. Dann [115] wieder ist der Kleine erwacht und strebt mit verlangenden Aermchen zur Mutter auf, die ihn an ihr Herz zieht. Ein anderes Mal gestaltet sich die erhabene Bestimmung des jugendlichen Christus zum unschuldigen Spiel, wenn der kleine Johannes vor seinem künftigen Erlöser niederkniet, und dieser ihm, ernsthaft in Kinderart, seinen Segen ertheilt. Bei [120] der Madonna bella Sedia ist es nur eine junge römische Mutter in der reichen Volkstracht des Landes, die ihr Kind in zärtlicher Be-

wegung aus Herz drückt. Bekannt ist die Sage, welche den Meister
dieß Bild auf offener Straße entwerfen läßt, hingerissen von der Schön=
[125] heit eines jungen Weibes, das er gerade in dieser Stellung erblickte.

(Fig. 27.) Die sirtinische Madonna.

Ohne Zweifel verdanken wir der naiven Unbefangenheit, mit welcher
das römische Volk sein Familienleben offenherzig auf die Straße verlegt,
eine Menge der entzückendsten rafaelischen Inspirationen. Die antike Ein=
fachheit und Bedürfnislosigkeit, der Adel des Benehmens und die Schönheit
[130] der Formen, alle diese Vorzüge jenes von Grund aus vornehmen Volkes

finden fich, verklärt und künftlerifch vollendet, in den heiligen Familien Rafaels wieder.

Nur ein paarmal hat der Meister die Madonna in der kirchlichen Auffassung als Himmelskönigin gemalt: allein wie himmelweit unter-scheiden sich auch diese Werke von den früheren, gleichsam offiziellen[135] Löfungen der Aufgabe! Würde und Erhabenheit herfchen auch hier im feierlichen Aufbau des Ganzen; aber fie verbinden sich mit der freieften Bewegung, mit den anmutigften Zügen des Lebens. Das höchfte ift die weltberühmte firtinifche Madonna (in Dresden). Wer kennt nicht diefe wunderbare Geftalt, die von herrlichen Gewändern umgeben,[140] wie eine himmlifche Erfcheinung auf Wolken einherfchwebt, umfloffen von einer Glorie lieblicher Engelsköpfe! Ein Schleier wallt von ihrem Haupt herab, das, wie in tiefen Gedanken verloren, dem göttlichen Ge-heimnis nachzufinnen fcheint, welches ihre Hände mit mütterlicher Innig-keit umschließen. Denn in ruhiger Hoheit thront auf ihrem Arme ein[145] Knabe, in deffen kindlichen Zügen die Erhabenheit feiner Sendung sich ausprägt, und deffen Augen in einem Blick voll Macht und Tiefe feine welterlöfende Beftimmung ahnen laffen. — Es ift, als ob Rafael in diefer unvergleichlichen Schöpfung feine tiefften Gedanken, feine erhabenfte Anschauung, feine vollkommenfte Schönheit habe vereinigen wollen, wie[150] fie denn die Spitze der chriftlichen Kunft genannt werden muß. Seine Madonnen und im höchften Sinn die firtinifche, find nicht für eine beftimmte Epoche oder für eine befondere religiöfe Anschauung gefchaffen. Sie leben für alle Zeiten und alle Völker, weil fie eine ewige Wahrheit in ewig giltiger Form offenbaren. Wilhelm Lübke.

Holbein's Madonna.
("Holbein und feine Zeit." Leipzig 1866, I., 337.)

Nicht über Wolken erscheint hier die göttliche Mutter, fie thront nicht in himmlifchen Fernen, fondern auf den Boden diefer Erde, mitten unter die frommen Betenden ift fie hingetreten, fie fteht auf demfelben Teppich, auf dem diefe knieen. Nicht mehr als Erfcheinung, fondern leib-haft und wirklich ift fie da, und recht in ihrer Eigenschaft als Mutter,[5] die wir fo schön ausgedrückt fahen in ihrem Verhältnis zum Kinde, die fich aber ausdehnt auf alle, welche unter ihr knieen. Und deshalb fteht fie ihnen und uns fo menschlich nahe trotz der schimmernden Königskrone auf ihrem niederwallenden goldblonden Haar. Mag fie im Darmftädter Bilde in ftrengerer Würde erfcheinen, mag im Dresdner weiche, bezaubernde[10]

Anmut über sie ausgegossen sein, beidemal spricht sich anspruchlose
Lauterkeit und Herzensunschuld, demutsvolle Innigkeit und seelenvolle
Tiefe in ihrem Angesicht aus. Kein Gefühl aber lebt stärker in ihr, als

(Fig. 28.) Holbein's Madonna.

das völlige Sichselbstvergessen, das Ganzaufgehen in dem Kinde, das
15 sie trägt. Nur um den Segen des fleischgewordenen Gottessohnes zu
bringen, ist sie da; sie ist nur da, indem sie und damit sie das Kind

trägt. Mit beiden Händen hält sie es, sie die bescheidene Magd des
Herrn, die sich kaum wert hält des köstlichen Gutes, das in ihren Armen
ruht. Mutter und Kind sind wie eine Gestalt, erfüllen eine Function.
Dieß segnet, und sie trägt; nicht die Geberin, nur die Bringerin der
Gnade kann sie sein und will sie sein.

Völlig ergriffen aber vom Bewußtsein dieser Gnade knieet der treue
Bürgermeister mit den Seinen: Mutter, Weib und Kindern, Lebenden
und Heimgegangenen, unter ihr; ganz nach dem alten Brauch, ihr zur
Rechten die Männer, ihr zur Linken die Frauen. Ernste Stimmung der
Andacht breitet sich über sie alle, und jeder nimmt nach seiner Art theil
am Gebet. Feste, ruhige Heilsgewißheit ist es bei den älteren Frauen,
glaubensfrohe, begeisterte Ueberzeugung beim Bürgermeister, ernstes, halb
schwärmerisches Versunkensein bei der jungen Tochter, was freilich nur
im Darmstädter Bilde zu sehen ist. Gehorsam, wie er durch fromme Unter-
weisung gelehrt ward, kniet der halberwachsene Jüngling da. Und das
kleine Brüderchen, das er hält und umschlingt, kann noch nicht wissen
und fassen, was vorgeht; in kindlicher Unbefangenheit steht es unter den
Andächtigen da; aber an dem Heil von oben, das ihnen allen gewährt
wird, hat es auch unbewußt theil. Demütig wagt von ihnen keines auf-
zuschauen, und der Himmelserscheinung Aug im Auge zu begegnen; aber
die volle, innerste Gewißheit der Gemeinschaft mit dem Heiligen durchdringt sie alle und hält sie verbunden, und von der Hand des göttlichen
Kindes, die mild über sie ausgebreitet ist, strömt auf sie nieder sein
Segenswunsch: Friede sei mit euch! — Alfred Woltmann.

Gestalten aus Leonardos „Abendmal".

(Vergl. Goethe, „Das Abendmal von Leonardo da Vinci" in meinem „Deutschen
Lehr= und Lesebuche", II., S. 497.)

St. Bartholomäus: männlicher Jüngling, scharf Profil, zu-
sammengefaßtes, reines Gesicht, Augenlid und Braue niedergedrückt,
den Mund geschlossen, als wie mit Verdacht horchend, ein vollkommen
in sich selbst umschriebener Charakter. Bei Vespino keine Spur von
individueller charakteristischer Gesichtsbildung, ein allgemeines Zeichen-
buchsgesicht, mit eröffnetem Munde horchend. Vossi hat diese Lippen-
öffnung gebilligt und beibehalten, wozu wir unsere Einstimmung nicht
geben können.

St. Jacobus der jüngere, gleichfalls Profil, die Verwandtschaft
mit Christo unverkennbar, erhält durch vorgeschobene, leicht geöffnete

Lippen etwas Individuelles, das jene Aehnlichkeit wieder aufhebt. Bei Vespino nahezu ein allgemeines, akademisches Christusgesicht, der Mund eher zum Staunen als zum Fragen geöffnet. Unsere Behauptung, daß Bartholomäus den Mund schließen müsse, wird dadurch bestätigt, daß 15 der Nachbar den Mund geöffnet hält; eine solche Wiederholung würde sich Leonardo nie erlaubt haben, vielmehr hat der Nachfolgende,

St. Andreas, den Mund gleichfalls geschlossen. Er drückt, nach Art älterer Personen, die Unterlippe mehr gegen die Oberlippe. Dieser Kopf hat in der Kopie von Marco etwas Eigenes, mit Worten nicht Auszusprechendes; 20 die Augen in sich gekehrt, der Mund, obgleich geschlossen, doch naiv.

(Fig. 29.) „Das Abendmal" von Leonardo da Vinci.

Der Umriß der linken Seite gegen den Grund macht eine schöne Silhouette, man sieht von jenseitiger Stirne, von Auge, Nasenfläche, Bart, so viel, daß der Kopf sich rundet und ein eigenes Leben gewinnt; dahingegen Vespino das linke Aug völlig unterdrückt, doch aber von der linken 25 Stirn und Bartseite noch so viel sehen läßt, daß ein derber kühner Ausdruck bei aufwärts gehobenem Gesichte entspringt, welcher zwar ansprechend ist, aber mehr zu geballten Fäusten als zu vorgewiesenen Händen passen würde.

Judas, verschlossen, erschrocken, ängstlich auf- und rückwärts sehend, das Profil ausgehackt, nicht übertrieben, keineswegs häßlich; wie denn 30 der gute Geschmack, in der Nähe so reiner und redlicher Menschen, kein eigentliches Ungeheuer dulden könnte. Vespino dagegen hat wirklich ein soches dargestellt, und man kann nicht leugnen, daß abgesondert genommen dieser Kopf viel Verdienst hat; er drückt eine boshaft kühne Schadenfreude lebhaft aus, und würde unter dem Pöbel, der über ein Ecce Homo jubelt, und kreuzige! kreuzige! ruft, sich vortrefflich hervorheben. Auch für einen [35] Mephistopheles im teuflischsten Augenblick müßte man ihn gelten lassen. Aber von Erschrecken und Furcht, mit Verstellung, Gleichgültigkeit und Verachtung verbunden ist keine Spur; die borstigen Haare passen gut zum Ganzen, ihre Uebertriebenheit jedoch kann nur neben Kraft und Gewaltsamkeit der übrigen Vespinischen Köpfe bestehen. [40]

St. Petrus, sehr problematische Züge. Schon bei Marco ist es bloß schmerzlicher Ausdruck; von Zorn aber und Bedräuung kann man nichts darin sehen, etwas ängstliches ist gleichfalls ausgedrückt, und hier mag Leonardo selbst mit sich nicht ganz einig gewesen sein: denn herz= [45] liche Theilnahme an einem geliebten Meister, und Bedrohung des Ver= räters sind wol schwerlich in einem Gesichte zu vereinigen. Indessen will Cardinal Borromäus zu seiner Zeit dieses Wunder gesehen haben. So gut seine Worte auch klingen, haben wir Ursache zu glauben, daß der kunstliebende Cardinal mehr seine Empfindung als das Bild aus= [50] gesprochen: denn wir müßten sonst unsern Vespino nicht zu vertheidigen, dessen Petrus einen unangenehmen Ausdruck hat. Er sieht aus wie ein harter Capuziner, dessen Fastenpredigt die Sünder aufregen soll. Wundersam, daß Vespino ihm straubige Haare gegeben hat, da der Petrus des Marco ein schön kurz gelocktes Kräuselhaupt darstellt.

St. Johannes ist von Marco ganz in Vincischem Sinne ge= [55] bildet; das schöne rundliche, sich aber doch nach dem Länglichen ziehende Gesicht, die vom Scheitel an schlichten, unterwärts aber sanft sich kräuselnden Haare, vorzüglich wo sie sich an Petrus eindringende Hand anschmiegen, sind allerliebst. Was man vom Schwarzen des Auges sieht, ist von Petrus abgekehrt — eine unendlich feine Bemerkung! Indem wer [60] mit innigstem Gefühl seinem heimlich sprechenden Seitenmanne zuhört, den Blick von ihm abwendet. Bei Vespino ist es ein behaglicher, ruhender, beinahe schlafender, keine Spur von Theilnahme zeigender Jüngling.

Wir wenden uns nun auf Christi linke Seite, um von dem Bilde des Erlösers selbst erst am Schlusse zu reden. [65]

St. Thomas Kopf und rechte Hand, deren aufgehobener Zeige= finger etwas gegen die Stirne gebogen ist, um Nachdenken anzudeuten. Diese dem Argwöhnischen und Zweifelnden so wol anstehende Bewegung hat man bisher verkannt, und einen bedenklichen Jünger als drohend an-

Egger.   11

70 gesprochen. In Vespino's Copie ist er gleichfalls nachdenklich genug; da aber der Künstler wieder das fliehende rechte Auge weggelassen, so entsteht ein perpendikulares, gleichförmiges Profil, worin von dem Vorgeschobenen, Aufspürenden der ältern Copie nichts mehr zu sehen ist.

St. Jacob der Aeltere. Die heftigste Gesichtsbewegung, der 75 aufgesperrteste Mund, Entsetzen im Auge, ein originelles Wagestück Leonardo's. Doch haben wir Ursache zu glauben, daß auch dieser Kopf dem Marco vorzüglich geraten sei; die Durchzeichnung ist vortrefflich. In der Copie des Vespino dagegen alles verloren; Stellung, Haltung, Miene, alles ist verschwunden, und in eine gewisse gleichgiltige Allgemein- 80 heit aufgelöst.

St. Philipp, liebenswürdig unschätzbar, gleicht vollkommen den rafaelischen Jünglingen, die sich, auf der linken Seite der Schule von Athen, um Bramante versammeln. Vespino hat aber unglücklicherweise das rechte Auge abermals unterdrückt, und da er nicht verleugnen 85 konnte, hier liege etwas Mehr als Profil zum Grunde, einen zweideutigen, wunderlich übergebogenen Kopf hervorgebracht.

St. Matthäus, jung, argloser Natur, mit krausem Haar, ein ängstlicher Ausdruck in dem wenig geöffneten Munde, in welchem die sichtbaren Zähne eine Art leisen Grimmes aussprechen, zu der heftigen 90 Bewegung der Figur passend. Von allem diesen ist bei Vespino nichts übrig geblieben: starr und geistlos blickt er vor sich hin; niemand ahnet auch nur im mindesten die heftige Körperbewegung.

St. Thaddäus, des Marco, ist gleichfalls ein ganz unschätzbarer Kopf; Aengstlichkeit, Verdacht, Verdruß kündigt sich in allen Zügen. Die 95 Einheit dieser Gesichtsbewegung ist ganz köstlich, paßt vollkommen zu der Bewegung der Hände, die wir ausgelegt haben. Bei Vespino ist alles abermals ins allgemeine gezogen; auch hat er den Kopf dadurch unbedeutender gemacht, daß er ihn zu sehr nach dem Zuschauer wendet, anstatt daß bei Marco die linke Seite kaum den vierten Theil be- 100 trägt, wodurch das Argwöhnische, Scheelsehende gar köstlich ausgedrückt wird.

St. Simon der ältere, ganz im Profil, dem gleichfalls reinen Profil des jungen Matthäus entgegen gestellt. An ihm ist die vorgeworfene Unterlippe, welche Leonardo bei alten Gesichtern so sehr liebte, 105 am übertriebensten, thut aber, mit der ernsten, überhängenden Stirn die vortrefflichste Wirkung von Verdruß und Nachdenken, welches der leidenschaftlichen Bewegung des jungen Matthäus scharf entgegensteht. Bei

Vespino ist es ein abgelebter, gutmütiger Greis, der auch an dem wichtigsten, in seiner Gegenwart sich ereignenden Vorfall keinen Antheil mehr zu nehmen im Stande ist. [110]

Nachdem wir nun dergestalt die Apostel beleuchtet, wenden wir uns zur Gestalt Christi selbst. Hier begegnet uns abermals die Legende, daß Leonardo weder Christus noch Judas zu endigen gewußt, welches wir gerne glauben, da nach seinem Verfahren es unmöglich war, an diese beiden Enden der Darstellung die letzte Hand zu legen. Schlimm [115] genug also mag es im Original, nach allen Verfinsterungen, welche dasselbe durchaus erleiden müssen, mit Christi nur angelegter Physiognomie ausgesehen haben. Wie wenig Vespino vorfand, läßt sich daraus schließen, daß er einen kolossalen Christuskopf, ganz gegen den Sinn Vinci's, aufstellte, ohne auch nur im mindesten auf die Neigung des Hauptes zu [120] achten, die notwendig mit der des Johannis zu parallelisieren war. Vom Ausdruck wollen wir nichts sagen; die Züge sind regelmäßig, gutmütig, verständig, wie wir sie an Christo zu sehen gewohnt sind, aber auch ohne die mindeste Sensibilität, daß wir beinahe nicht wüßten, zu welcher Geschichte des neuen Testaments dieser Kopf willkommen sein könnte. [125]

Hier tritt nun aber zu unserm Vortheil der Fall ein, daß Kenner behaupten, Leonardo habe den Kopf des Heilandes in Castellazzo selbst gemalt, und innerhalb einer fremden Arbeit dasjenige gewagt, was er bei seinem eigenen Hauptbilde nicht unternehmen wollen. Da wir das Original nicht vor Augen haben, so müssen wir von der Durchzeichnung [130] sagen, daß sie völlig dem Begriff entspricht, den man sich von einem edlen Manne bildet, dem ein schmerzliches Seelenleiden die Brust beschwert, wovon er sich durch ein vertrauliches Wort zu erleichtern suchte, dadurch aber die Sache nicht besser, sondern schlimmer gemacht hat.

Durch diese vergleichenden Vorschritte haben wir uns denn dem [135] Verfahren des außerordentlichen Künstlers, wie er solches in Schriften und Bildern umständlich und deutlich erklärt und bewiesen hat, genugsam genähert, und glücklicherweise finden wir noch eine Gelegenheit, einen fernern Schritt zu thun. Auf der ambrosianischen Bibliothek (zu Mailand) nämlich wird eine von Leonardo unwidersprechlich verfertigte Zeichnung auf [140] bewahrt, auf bläulichem Papier mit wenig weiß und farbiger Kreide. Von dieser hat Ritter Bossi das genaueste Facsimile verfertigt, welches gleichfalls vor unsern Augen liegt. Ein edles Jünglingsangesicht nach der Natur gezeichnet, offenbar in Rücksicht des Christuskopfes zum Abendmahl. Reine, regelmäßige Züge, das schlichte Haar, das Haupt nach der linken Seite [145] gesenkt, die Augen niedergeschlagen, den Mund halb geöffnet und die ganze Bildung durch einen leisen Zug des Kummers in die herrlichste Harmonie gebracht. Hier ist freilich nur der Mensch, der ein Seelenleiden nicht verbirgt; wie aber, ohne diese Züge auszulöschen, Erhabenheit, Unabhängigkeit, Kraft, Macht der Gottheit zugleich auszudrücken wäre, ist eine Aufgabe, die auch selbst dem geistreichsten irdischen Pinsel schwer zu lösen sein möchte. In dieser Jünglingsphysiognomie, welche zwischen Christus und Johannes schwebt, sehen wir den höchsten Versuch, sich an der Natur fest zu halten, da wo vom Ueberirdischen die Rede ist.

Holbein und Dürer.
("Holbein und seine Zeit". Leipzig 1866. II., 361.)

Mehr als fünfzehn Jahre waren seit dem Tode Albrecht Dürers vergangen. In der lieben alten Heimatstadt, an der Seite der Gattin in dem Hause, welches die Stätte seines ganzen reichen und emsigen Wirkens gewesen war, hatte diesen sein Ende erreicht. In angestrengter Arbeit war er früh gealtert und abgemagert. Frau Agnes hatte ihn in der letzten Zeit kaum mehr unter die Leute gehen lassen, wie Pirkheimer ihr Schuld gibt; Dürer selbst hat sich nie über sie beklagt. Wenn er auch noch nicht hoch betagt war, so hatte er doch längst sein Haus bestellt, die Bilder der vier Apostel hatte er vor mehr als einem Jahre vollendet und seiner Vaterstadt wie ein heiliges Vermächtnis, in dem er nochmals aussprach, was er am tiefsten fühlte, geschenkt. Auch an alle irdischen Rücksichten war gedacht worden; Hab und Gut befand sich in geordnetem Zustande; was er der Frau zurückließ, war an 6000 Gulden wert, durch emsige Thätigkeit gespart. Theoretische und wissenschaftliche Arbeiten beschäftigten ihn jetzt am meisten; als er aber die Augen schloß, stand auf der Staffelei "Ein Salvator. So Albrecht Dürer nit gar ausgemacht". Das schöne Haar, die durchsichtige Kristallkugel in der Hand, das leuchtende Blau und Rot von Mantel und Kleid, alles war vollendet, nur das Antlitz noch nicht, als hätte der Meister hier gezögert, weil er sich nicht genug thun konnte im Streben, den Inbegriff aller Milde und Erhabenheit in die Züge dessen zu legen, den er sein lebelang so oft gemalt. Als Dürer daran arbeitete, mag es ihm wie ein Gottesdienst gewesen sein. Und als in der Karwoche des Jahres 1525 das treueste Herz zu schlagen aufhörte, da mochte die Frühlingssonne so freundlich wie stets in das Zimmer scheinen und die runden Scheiben an die Wand malen, wie wir das auf Dürers Kupferstich des heiligen

Hieronymus sehen; das manigfache Gerät mochte blank und sauber an
seinem Platz stehen und ein stiller, häuslicher Frieden über alles ge=
breitet sein.

Holbein dagegen starb fern vom Vaterland und von den Seinen [30]
(in England). Plötzlich, unvermutet, unbarmherzig trat der Würger Tod ihn
an, wie er ihn selbst in seiner Holzschnittfolge (Totentanz) geschildert hatte.
Kaum blieb ihm die Frist, in wenigen abgerissenen Worten seine letztwilligen
Verfügungen zu treffen. Im blühendsten Mannesalter raffte ihn die
Seuche hin, und eine Fülle von Plänen und Hoffnungen ward mit ihm [35]
begraben. Und während noch heute die einfache Grabplatte auf dem
Johanniskirchhof mit der Inschrift: „Was an Albrecht Dürer sterblich
war, liegt unter diesem Stein" ein Wallfahrtsziel für die Freunde
deutscher Kunst ist, konnte schon ein Jahrhundert nach Holbeins Ende
der Earl of Arundel die Stelle nicht ausfindig machen, an welcher der [40]
Meister ruhte, den er über alle schätzte, und dem er ein Denkmal zu
errichten gewillt war.

Das Ende der beiden größten Künstler ist ebenso verschieden als
ihr ganzes Leben es war. Oefter im Laufe unserer Darstellung haben
wir Dürer mit Holbein verglichen, meist zu dem Ende, um zu [45]
zeigen, wie Holbein den Meister von Nürnberg in formaler Hinsicht über=
trifft. Um Holbeins Eigentümlichkeit in klares Licht zu setzen, war das
dienlich; kein verständnisvoller Leser wird es als eine Unterschätzung
Dürers empfunden haben. Er und Holbein stehen überhaupt nicht so da,
daß sie in irgend einer Beziehung rivalisierten, sondern sie ergänzen sich [50]
gegenseitig und die Thätigkeit des Einen greift in die des Andern ein.

In einer Beziehung zunächst kann man Holbein und Dürer nicht
messen. Dürers Größe wie seine Wirksamkeit gehören nicht dem künst=
lerischen Gebiet allein an. Zu dem, was er in allen möglichen Techniken
bildet und schafft, kommen seine theoretischen Arbeiten und schrift= [55]
stellerischen Leistungen hinzu. Auch in Worten versteht er sich auszu=
sprechen; einzelne Aeußerungen und Briefe Dürers lassen uns Einblicke
in die Tiefe seines Wesens thun, während Holbein nie das Bedürfnis
gefühlt zu haben scheint, sich anders als durch die Mittel seiner Kunst
zu äußern, und seine Handschrift, mochte er noch so lange von Familie [60]
und Vaterland entfernt leben, uns nur in wenigen abgebrochenen Be=
merkungen auf seinen Skizzen und Zeichnungen bewahrt ist. Holbeins
Leben und sein Schaffen decken sich vollständig, bei Dürer dagegen tritt
der ganze Mensch hervor, wie vielleicht bei keiner andern Gestalt in der

65 Kunstgeschichte. Nicht bloß seiner Kunst halber, sondern um seiner ganzen Persönlichkeit willen ehren und lieben ihn Kaiser Max und Friedrich der Weise, Pirkheimer und Erasmus, Luther und Melanch=
thon, wird ihm von seinen Zeitgenossen eine fast beispielweise Schätzung zu theil. Das ist an ihm das Große und Wesentliche, daß er die Be=
70 wegungen und Kämpfe seiner Zeit in sich durchlebt, und daß in dieser Hinsicht Mensch und Künstler bei ihm eins sind. Jenen drei Richtungen, deren Zusammentreffen in Deutschland den großen geschichtlichen Um=
schwung durchsetzte, der volkstümlichen, der humanistischen und der frei=
religiösen gibt er sich gleichmäßig hin, und wie Luther durch Ver=
75 einigung dieser Elemente zu seiner That befähigt wurde, so wird auch Albrecht Dürer dadurch zum Reformator der deutschen Kunst. —

Alfred Woltmann.

Das Porträt.
(Aus einem Vortrage, gehalten im Ständehause. Wien 1860.)

Porträt und Ideal sind die beiden Pole der Kunst; das eine weist die Kunst auf das reine Gebiet der Phantasie, das andere auf das Gegebene, die Erscheinung. Das eine knüpft die Kunst an die Familie, das andere an die Gottheit, die Religion. So entgegengesetzt sie ihrer
5 Natur nach sind, so vielfache Berührungspunkte haben sie doch ihrem innersten Wesen nach. Beide beruhen auf der menschlichen Gestalt, auf dem Studium ihrer Form, ihrer Farbe, ihres höheren Organismus. Beiden gegenüber steht der Künstler als ein denkender produktiver Geist. Porträt und Ideal liegen hart bei einander. Die schönsten Züge in idealen Köpfen
10 entstehen aus dem Vertiefen in individuelle Formen, sei es der Racen oder einzelner Menschen. In der holbein'schen und in der sixtinischen Madonna zu Dresden, wie in der Madonna von Fuligno im Vatikan erkennen wir Porträte, in einem Falle das der Tochter des Bürgermeisters Mayer in Basel, in dem anderen das der Geliebten Rafaels; die herlichen Gestalten
15 Morettos, der h. Justina und des knieenden Fürsten sind ohne Frage Porträte. Porträt und Ideal entstehen aus einem ähnlichen Gedanken=
proceß.

Ein Künstler, der ein gutes Porträt machen will, verbindet die einzelnen Züge einer gegebenen Gestalt durch die Kraft seiner Phantasie
20 zu einem Ganzen und belebt es, je nach seiner Richtung, mit dem Zauber des Colorites, oder mit der strengen Schönheit der Contur und der Form. Der Künstler, der eine Idealgestalt darstellt, knüpft ebenfalls an ein

Gegebenes, das gewissermaßen unmittelbar vor seinen Augen steht. Die sinnliche Erscheinung ersetzt ihm die Tradition, die Poesie der religiöse Kultus. In seiner Phantasie vereinigt er die einzelnen Züge der göttlichen Gestalt zu einem einheitlichen Ganzen von so überwältigendem Eindrucke, daß die sinnlich hervortretende Erscheinung wie ein Porträtbild einer höheren Welt vor ihm steht, deren Heimat das Jenseits ist.

„Zeus kam selbst vom Olympos herab, dir zu zeigen dein Antlitz, Phidias; oder du stiegst ihn zu beschauen hinauf."

In dem Zeus des Phidias glaubten die Griechen die leibhaftige Erscheinung der Gottheit zu sehen, und bei den Christen, hat da nicht die Madonna, der Johannes, der Petrus und die Magdalena die über= zeugende Kraft einer porträtartigen Erscheinung? Beide setzen ein Ge= gebenes voraus, zu beiden gehört eben so sehr Kraft der Phantasie, als Kunst der Darstellung. Ein Porträt, dem die Auffassung, die ein Produkt der Phantasie ist, fehlt, ist kalt und leblos wie eine Photographie; eine Idealgestalt, welcher der lebende Hauch dieser Götterkraft, die durch die einzelnen Theile der idealen Gestalt geht, fehlt, ist leer und inhalts= los, wie eine Madonna von Mengs oder eine Venus aus der hadria= nischen Zeit. Allerdings ist der Grad der Phantasie ein anderer, ein ungleich höherer bei der idealen Figur; aber auch bei einem Porträte ist sie unbedingt notwendig, da zu einem wahren Porträte die Natur nicht bloß nachgeahmt, sondern auch aufgefaßt sein will. **Die bloße materielle Nachahmung der Natur, das sklavisch= treue Wiedergeben ihrer Formen macht noch nicht ein Porträt zu einem guten Porträte und zu einem Kunstwerke.** Da muß die Auffassung noch hinzutreten, und diese entspringt allein der Phantasie.

Selbst eine so virtuose Darstellung des Details, wie sie an den Porträten Denners im Belvedere zu finden sind, die mit minutiöser Detailwahrheit gegebenen photographischen Porträte können den Mangel an Auffassung, das Hinzutreten des schaffenden, belebenden, durchgeistigten Elementes nicht ersetzen.

Die Auffassung aber im Porträte verlangt eine Technik, die es versteht, in das Detail einzugehen und es so wiederzugeben, daß eigentlich eine figuralische Darstellung aus der allgemeinen Sphäre zu einer in= dividuellen Gestaltung, zu einem Porträt sich erhebt. Die Kunst muß lange in allgemeinen Formen sich ergangen haben, bevor sie es vermag, mit Liebenswürdigkeit und Sicherheit sich in das Detail zu vertiefen.

Die Porträte erscheinen daher nicht in der Anfangsperiode der Kunst, sondern erst dann, wenn der Künstler eine gewisse Höhe erstiegen hat. Aber versucht werden sie schon in den ältesten Zeiten. Die Reliefs an den Monumenten aus der Pharaonen-Zeit in Aegypten und die Dar-
65 stellungen von Ninive zeigen deutliche Spuren porträtartiger Schöpfungen. Das Porträt begleitet die ganze Kunstentwicklung der Griechen und Römer, der germanischen und romanischen Völker; und mehr als einmal hat sich eine Spur menschlich schöner, künstlerisch bedeutsamer Formen im Porträte noch erhalten, als der ideale Flug der Kunst längst ge-
70 brochen, die Götter, Heroen und Heiligengestalten leer, bedeutungslos, entgeistete Mumiengestalten geworden sind. Wie alle Kunst nicht vom Objecte, das dargestellt werden soll, sondern vom Subjecte herrührt, so ruht auch die Quelle der künstlerischen Schönheit eines Porträtes in der Kraft des Künstlers, der es malt.

75 Es ist ein allgemeines Vorurtheil, welches behauptet, daß zu einem schönen Porträte ein schönes Original notwendig sei. In Wahrheit gilt nicht der Satz: „je schöner der Kopf, desto schöner das Porträt," son-dern: „je größer der Künstler, desto schöner das Porträt." Aus den schönsten Köpfen macht der mittelmäßige Künstler nur Vorbilder für ein Mode-
80 journal oder einen Almanach.

Julius II. und Leo X., aus denen Rafael seine unübertrefflichen Porträte geschaffen hat, waren nichts weniger als schöne Menschen, so wenig als Paul III., den Tizian so wunderbar darstellte, oder Vitellius, den ein römischer Bildhauer so meisterhaft in Marmor verewigt hat.
85 Allerdings kömmt einem großen Künstler eine reizende Person zu statten, die schöne Lavinia hat Tizian als Vorbild zu seinen anziehendsten Werken gedient, dem Palma Vecchio seine reizende Violante, dem Rafael die Giovanna von Arragonien, eine der schönsten und geistvollsten Frauen seiner Zeit, und ein Mädchen von altrömischer Schönheit, die Tochter
90 eines Sodabrenners, welche anderthalb Jahrhunderte später mit dem falschen Namen der Fornarina bezeichnet wurde, dem van Dyk das schöne Bauernmädchen von Savelthem, dem Rubens seine beiden Frauen, die gemütreiche Elisabeth Brandt und die schöne Helene Forman.

Die großen Schönheiten am Hofe Ludovico Moro's von Mailand,
95 unter denen vor allen Cäcilia Gallerani und Lucrezia Crivelli glänzten, hat Leonardo da Vinci mit dem unnachahmbaren Adel seiner Seele auf ein höheres Terrain menschlicher Gestalt gehoben, wie Rembrandt die kleinen dicken niederländischen Frauen mit dem Zauber des Colorits um-

goſſen hat, aus dem jeder Zug des Herzens, jeder verborgener Gedanke
lebendig herauszutreten ſcheint.   100

Das wäre ein armſeliger Künſtler, der eine ſchöne Geſtalt brauchte,
um ein gutes Porträt zu machen, und der es nicht verſtünde, einer un-
ſchönen menſchlichen Geſtalt eine Seite abzugewinnen, die uns zeigen
würde, daſs auch in einer häſslichen Erſcheinung der Funken Gottes
vorhanden iſt.   105

Der häſslichſte Menſch hat Momente der Begeiſterung, die ſein
Antlitz verklären, der ſchönſte Menſch hat Momente der Leidenſchaft, die
ſeine ſchönen Formen geiſtig zerſetzen. In der Familie, in der Ehe er-
erfährt man es ſehr oft, wie gleichgiltig ſchöne und unſchöne Formen
des Körpers der ſchönen Seele gegenüber ſind. In jedem Menſchen   110
wohnt ſein Ideal und ſeine Karikatur. Es hängt nur vom Menſchen,
ſeiner Erziehung, ſeinem Willen ab, ob bei ihm im Leben ſein Ideal
oder ſeine Karikatur herausgekehrt wird. Im Völkerleben gilt dasſelbe,
in der Kunſt ebenfalls. Auf den Künſtler, auf dieſen allein kommt es
an, ein wahres Porträt mit Seele, Leben, Charakter zu ſchaffen.   115

Das Porträt hat eine zweifache Bedeutung, für das Staats-
leben und für das Familienleben. Der Staat bedarf die Porträt-
Statuen und Büſten nicht bloß des Ruhmes, ſondern auch der Selbſt-
erhaltung wegen; denn er braucht ſeine Geiſtesheroen, ſeine Staatsmänner
und Feldherren als geiſtige Stützen, ſowol um die Toten zu ehren, als 120
auch um den Lebenden zu erinnern, daſs das ſtaatliche Gebäude, in dem
ſie wohnen, die Frucht der Bemühungen jener Männer ſei, deren Leben
in Jahrhunderte zurückreicht, nach Jahrhunderten nachwirkt. Alle gebildeten Nationen haben daher, ſo lange ſie ein Bewuſstſein ihrer Größe
und Würde ſich erhalten haben, das Andenken ſolcher Männer nach ihrem 125
Tode durch Portät-Statuen zu ehren geſucht, aber ſich geſcheut, lebenden
Perſonen ſolche Monumente zu errichten. Denn der Kultus der Lebenden,
der ſich bis zu Monumenten erheben würde, hat eine moraliſche Schranke,
die zu überſchreiten feingebildete und die Würde der Menſchheit achtende
Nationen ſcheuten.   130

Noch viel bedeutſamer aber iſt die Stellung der Familie zum
Porträt. Es hat in ihr einen noch größeren Rückhalt; denn jede ächte
Kunſt muſs auf wirklichen, nicht erkünſtelten Bedürfniſſen aufgebaut ſein
und in dieſen mächtige Wurzel ſchlagen können. Das Porträt als ſolches
iſt der Familie ein Bedürfnis; es iſt nicht geſchaffen, in dieſer der 135
menſchlichen Eitelkeit zu fröhnen, ſo wenig als im öffentlichen Leben der

Wolbienerei. In der Familie hat das Porträt neben seinem absoluten Kunstwerte noch eine besondere eblere Mission zu erfüllen. Es hält die Pietät in der Familie und die Kontinuität in der Erinnerung an vergangene Geschlechter aufrecht, die sittliche Würde, die sich eben durch diese Erinnerung an die Familie knüpft. Der bürgerlichen und der adeligen Familie, dem Hohen wie dem Niedrigen müssen die Erinnerungen heilig sein. Die alten deutschen und holländischen Bilder, die wir kennen, mit den Zügen voll Treue, voll Ehrbarkeit und Kraft zeigen uns deutlich, daß in den vergangenen Jahrhunderten diese moralischen Mächte der Gesellschaft lebendig gewesen sind, und wir sehen, daß diese guten Eigenschaften des Lebens auf die Kunst, auf die Künstler förderlich eingewirkt haben, und daß diese Bilder nicht der bloßen Eitelkeit, der gedanken- und inhaltslosen Schaulust der Salons gedient haben. —

R. v. Eitelberger.

§. 20. Tonkunst.

Musik ist die Darstellung des Schönen in Tönen. Der Künstler (Compositeur) erfindet und gestaltet die schönen Tonformen in seiner Phantasie und deutet dieselben äußerlich durch Noten an. — Zur wirklichen Darstellung des Tonwerkes bedarf er aber in der Regel ausführender Organe, der Sänger und Musiker (auch Tonkünstler genannt, selbst wenn sie nicht selbst schaffen). Ist zur Ausführung nur ein Instrument erforderlich, so kann der Künstler sein Werk auch selbst in Tönen darstellen. —

Das musikalische Kunstwerk steht in keiner innerlichen Beziehung zu den bildenden Künsten. Die Beziehung zur Architektur ist nur eine äußerliche, insofern es meist in geschlossenen Räumen zur Ausführung kommt, und durch den mehr oder minder akustischen Charakter derselben gehoben oder beeinträchtigt wird. — In desto innigerer Verbindung aber ist die Tonkunst mit der Dichtkunst von der ersten Stufe der Entwicklung an.

Wie das Auge Lichtempfindungen vermittelt und dadurch die Wahrnehmung der Gegenstände, so vermittelt das Ohr Schallempfindungen d. h. die Wahrnehmung von Schwingungen elastischer Körper.

Der Schall ist entweder ein Klang (musikalischer Ton) oder ein Geräusch, je nachdem diese Schwingungen periodisch oder nicht periodisch aufeinander folgen. Nur der erstere kann Material für den Tonkünstler werden. Man unterscheidet a) Tonstärke, b) Tonhöhe, c) Klangfarbe. —

Eine schöne Folge von Tönen bildet die Melodie, das Zusammenklingen verschiedener die Harmonie. — Die Aufeinanderfolge der Töne wird durch den Rhythmus geregelt d. i. die Ordnung im Wechsel von langen und kurzen Tönen. Das Tempo bestimmt die Geschwindigkeit der Aufeinanderfolge und der Takt gliedert die Tonreihe in eine Anzahl gleich großer Abschnitte.

Das Material des Tonkünstlers, der Ton, existiert nicht, wie das der bildenden Künste, fertig in der Natur, sondern muß durch die menschlichen Stimmorgane oder durch künstliche Instrumente hervorgebracht werden. —

Durch die Bildungsweise des Tones sind auch die Hauptarten der Musik bedingt: a) Vocalmusik, b) Instrumentalmusik, c) Vereinigung beider. — Auch der Zweck des Tonwerkes und der Ort der Aufführung wirkt bestimmend auf den Charakter der Musik. Daher unterscheidet man: Kirchenmusik, Concertmusik, Bühnenmusik, Tanzmusik.

§. 21. Vocalmusik.

Die Stimmorgane des Menschen bilden das ursprünglichste, aber auch umfangreichste musikalische Instrument. Sie sind jedoch bei den Menschen sehr ungleich entwickelt, und müssen selbst da, wo sie von Natur günstig organisiert sind, für die Kunst noch sorgfältig gebildet werden. — Das durch die menschlichen Stimmorgane hervorgebrachte Tonwerk heißt Gesang, und bildet die eigentliche Vocalmusik. Der Gesang der Vögel ist seiner Natur nach etwas ganz anderes; er ist nicht musikalisch, weil die Vögel keinen in seiner Höhe und Tiefe meßbaren Ton hervorbringen. —

Die menschliche Stimme ist verschieden nach Alter und Geschlecht. Männer haben drei Abstufungen der Stimmlage: Tenor, Bariton, Baß. Die Stufen der Frauenstimmen bezeichnet man mit: Sopran (oder Discant), Mezzosopran, Alt. — Auch Knaben haben Sopranstimmen. Diese Bezeichnungen sind sämmtlich dem Italienischen entlehnt.

Im Gesange ist die Musik stets mit der Dichtkunst verbunden, Wort und Weise, Text und Melodie gehören zusammen. „Lieder ohne Worte" ist nur im uneigentlichen Sinne zu nehmen. — Manchmal werden derselben Melodie verschiedene Texte unterlegt. —

Der Gesang ist die älteste Art der Musik. Bevor der Mensch ein Instrument zu fertigen verstand, ließ er ein Lied aus der Kehle dringen. Als Volksgesang ist diese Art Musik heute noch am weitesten verbreitet.

Der Gesang ist ein unentbehrlicher Bestandtheil der Kirchen- und Bühnenmusik, nimmt aber auch im Concerte eine hervorragende Stellung ein. —

Für den Kirchengesang sorgt entweder die ganze Gemeinde oder es sind dafür eigene Sänger bestellt. Er ist seit den ältesten Zeiten in der christlichen Kirche üblich. — Der Bühnengesang hat sich seit dem 16. Jahrhundert durch die Oper besonders reich entfaltet. — Gesangconcerte sind erst in neuerer Zeit durch die Ausbildung des Männergesangs üblich geworden.

Das älteste Institut zur Pflege des Gesanges ist die päpstliche Sängerschule zu Rom, genannt die „sixtinische Kapelle", gegründet vom Papst Gregor dem Großen im 6. Jahrhundert nach Christi Geburt. — Heute noch trägt sie zur Verherlichung der kirchlichen Feste im Vatikane bei.

Erst in unserm Jahrhunderte entstanden zahlreiche weltliche „Gesangvereine" (Liedertafeln), die ersten in Deutschland (1808 von Zelter in Berlin, 1810 von Nägeli in Zürich begründet). — Der Wiener Männergesangverein besteht seit 1843.

Nach der Anzahl der Stimmen unterscheidet man Arten der Gesänge. Das Lied (Sologesang) wird von einer Stimme vorgetragen; zwei, vier Stimmen bilden ein Duett, Quartett u. s. w. Der Chor setzt eine größere Menge von Stimmen voraus, in welcher aber die vier Hauptstimmlagen (1. und 2. Tenor, 1. und 2. Baß) vertreten sein müssen, wie beim Quartette. In der Kirchenmusik heißt der Chorgesang gewöhnlich Choral. — Der Chor bedarf eines Leiters, des Chormeisters. —

§. 22. Instrumentalmusik.

Durch Erfindung der musikalischen Instrumente hat der Mensch das Gebiet der Tonkunst außerordentlich erweitert, ja sie eigentlich erst zur selbständigen Kunst gemacht.

Für die Instrumente kommen mineralische, vegetabilische und thierische Stoffe in Verwendung; alle drei Naturreiche dienen dem Menschen für seine Kunst. — In demselben Instrument sind meist verschiedene Stoffe vereinigt. —

Zur Tonerzeugung werden Saiten oder Blättchen (Zungen), oder auch Felle, Stangen und Glocken verwendet.

Die Saiten sind entweder Metall- oder Darmsaiten. Sie werden durch Streichen (wie bei der Violine), durch Schlagen (wie beim Klavier), oder durch Reißen (wie bei der Harfe) in Schwingung versetzt. — Die Saiteninstrumente bilden die vornehmste Klasse und dienen den edelsten Werken der Tonkunst. —

Die tönenden Blättchen (aus Metall oder Holz) sind in Blasinstrumenten angebracht und werden durch einen Luftstrom in Bewegung gesetzt. — Die Blasinstrumente sind entweder aus Holz, wie Flöte, Klarinett u. s. w., oder aus Metall gefertigt, wie Trompete, Horn, Posaune. —

Nicht jedes Instrument hat den gleichen Wert für die Musik; das eine kann mehr, das andere weniger leisten. — Das umfangreichste Instrument ist die Orgel, bei welcher der Luftstrom durch einen Blasbalg erzeugt wird. Die meisten Instrumente können einzeln verwendet werden; einzelne sind nur in Verbindung mit anderen brauchbar. — Zur Ausführung größerer Tonwerke ist aber stets eine Vereinigung von Saiten- und Blasinstrumenten, ein Orchester notwendig. Das Orchester bedarf wie der Chor eines Leiters, des Kapellmeisters. — Kapelle bezeichnet entweder einen Chor von Kirchensängern (wie die sixtinische Kapelle) oder von Musikern, die ein vollständiges Orchester bilden, besonders wenn sie im Dienste eines Fürsten stehen.

Zither- und harfenartige Saiteninstrumente, flöten- und trompetenartige Blasinstrumente waren schon dem Altertume bekannt. Als die ältesten deutschen Instrumente werden die Harfe und das Horn genannt. Im Laufe des Mittelalters kam die Geige (Fiedel, Violine) in Gebrauch, gegen das Ende desselben das Klavier und die ausgebildete Orgel. Eines der neuesten Instrumente ist die Physharmonika.

Nach der Zahl der in Verwendung kommenden Instrumente nennt man die Arten der Instrumentalmusik: Solo, Duo, Trio, Quartett, Quintett u. s. w. Die Sonate ist ein Tonwerk für ein Soloinstrument in verschiedenen Abtheilungen, die man Sätze nennt; im Concerte hingegen wirken mehrere Instrumente mit Orchesterbegleitung; die großartigsten Gattungen der reinen Instrumentalmusik sind die Ouverture und die Symphonie, welche alle üblichen Instrumente in Bewegung setzen können. — Der Tanz und Marsch sind niedere Gattungen der Instrumentalmusik.

Die Instrumente dienen der Kirchenmusik, wie der Bühnen= und Concert=
musik. Am selbständigsten erscheint sie im Concertsaale, sonst meist in Verbindung mit
Gesang.

§. 23. Vereinigung beider.

Die menschliche Stimme wirkt oft vereint mit den Instrumenten in demselben
musikalischen Kunstwerke. — Entweder wechselt Vocal= und Instrumentalmusik ab, oder
sie erklingen in gleicher Stärke, oder es waltet der Gesang vor und das Instrument
spielt nur eine begleitende Nebenrolle.

Durch das Zusammenwirken beider Gattungen von Tonkunst entstehen wieder
eigene Arten musikalischer Kunstwerke, wie die Kantate, das Oratorium, die Messe,
die Oper. —

Innerhalb derselben erscheint der Gesang in Form des Recitativs, wenn
einfach erzählt oder gesprochen wird; der Arie, wenn eine bewegte Stimmung zum
Ausdrucke kommt, und des Wechselgesangs, wenn zwei Stimmen im Vor=
trage abwechseln. Auch der Chor bildet einen Bestandtheil dieser zusammengesetzten
Tonwerke.

Die Kantate enthält die kurze Darstellung einer Begebenheit, oder einer
Situation, Betrachtungen, Gefühlsergüsse über dieselbe, die von verschiedenen Per=
sonen einzeln oder im Chore vorgetragen werden. Der Gegenstand kann geistlicher
oder weltlicher Natur sein. — Der Gesang ist gewöhnlich von Instrumentalmusik
begleitet.

Das Oratorium ist eine Kantate höheren Stils, großartiger durch Inhalt
und Umfang. Auch dieses stellt Begebenheiten, Situationen der heiligen und profanen
Geschichte durch verschiedene Personen, aber ohne dramatische Aktion, dar. Der Name
Oratorium stammt von einem italienischen Orden, der „Priester vom Oratorium" (Bet=
halle), welche sich Pflege kirchlicher Musik zur Aufgabe machten und in deren Kirche 1600
das erste Oratorium aufgeführt wurde. Heute bildet diese Kunstart durch Vereinigung
der erhabensten Vocal= und Instrumentalmusik den Glanzpunkt der Concertpro=
duktionen. — Passion heißt man eine Darstellung aus der Leidensgeschichte Christi.
Die Messe wird gebildet durch eine Reihe von Kirchengesängen mit Instrumental=
begleitung, die sich an die Haupttheile des katholischen Gottesdienstes anschließen. Die
Messe mit Beziehung auf einen Verstorbenen ist das Requiem.

In der Oper verbindet sich die Tonkunst mit der dramatischen Poesie, jedoch
so, daß letztere stets untergeordnet bleibt. Der musikalische Theil der Oper: die Par=
titur ist entscheidend für den Wert des Kunstwerkes. Die Sprache muß durchweg
musikalischen Zwecken dienen und gar oft auf ihre eigene Schönheit verzichten. —
Während in der Kantate und im Oratorium der Gesang noch vor=
herrschend ist, sind in der Oper Vocal= und Instrumentalmusik gleich wichtig. —
Die Einleitung zu derselben, die Ouverture, ist rein instrumentaler Natur. Alle
Gesangsvorträge: Recitative, Arien, Lieder, Chöre werden von Instrumentalmusik
begleitet. —

Die Oper kann einen ernsten oder heitern Charakter haben; im ersten Falle
heißt sie große, tragische Oper (opera seria), im zweiten komische Oper
(opera buffa).

§. 24. Geschichte der Tonkunst.

Obwol die Anfänge der Tonkunst zu den ersten Regungen des künstlerischen Triebes im Menschen gehören, Sing- und Tanzweisen sich schon auf niedern Kulturstufen finden, so hat dieselbe doch am spätesten unter allen Künsten sich zu einer klassischen Vollendung entwickelt. Altertum und Mittelalter, die in anderen Künsten so Großes, ja das Höchste leisteten, kamen in der Tonkunst wenig über die Anfänge hinaus; erst die neue und neueste Zeit hat ihr eine Vollkommenheit gegeben, die sie den höchsten Idealen der übrigen Künste an die Seite stellt. —

Die Völker des Orients kannten zwar schon den Gesang und den Gebrauch von Instrumenten, aber erst unter den Griechen, diesem Volke der Künste, hat die Musik den Charakter einer freien und selbständigen Kunst erhalten. — Epik und Lyrik wurde ihnen zum Gesange, und Gesang bildete einen Hauptschmuck ihres Dramas (die Chorgesänge in der Orcheſtra). Auch reine Instrumentalmusik pflegten sie schon. Bei dem flüchtigen Charakter des musikalischen Werkes ist es erklärlich, daß uns davon nichts übrig geblieben.

Im Mittelalter verdankt die Tonkunst ihre höchſte Pflege und Ausbildung der christlichen Kirche. — Gesang war ein Haupttheil des ältesten christlichen Gottesdienstes; bald bildete sich in Alexandria, besonders durch Origines, ein Kunstſtil für das morgenländische, in Mailand durch Ambrosius ein solcher für das abendländische Christentum aus. — Im 6. Jahrhunderte begründete Pabst Gregor der Große in Rom die erste Sängerſchule (die ſogenannte ſixtiniſche Kapelle) und machte in den „Neumen" die ersten Versuche einer Notenschrift, welche später der Mönch Hucbald in Flandern (10. Jahrhundert) und der italienische Kloſterbruder Guido von Arezzo weiter ausbildeten.

Die weltliche Muſik des Mittelalters fand ihre Förderung durch die Poesie der Troubadour und Minnesänger, steht aber an Bedeutung hinter der geistlichen zurück.

Der erste Schritt zur klassischen Vollendung der Tonkunst ging im 16. Jahrhunderte von den Niederlanden aus, wo Orlando Lasso (aus Hennegau 1520—1594) durch seine geistlichen und weltlichen Compositionen die ganze Welt in Erstaunen versetzte.

Darauf übernahm Italien die Führerſchaft, wie in den übrigen Künsten, so auch in der Musik. — Mit Paleſtrina (1514—1594), dem Compositeur der ſixtiniſchen Kapelle, beginnt hier die Glanzepoche der Kirchenmuſik, die seine Missa Marcelli und sein Stabat mater bezeichnet. Aus seiner Schule geht Allegri hervor, der Compositeur des weltberühmten Miserere, das jährlich in der Karwoche von der ſixtiniſchen Kapelle gesungen wird.

Im 16. Jahrhundert entstand in Italien auch die Oper. — Indem man verſuchte, die griechische Tragödie mit den Chorgesängen wieder herzuſtellen, schuf man eine neue Kunstgattung der weltlichen Muſik. — Die Kirchenmuſik führte um dieselbe Zeit zum Oratorium, in welcher Form besonders Aleſſandro Scarlatti (1650 bis 1725) Großartiges leistete.

Durch drei Jahrhundert faſt behaupteten die Italiener eine Art musikalischer Oberherrſchaft über ganz Europa. Muſiker und Sänger aus Italien fanden Aufnahme an allen Höfen; die technischen Bezeichnungen der Italiener haben sich seither überall eingebürgert, und im Fache der Oper kannte man nur italienische Werke. —

Im 18. Jahrhunderte aber erhebt sich die deutsche Tonkunst zur ersten der Welt. Der Musikdirector an der Thomasschule zu Leipzig, Johann Sebastian Bach (1685—1750) begründete die erste großartige Erhebung der deutschen Musik. Seine Orgelcompositionen, Passionsmusiken, Kantaten und Choräle sind heute noch unübertroffen. —

Bach's Zeitgenosse, Georg Friedrich Händel (1685—1742) brachte das Oratorium auf die höchste Stufe der Vollendung durch seinen „Messias", „Israel in Aegypten" u. a. Er begann seine musikalische Wirksamkeit in Hamburg, wirkte in Berlin und Hannover, und verbreitete den Ruhm deutscher Musik nach England, wo er sich 1712 bleibend niederließ. —

Um die Mitte des achtzehnten Jahrhunderts wurde Wien die Hauptstätte deutscher Tonkunst. — Seit 1762 schuf hier Gluck (1714—1787) die deutsche Oper in ausgeprägtem Gegensatze zur italienischen. — Josef Haydn (1732--1809) bildete sich hier als Sängerknabe an der Stephanskirche aus und wirkte längere Zeit als Kapellmeister des Fürsten Esterhazy. — Seine größten Werke aber, die Oratorien „Schöpfung" und „Jahreszeiten" vollendete er, wie Händel, erst während seines Aufenthaltes in England.

Im Jahre 1781 schlug Wolfgang Mozart (1750—1791) der geniale Beherscher des gesammten Gebietes der Tonkunst, in Wien seinen Wohnsitz auf. — Hier componierte er seine erste deutsche Oper: „Die Entführung aus dem Serail" über Aufforderung Kaiser Josefs II. (1781). Da die zweite „Figaro's Hochzeit" in Prag eine bessere Aufnahme fand als in Wien, ließ er dort auch sein Meisterstück „Don Juan" 1787 zum ersten Male aufführen. — Diesem folgten noch die Oper „Zauberflöte" und das großartige „Requiem", das er für sich selbst geschrieben. —

Ein Jahr nach Mozarts Tode kam Ludwig von Beethoven (1770 bis 1827) aus Bonn nach Wien, das er nicht mehr verließ. Ihn preist heute die Welt neben Mozart als den größten Tonkünstler aller Zeiten. Sein Genius offenbarte sich besonders in einer Reihe von Symphonien (neun) und der Missa solennis, die man heute als das Höchste der Art anstaunt. —

Beethoven's Zeitgenosse war Franz Schubert (1796—1828), der „unübertroffene Schöpfer des deutschen Liedes". Ein Wiener von Geburt fand er erst nach seinem Tode eine gerechte Anerkennung in der musikalischen Welt. —

Für das musikalische Leben Wiens ist die Gründung der „Gesellschaft der Musikfreunde des österreichischen Kaiserstaates" im Jahre 1812, und des „Wiener Männergesangvereins" im Jahre 1843 von höchster Bedeutung. —

Außer den Wiener Heroen der Tonkunst haben sich in unserem Jahrhunderte zwei Norddeutsche: Felix Mendelssohn und Rob. Schumann besonders durch Liedercompositionen hervorgethan. — In neuester Zeit versuchte Richard Wagner eine Reform der deutschen Oper mit steigendem Erfolge. —

Mit Wien ist in musikalischer Beziehung nur noch Paris zu vergleichen. Diese Stadt verstand besonders große Tonkünstler aus der Fremde an sich zu ziehen und ihnen Triumphe zu bereiten. In der Zeit der klassischen deutschen Musik fanden hier die Italiener Cherubini, Spontini, der Componist des napoleonischen Kaiser=

reiches, ferner der melodienreiche Rossini begeisterte Aufnahme. Von deutschen Ton=
künstlern feierte besonders der Operncomponist Meyerbeer hier seine größten
Triumphe. Auch einzelne Franzosen, wie Boieldieu, Auber u. a. haben sich als
Compositeure hervorgethan.

Wirkung der Musik.
(Die Gränzen der Musik und Poesie. Leipzig 1855, S. 52.)

Wo eine Gränze zwischen zwei Gebieten gezogen werden soll, muß
erst überhaupt ein Berührungspunkt derselben sicher gestellt sein. Der
Berührungspunkt der Poesie und Musik liegt im Erregen von Stim=
mungen. Diese Macht ist der Poesie — das soll späterhin gezeigt wer=
5 den — in hohem Grade eigen, nicht bloß der lyrischen, deren eigentliches
Gebiet hier zu suchen ist, und der dramatischen, sondern bis zu einem
gewissen Grade selbst der didaktischen, epischen, ja selbst der epigrammati=
schen, wo die unvermutet herausspringende Spitze die erheiternde Wirkung
des Witzigen bis zum Lachreize äußern kann — der satirischen, wo uns
10 z. B. Horaz mit seiner graziösen Schalkhaftigkeit (vafer Flaccus circum
praecordia ludit), Juvenal mit seinem tiefen sittlichen Zorn so zu
sagen anfüllt.

Die Wirkung der Musik besteht nun gleichfalls wesentlich darin,
daß sie im Hörer Stimmungen weckt, und zwar Stimmungen von sehr
15 bestimmter Färbung. Mozarts „Figaro" hat noch schwerlich jemand zu
feierlichem Ernst, sein Requiem schwerlich jemand zu heiterer Lebenslust
gestimmt. Bliese man einem zum Altar gehenden Brautpaar einen Trauer=
marsch voran, es würde Gelächter erregen, so wie es kein kleines Aerger=
nis gäbe, wenn die Musikbande bei einem Leichenzug etwa den lustig
20 leichtfertigen Galopp aus Aubers „Maskenball" ertlingen ließe. So
heißt in Schillers „Tell" Rudolph der Harras vor dem tödlich verwun=
deten Geßler die Musik des Brautlaufes schweigen, und an ihre Stelle
tritt der düstere Choral der barmherzigen Brüder.

Gemütsstimmungen sind insgemein (denn soweit sie etwa
25 Ergebnis des krankhaft erregten körperlichen Organismus sind, können sie
hier nicht in Betrachtung kommen), das Resultat von Reihen be=
stimmter Vorstellungen. Diese letzteren lassen sich in bestimmte,
klare Worte fassen, jene nicht. Wird das Wort Freude, Liebe, Zorn,
Mitleid u. s. w. genannt, so ist es ein leerer Schall, mit dem bloß an
30 das Erinnerungsvermögen des Hörers appelliert wird, insoferne er diese
Zustände aus der Erfahrung kennt, nicht aber ihm ein Begriff gegeben,

wenn sie ihm etwa aus Erfahrung gar nicht bekannt sind. Der Spar=
taner kannte vielleicht das lähmende Gefühl der Furcht nicht; der
Feige wird umgekehrt den Helden nie begreifen. Wenn Thomas von
Kempen von seinem Freunde Arnold von Schoonhofen erzählt, er habe [35]
betend jubelnde Laute des Entzückens hören lassen, so ahnt der religiös=
durchgeistigte Mensch, dem, wie dem jungen Faust das Gebet ein
„brünstiger Genuß" ist, was jener fühlte; dem kalten Gottesläugner
wird nie erklärt werden können, was jene Laute des Entzückens hervor=
gerufen hat. [40]

Die Musik bringt nun ganz fertige Stimmungen, sie oktroyiert sie
gleichsam dem Hörer. Sie bringt sie fertig, weil sie für die vorgängigen
Vorstellungsreihen, welche das Wort klar und bestimmt ausdrücken kann,
kein Mittel sie auszudrücken besitzt. Der Zauber der Musik, den man
dem sinnlichen Wohlklange allein zuzuschreiben so sehr geneigt ist, liegt [45]
zum guten, wenn nicht zum größten Theil in diesem Entgegenbringen von
fertigen Stimmungen, über deren vorgängige Vorstellungsreihen sie uns
keine Rechenschaft gibt. — Denn von Zauber sprechen wir, wo wir
mächtige Wirkungen hervorrufen sehen, deren Ursachen uns in geheimnis=
volles Dunkel gehüllt bleiben. Die Stimmung, welche der Hörer [50]
von der Musik empfängt, trägt er nun zurück auf sie über,
er sagt, sie drücke diese oder jene Stimmung aus. So erhält die
Musik ihre eigene Gabe zurück, und hier wird erklärlich, wie die besten
Geister einerseits der Musik den „Ausdruck von Gefühlen" gleichsam als
ein Zweifelloses vindizieren konnten, während die Anhänger des bloßen [55]
„Ergötzens am Formenspiel" andererseits ihr jede solche Fähigkeit ab=
sprechen, weil ja geordnete Töne in Ewigkeit nur geordnete Töne bleiben,
aber nie Liebe, Schmerz, Freude ꝛc. werden können. Mit dem Ausspruch:
„die Musik errege Stimmungen" ist weder ihr zu nahe getreten,
noch die Sache zu sehr in die Subjectivität des Hörers gerückt, denn die [60]
Mittel der eigentlichen Poesie der Empfindung, der Lyrik, reichen auch
nicht weiter. Auch von ihr kann man nur in demselben uneigentlichen
Sinne wie von der Musik sagen: „sie drückt Empfindungen aus." Ein
versifizierter trockener Bericht von Lust oder Leid weckt gar keine Stimmung,
trägt also auch keine in sich und kann auf den Namen eines lyrischen Gedichtes [65]
deswegen keinen Anspruch machen, weil er überhaupt keine Poesie ist.

Die Poesie hat hier nur zwei Wege. Der eine ist: sie nennt kurz
und gut die Vorstellungen, deren Resultat die beabsichtigte Stimmung

insgemein zu sein pflegt. So zählt Schiller in seiner Glocke in schöner
70 Versification und mit edlem Schwunge des Ausdrucks einfach die Verhältnisse auf, in welche der Tod einer geliebten Hausfrau und Mutter
auf das tiefste und schmerzlichste einzugreifen pflegt, und wer vermöchte
jene Stelle ohne Rührung zu lesen? Oder aber die Poesie greift zu
symbolischen Bildern, wol gar zur Vorführung von Naturscenen, aus
75 denen jene Stimmung wiederklingt. So Goethes Gedicht voll leisen,
tiefen Wehs „über allen Wipfeln ist Ruh". So schließen wir aus der
gegebenen Vorstellung auf das daraus erratbare aber nicht genannte
Gefühl. Bei der Musik ist gerade der umgekehrte Weg einzuschlagen.

Aus der gegebenen Empfindung schließen wir auf die
80 daraus erratbare, aber uns nicht ausdrücklich vorgeführte
Vorstellung. Denn es wäre viel zu allgemein und oberflächlich ab-
getheilt, wollte man die Musik nach ihrem Stimmungscharakter nur in
die zwei Hauptabtheilungen „ernster" und „heiterer" Musik scheiden. Die
Musik kann bis zu Stimmungen von sehr bestimmter Physiognomie gehen
85 (wenn man auch nicht so kühn ist, wie Robert Schumann, der
in einer Composition von Franz Schubert Verdruß über eine uner-
schwingliche Schneiderrechnung ausgedrückt finden will). Wenn nun gewisse
Vorstellungsreihen Stimmungen von ganz bestimmt eigentümlicher Färbung
hervorzurufen pflegen, und der Musik gelingt es, gerade diese Stimmungen
90 hervorzurufen, so schließen wir nun von der Stimmung auf diese ganz
bestimmten Vorstellungsreihen, wir gehen aus demselben Grunde, aus
dem wir unsere Empfindung in die Musik hinübertrugen, so weit,
daß wir sogar auch jene ganz bestimmten Vorstellungsreihen in die Musik
hinübertragen. Nur durch diese Operation des Geistes wird erklärlich,
95 daß die Berlioz'schen Programm-Symphonien, die Kinderscenen von
Schumann u. dergl. ihre Ueberschriften bis zu einem gewissen Grade
rechtfertigen.   W. A. Ambros.

Musikalische Instrumente.
(Populäre Aesthetik. Leipzig 1865, S. 481.)

Das Mineral- und Pflanzenreich liefert die verschiedenartigsten
Instrumente, dann aber auch vielfacher Stoff aus dem Thierreich. Vielleicht hat dieser unter den frühesten dienen müssen, wenn er auch in
gröberer Weise verwandt seinen Ursprung deutlich zu verraten scheint.
5 Dumpf wie das Gebrüll des Stiers ist der Schall des Stierhorns;

dumpf, rasselnd der Schall des hohl gespannten Fells. Dann aber lernte man aus dem thierischen Stoff auch die Sehnen u. s. w. verwenden. Im Saiteninstrument ward der Klang, die Toninnigkeit dieses Gebietes gleichsam gefunden und entfesselt. Es würde hier zu weit führen, tiefer auf die ästhetische Verschiedenheit dieser, den genannten Gebieten angehörigen Tonwerkzeuge einzugehen. Die Glocke, die Orgelpfeife und die Violine, letztere in Ermangelung der mit Saiten überspannten Schildkrötenschale etwa mögen genannt werden als Vertreter des Mineral-, Pflanzen- und Thierreichs. Bekanntlich finden die mannigfachsten Verbindungen statt. Einen bedeutenden Unterschied macht bei den Instrumenten die Art ihrer Benutzung, wie sie zum Tonerzeugen gebracht werden. Hier wollen wir einzelne Instrumente herausgreifen und sie kurz zu charakterisieren suchen.

In einigen Fällen ist die Klangfähigkeit der Materie in der Weise benutzt, daß durch Form und Lage eine möglichst ungehinderte Entfaltung auch bei bloß äußerlichen Naturbewegungen ermöglicht worden. In der Aeolsharfe ist z. B. der Wind der Musikant, welcher die Saiten rührt und ihr die natürlichen, dem kunstgewohnten Ohr des Menschen so übernatürlich scheinenden Klänge entlockt. In der Orgel werden ebenfalls die Pfeifen nur von der Luft in tönende Bewegung gebracht; aber mittelbar spielt sie der Mensch. Während daher die Aeolsharfe nicht in das Bereich der Tonkunst gerechnet werden kann, weil die bewußtlose Macht der Natur allein in ihr wirkt, gehört die Orgel zu den gewaltigsten Instrumenten der Tonkunst. Der Künstler lenkt und ordnet die dienstbar gemachten Naturkräfte, ohne freilich persönlich auf sie zu wirken. Ein eigentümlicher Zauber und eine eigentümliche Kraft liegt darum in dem genannten Instrument. Gewaltig, groß, stark, durch keine menschliche Zuthat beeinflußt, in den leisen Tönen, wie in deren mächtigstem Sturm immer selbständig, ist das Tongebiet der Orgel. Der Spieler öffnet den Luftströmen die Pforten und weist ihnen die Wege; aber er kann an die Töne selbst nicht rühren, sie nicht durch seine Kraft verhärten oder durch seine Weichheit schmelzender machen. Er läßt sie tönen, läßt sie brausen, aber es ist, als ob er nur die Naturkraft entfeßle, daß sie ihre gewaltige Tonmacht verkünde. Die Stärke der Töne und die große Anzahl, die von dem einzelnen Spieler gleichzeitig erregt werden kann, dann die Veränderlichkeit der Klangfarbe, macht die Orgel zu einem der bedeutendsten Instrumente; sie ist Massen beherrschend,

12*

Raum füllend, wie sie gewaltig, harmonienmächtig erbraust. Wie der
Sturm der Luft den Gesang des Menschen übertönt, so die Macht ihres
45 Tonwindes. Auf den Zusammenhang der Gottes = und Naturverehrung
braucht nur hingewiesen zu werden. Wie doch immer der Mensch Gott
in der Natur und ihrem mächtigen Walten erblickt hat, so dient auch
heute noch, trotz aller Subjektivität, die Orgel, der Ausdruck steter,
objektiver, gewaltiger Naturkraft, als das hauptsächlichste Tonwerkzeug,
50 welches in der christlichen Gottesverehrung verwandt wird. Bei keinem
andern Instrument findet in den Tönen ein solches Loslösen von der
Subjektivität des Menschen statt. Der Mensch spricht in der Flöte,
dem Horn, der Geige; in der Orgel rauscht gleichsam eine höhere, in
ihrer Kraft die menschliche überragende, sie erdrückende Macht. Die Religion
55 wird weichlich, subjektiv, sentimental aufgefaßt, wenn für sie vorzugsweise
Blas = und Saiteninstrumente zur Anwendung kommen. Rein menschlich
aufgefaßt, benutzt sie die subjektiveren Instrumente, den Gesang, und wo sie
verstandesgemäß ist, die Sprache. Wo ein bloßer Naturdienst untergeordneter Art herscht, beschränkt sie sich auf die Naturtöne der einfachsten
60 Art. Schellen, Trommel, Metallstäbe, Lärm, Geklapper, Gerassel, Dumpfes
und Gellendes verkünden die niedere Stufe; reine Klänge, seelenvolle Melodie, Harmonie, Ordnung, Schönheit und Kunst mit einem Worte fehlen.

Leicht mag man in dem Gebrauch des Tönenden in der christlichen
Religionsübung dessen tiefer Bedeutung nachspüren. Die eherne Glocke
65 läutet vom Thurm: wandle durch Feld und Au und höre ihre Klänge,
ob du nicht die Natur mitfeiern fühlst! Es ist der einfache, naturmächtige
Klang der Glocke, der gänzlich frei ist von der menschlichen Subjektivität,
der am besten zu der weiten Natur in ihrer Ursprünglichkeit stimmt.
Die Glocke ist das Allgemeinste, Naturstimme, aber durch eine einfache
70 schöne Klangordnung dem menschlichen Schönheitssinne dienend. Der
Dichter möge das Gesagte noch näher bringen:

> Das ist der Tag des Herrn!
> Ich bin allein auf weiter Flur.
> Noch eine Morgenglocke nur —
75 > Nun Stille nah und fern!
>
> Anbetend knie ich hier.
> O süßes Graun! geheimes Wehn!
> Als knieten viele ungesehn
> Und beteten mit mir.

Der Himmel, nah und fern,　　　　　　　　　　80
Er ist so klar und feierlich,
So ganz, als wollt er öffnen sich. —
Das ist der Tag des Herrn!

So singt Uhland. Ja, das ist die geheime Macht der Glocken-
klänge, die wir auf weiter Flur hören.　　　　　　85

In der Orgel tönt eine reine Naturstimme wie in der Glocke, aber
reich geordnet, künstlich zusammengestellt und weit künstlicher bewegt.
Gibt die Glocke schöne Klänge, so eröffnet die Orgel gleichsam den
schönen Kosmos. Sie paßt zum großartigen Bauwerk des Menschen,
zur starren, mächtigen Architektur. Schon die Bildnerei ist ihr zu 90
subjektiv, noch mehr die Malerei, wenn diese Künste nicht etwa durch
architektonischen Stil ihr anpassender gemacht werden. Die Orgelmusik
verträgt sich nicht gut mit dem Gott der Bildnerei, noch mit Heiligen.
Was hat sie mit Menschenbildern zu thun, wenn sie als Stimme der Verehrung oder auch als Stimme des Göttlichen, für das sie eintritt, er- 95
braust? Der mächtige Dom und sie — sind sich genug. Die Gottheit
und göttliche Verehrung in Menschenbildern führen zum Gesang und zu
den subjektiven Instrumenten, hauptsächlich aber zu jenem; der unsinn-
liche Rationalismus begnügt sich am liebsten mit der Sprache, selten
hebt er diese durch den Gesang in die sinnlichere Region. Gottesver- 100
ehrung durch die subjektivere Malerei mit ihrer Willkürlichkeit wird zum
Vorwiegen der Instrumentalmusik drängen, welche sich am subjektiv-will-
kürlichsten bewältigen läßt. Wo die Gottesverehrung nach unseren Begriffen unsinnig ist, wird auch, wie schon gesagt, eine unsinnige, meistens
nur aufregende, blindleidenschaftliche Tonerregung herschen. Der Fetisch- 105
verehrer haut die Metallplatte, rummelt das steingefüllte hohle Holz,
schlägt das Fell der Trommel. Seine Naturverehrung lauscht den
Stimmen der Thierwelt, dem Branden der Wellen, dem Rollen des
Donners, dem Rauschen des Waldes. Doch genug; die Zusammen-
setzungen, wie z. B. der Orgel, des Gesanges, der Instrumentalmusik, 110
der Sprache u. s. w. in der christlichen Religionsübung lehren auch in
dieser Beziehung ihren umfassenden Charakter.

Bei den Blasinstrumenten ist der Athem des Menschen Ton
erzeugend. Der Charakter des Instrumentes tritt hier also in unmittelbare Verbindung mit dem Eigenartigen des Menschen. Von den tönen- 115
den, sogenannten Blechinstrumenten möge hier die schmetternde Trom-

pete genannt werden, deren helle Vibrationen aus aller Ruhe jagen; dann
die gewaltige, durchwühlende Posaune, das in seinen Tönen weichere,
ziehende, unsere Stimmung gleichsam tragende Horn. — Die Holz= oder
120 Rohrinstrumente sind im Ton weniger klingend, weicher, sind auch nach=
giebiger gegen den Anhauch. Bei den Blechinstrumenten ein voller, un=
gebrochener Luftstrom, der erst zusammengehalten, dann kräftig hinaus=
schallt mit einer ehernen Straffheit und Fülle. Bei den Rohrinstru=
menten steht das Material und der Ton dem Menschen gleichsam näher,
125 aber es fehlt das Martige, Feste des Tones der oben genannten Metall=
instrumente. Hier ist die weiche, charakterlose, sentimentale Flöte zu
nennen, die scharfe Piccoloflöte mit ihren spitzen Tönen, die, mit der
Trommel vereint, aufstachelt, während die Trommel forttreibt, dann die
sinnliche, darin unübertrefflich ausdrucksvolle Clarinette, die eindring=
130 liche, nervöse Oboe u. a.

Unter den Saiteninstrumenten bilden die Streichinstru=
mente eine eigene Abtheilung. Die über einen Resonanzboden ge=
spannten Saiten werden mit einem Bogen gestrichen, auch wol durch die
zupfenden Finger in Bewegung gesetzt. Thierisches Material ist hier
135 Ton gebend. Die Einwirkung des Menschen, welche den Ton erzeugt,
ist bei ihnen eine mehr mittelbare, indem gewöhnlich nur Bogen und
Saite, letztere freilich durch den Fingerdruck öfters beeinflußt, in tönende
Berührung kommen. Andererseits erlaubt aber das Streichinstrument
wieder die größte Einwirkung des Künstlers; er kann es so frei wie
140 keines der oben genannten Instrumente behandeln. Der Bläser hängt
von dem Athem ab, der lebensbedingend und nicht in einer Weise zu
beherrschen ist, wie die leicht gehorchende, zum Dienen bestimmte, von den
Lebensfunctionen unabhängige Hand, welche nach der Willkür des Saiten=
spielers den Bogen führt. Freilich die Klangkraft der Blasinstrumente
145 fehlt. Das Streichinstrument gibt nicht in der Fülle des Metalls
den Ton her, welches gleichsam freudig sein Tonleben verkündet, kräftig,
nachschallend; beim Bogeninstrumente ist leicht der Ton unwillig; thie=
rische Widerspenstigkeit, etwas Gequältes, Weh, Wimmern schallt eher
daraus und nur die höchste Kunst vermag etwa die Violine so zu hand=
150 haben, daß die Töne ganz rein, klar, freudig hervordringen. Statt der
metallenen Klangfülle aber hat das Streichinstrument einschneidende
Macht, dann eine Empfindungskraft, wie kein anderes. Trotz des mehr
unmittelbaren Zusammenwirkens von Künstler und Instrument beim

Blasen kann weder Metall noch Holz eine so innige, empfindende Sprache reden, wie das Streichinstrument, wenn in Künstlerhand Bogen und[155] Saiten unsagbares Weh, unsagbaren Jubel ausdrücken. Einen großen Vortheil bietet das Streichinstrument durch die Möglichkeit, die Töne beliebig zu dehnen, zu binden, zu verschmelzen, dann durch die schon angeführte Leichtigkeit der Bewegung. Andererseits ist es schwierig; kein Ton liegt da für den Spieler fertig, bereit. Kein Instrument fast ist[160] so mistönig, so widerwillig sich sträubend bei schlechter Behandlung. —

Voran steht unter den Streichinstrumenten die Geige — wol die Königin aller Instrumente genannt. Schwer ist sie zu charakterisieren. Es gibt nichts Unausstehlicheres als sie, wenn sie in schlechten Händen ist; sie ist reibend, kratzend, klanglos, widerspenstig; aber dieses eigensinnige Ding,[165] welches jeden Ton schnarrt und unrein gibt, wird in der Hand des Meisters das gehorsamste Werkzeug, welches sich denken läßt. Weich, süß, rein, luftig wie ein Hauch wird sie dann, und doch wieder kann sie mit einer Schärfe, ja gleichsam mit Wut sich in die wildesten Leidenschaften stürzen. Sie kommt in Zorn, Verzweiflung, Jammer, wie[170] weh und wild der Künstler empfinden mag. Und sie kann jauchzen, so hell, so klar! Am schönsten scheint sie wol in Verbindung mit andern Tönen, wo ihre Innigkeit gegen diese so recht zur Geltung kommt, wo sie ihre herlichen Eigenschaften leicht und frei über jenen schwebend entfalten und dabei die Schärfe ihres Klanges durch jene wieder[175] schmelzen lassen kann. Weicher im Ton, aber kräftiger, weniger zu wilden leidenschaftlichen Ausbrüchen geeignet ist die Bratsche. Sie kann nicht so übermächtig in Freude und Verzweiflung stürzen; sie hat etwas Nachdenklicheres, wenn solche Gleichniswörter erlaubt sind. Machtvoll im Ton ist das Violoncello, doch hat dasselbe etwas Bedecktes;[180] nach oben wird es leicht näselnd, die hohen Töne sind nicht mehr sein Reich. Eine tiefe, kraftvolle Innerlichkeit spricht sich in ihm aus. Erschütternd wirkt es in leidenschaftlichen Gängen. Wie wenn ein kräftiger Mann in Qual, die er unterdrücken will, ausbricht — Mannesleidenschaft, Mannesflehen, Mannesverzweiflung spricht im Violoncell. Eben[185] darum kann es aber auch sehr komisch erscheinen, wenn es scherzt. Gleichnisse sind oft recht thöricht. Aber Violine und Violoncello mögen mit einer leidenschaftlichen Frau und einem kräftigen, doch gefühlvollen Mann verglichen werden. Der Contrabaß ist dann die Stütze dieser Tonpersonen, Vater oder Vormund, wenn wir jene zwei im Scherz das zu=[190]

sammengehörige Paar nennen dürfen; die Bratsche ist Bruder der Geige, noch ein Jüngling. Der Contrabaß bewegt sich in der Tiefe; fest, machtvoll, nicht zu geschwind geht er seinen Weg. Seine Sprache ist gewichtig, gewaltig in der Aufregung; dumpf drohend ist sein Zorn. Zu
195 Tändeleien ist er nicht mehr geeignet; er wird dann wenigstens leicht komisch. Im Quartett verbindet er sich gern mit der Bratsche, aber Geige führt doch die erste Stimme, jubelt, schluchzt, weint. Trotz der leidenschaftlichen Scenen, welche sie zusammen aufführen, welche namentlich Geige und Violoncello hat, über welche Bratsche sich bekümmert, Baß
200 oft zürnt, — die Schwester der Geige, die zweite Violine, die meistens zu ihrer Schwester steht, aber doch ruhiger ist, wollen wir hier nicht berücksichtigen — bilden sie doch zusammen die schönste Harmonie. Wie weit sie auch auseinander gehen, sie gehören doch zu einander; ihre Verschiedenheiten bringen reiches Leben; Schläfrigkeit ist das ihnen ver-
205 haßteste. Es ist in ihnen ein herrliches Zusammenwirken, welches zum Muster dienen könnte für das Zusammenwirken verschiedener Charaktere, die freilich innere Einheit haben müssen.

·In den Reißinstrumenten werden Saiten durch Reißen, Zupfen bewegt. Der Ton ist je nach den Saiten — metallenen, thieri-
210 schen, umsponnenen — verschieden. Vom tiefen, vollen, glockenartigen Klang geht er bis zum leichtesten, luftigsten Gesäusel und gleichsam weinenden Verhauchen, wenn der Ton der Saite verzittert. Die unmittelbar in Bewegung setzende Hand vermag einen nicht geringen Einfluß durch Weichheit, Härte des Griffs u. s. w. auszuüben. Doch übergehen
215 wir hier die Harfe, die Laute, die klingende Cither, die Guitarre u. a. Werfen wir unter den vielen Instrumenten nur noch einen Blick auf das Klavier. Hämmer, welche von den durch die Finger geschlagenen Tasten in Bewegung gesetzt werden, schlagen metallene Saiten an. Man kann schon daraus ersehen, daß das Klavier ein sehr objektives Instrument
220 ist, welches die Subjektivität des Künstlers nie in einer Weise zu durchdringen vermag, wie z. B. Klarinette oder Geige. Der Ton liegt fertig. Er kann durch Drücken, Ziehen nicht festgehalten, dadurch nicht innerlich gemacht, nicht geschmolzen, nicht in einen anderen Ton übergezogen werden. Es findet freilich der größte Unterschied beim Spiel statt; der wahrhaft
225 künstlerische Klavierspieler hat die Kraft im Anschlag, sein Gefühl durch all die Mittelbinge hindurch noch elektrisch auf den Ton wirken zu lassen; aber wie schon gesagt, ist diese Empfänglichkeit des Klaviers doch ver-

hältnismäßig sehr gering. Die Töne sind kurz, schnell verhallend, wodurch für die einfache Melodie ein empfindlicher Mangel entsteht, indem die Töne nicht die rechte Verbindung im Nacheinander bekommen. In [230] gewisser Hinsicht wird dieser Mangel durch die große harmonische Fähigkeit gut gemacht. Die Anzahl der Saiten, die Anwendung der zehn Finger, die Sicherheit im gleichzeitigen Greifen mehrerer Tasten, für deren Anschlag die Töne alle bereit liegen, ermöglicht diese Ausbildung der Harmonie. Als ein Mangel erscheint dabei nur die Uebereinstim- [235] mung in der Klangfarbe, die einer wirklich polyphonen Behandlung entgegensteht. Dadurch, daß alle Töne des Klaviers dem Spieler zugerichtet sind und nur seines Klopfens bedürfen, um lebendig zu werden, wird das Instrument sehr bequem, aber auch der echten Kunstbildung leicht gefährlich. Jeder meint spielen zu können, der seine reinen Töne [240] hervorklopfen kann. Nur zu leicht wird es dadurch Fingerarbeit und führt zur musikalischen Flachheit. Uebung im Notenlesen und Uebung der Finger, ein gefühlloses Notenspielen gilt oft für Kunst. Künstlerisches Durchdringen ist schwierig; sein Mangel nur dem Kenner bemerkbar.

Karl Lembke.

Die Anfänge der Musik.
(Geschichte der Musik. Breslau 1862, I. B., S. 1.)

Die Anlage zur Tonkunst ist, gleich der Anlage zu den übrigen Künsten, dem Menschen angeboren. Dieser angeborene Kunsttrieb äußert sich auch sogleich, sobald die äußeren Verhältnisse dazu nur einigermaßen Veranlassung bieten. Die bildenden Künste und die Baukunst — vorläufig noch im unentwickelten Keime unterschiedlos vereint — nehmen [5] ihren Anfang in der rohesten Form des Denkmales. Das Grab des Helden wird zum Gedächtnisse mit einem aufgeschütteten Erdhügel bezeichnet, der sich später zur Pyramide krystallisiert. Der aufgerichtete kolossale Stein genügt der kindlichen Phantasie des Naturvolkes, um darin etwa die aufgerichtete Gestalt des Helden oder die mächtige Erscheinung [10] des Gottes zu erblicken. Dann versucht es die kühner gewordene Kunstfertigkeit, der rauhen Felsensäule die Züge eines Menschenantlitzes einzumeißeln, bis sich aus der hermenartigen Bildung endlich die volle, gerundete Menschengestalt loslöset. Jetzt erst scheidet sich jener Keim in drei Herzblätter, die jedes für sich mächtig weiter sprießen: in Bau- [15] kunst, Skulptur und Malerei.

Das Verhältnis der Musik, wie sich im einfältigen Naturvolke ihre
ersten Regungen zeigen, ist ein der monumentalen Kunst diametral ent=
gegengesetztes. Wenn diese dauernd das Gedächtnis eines zu Ueber=
20 liefernden den folgenden Geschlechtern aufbewahren will, so dient die
Fähigkeit, modulierte Töne an einander reihen zu können, zunächst bloß
dazu, einer augenblicklichen Gemütsstimmung Luft zu machen, Freude
oder Leid zu äußern und mit dem verwehenden Klange ist alles aus, bis
eine neue Gelegenheit Lust und Antrieb zu neuer ähnlicher Aeußerung
25 bietet. In Gesang bricht der wilde buntbemalte Krieger vor dem Kampfe
aus; er leihet seiner Verachtung des Feindes, seiner Siegeszuversicht
Worte, die er in irgend einer improvisierten Weise absingt; der Rhythmus
der geordneten Töne regt seine Glieder zu harmonierenden Bewegungen
an: er tanzt keulenschwingend seinen Kriegstanz. So liegen auch hier
30 die Künste ungetrennt im Keime und scheiden sich erst bei höherer Ent=
wickelung als Poesie, Musik und Mimik.

Den ungebildeten Menschen regt das rhythmische Element der
Musik zumeist an. Aeußert sich dieser Antheil schon in der stampfenden
Tanzbewegung, im taktmäßigen Zusammenklatschen der Hände, so wird
35 bald nach Mitteln gegriffen, die rhythmischen Accente schallkräftiger hören
zu lassen: Klapperhölzer, Handpauken, Trommeln kommen in Ge=
brauch. Roheste Musikinstrumente solcher Art stehen bei allen unge=
bildeten Völkern in besonderer Gunst. Bald auch lernt man, daß durch
Blasen in gehölte Röhren ein hellpfeifender Ton, durch Blasen in horn=
40 artig gekrümmte, oder kegelförmig gespitzte, als Thierhörner, Seemuscheln
u. s. w. ein dumpf rauher und schmetternder hervorgebracht werde. Die
Blasinstrumente bezeichnen die zweite Entwickelungsstufe der Musik, so
wie die Lärmtonzeuge die erste und roheste bezeichneten. Die dritte
wird mit der Entdeckung erreicht, daß gespannte Thiersehnen, Fäden
45 u. s. w. wenn man sie in Vibration versetzt, helle Töne hören lassen —
desto heller, je schärfer gespannt sie sind — und, wenn nun solche Sehnen
neben einander in verschiedener Spannung geordnet werden, um sie im
wechselnden Tonspiele erklingen zu lassen. Die Saiteninstrumente haben
nicht bloß im gebildeten Orchester, sondern schon in der Kindheit der
50 Musik den Vorrang vor den Blasinstrumenten und bezeichnen den höheren
Kulturgrad.

Es geschieht nun wol, daß die Melodie eines kunstlos und nach
Drang und Bedürfnis des Augenblicks angestimmten Gesanges den

Hörern gefällt. Man versucht es, sie nachzusingen, sie wird wieder= holt, festgehalten und bei anderen Gelegenheiten wieder gesungen. Das [55] Volkslied in seiner einfachsten Gestalt entstehet.

Die Beschäftigung mit den einfachen Instrumenten führt zu der Erfahrung, daß sie bei einer bestimmten Behandlung Klänge von größerer oder geringerer Tonhöhe wechselnd hören lassen, daß die längere Pfeife tiefer klingt als die kürzere, und diese tiefer als die noch mehr verkürzte [60] — eine Erfahrung, die gewiß sehr bald gemacht werden muß. Es liegt nun der Gedanke ganz nahe, solche Pfeifen in geordneter Reihe neben einander zu befestigen, und sie am Munde hin= und herziehen, statt eines einzigen Tones eine ganze Tonreihe hören zu lassen: die Pansyfeife ist gefunden. Höher steht schon die Entdeckung, daß man mit einem [65] einzigen Flötenrohre auskommen könne, wenn man Tonlöcher hinein= schneidet, und sie durch das Wechselspiel der Finger bald öffnet, bald schließt. Die Bedingungen, unter denen man diesen oder jenen Ton nach Belieben hören lassen kann, lernen sich bald, und damit ist auch die Fähigkeit erreicht, eine bestimmte Melodie kennbar nachzuspielen. Bei den, [70] an sich höher stehenden, Saiteninstrumenten wiederholt sich der gleiche Vorgang. So wie die längere Pfeife, gibt die längere Saite den tiefern Ton. Derlei Saiten gleich den Röhren der Pansyfeife in abnehmender Länge neben einander geordnet, bilden die Harfe, deren aus jener An= ordnung sich von selbst ergebende Triangelform gewissermaßen das Seiten= [75] stück zur Triangelform der Pansyfeife ist. Damit die Saiten einen klangvollen Ton hören lassen, müssen sie gespannt werden. Die Er= fahrung zeigt, daß je schärfer ihre Spannung, desto höher ihr Klang ist. Diese Erfahrung wird benutzt und eine Reihe gleich langer aber zu= nehmend schärfer gespannter Saiten neben einander gestellt: es ent= [80] steht die Lyra. Endlich lernt man, daß, so wie die durch das Spiel der Finger auf den Tonlöchern der Flöte verkürzte Luftsäule höhere Töne gibt, die durch Niederdruck des Fingers auf einen kürzeren Schwingungs= raum reducierte Saite höher klingt, desto höher, je kürzer man sie faßt. Wie mit einem einzigen Flötenrohr, lernt man mit einer oder [85] doch mit nur wenigen Saiten für das ganze Bedürfnis an Tönen, die man hören lassen will, auskommen, und erhält die Guitarre, Laute und Geige. Sie verhalten sich zur Harfe wie die einfache Flöte zur Pans= flöte. Aber die Saiten müssen an ein Gestell befestigt werden, von dessen zweckmäßiger Construction Schallkraft und Wohlklang gar sehr abhängt, [90]

das einen sinnreicheren Bau erheischt, und vieler Modifikationen und
Verbesserungen fähig ist. Darum ist das Vorkommen von Harfen, Lyren
und Lauten ein Kennzeichen, daß der Standpunkt roh naturalistischen
Musikmachens überwunden und eine wirkliche musikalische Kultur bereits
95 erreicht sei.

Durch die Fähigkeit, auf den Instrumenten Melodien hören zu
lassen, lernt man, daß, um das Bedürfnis nach Musik zu befriedigen,
der Gesang auch wol entbehrt werden könne, und die Instrumente
allein ausreichen. Damit zweigt sich die Instrumentalmusik von der
100 Vocalmusik ab, und trennt sich die Musik erst völlig von der Poesie.
Andererseits lernt man den Nutzen einsehen, wenn die Instrumente mit
ihren sicher ansprechenden Tönen, den nicht mehr willkürlich in Tönen
sich ergehenden, sondern kunstvoll geordneten Gesang begleiten und leiten.
Da Flötentöne eine gewisse Aehnlichkeit mit dem Klange der Menschen=
105 stimme haben, und sie leicht decken, so zieht man den zartern, eigen=
tümlichen Klang der Lyren, Harfen und Lauten zu diesem Gebrauch vor
— diese werden die eigentlichen Instrumente der Sänger — und, weil
in einfachen Urzeiten Dichter und Sänger e i n e Person ist, Instrumente
der Dichter. Hier kehrt die ausgebildetere Musik zur Poesie zurück, um
110 sich bei noch höherer Ausbildung später abermals zu trennen, und sich
endlich in ihrer Vollendung mit der Poesie ein drittes Mal und im
höchsten Sinne zu einigen, indem sie mit ihrer wundersamen Ausdrucks=
fähigkeit sich entweder der selbständig gewordenen Poesie als ebenbürtige
Schwester, das Wort unterstützend, gesellt, oder poetischen Inhalt ohne
115 Wort durch den bloßen Klang und dessen gemütanregende Wirkungen in
sich selbst aufzunehmen und auszudrücken unternimmt.

A. W. Ambros.

Die sixtinische Kapelle.

(Die päpstliche Sängerschule zu Rom, genannt die sixtinische Kapelle. Ein musikhistorisches Bild, Wien 1872.)

Zur Zeit der Karwoche und des Osterfestes wendet sich der Blick
unwillkürlich und sehnsüchtig nach dem Sitz der katholischen Kirche, nach
der ewigen Roma hin, deren kirchliche Feierlichkeiten seit Jahrhunderten
einen Weltruhm tragen. Wer hätte noch nie eine Schilderung der dabei
5 entfalteten Pracht gelesen, wer nie von der mächtigen Wirkung d e s
G e s a n g e s gehört, wenn die päpstliche oder, wie sie gewöhnlich ge=

nannt wird, die sixtinische Kapelle das berühmte Miserere von
Allegri oder die unsterblichen Lamentationen von Palestrina
anstimmt. Unter den Tausenden von Fremden, welche der classische
Boden und die Kunstschätze alljährlich nach der Stadt von drei Welt-
altern ziehen, sind wol nur wenige, die nicht mit gespannter Erwartung
diesen Tagen entgegensehen, und wer sie erlebt, das an ihnen sich ent-
hüllende Schauspiel gesehen hat, dem wird der Eindruck davon unver-
gänglich in der Erinnerung haften. Die Karwoche und der Ostertag ist
die Zeit, in der man Rom sehen muß, will man den poetischen Zauber
der alten Weltstadt auf das stimmungsfähige menschliche Gemüt in seiner
ganzen Macht an sich selbst erfahren. Hier vollzieht sich dann das
Wunder, dessen Andenken die Tage geweiht sind; der Vatican schüttelt
den Staub der Jahrhunderte von sich und ersteht plötzlich in herlicher
mittelalterlicher Pracht aus den Ruinen und Gräbern, welche hier mehr
als irgendwo den ehernen Tritt der fortschreitenden Zeit verraten. Dann
regt es sich hinter den grauen Mauern; Gestalten in einer Tracht, die
das Bild längst vergangener Zeit wachruft, ziehen durch die weiten
Prachtsäle, fremdartige Gesänge dringen an das Ohr. Es scheint, als
sei das Märchen von dem verzauberten Schlosse, das nur zu gewissen
Zeiten sein geheimnisvolles Leben aufthut, zur Wirklichkeit geworden.
Und ist denn nicht der uralte Vatican ein Zauberschloß, in welches ein
mächtiger Spruch die vollendeten Jahrhunderte gebannt hat, um späteren
Geschlechtern von der einstigen Herlichkeit und Macht der Kirche Zeugnis
zu geben?

Am Mittwoch in der Karwoche, nachmittags, beginnt auf dem
sonst öden weiten Platze vor der Basilika des heiligen Petrus ein ungewöhnliches Leben sich zu entfalten. Herren und Damen in schwarzen Festkleidern
eilen zu Wagen und zu Fuß herbei, wenden sich nach dem Haupteingange
des Vaticans, wo am Ende des langen Corridors die berühmte marmorne
Prachttreppe, die königliche genannt, ein Meisterwerk der Baukunst, zu
den Festräumen hinaufführt. Hier aber drängt sich schon eine zahlreiche
Menge auf den Stufen, gehemmt am weiteren Vorgehen durch eine Abtheilung von Soldaten. Alle Nationen treffen zusammen, alle möglichen
Sprachen werden vernommen. Das Gedränge nimmt zu, je mehr die
Zeit vorrückt. Jetzt erschallt von unten her Trommelwirbel: die päpstliche Schweizerwache in gelbroten Wämmsern, Kniehosen und Strümpfen,
in Blechhauben, die Hellebarde in der Hand, zieht die Treppe hinauf,

um der Ordnung wegen die Räume zu besetzen. Nun gewährt auch das
45 Militär den Zutritt, die Menge strömt in den reich ausgemalten Vor-
saal, wendet sich der Thür zu, vor der eine Wache von Schweizern aufgestellt ist; man öffnet die Vorhänge und — tritt in eine andere Welt;
die hinter uns zurückfallende Decke löst drei Jahrhunderte von der Kette
der Zeit. Die fast regungslosen seltsamen Gestalten der an verschiedenen
50 Orten aufgestellten Hellebardiere: die Nobili in schwarzseidener altspanischer
Tracht mit weißer Halskrause und rundem Federhut, welche fremden
Damen ihre Sitze anweisen; dort ein päpstlicher „Camerlengo“ in violetter
Tunica und weißem Chorhemde darüber, der geschäftig durch das Pres-
byterium eilt; einige Mönche in weißen, braunen oder schwarzen Kutten
55 auf reservierten Plätzen an der rechten Seitenwand, andächtig in ihrem
Brevier lesend: alles mahnt uns an die phantastischen Bilder, die unserer
jugendlichen Phantasie die Geschichte des Mittelalters zuführte. Noch
mehr aber sagen uns die Wände des Raumes, sie erzählen uns in
Figuren und lebensvollen Farben, was wir einst aus dem Wort der
60 Bibel lasen. Die ganze Welt der menschlichen Existenz, vom ersten Entstehen der Dinge an bis zu ihrer letzten ahnungsvollen Erfüllung lebt
vor dem Blicke auf; hier oben an der Decke schildert Michelangelo's
ewige Kunst die Schöpfung des Alls und des ersten Menschen, und
gegenüber dem Eingange treten von der Wand in etwas verdunkelten,
65 aber desto gewaltiger und geheimnisvoller wirkenden Zügen die Schauer
des Weltgerichtes ernst und mahnend an den Sinn. Und wahrlich, wer
nur einer höheren, über das Alltägliche hinausgehenden Lebensregung
fähig ist, kann sich einer gehobenen Stimmung nicht erwehren, wenn er
zu dieser Stunde beim Zwielichte des durch die hohen Fenster herein-
70 dämmernden Tages in die berühmte, in der zweiten Hälfte des 15. Jahrhunderts von Baccio Pintelli erbauten sixtinischen Kapelle tritt.

Wer fände jetzt Muße, sich der Betrachtung der Gemälde und
Architektur hinzugeben! Schon nahen die Cardinäle, sie treten in violetten
langen Oberkleidern ein, die Kämmerer tragen die zusammengerollte
75 Schleppe nach, legen auf den Sitzen die Gewänder in gefälliger Weise
zurecht und nehmen dann auf der untern Bank zu den Füßen der
Cardinäle Platz. Und nun marschieren einige Mann von der päpstlichen
Nobelgarde auf und stellen sich mit gezogenen Säbeln an den Eingang
des Presbyteriums, ein Zeichen, daß die Ankunft des Papstes bevor-
80 steht. Bald öffnet sich eine verborgene Thür zur rechten Seite des

Altars, päpstliche Kämmerer und Hausbeamte erscheinen, ebenfalls in
violette Soutanen und weiße Chorhemden gekleidet, hinter ihnen ragt
das päpstliche Kreuz hervor, und jetzt tritt der Statthalter Christi mit
einem kleinen Gefolge in die Kapelle. Er trägt ein weißes langes Unter=
kleid, über welches das purpurne goldgestickte Pluviale herabfließt; eine ⁸⁵
weiße Mitra deckt sein Haupt. Er begrüßt den Altar, weilt einen Augen=
blick vor ihm in stillem Gebet und setzt sich dann auf den Thron; das
Gefolge aber läßt sich theils auf den Stufen desselben, theils auf denen
des Altars, theils aber auch auf andern Plätzen in der Umgebung nieder.
Das Ganze gewährt ein malerisches Bild, in welchem aber ein gewisser ⁹⁰
luguberer Grundton hervortritt; deuten doch die Kerzen von gelbem
Wachs auf dem Altare und dem dreieckigen Candelaber neben der Epistel
auf einen „uffizio di lutto", einen Trauerdienst „wie zur Darstellung
der Leichenfeier des Erlösers" hin.

Jetzt läßt sich eine scharfe Intonation vernehmen. Wir haben uns ⁹⁵
bisher vergeblich nach den Sängern umgesehen; wir folgen dem Laut
und entdecken eine tiefe Loge in der rechten Längenwand, nahe dem
Laienraume, wo wir sie durch die kleinen Säulen der theilweise vergoldeten
marmornen Balustrade erkennen. Auch sie tragen violette Soutanen mit
weißen Chorhemden, sie haben keine Notenblätter vor sich, sondern singen ¹⁰⁰
allesammt aus einem großen Chorbuche, welches im Vordergrund auf=
geschlagen ist. Der recitierende Vortrag der Nocturnen, Psalmen und
Antiphonen vermag freilich das modern gebildete Ohr nur wenig zu
reizen; aber bald wird es entschädigt. Das Pater noster ist vorüber;
ein leiser, sehr langsam getragener Klagegesang, die Lamentationen ¹⁰⁵
des Palestrina, ertönt in vier Solostimmen (zwei Sopranen, einem
Alt und Tenor) bald ein wenig anschwellend, dann wieder zurücksinkend,
und zieht sich trauernd durch den Raum empor zu den beiden erhabenen
Gestalten auf dem Gipfel des Bildes von dem Weltgerichte, dem strengen
Mittler zu Seiten der Fürbitterin, der milden Gottesmutter. Wie zarte ¹¹⁰
Linien ziehen sich die Stimmen, klar und leicht zu verfolgen, durch das
Gewebe des Satzes, kein noch so ·unbedeutender Druck verrät bei den
Sängern das Bedürfnis nach einem Athemzuge, obwol der Gesang sich
durchgängig in einer hohen Lage hält. Die nächste und letzte Lamen=
tation dagegen wird von zwei männlichen Sopranisten in der gregori= ¹¹⁵
anischen Kirchenweise nach uralter Methode gesungen, wie sie die Neumen
angeben, und verlieren durch das Meisterwerk Palestrinas nichts an

Wirkung. Die Kunst der beiden Virtuosen vermag freilich fast das Un=
mögliche; selbst bei den vielen Trillern, Mordents und anderen Ver=
¹²⁰zierungen glaubt man stets nur eine einzige Stimme zu vernehmen. Den
eigentlichen Culminationspunkt der Feier bildet jedoch das Miserere.
Wenn alle Kerzen bis auf Eine erloschen sind, zum Zeichen, daß der
letzte Jünger den Herrn verlassen hat, steigt der Papst bei der Wieder=
holung der Antiphone „Traditor" vom Throne, geht vor den Altar, wirft
¹²⁵sich auf die Knie und mit ihm alle Anwesenden; eine lautlose Stille
herrscht in der dunkelnden Kirche, bis mit leisem Ton, der nur stellenweise
zum Forte anwächst, das erste Versett erklingt. Die Sänger begnügen
sich aber nicht mit dem Miserere von Allegri, sondern ziehen das viel
jüngere von Bai hinzu und lassen die Verse des einen auf die der
¹³⁰andern nach Belieben folgen. Beide Stücke werden mit kleineren und
größeren Cadenzen, den sogenannten Abellimenti, ausgeziert. Der Ein=
druck dieses Moments ist selbst für Anders= und Ungläubige bewältigend,
namentlich am heiligen Donnerstage, wo häufig die Lieder der über
den Petersplatz in Procession ziehenden Pilger durch die Stille sanft
¹³⁵ans Ohr dringen. In ähnlicher Weise gestalten sich hier die Matutinen
an den beiden folgenden Tagen, nur daß ein Wechsel in der Wahl der
Musik zum Miserere stattfindet.

Am nächsten Morgen freilich bietet sich zur Messe schon ein
anderes Bild. Der Altar und das Kreuz sind mit weißer Seide, der
¹⁴⁰Thron mit Silberstoff bezogen; eine Tapete zeigt über dem Altar bedeut=
sam den toten Christus, welchen zwei Engel halten. Der Papst erscheint
in einem reichen Pluvial und in einer goldigen Mitra. Bis zur Conse=
cration wird die Messe nach dem gewöhnlichen Ritus abgehalten; dann
aber ertönt trüb und ernst die Motette von Palestrina: Fratres ego
¹⁴⁵enim. Wenn das Deo gratias recitiert ist, begibt sich der Papst mit
zwei Cardinal=Diaconen zum Altar, empfängt barhäuptig den Kelch mit
der Hostie, und langsam setzt sich die Prozession in Bewegung nach der
benachbarten paulinischen Capelle, wo der Kelch in der Begräbnißurne
beigesetzt wird, während die Sänger den uralten Hymnus: Pange lingua
¹⁵⁰ertönen lassen. Nachmittags zeigen sich Altar, Thron, Bänke, Parquet
kahl, ohne Tapeten und Bezug, das Kreuz trauert unter einem violetten
Schleier; die Wachen und Hellebardiere senken Säbel und Morgensterne.
So tritt uns die Kapelle auch am Karfreitag entgegen. Der Papst hat
den Ring abgelegt, er trägt eine violette Stola unter dem Pluvial, die

Cardinäle wollene Gewänder von derselben Farbe. Die Messe weicht 155
von der herkömmlichen Form gänzlich ab und entbehrt aller Kunst-
musik. Sobald aber der Papst sich zur Anbetung des Kreuzes anschickt,
lassen sich in feierlichen Accenten die erhabenen Harmonien der Impro-
perien von Palestrina vernehmen, der Gesänge des Vorwurfs, so ge-
heißen, weil ein vollstimmiger und einfacher Chor abwechselnd dem 160
Volke seine That vorhalten, und sich erst am Schluß auf dem Worte:
Miserere zu einem Ganzen vereinen. Unter dem Gesang: vexilla regis
wird dann der Kelch in Procession in die sixtinische Capelle zurückgeführt,
und die Messe beendet. — War der Freitag ein Bild des Todes, so schildert dagegen der Samstag im voraus die Auferstehung: Boden, Bänke 165
und Thron sind wieder bekleidet. Kaum sind die letzten Litaneien ver-
klungen, so legen die Celebranten weiße Kleider an, von dem Altare und
Thron schwindet die violette Trauerhülle, und hell wie Licht glänzen
weiße, mit Silber verzierte Decken hervor: der Papst legt ein weißes
Pluvial um, die Cardinäle werfen die Wollgewänder ab und nehmen 170
den Purpur um. Jetzt schlagen die Sänger die festliche Messe des
Papstes Marcell von Palestrina an. Kaum ertönt das Gloria,
als ein violetter Schleier über den Altar zurückfällt, und der auferstandene Christus auf einer Tafel hervortritt.

In diesem Augenblicke erheben die Garden ihre Säbel, die 175
Schweizer ihre Morgensterne, Glockengeläute erschallt und Schüsse
melden vom Castell S. Angelo der Stadt das Ereignis, welches dann
am Ostersonntage in der Oeffentlichkeit mit dem größten Pompe verherrlicht wird.

An diesem Tage zieht der Kirchenfürst, die Tiara auf dem Haupte, 180
mit dem ganzen Hofstaate und allen weltlichen und geistlichen Würden-
trägern, verkündet von den Sängern durch die Motette Palestrinas:
Tu es Petrus, auf den Schultern der Gläubigen in die Metropole
seines Reiches, die weite Basilika des h. Petrus ein, und vollzieht am Altare über dem Grabe des Apostels, gehüllt in die reichen, 185
symbolischen Gewänder des Hohenpriesters, das Meßopfer in eigener
Person. Und wenn er nach der Consecration die heiligen Substanzen
emporhebt, erschallt in unsichtbarer Höhe, wie von der Kuppel herab,
eherner Posaunenklang; leider senkt sich auf diesen Tönen kein alter
frommer Hymnus, sondern eine moderne italienische Cantilene hernieder. 190
Wie am Donnerstag begibt sich der Papst nach dem Schluß der Cere-

monie unter Gesang der Capellanen in die reichdecorirte Loge der
Façade und ertheilt dem auf dem Platze versammelten Volke und Militär
zum zweitenmale den apostolischen Segen. **Eduard Schelle.**

Mozart.

(Aus „W. A. Mozart", 4. Theil, S. 744, 1. Aufl. — Leipzig 1859.)

Was auch von begeisterten Verehrern für Mozarts Ruhm unternommen sein mag, in seinen Werken hat er selbst ihn fest und unerschütterlich begründet. Eine Geschichte der neueren Musik wird im einzelnen
nachzuweisen haben, in welcher Weise sein Einfluß in bewußter Nach
5 bildung, in unselbständiger Nachahmung, in freier Anregung verwandter
Naturen maßgebend gewesen ist — das kann man mit voller Wahrheit sagen, von allen Componisten, welche nach ihm gearbeitet und geschaffen haben, ist keiner, der nicht von seinem Geiste berührt wäre,
keiner, der nicht von ihm gelernt hätte, keiner, der nicht irgendwo
10 sein Erbtheil angetreten hätte. Denn wie alle großen und wahrhaft
schöpferischen Naturen gehört er zwei Zeiten an, deren Verbindung zu
bilden er berufen ist; wie er in sich aufnimmt, um zu verarbeiten und
umzubilden, was seine Zeit ihm bieten konnte, so bringt er, was aus
seinem Geiste neugeboren war, dem kommenden Geschlechte dar als den
15 Keim eines neuen Lebens.

Es wäre Vermessenheit die Summe eines reichen künstlerischen
Schaffens, die Fülle des eigentümlichen Lebens, in welcher eine wahrhaft
künstlerische Individualität sich offenbart, mit einer kurzen Charakteristik
erschöpfen zu wollen. Nicht selten hat man im Gefühl dieser Schwierigkeit
20 durch Vergleichung mit anderen Künstlern das Bild klarer und schärfer
zu zeichnen versucht. Keine Parallele scheint mehr gerechtfertigt als die
zwischen Mozart und Rafael. Die edle Schönheit, welche alle anderen
Bedingungen künstlerischer Darstellung gleichsam aufzuzehren und in reine
Harmonie aufzulösen scheint, tritt so siegreich in den Gebilden beider
25 Meister in gleicher Weise hervor, daß es so mancher übereinstimmender
Momente in ihrem Bildungs = und Lebensgange, in ihrer künstlerischen
und sittlichen Natur gar nicht bedürfte, um sie als Zwillingsbrüder erkennen zu lassen. Indessen würde diese Vergleichung erst wahren Gewinn
bringen, wenn sie durch eingehende Betrachtung erkennen ließe, wie und
30 unter welchen Bedingungen auf verschiedenen Gebieten der Kunst die in
ihrer Totalwirkung gleichartige Schönheit geschaffen wird. Wie bereit=

willig jeder zugeben wird, daß Mozart mit S h a k e s p e a r e in der
Fülle, Kraft und Lebendigkeit dramatischer Gestaltung, wie in der Kühn=
heit des Humors, mit G o e t h e in der Einfachheit und Natürlichkeit
menschlicher Empfindung und in der plastischen Klarheit sich nahe ver= 35
wandt zeige: so treten uns auch hier wiederum die bezeichnenden Eigen=
schaften großer Künstler auf verwandten Gebieten entgegen. Mozarts
Individualität auf dem seinigen wird dadurch nicht erklärt. Die oft geist=
reichen Parallelen mit großen Musikern, mit H a y d n , mit B e e t h o v e n ,
zeigen dieß, indem hier, wo die nächste Verwandtschaft ist, vorzugsweise 40
die Verschiedenheiten hervorgehoben werden; und auch hier ist zu fürchten,
daß je witziger diese Vergleichungen im einzelnen durchgeführt werden,
um so mehr die Unbefangenheit der Auffassung getrübt und die Bilder
entstellt werden.

Mit welchem Blick und von welcher Seite wir auch Mozart an= 45
schauen mögen, immer tritt uns die echte, reine Künstlernatur entgegen,
in ihrem unbezwinglichen Schaffensdrang und in ihrer unerschöpflichen
Schaffenskraft, erfüllt von der unversiegbaren Liebe, die keine Freude und
Befriedigung kennt, als im Hervorbringen des Schönen, beseelt von dem
Geist der Wahrheit, der allem, was er ergreift, den Odem des Lebens 50
einhaucht, gewissenhaft in ernster Arbeit, heiter in der Freiheit des Er=
findens. Alles, was den Menschen berührt, empfindet er musikalisch, und
jede Empfindung gestaltet er zum Kunstwerk; was dem musikalischen Aus=
druck dienen kann, erfaßt er mit scharfem Sinn und eignet es sich an, damit
zu schalten nach den Gesetzen seiner Kunst. Diese U n i v e r s a l i t ä t , welche 55
mit Recht als Mozarts Vorzug gepriesen wird, beschränkt sich nicht auf
die äußerliche Erscheinung, daß er in allen Gattungen der Tonkunst sich
mit Erfolg versucht hat, in Gesang und Instrumentalmusik, in geistlicher und
weltlicher Musik, in der ernsten und komischen Oper, in Kammer= und
Orchestermusik und wie man dieß weiter verfolgen will. Schon eine 60
solche Fruchtbarkeit und Vielseitigkeit wäre zu bewundern, allein an Mozart
bewundern wir ein Höheres, daß ihm das ganze Gebiet der Musik nicht
ein eroberter Besitz, sondern die angeborne Heimat war, daß jede Weise
des musikalischen Ausdrucks für ihn die notwendige Aeußerung eines
innerlich Erlebten war, daß er in jede Form ein im Geiste Erschautes 65
und in Gemüte Empfundenes barg, daß er jede Erscheinung mit der
Fackel des Genius berührte, deren heller Funke jedem leuchtet, der keine
Binde vor den Augen trägt. Seine Universalität hat ihre Schranke in

13*

der Beschränkung der menschlichen Natur überhaupt und demgemäß in
seiner Individualität, allein diese spricht sich voll und rein in jeder einzelnen Erscheinung aus.

Seine Universalität ist nicht zu trennen von der Harmonie seiner
künstlerischen Natur, welche sein Wollen und sein Können, seine Inten-
tionen und seine Mittel nie miteinander in Conflikt kommen ließ; der
Kern seines innersten Wesens war stets der Mittelpunkt, von dem
die künstlerische Aufgabe sich wie nach einer natürlichen Notwendigkeit
gestalten mußte. Was seine Sinne gewahrten, was sein Geist erfaßte,
und was sein Gemüt bewegte, jede Erfahrung wandelte sich in ihm in
Musik um, die in seinem Innern lebte und webte; aus diesem Leben
schuf der Künstler nach ewigen Gesetzen und im bewußten Bilden,
wie wir das Schaffen des göttlichen Geistes in der Natur und in
der Geschichte ahnen, jene Werke von unvergänglicher Wahrheit und
Schönheit.

Und schauen wir mit Bewunderung und Verehrung zu dem großen
Künstler auf, so ruht unser Blick mit immer gleicher Theilnahme und
Liebe auf dem edlen Menschen. Wol erkennen wir in seinem Lebens-
gang, der klar und offen vor uns liegt, die Fügung, die ihn auf diesem
Wege sein Ziel erreichen ließ, und hat ihn auch des Lebens Not und
Jammer hart gedrückt, so ist ihm die höchste Freude, welche dem Sterb-
lichen vergönnt ist, die Freude am glücklichen Schaffen im vollsten Maße
beschieden gewesen.

Auch er war unser! sagen wir mit gerechtem Stolz; denn wo
man die höchsten und die besten Namen jeglicher Kunst und aller Zeiten
nennt, da nennt man unter den ersten Wolfgang Amade Mozart.

Otto Jahn.

Schubert.
(Gallerie der deutschen Tondichter. München und Berlin 1871.)

Es ist ein gar unscheinbares einstöckiges Haus der Wiener Vorstadt
Liechtenthal, in welchem am 31. Januar 1797 Franz Schubert geboren wurde. Hier wuchs er im Kreise seiner Eltern und Geschwister
auf in jenen beschränkten Verhältnissen, welche die Existenz eines mittel-
losen, mit zahlreicher Familie gesegneten Schullehrers kennzeichnen. Zum
Glück sind meistens die Schullehrer wahre musikalische Missionäre im
Land und jedes Schulhaus eine kleine Wegkapelle musikalischer Andacht.

In Schuberts Familie waren Vater und Brüder wackere Musiker, es wurde da viel gesungen und Quartett gegeigt, und der kleine Franz so recht von Haus aus musikalisch. Seine hübsche Sopranstimme erklang [10] bald in der kaiserlichen Hofkapelle und verschaffte ihm einen Zöglingsplatz im Convict. Von seinem elften bis zum sechzehnten Jahr blieb Schubert im Convict, wo er — immer viel reicher an Ideen als an Notenpapier — schon eifrig componierte. Dann sehen wir ihn wieder im väterlichen Hause, als Schulgehilfen. Drei Jahre hielt Pegasus in diesem Joche aus, ruhig, [15] wenn auch nicht willig. Endlich wird ihm der geistige Druck doch unerträglich, er verläßt die Schulstube und wirft sich beherzt der Kunst in die Arme, die längst sein ganzes Herz erfüllte.

Hier beginnt der zweite und letzte Abschnitt seines kurzen Lebens; der Inhalt desselben ist ein ununterbrochener Strom musikalischen Schaffens. [20] Michael Vogl, einer der besten dramatischen Sänger jener Zeit, zugleich ein Mann von seltener Bildung, führte Schuberts Lieder zuerst in Privatkreise, dann in die Oeffentlichkeit ein. Mehrere Freunde des jungen Componisten bestritten die Druckkosten seines ersten Opus, des „Erlkönig", dessen günstige Aufnahme nunmehr die Verleger ermutigte, es mit der [25] Herausgabe der folgenden Hefte zu wagen.

In praktischen Dingen zeitlebens ein Kind, hat Schubert es nicht verstanden, aus seinen Werken den angemessenen Vortheil zu ziehen; doch sah er sich bald in Stand gesetzt unabhängig, wenngleich sehr eingeschränkt, zu leben. Lectionen geben war ihm (wie Beethoven) verhaßt, ein öffent- [30] liches Musikamt hat er nie bekleidet.

Mit Ausnahme kleiner Ferienausflüge und eines Sommeraufenthaltes auf dem Esterhazyschen Gute Zélecz in Ungarn lebte Schubert stets in Wien — ein stilles, unscheinbares Dasein in der glänzenden Kaiserstadt. Aus jenem ungarischen Grafenschloß stammen die häufigen [35] Anklänge an ungarische Nationalmelodien in seinen Werken. Dort entstand das reizende Divertissement hongrois, die leidenschaftliche F-moll-Phantasie zu vier Händen, und anderes.

In seinem Lebenselement fühlte sich Schubert, wenn er mit Vogl das schöne Oberösterreich und Salzburg durchzog, „frei wie ein Gott [40] und aller Not entladen". Mit offenen Armen wurden da die zwei modernen Barden allüberall, besonders in den geistlichen Stiften, aufgenommen. Schubert sollte die ihm so theueren „göttlichen Seen und Berge" nicht lange schauen. Durch die Composition der „Winterreise"

45 ungewöhnlich aufgeregt, verfiel er in eine Nervenkrankheit, die in raschem Verlauf seinem Leben ein Ende machte. Schubert starb am 19. November 1828, im zweiunddreißigsten Lebensjahre. — 1826, 1827, 1828 — es waren drei unheilvolle Jahre für die Tonkunst! Sie raubten uns nacheinander Carl M. Weber, Beethoven und Schubert.

50 Schuberts Leben bewegte sich in unscheinbarer Alltäglichkeit, ohne sichtbare Contraste von hohen Lichtern und tiefen Schatten. Ein glückliches Temperament und reiches, treues Gemüt ließ ihn wol viel inneres Glück erleben, das ihn über die Kleinlichkeit der äußeren Verhältnisse hinaus hob. Fortwährend und überall in Tönen lebend und
55 denkend, dabei offen, kindlich, ein Kind der Stimmung, hatte er im Leben viel Aehnlichkeit mit Mozart, während der Geist seiner Musik ihn mehr Beethoven nähert.

„Er war eine derbe Urnatur, wie aus tönendem Erz gegossen," sagt von ihm Bauernfeld, sein langjähriger Freund und Genosse. Welch
60 außerordentliche Begabung! An Reichtum und Eigenart der Erfindung, an melodischem Zauber und unwiderstehlicher Beredsamkeit des Herzens stand er neben Beethoven. Dabei producierte er noch reichlicher und leichter. Gegen sechshundert Lieder, zehn Melodramen und Singspiele (worunter die erst kürzlich gerettete Perle „der häusliche Krieg"), zwei
65 große Opern („Alfons und Estrella" und „Fierrabras"), sieben Symphonien, eine große Zahl von Sonaten, Trios, Quartetten und reizenden kleineren Charakterstücken schuf er in der kurzen Spanne Zeit, die ihm beschieden war. Da Schubert mit Liedern begonnen hatte, die seinen Ruhm begründet, wollte man ihn lange nur als Liedercomponisten gelten lassen.
70 Dieser Irrtum mußte in dem Maße schwinden, als Schuberts Instrumentalwerke zur Kenntnis des Publikums, ja theilweise überhaupt erst ans Licht der Oeffentlichkeit gelangten. Wenn jetzt manche im nachholen der versäumten Anerkennung so weit gehen, nicht bloß die geniale Naturbegabung Schuberts, sondern schlechtweg seine Bedeutung als Instru-
75 mentalcomponist neben die Beethovens zu stellen, so ist dieß freilich zu Gunsten eines Großen eine Ungerechtigkeit gegen einen Größeren. Niemand würde heftiger dagegen protestiert haben, als Schubert selbst, der in fast anbetender Verehrung zu Beethoven hinaufblickte, ohne (eine einzige, kurze Begegnung abgerechnet) dem Meister im Leben nahezutreten. Eine
80 glückliche Fügung ließ Beethoven auf seinem letzten Krankenlager einige Liederhefte von Schubert kennen lernen; theilnehmend blätterte er darin

und sagte zu den Umstehenden: „Ja! in diesem Schubert steckt der göttliche Funke!"

Dieser göttliche Funke hatte sich zunächst an Beethovens Flamme entzündet, um bald in eigenem, glänzendem Feuer zu leuchten. Wie das Gewaltige, Pathetische bei Beethoven vorherrscht, so bei Schubert das Reizende. Robert Schumann, dessen begeistertes Wort so viel für die Würdigung und Verbreitung Schuberts gewirkt, nennt diesen „einen Märchencharakter gegen Beethoven gehalten, bei weitem geschwätziger, weicher und breiter. Zwar bringt auch Schubert seine Kraftstellen, bietet auch er Massen auf; doch verhält es sich immer wie Weib zum Manne, der befiehlt, wo jenes bittet und überredet."

Schubert hat das Lied zu einer vor ihm ungeahnten Höhe und Bedeutung gehoben, es zu einer gradezu neuen Schöpfung gemacht. Zu Haydn's und Mozarts Zeit herrschte im Concert und im geselligen Kreise mehr die Arie als das Lied, der Richtung beider Meister (welche überdieß als Liedercomponisten den Text zu gering achteten) lag das Lied im allgemeinen fern; auch Beethoven hat es als Gattung wenig cultivirt, und was er darin geleistet, verschwindet beinahe gegen seine ganze Persönlichkeit gehalten.

Das Lied ist die einzige musikalische Kunstform, von der man sagen kann, sie habe erst nach Beethoven ihren größten Aufschwung genommen: und diesen Aufschwung verdankt sie Schubert.

Eine originelle Schöpfung Schuberts sind die Liedercyklen, welche jenes für sich selbständige Lied zugleich als den Theil eines größeren Ganzen behandeln. Seine beiden Liederkreise: „Die schöne Müllerin" und „Winterreise", beide in Schuberts letzter Zeit geschrieben, — bilden den Höhepunkt seiner Liederkunst. Wen hätten sie nicht erfreut, erhoben, entzückt!

Schließen wir diese Skizze mit den trefflichen Worten, welche ein neuerer Schriftsteller, Ehlert, den Liedern Schuberts widmet: „Würde ein höheres Wesen, mit menschlichen Dingen unbekannt, sich vertraut machen wollen mit allem, was unser Herz bewegt, ich wüßte keinen Rat, dasselbe schneller in den Besitz einer gränzenlosen Uebersicht menschlichen Seins zu versetzen, als indem ich ihm die Lieder Schuberts zeigte. Hier findet sich alles aufgezeichnet, was wir an Wonnen und Klagen besitzen. Sei müde oder aufgeregt, krank oder übermütig vor Gesundheit, sei glückselig oder unselig, sei welchen Alters und welches Volkes du willst: Franz Schubert wird dein Herz bewegen!" E. Hanslick.

Die Gesellschaft der Musikfreunde in Wien.

(Geschichte des Concertwesens in Wien, S. 144. — Wien 1869.)

So trat zu dem immer lauter ausgesprochenen Bedürfnis nach einem soliden Asyl symphonischer Musik noch die beschämende Empfindung, hinter dem übrigen Deutschland, welchem sich Wien an ausübenden Kräften doch weit überlegen wußte, in einem wichtigen Punkte der
5 öffentlichen Musikpflege zurückzustehen. Der Drang nach Concentration, nach einer Wirkung ins Große und Ganze, wurde unter den Dilettanten bald allgemeiner und beburfte nur eines äußeren Anlasses, um sich energisch zu verwirklichen. Der Wohlthätigkeitssinn der Wiener, angeregt durch ein lebhaftes patriotisches Gefühl, gab diesen äußeren Anlaß
10 und damit den Ausgangspunkt der ersten und wichtigsten Gestaltung der Association der Dilettanten oder des organisierten Dilettanismus in Wien.

Dieß war „die Gesellschaft der österreichischen Musikfreunde".

15 Für die Bewohner des im Krieg am härtesten bedrängten Marchfeldes sollte im Jahre 1812 durch eine großartige musikalische Aufführung namhafte Beihilfe herbeigeschafft werden.

Die „Gesellschaft der adeligen Frauen" nahm das milbthätige Werk in die Hand, ein Verein kunstsinniger Männer sorgte für die
20 Ausführung, die von der besonderen Theilnahme des kaiserlichen Hofes begleitet war. Am 29. November 1812 erfolgte die Aufführung von Händel's Oratorium: „Timotheus, oder die Gewalt der Musik" in der Mozart'schen Instrumentierung unter Mitwirkung von mehr als 700 Musikern in der eigens dazu hergerichteten großen k. k. Winter-
25 reitschule. Es war das erstemal, daß diese (etwa 200 Fuß lange, 65 Fuß breite) Localität für Musik benützt wurde. Der imposante Saal, dessen rings herum freistehende Säulen zwei über einander laufende Gallerien tragen, mit blauseidenen, silberbefranzten Draperien an den Geländern, mit einer Menge versilberter Hängeleuchter, Vasen,
30 Candelaber verziert, von 5000 Wachskerzen erleuchtet, gewährte den prachtvollsten Anblick.

Der „Aufruf an die Musikfreunde" (zur Mitwirkung im Chor oder Orchester) ist unterzeichnet von: Fürst Lobkowitz, Graf Fries, Gräfin Marianne Dietrichstein und Baronin Fanny Arnstein; die Ein-

ladung an das Publikum und die großen Anschlagzettel tragen die Unter= 35
schrift: „Von der Gesellschaft adeliger Frauen zur Beförderung des
Guten und Nützlichen". Hoffekretär v. Mosel leitete das Ganze am
Dirigentenpult, Andreas Streicher am Clavier; die Solosänger waren
durchwegs Dilettanten. Nur die Blasinstrumente und Contrabässe im
Orchester waren durch eine Anzahl Fachmusiker verstärkt. 40

Die Wirkung dieser Aufführung war so zündend, daß „Timotheus"
am 3. December unter dem gleichen Zudrang wiederholt wurde. Der
materielle Zweck der Unternehmung war glänzend erreicht. Den
Männern, welche sie leiteten, war aber ein Gedanke nahe gerückt, der
für die Entwickelung des Musiklebens in Wien von großer Bedeutung 45
geworden ist.

Kurz nach dem Musikfest ergieng nämlich von dem um das Unter=
nehmen hoch verdienten Regierungsrat Josef Sonnleithner ein
schriftlicher Aufruf zu einer dauernden Vereinigung von Musikfreunden,
um die Förderung der Musik durch gediegene Aufführungen und die 50
Gründung eines Conservatoriums anzustreben. Der Aufruf fand
den lebhaftesten Anklang, von allen Seiten liefen Beitritts= und Unter=
stützungs=Erklärungen ein, und der Verein trat ins Leben unter dem
Titel: „Gesellschaft der österreichischen Musikfreunde". Im
Jahre 1814 — wenige Tage nachdem der Verein bei einem Hoffeste 55
vor den zum Congreß versammelten Monarchen Händel's „Samson"
aufgeführt hatte — erhielten seine Statuten die Sanction des Kaisers
Franz I.

Diese Aufführung des „Samson" war für den jungen Verein von
großer Bedeutung. Hatte ihm „Timotheus" die musikalische Weihe 60
ertheilt, so verdankte er „Samson" die Kraft, officiell zu bestehen. Das
Wolgefallen der versammelten Herscher von Europa wirkte mit Treib=
hauswärme auf das Entfalten der Knospe.

So war durch den werkthätigen Enthusiasmus der Dilettanten der
österreichischen Hauptstadt ein Institut gegeben, welches fortan auf die 65
Entwickelung und Leitung der Musikzustände einen bedeutenden Einfluß
geübt hat und gegenwärtig nach mehr als fünfzigjährigem Bestehen die
oberste musikalische Stelle in Wien einnimmt.

E. Hanslick.

Volksgesang in Oesterreich.

(Aus dem Concertsaale. Kritiken und Schilderungen. Wien 1870, S. 23.)

Längst ist erklärt und anerkannt, wie der Charakter jedes Volkes sich in seinen Melodien spiegelt, und diese zu einer tieferen Kenntnis des= selben unentbehrlich sind; für uns haben Volkslieder außerdem noch den hohen ästhetischen Wert, die letzten Reste naiver Kunst zu sein, die
5 „Kunst vor der Kunst", wie ein neuerer Autor sinnreich umschreibt. Wie bedenklich für den Politiker die große Mannigfaltigkeit der Nationen ist, welche Oesterreich vereinigt, so unschätzbar erscheint sie dem Aesthetiker. Welcher Reichtum an Lebensformen, in denen die Phantasie dieser Völker sich ausgeprägt hat, welche Fülle an Charakteristik in ihren Trachten,
10 Gebräuchen, Bauten, Gedichten und vor allem in ihren National= melodien! Die musikalische Grundmacht, die Oesterreich allein in seinen Volksliedern besitzt, stempelt es zum ersten Musikstaat der Welt.

Obenan stehen die Italiener. Sie singen zu jeder Zeit, an jedem Ort, sie leben im Gesang, zu welchem sie von der Natur selbst
15 auserlesen scheinen, indem diese ihnen die besten Kehlen verlieh. Die welschen Lieder strömen lauter Ebenmaß und Wolklang, sie sind im vorzugsweisen Sinn des Wortes musikalisch. Weit entfernt, sich auf eine bestimmte Taktgattung, einen gleichen Rhythmus, auf Dur oder Moll zu beschränken, wie die ungarischen, kärntischen u. a., verwenden
20 sie mit merkwürdiger Freiheit die musikalischen Ausdrucksmittel. Der complicierte Sechsachtel= und Neunachtel=Takt, den viele Nationen gar nicht kennen, erscheint neben den übrigen Taktarten äußerst häufig, die Taktzahl der Perioden, so wie die Modulation ist mannigfach, ein Wechsel im Rhythmus tritt meist am Schluß des Liedes rechtzeitig ein, wo die
25 Bewegung anfienge, monoton zu werden; das Ganze fließt ohne Ecken klar und durchsichtig wie Oel, daß der größte Meister nichts zu ver= ändern hätte. Selbst für sein Trällern wählt der Italiener die melodi= schen Silben „olilalî lalê" und ähnlich, während der Deutsche, „dibel= dum drum dum" singt. Gegen die slavischen oder magyarischen Gesänge
30 stehen die welschen an charakteristischer Eigentümlichkeit zurück, übertreffen sie aber an rein formaler Schönheit. Es ist, als rollte ein Mozart'scher Blutstropfen in jedem Volksliede Italiens. Der Grundzug der italienischen Nationallieder ist fröhliche Aufregung, schwermütiger Leichtsinn, warme, beredte Zärtlichkeit.

Wie die Italiener von Natur zum Gesang, so scheinen die Czechen für Instrumentalmusik berufen zu sein. Es gibt kein Land, wo die liebevolle Ausübung der Musik so sehr in die Masse gedrungen wäre als in Böhmen; das ganze Volk ist ein Musiker. Auch den Gesang hegt der Czeche, trotz dem Italiener; er singt viel, nur in der stilleren, gesammelten Weise dieser Nation, schon mehr dem Gesang als dem Singen zu lieb. Bei den schwersten Arbeiten kann man in Böhmen die Mägde, Knechte, Gesellen singen hören und das richtige Gehör bewundern, mit welchem die tieferen Stimmen secundieren. Die Erben'sche Sammlung gibt einen beiläufigen Begriff von dem Reichtum an czechischen Volksliedern; schade, daß man es verschmähte, sie durch Unterlegen deutscher Uebersetzung einem größeren Publikum zugänglich zu machen.

Die Czechen stehen in musikalischer Hinsicht den übrigen Slaven Oesterreichs weit voran, namentlich singen die südlichen Stämme weniger. Die Mährer theilen die Volkslieder Böhmens, wenigstens deren Charakter, die Polen besitzen ein eigentümliches Element in dem Mazur. Die Südslaven sind ein mehr dichtendes als musicierendes Volk. In Krain hört man wenig Gesang, außer einigen monotonen slavischen Liedern viele bekannte „Steirer", denen slovenische Worte untergelegt sind. Es mag etwas Richtiges zu Grunde liegen, wenn jemand behauptete, „die Südslaven haben schöne Volksdichtungen, aber sie singen sie nicht". Die Melodien, welche die Serben zur Gusla singen, dürften musikalisch von geringer Bedeutung sein, indem sie vorherschend recitativisch bestimmt sind, die epischen Erzählungen, nach Art der altgriechischen Rhapsoden, zu begleiten und rhythmisch zu heben. Eine Aufschreibung der südslavischen Melodien wäre jedoch von größtem Interesse, namentlich seit durch Vuk Stephanovich und die Uebertragungen von Anastasius Grün, Kapper, Frankl u. A. den poetischen Schätzen dieser Nation die allgemeine Theilnahme und Bewunderung gefolgt ist.

Der musikalische Charakter der slavischen Volkslieder ist, trotz der bedeutenden Mannigfaltigkeit in den czechischen, ein typisch ausgeprägter. Die Molltonart, der zweitheilige Takt, das langsamere Tempo walten vor, die höchst eigentümlichen rhythmischen Gestaltungen sind bekannt. Im Ausdruck sind sie ernst, schwermütig, weich, selbst in der Lustigkeit (wo sich der Slave, den Dreivierteltakt verschmähend, meist schnell in den Dreiachteltakt stürzt) nicht frei von jener Gedrücktheit, welche auf historischen Schmerz deutet.

Zu den merkwürdigsten Volksliedern gehören die m a g y a r i s ch e n. So eigen und von allen übrigen Nationen gesondert dieß Volk rätselhaften Ursprungs ist, so gekennzeichnet sind auch seine Melodien. In ihrer Zweitheiligkeit, ihrem Periodenbau von immer 4 zu 4 Takten, ihrem straff markierten, meist Viertel mit Sechzehnteln abwechselnden Rhythmus sind sie augenblicklich kennbar. Ihre Seele ist glühend mit Ausdauer, leidenschaftlich mit Bewußtsein, sinnlich, kraftvoll, todesverachtend, in allem aber fest und männlich, mögen nun die Sporen klirren oder die Kette.

Wenn wir die Volksgesänge der österreichischen Monarchie in großen Gruppen einander gegenüberstellen, so müssen wir die Alpenländer Oberösterreich mit Salzburg, Steiermark, Tirol und Kärnten unter eine zusammenfassen. Die Natur kennt nun einmal keine Eintheilung in Kronländer oder Herzogtümer, und was im verwandten Naturgrund wurzelt, das bleibt sich ewiglich verwandt in allen Lebensäußerungen. So wie die körperliche Organisation, die Umgebung, die Sitte, die Geschichte der österreichischen Alpenbewohner im Großen und Ganzen dieselbe ist, so muß auch ihr geistiges Abbild, das Volkslied, gleichen Grundtypus tragen. Gar viele Melodien gerieten von dem einen Alpenland ins andere und wurden da heimisch, weil sie heimischen Grund fanden; nicht wenige vielleicht erblühten von selbst, sowol in dem einen als dem andern Nachbarland, wie die Alpenrose auf gleichem Boden hier und drüben wächst, ohne daß jemand sie eigens verpflanzt hätte.

So behebt sich füglich der oft erhobene Streit, ob dieses oder jenes Volkslied steirisch sei oder kärntisch. Selbst der meist unmögliche historische Nachweis, die streitige Melodie sei kärntisch, hätte sehr prekären Wert, denn sie ist es nicht mit Notwendigkeit, sie könnte eben so steirisch sein. Gewiß aber wird sie niemand für slavisch oder magyarisch halten, und dieß ist die sicherste, praktische Probe unserer Eintheilung. Innerhalb der gemeinsamen Familienähnlichkeit fehlt es freilich nicht an feinen bezeichnenden Unterschieden, welche ein durch längeren Aufenthalt geübtes Ohr den Liedern der verschiedenen Gaue abgewinnt. Tirol sondert sich von den östlichen Alpengruppen noch am schärfsten ab. Wie seine Bewohner die kühnsten, seine Berge die höchsten und schroffsten sind, so charakterisieren sich seine Lieder durch das kühne Aufschwingen nach der Sext und Octave, das plötzliche Abbrechen der Periode, das kurze Jodeln mitten in der Strophe.

Ein hoher Standpunkt musikalischer Begabung läßt sich den öster= reichischen Alpenbewohnern nicht einräumen, ihre Lieder hängen viel zu [110] fest mit dem Naturgrunde zusammen, auf dem sie entstanden. Die weiten Sprünge ihrer Intonation, das Aushalten der Töne, der Jodler sind Erscheinungen, welche die Natur der Berge erschaffen hat. Wie die Sennerinnen oder Gemsjäger von den benachbarten Höhen einander zurufen oder vereinzelt das Echo locken: wir finden es auf der Stufe [115] künstlerischer Gestaltung in ihren Liedern wieder. Dem Alpenländer ist im Singen nicht die Musik Hauptsache, wie dem Italiener oder Czechen, sondern der Hall, der Klang, das Elementarische des Tones. Deutlich zeigt dieß der Jodler, deutlich der übliche Vortrag, welcher mitten im Satz lange Koronen aushält, um den Hall zu locken. Es [120] begreift sich, daß das musikalische Feld, auf welchem die Erfindung der Alpenländer sich bewegt, ein beschränktes ist, und sie alle einander ähneln. Am auffallendsten ist die ausschließliche Anwendung des Drei= vierteltaktes. In der Herbertschen Sammlung, welche fünfzig Lieder aus Kärnten enthält — eben so, wenn wir nicht irren, in der Baumann'schen [125] und Spaun'schen — kommt kein anderer als der Dreivierteltakt vor; auch ist uns außer dem kurzen Dreiachteltakt, der einigen steirischen Liedern als Coda angehängt wird, keine Ausnahme bekannt. Ihre rhythmische Gliederung bindet immer zwei zu zwei Takten, die Tonart steht in Dur, moduliert wird gar nicht, der Rhythmus bleibt durch das ganze Lied un= [130] verändert, das Tempo meist langsam, behäbig, etwa sich zum Allegretto beschleunigend.

In diesem engen Gebiet aber haben die Alpenbewohner Lieder, die zu dem Frischesten und Herzlichsten gehören, was die Volksmusik aller Länder aufzuweisen hat; namentlich sind einzelne Naturlaute von einer [135] Ursprünglichkeit darin, daß sie wie Gebirgsfrische und Waldesduft auf den Hörer eindringen, und man aufjauchzen möchte vor Bergeslust. So das häufige freie Anschlagen der None und Undezime.

Die Dichtungsart der österreichischen Alpler ist durchaus das „Gstanzl", das, vielfach umgestaltet und improvisiert, einen abge= [140] schlossenen, oft wahrhaft poetischen Gedanken in vier Zeilen ausspricht. Diese gesungenen Vierzeilen sind unsern Alpenbewohnern eigentümlich und der Kern ihrer Volkspoesie, deshalb von ungleich höherer Bedeu= tung, als die analogen „Dana" der Ungarn und „Viže" der Slovenen. Der Text ist hierbei das Wesentlichere vor der Musik, welche oft nur [145]

die notwendige Grundlage abgibt, auf welcher Dutzende von neuen
„Gstanzln" improvisiert werden. Mit den Melodien wird ziemlich unge-
niert verfahren, bald wird die Musik von einem Lied zu dem Text eines
andern gesungen, bald der umgekehrte Tausch vorgenommen. Da den
150 österreichischen Alpenbewohnern die Poesie nur zur unmittelbaren Aussprache ihrer Gemütsstimmung dient, so verändern und erneuern sich
ihre Volksgesänge immerfort, während die Lieder der Slaven sich Jahrhunderte lang fortpflanzen. Der Slave versenkt sich in die Vergangenheit, den Alpenbewohner kümmert nur die Gegenwart; darum hat dieser
155 auch keine Spur von Ballade oder Epos, welche den Reichtum der slavischen Volkspoesie ausmachen. Einige „Gstanzln" von Napoleon und
Kaiser Franz, deren sich hie und da noch ein Alter erinnert, sind die
einzige und am weitesten zurückreichende Geschichtspoesie in den Alpen.

Die österreichischen Alpenmelodien athmen durchaus den Ausdruck
160 gemütlicher, maßvoller Fröhlichkeit, ruhigen Behagens, mehr des Lebens
als der Lebendigkeit, mehr der Kräftigkeit als der Kraft. Alles Tief-
sinnige oder Leidenschaftliche liegt ihnen weit ab, sie verkünden die zu-
friedene, nur selten leicht getrübte Stimmung eines Naturvolkes, welches
in reiner Lyrik dem Heute lebt. E. Hanslick.

§. 25. Dichtkunst.

Wenn die bildenden Künste den rohen, greifbaren Stoff mit der Hand bear-
beiten, die Tonkunst durch die bewegte Luft auf das Ohr wirkt, ihre Werke also auch
außerhalb des Menschen existieren: bildet sich das sprachliche Kunstwerk, nachdem es
vom schaffenden Geiste ausgegangen, erst im aufnehmenden Geiste des Hörers und
Lesers, und existiert in der äußern Welt eigentlich nicht. — Was an der Dichtkunst
sinnlich d. h. hörbar oder sichtbar ist, die Laute und Buchstaben, kann nicht als das
poetische Kunstwerk, sondern nur als vermittelndes Element gelten zwischen dem Geiste
des Dichters und des Hörers. — Das dichterische Werk existiert nur in dem Momente
wirklich, als es von der Phantasie aufgenommen wird; es steht nicht
fertig vor uns, wie ein Gebäude oder ein Bild.

Die Sprache, als Material der Dichtkunst, ist nicht bloß sinnlicher, sondern
auch geistiger Natur. Nicht bloß die hörbaren Laute, die durch die Schriftzeichen sichtbar werden, sondern auch der logische Prozeß der Bildung von Begriffen, Urtheilen und
Schlüssen, die Wahl der Bilder und Umschreibungen gehört zum Wesen der Sprache.
Diese Doppelseitigkeit des Materials ist entscheidend für das Wesen der Dichtkunst.

Wenn in den übrigen Künsten das rein sinnliche Material (Stein, Farbe,
Ton) durch das Genie des Künstlers jene Form erhält, welche auf unsern Geist ästhetisch wirkt, in demselben Ideen wachruft, so ist es in der Dichtkunst mit dem Formen

des sinnlichen Materials nicht abgethan: sie muß nicht bloß die Worte als Laute, sondern auch die Gedankenwelt, die Anschauungen der Phantasie künstlerisch gestalten. — Ein wolklingender Vers ist noch keine Poesie. Mit der poetischen Form muß sich der poetische Gedanke vereinigen. —

Die Dichtkunst steht mit der Tonkunst in innigster Verbindung: ja im rhythmisch geordneten Verse hat sie selbst etwas musikalisches an sich. — Die Weise (Melodie) ist des Wortes Schmuck und Zier vom einfachsten Volksliede bis zum erhabenen Psalm. Die Tonkunst ergänzt gleichsam die Ausdrucksfähigkeit der Sprache, viele Tonwerke beruhen auf dem Zusammenwirken der beiden Künste. — Zu den bildenden Künsten steht die Dichtkunst in keiner directen Beziehung. Den Ausspruch des Simonides, die Poesie sei eine redende Malerei, hat Lessing in seinem „Laokoon" widerlegt.

Obwol die Kunst der Sprache unter allen Verhältnissen dieselbe bleibt, hat man doch Volkspoesie und Kunstpoesie unterschieden. Jakob Grimm versteht darunter das, was unter dem ganzen Volke lebt, und was durch Nachsinnen gebildeter Menschen geschaffen wird. Die eine ist einfach in Form und Inhalt, allgemein verständlich: die andere oft kunstvoll im Ausdrucke, voll hoher Gedanken, häufig nur dem gebildeten Geiste zugänglich. — Dieser Gegensatz läßt sich durch die ganze Literaturgeschichte verfolgen: nur waltet anfangs die Volkspoesie vor, später bei Fortschreiten der Schulbildung die Kunstpoesie. —

Ein anderer Gegensatz, der einerseits im Material der Dichtkunst, der Sprache, anderseits in der geistigen Thätigkeit des Menschen überhaupt hervortritt, ist der von Poesie und Prosa. —

Im allgemeinen faßt man ihn als Dichtung und Nichtdichtung, Kunst und Nichtkunst auf. So heißt Poesie alles, was die schaffende Phantasie erfindet, und Prosa bezeichnet die reine Verstandesthätigkeit. Man gebraucht diese Ausdrücke nicht bloß von der sprachlichen Kunst, sondern auch von den übrigen Künsten und spricht z. B. von einer Poesie architektonischer Formen und der Prosa des Bauhandwerks. — Für das Gebiet der Sprache haben diese Worte auch noch eine andere Bedeutung. Man versteht darunter nämlich die gebundene und ungebundene Rede. — Diese sprachlichen Formen sind aber keineswegs an einen bestimmten Inhalt gebunden: Poesie sowol als Prosa kann in gebundener und ungebundener Rede erscheinen. Aber weil die gebundene Rede dem poetischen, die ungebundene dem prosaischen Inhalte angemessener ist, so hat man sich gewöhnt von der Form auf den Inhalt zu schließen und die Ausdrücke Poesie und Prosa vorwiegend von der Form zu gebrauchen.

Diesem Gegensatze entspricht das, was man Kunst der Prosa und Verskunst nennt. Darunter versteht man eine sorgfältig, geistig und lautlich durchgebildete Prosadarstellung, und eine vollendete rhythmische Gliederung der Sprache, ohne an eine eigentliche Kunstthätigkeit im höhern Sinne zu denken. Beide aber (Prosa und Vers) bilden die notwendigen Grundlagen der Dichtkunst. —

§. 26. Kunst der Prosa.

Der einfache, klare und bündige Gedankenausdruck, d. h. der Prosastil in engerem Sinne, der nur praktischen Bedürfnissen dient, gehört nicht in das Gebiet der Kunst. — Aber der ungebundenen Rede sind auch gewisse Schönheiten eigen, die

nicht durch das Bedürfnis des einfachen Gedankenausdrucks geboten, ihr einen ästhe=
tischen Charakter verleihen. Diese Kunst der Prosa ist ganz unabhängig von einer
poetischen d. h. rhythmischen Form und begegnet sowol in eigentlich dichterischen, als
in rhetorischen und rein wissenschaftlichen Darstellungen.

Die Kunst der Prosa beruht sowol auf der Wahl der Worte, als auf den
Redewendungen, dem Bau der Sätze. Edle, treffende und kräftige Ausdrücke,
lebendige Bezeichnungen verleihen der Sprache Würde und Anmut. — Diese Eigen=
schaften hängen von den Beziehungen der Begriffe, dem Sinn der Worte ab und ge=
hören der geistigen Seite der Sprache an. —

Ihre sinnliche Schönheit ist bedingt durch den Wollaut (Enphonie), die Har=
monie der hörbaren Laute, welche die Vermeidung vieler gleichklingenden Vocale und
angehäufter, schwer auszusprechender Consonanten erfordert. — Auch bei Rede=
wendungen ist einerseits ein geistiges Moment, die Beziehung der Begriffe, ander=
seits der sinnliche Wollaut (Eurhythmie) in den Wortreihen zu beachten. — Wort
und Wendung bilden den Hauptschmuck der Sprache. Sie geben dem Gedankenausdruck
Kraft und Lebendigkeit, erhöhen die Klarheit, und verleihen demselben ästhetischen Reiz. —

Die Hauptmittel, die Schönheit und Wirksamkeit der Sprache zu erhöhen,
nennt man mit dem Ausdrucke der alten Grammatiker Tropen und Figuren. —

Die Tropen (Wendungen) gebrauchen die Worte nicht in ihrer eigentlichen, ur=
sprünglichen, sondern in einer uneigentlichen, übertragenen Bedeutung; die Figuren
verändern nicht die Bedeutung, sondern nur die Stellung der Worte im Satze. Jene
geben Bilder statt der Begriffe und erhöhen die Anschaulichkeit, diese verleihen den
Gedanken eine ungewöhnliche Form und steigern die Eindringlichkeit der Rede. —
An sich der Prosa eigen, sind aber Tropen und Figuren auch der rhythmischen Rede
unentbehrlich.

A. Tropen.

Die Hauptarten der Tropen sind die Metapher, die Metonymie und die
Hyperbel. —

a) Die Metapher setzt statt des eigentlichen Gegenstandes dessen Bild, mit
dem er vergleichbar ist. Sie beruht also auf der Aehnlichkeit der Vorstellungen, ist
der Tropus der Aehnlichkeit. Es werden sinnliche Begriffe vertauscht, wie: der
Schiffe mastenreicher Wald, der Winter des Lebens; oder es wird das Sinnliche ver=
geistigt, wie: es schweigt der Sturm, es flieht der Tag; oder man versinnlicht
das Geistige, z. B.: die Säule des Staates, die Milch der frommen Denkart, ein
lügenhaft Gewebe knüpfen. Endlich können auch abstrakte Vorstellungen mit einander
vertauscht werden z. B.: Nur der verdient die Freiheit und das Leben, der täglich sie
erobern muß.

Der Metapher verwandt ist die Personifikation (Prosopopöie), indem sie
abstrakten Begriffen, leblosen Dingen, Naturerscheinungen, menschliche Eigenschaften
beilegt, die den wirklichen Eigenschaften derselben ähnlich sind. Es gibt eine allie=
gorische und eine mythologische Personifikation.

Die erste gibt unpersönlichen Dingen Persönlichkeit und läßt sie als solche
handeln. In der Plastik und Malerei erhalten sie vollständige menschliche Gestalt,
die aber durch ein Attribut näher bestimmt werden muß. Beispiele allegorischer Per=

sonifikation bieten Goethe's „Dichterweihe", worin die Dichtkunst als göttlich Weib auf Wolken schwebend erscheint, und dessen „Faust", in welchem der Geist der Erde, als wirkliche Person, und die Abstraktionen: Mangel, Schuld, Sorge, Not als graue Weiber auftreten. Die Künste selbst führt Schiller in seinem bekannten Festspiele als Gestalten vor. —

Die m y t h o l o g i s c h e Personifikation stellt nicht nur das Unpersönliche im Bilde der Persönlichkeit dar, sondern macht diese auch zum Gegenstande göttlicher Verehrung. — Darauf beruht die ganze Mythologie der Völker, welche z. B. den Donner bald als Zeus, bald als Donar verehrt. Diese Personifikationen bieten der Plastik wie der Dichtkunst die würdigsten Stoffe. —

b) Die M e t o n y m i e entsteht, wenn zwischen den vertauschten Begriffen nicht, wie bei der Metapher, eine Aehnlichkeit, sondern eine andere geistige oder sinnliche Beziehung waltet. Eine Metonymie setzt die Wirkung statt der Ursache, das Zeichen für den Gegenstand, den Ort statt des Dinges, das Werkzeug für den Träger, den Feldherrn für das Heer. Häufig wird auch der Theil und das Ganze, die Gattung und die Art, das Abstractum und Concretum, die Einzahl und Mehrzahl, zwischen denen ebenfalls geistige Beziehungen walten, vertauscht. Doch nennt man den Tropus in diesem Falle S y n e k d o c h e. Ein Unterschied zwischen Metonymie und Synekdoche liegt nur darin, dass erstere meist auf sinnlichen, letztere auf logischen Beziehungen beruht, z. B. Das Auge des Gesetzes wacht. Nicht blind mehr waltet der eiserne Sper. Ihm glänzte die Locke silberweiß. — Beim festlichen Krönungsmale saß König Rudolfs heilige Macht. — Wenn freche Willkür an das Heilige rührt. — Wo sich, nah der Natur, menschlich der Mensch noch erzieht. — Ganz Griechenland ergreift der Schmerz. —

c) Die H y p e r b e l steigert den Gedanken ins Uebermäßige, vergrößert alle Umstände weit über das Maß der Wirklichkeit, um einen stärkeren Eindruck hervorzubringen. Die Neigung zum Hyperbolischen ist der menschlichen Natur tief eingeprägt, und dieser Tropus begegnet häufig, wie die Metapher. Eine lebhafte Empfindung, Begeisterung, glühende Leidenschaft fordern hyperbolische Ausdrücke. Selbst unsere kühlen Höflichkeitsformeln sind Hyperbeln. — Z. B.: O daß ich durch die ganze Natur das Horn des Aufruhrs blasen könnte, Luft, Erde, Meer gegen das Hyänengezücht ins Treffen führen! (Schiller). — Arm in Arm mit dir fordre ich das Jahrhundert in die Schranken. (Sch.) — Den Holofernes töten, auslöschen den Blitz, der mit dem Weltbrande droht! (Hebbel).

B. Figuren.

Jede sprachliche Figur ist eine Abweichung vom gewöhnlichen Satzbaue, vom einfachen Gedankenausdrucke. Will man jede einzelne solcher Abweichungen mit Namen bezeichnen, erhält man eine lange Reihe von Figuren, deren Unterscheidung und Benennung nicht allgemein feststeht.

Als die wichtigsten Redefiguren sind hervorzuheben:

a) Die A n r e d e, F r a g e und A u s r u f u n g, gewöhnlich als Ausdruck innerer Erregung, der Verwunderung, als Aufschrei der Leidenschaft, des Entsetzens; z. B.: Fahnen, gute, alte Fahnen, die den Cid so oft begleitet, rauschet ihr nicht in den Lüften traurig? — Ist die Hölle losgelassen? stürzt alles auf mich ein? — Wie

Egger.   14

das Becken schwillt! Wie sich jede Schale voll mit Wasser füllt! — Welche Miene! welche Blicke! —

b) Die Wiederholung und Steigerung (Klimax). Beide bringen den Gedanken mehrfach zum Ausdrucke; entweder werden dieselben Worte wiederholt, oder es wird der Ausdruck stufenweise verstärkt, z. B.: Ja, ich bins, du Unglückselige! bins, den alle Wälder kennen, bins, den Mörder Bruder nennen, bin der Räuber Jaromir! (Grillparzer). — Vollendet! Gehorcht dem Dämon, der euch sinnlos wütend treibt! Ehrt nicht des Hausgotts heiligen Altar! Vor eurer Mutter Aug zerstört euch mit euren eignen, nicht durch fremde Hände! (Schiller).

c) Der Gegensatz, (Contrast, Antithese), das Paradoxon, die Ironie. — Die erste Figur hebt die Kraft der Rede durch Nebeneinanderstellung entgegengesetzter Gedanken; die zweite gibt der Sprache durch Zusammenstellung des scheinbar Unvereinbaren, Widersprechenden erhöhten Reiz, die dritte sagt das Gegentheil von dem, was eigentlich gemeint ist und wird oft zum beißenden Spotte (Sarkasmus). Z. B.: In das wilde Fest der Freuden mischte sich der Wehgesang. — Leicester: Junger Mann! Ihr seid zu rasch in so gefährlich dornenvoller Sache. Mortimer: Ihr — sehr bedacht in solchem Fall der Ehre. (Schiller). — Zum Entsetzen meisterhaft! (Platen). Wagner: Wie wirs dann so herlich weit gebracht! — Faust: Ja bis an die Sterne weit! (Goethe).

d) Das Gleichnis ist den Tropen verwandt, indem es die Anschaulichkeit erhöht, ist aber auch zu den Figuren zu zählen, weil es das Wort nicht in uneigentlicher Bedeutung nimmt, und die Rede eindringlicher macht. — Einfache Gleichnisse erfordern nur einen kurzen Nebensatz mit wie; ausgeführte Gleichnisse füllen ganze Perioden und stimmen nicht immer in allen einzelnen Zügen mit dem Gegenstande überein. — Gleichnisse liebt sowol die wirkungsvolle Rede, als die epische Poesie. Z. B.: Kaum fühlt das Thier des Meisters sichre Hand: ein Geist, ein Gott erhebt es sich. Sch.

§. 27. Verskunst.

Die Sprachkunst begnügt sich nicht mit der Eurhythmie der Prosa, die gefällige Folge wolklingender Laute; sie gibt den Silben eine noch strengere Ordnung, indem sie den Wechsel von Hebungen und Senkungen nach einem bestimmten Zeitmaße regelt und dadurch das musikalische Gesetz des Rhythmus auf die Sprachlaute überträgt. Dadurch entsteht die rhythmisch geordnete Zeile, der Vers. Dieser gilt als die eigentliche Form der Dichtkunst, als die poetische Form geradehin.

a) Quantität und Accent.

Für den Bau des deutschen Verses kommt sowol die Quantität (Tondauer) als der Accent (Tonstärke) der Silben in Betracht.

Die Quantität beruht auf dem Lautgehalt der Silben d. h. auf den Vokalen und Konsonanten, welche eine Silbe bilden. Lange Vokale, Diphthonge, schwere oder gehäufte Konsonanten erfordern zu ihrer Aussprache mehr Zeit, als kurze Vokale leichte oder wenige Konsonanten. Jene machen die Silbe lang, diese lassen dieselbe als kurz erscheinen. In dem Satze z. B. „Bäume tragen Blüten und Früchte" sind alle Hauptsilben lang und nur die Nebensilben e und en kurz.

Der Accent besteht in einer Verstärkung und Erhöhung des Tones, wodurch sowol lange als kurze Silben vor andern hervorgehoben werden. — Der Accent fällt also seiner Natur nach nicht mit der Quantität zusammen. Auch gibt es Abstufungen der Tonstärke, einen Hauptton und einen Nebenton, Hochton und Tiefton genannt, oder Accent ersten und zweiten Grades. Außerdem heißen Silben, die kein Accent trifft, unbetont, tonlos. — Alle drei Tonstufen sind z. B. im Worte „Vaterland" vertreten. — Der Accent (Hochton und Tiefton) kann auf langen oder kurzen Silben ruhen; tonlos können ebenfalls lange oder kurze Silben sein.

Quantität und Accent walten übrigens ebenso in der Prosa, wie im Verse; sie haften auf jeder ausgesprochenen Silbe ohne Rücksicht auf einen bestimmten Rhythmus.

b) Hebung und Senkung.

Der Rhythmus des Verses beruht auf einem regelmäßigen Wechsel von Hebungen (Arsis) und Senkungen (Thesis), auf einem Auf- und Abwogen des Tones, so daß die Hebungen die Wellenberge, die Senkungen die Wellenthäler vorstellen. Der Charakter eines jeden Verses wird durch die Zahl der Hebungen (Arsen) bestimmt und ein Grundgesetz der Rhythmik besteht darin, daß regelmäßige Pausen die einzelnen Hebungen von einander trennen. Diese Pausen sind die Senkungen.

Der Rhythmus kann nun ein quantitierender sein, wenn die lange Silbe bestimmt der Hebung, die kurze der Senkung zugewiesen wird, oder ein accentuierender, wenn die Stellung der Silben im Rhythmus des Verses nicht von der Quantität, sondern vom Accente abhängt.

Die Worte behalten im Verse den Accent, den sie in Prosa haben; ein Vers ist schlecht gebaut, der ihnen eine andere Betonung aufdrängt. — In Platens Pentameter z. B. „Bleiben der Stolz Deutschlands, bleiben die Zierde der Kunst" ist: die hochtonige Silbe: Deutsch in die Senkung, die tieftonige: land in die Hebung gedrängt.

Einsilbige Wörter, welche an und für sich keinen Accent haben, erhalten denselben erst durch ihre Stellung zu andern und können das eine mal für die Hebung, das andere mal für die Senkung geeignet erscheinen. — Auch in mehrsilbigen Wörtern kann der Accent wechseln nach Maßgabe der folgenden Silben. — Eine starke oder schwache Silbe hat Einfluß auf die Betonung vorhergehender Silben, wenn deren Accent nicht ohnedieß schon feststeht. — In solchen Fällen bestimmt der Rhythmus des Verses den Accent und wir betonen anders als in Prosa, ohne daß es unnatürlich oder gezwungen klänge. z. B. in den Versen:

„Es rottet sich im Sturm zusammen" —

und „Rollt um sich selber fürchterlich"

steht das Wort sich einmal in der Hebung, dann in der Senkung. — Ferner erhalten in den Versen:

„Das furchtbare Geschlecht der Nacht" (Schiller)

und „Ihr Haupt nur wiegt ein lieblicher Gedanke hin und her (Platen),

tonlose Silben e und er den Versaccent und treten in die Hebung. Wir lassen sie als schwache Arsen gelten, obwol sie in Prosa nie einen Accent haben.

c) Malerei.

Wie von einer Tonmalerei in der Musik, so spricht man von einer rhythmischen und Lautmalerei in der Poesie. Der Dichter kann nämlich einen Gedanken nicht bloß durch Worte ausdrücken, sondern noch überdieß durch langsamen
und raschen Rhythmus, durch dunkle und helle Laute musikalisch andeuten. Man nennt
dieß im Verse rhythmische und Lautmalerei.

Wenn Voß sagt:

„Hurtig mit Donnergepolter entrollte der tückische Marmor"

so erfahren wir nicht nur, was geschieht, sondern hören auch das Geräusch der Bewegung durch die Laute und den Rhythmus.

Auch in den Goethe'schen Versen:

„Wind ist der Welle lieblicher Buhler
    Wind mischt von Grund auf schäumende Wogen"

ist die rhythmische und Lautmalerei unverkennbar.

d) Deutscher Vers.

Der deutsche Vers hat stets einen accentuierenden Rhythmus, weil nicht
die Länge und Kürze, sondern in erster Linie die Kraft des Tones die Stellung der
Silbe in der Hebung und Senkung bestimmt. — Da aber die Theorie der deutschen
Metrik (nicht die Verskunst selbst) sich erst ausgebildet hat, seit man begonnen, den
quantitierenden Vers der Griechen und Römer nachzuahmen, hat man auch für den
deutschen Vers lange und kurze Silben unterschieden, während man nur nach dem
Accente hätte starke und schwache unterscheiden sollen. — Um diesen Widerspruch
zu lösen, hat man neben der prosodischen Länge eine metrische angenommen und
sagt: Sobald die Silbe kraft des Accentes in die Hebung zu stehen kommt, wird sie
metrisch lang, d. h. sie gewinnt zugleich jene Dauer, welche für den Rhythmus an
dieser Stelle notwendig ist. — Alles, was in die Senkung fällt, gilt somit als
metrisch kurz, wenn es auch prosodisch lang wäre. Wir eilen darüber hinweg,
weil die Silbe nicht accentuiert, d. h. schwach ist. — Z. B.:

Endlich, ihr Väter Jerusalems! müssen wir etwas beschließen,
Und mit gewaltigem Arm den Widersacher vertilgen.

Klopstock.

Als Grundregeln des deutschen Verses ergeben sich folgende:

1. Der Vers muß so gebaut sein, daß durch seinen Rhythmus die natürliche
Accentuierung so wenig als möglich gestört wird.

2. In der Hebung (Arsis) kann jede Silbe stehen, welche sich durch den Accent
ungezwungen gegen die ihr benachbarten hervorheben läßt, gleichviel ob sie prosodisch
lang oder kurz ist. Aber für kräftige Arsen passen nur hochtonige Silben.

3. In der Senkung (Thesis) stehen entweder tieftonige oder tonlose Silben,
nie hochtonige. — Auch sie können lang oder kurz sein; nur müssen sie die Pause
ausfüllen, welche der Rhythmus des Verses zwischen den beiden Hebungen oder vor
und nach einer Hebung fordert. Stehen zwei Silben in der Senkung, so ist darauf
zu achten, daß ihr Vokal- und Consonantengehalt nicht derart ist, daß sie die Pause
zu sehr belasten.

4. Der Rhythmus ist entweder nach den ureigenen Gesetzen der deutschen Sprache gebildet oder antiken Mustern nachgeahmt. In der deutschen Poesie sind also Verse mit deutschem und antikem Rhythmus zu unterscheiden. — Z. B.:

Epheu und ein zärtlich Gemüt
Haftet sich an und grünt und blüht.
Kann es weder Stamm noch Mauer finden:
Es muß verdorren, es muß verschwinden.

Goethe.

Zum Werke, das wir ernst bereiten
Ziemt sich wol ein ernstes Wort;
Wenn gute Reden sie begleiten,
Fließt die Arbeit munter fort.

Schiller.

Wie sah man uns an Deinem Munde hangen,
Und lauschen jeglichen auf seinem Sitze,
Da deines Geistes ungeheure Blitze
Wie Schlag auf Schlag in unsre Seele drangen.

Platen.

Da hörten sie beide die traurige Mär,
Daß Frankreich verloren gegangen,
Besiegt und zerschlagen das tapfere Heer —
Und der Kaiser, der Kaiser gefangen!

Heine.

Laut ward es gesungen im Lande weit und breit,
Hat nun sich aufgeschwungen in dieser späten Zeit.
Und mögt ihr erst verstehen ein altgesprochen Wort:
Das Lied der Nibelungen, das ist der Nibelungenhort.

Simrock.

e) Deutscher Rhythmus.

Der deutsche Vers ist älter, als die deutsche Literatur; schon der älteste mündliche Volksgesang hatte einen geordneten Rhythmus.

Der älteste nachweisbare deutsche Vers hat vier Hebungen; die Senkungen jedoch sind unbestimmt, insofern sie regelmäßig mit den Hebungen wechseln, einsilbig oder zweisilbig sein, oder gelegentlich auch ganz wegbleiben können. Im letztern Falle erhält aber die Hebung so starke Silben, daß dieselben auch die Zeit ausfüllen, die sonst der Senkung zufällt, und der Vers an Dauer nichts verliert.

Es erwächst aus dem Wechsel und gelegentlichen Fehlen der Senkung der Gewinn rhythmischer Mannigfaltigkeit und Malerei. Der Dichter kann durch die plötzliche Hemmung des Rhythmus das Eintreten eines plötzlichen Schreckens, eines starren Widerstandes, einer gehemmten Bewegung andeuten. — Die Vermehrung der Silben in der Senkung wirkt erregend, beschleunigt den Rhythmus. — Der weite Spielraum in den Senkungen ist eine Haupttugend des deutschen Rhythmus und hat demselben auch neben den antiken Versformen bis auf den heutigen Tag einen selbständigen Wert bewahrt. —

Aus dem viermal gehobenen Verse bildet sich durch Zusammensetzung die epische Langzeile von acht Hebungen, wie sie der Mönch Otfried in seiner Evangelienharmonie „Krist" (ahd. Zeit) verwendete.

Diesem verwandt ist der Nibelungenvers von sechs bis sieben Hebungen und einer rhythmischen Pause in der Mitte. Die erste Vershälfte enthält drei bis vier Hebungen, die zweite immer drei, nur am Schlusse der Strophe vier.

> Zetál durch Ósterríche der bóte bálde réit:
> Den liúten állenthálben wárt daz wól geséit.
> Dáz die hélde koémen von Wórmez über Rín.
> Des kúneges íngesínde kund éz níht liebér gesín. —

Der alte epische Vers mit vier Hebungen kommt als Hildebrandston im spätern Volksliede wieder zur Geltung und verbindet sich zu einer achtzeiligen Strophe, die man die Hildebrandsstrophe nennt. — Auch die höfischen Dichter der mhd. Zeit verwendeten den viermal gehobenen Vers zu epischen und lyrischen Dichtungen. — Und, obwol durch den Verfall der Sprache selbst verfallen, behauptete sich dieser Vers bis in die neueste Zeit in der epischen, lehrhaften und dramatischen Poesie. Im 17. Jahrhundert durch fremde Versformen verdrängt wurde er durch Goethe wieder zu Ehren gebracht.

Selbst Schiller gab seinen Versen, oft unbewußt, in Balladen und Dramen den freien deutschen Rhythmus, vier Hebungen mit wechselnden Senkungen.

Seit Uhland und Heine den deutschen Rhythmus in Liedern, Balladen und Erzählungen mit Meisterschaft gebildet, ist derselbe wieder eine Lieblingsform deutscher Dichtung geworden. — Nur dem Nibelungenverse hat man nach Uhlands Vorgange einen Theil seiner freien Bewegung genommen, indem man die Senkungen regelmäßig mit einer Silbe ausfüllte.

Goethe hat für seine reimlosen Oden Verse von zwei bis drei Hebungen und mit deutschem Rhythmus neugebildet, die seither viel Nachahmung fanden.

Selbst viele nach fremdem Muster gebildeten Verse müssen nach deutschem Rhythmus gelesen werden, wenn sie nicht unnatürlich klingen sollen; z. B.:

> Groß Wunder thu ich euch bekannt,
> Geschehen zu Renndorf im windischen Land.
>
> Hans Sachs.

> Ich fühle junges, heiliges Lebensglück,
> Neuglühend durch Herz und Adern rinnen.
>
> Goethe.

> Und Flut auf Flut sich ohn Ende drängt.
>
> Schiller.

> Den Jüngling bringt keines wieder.
>
> Schiller.

> Dem Geier gleich,
> Der auf schweren Morgenwolken
> Mit sanftem Fittig ruhend
> Nach Beute schaut,
> Schwebe mein Lied!
>
> Goethe.

Glücklich der Mann, der den Hafen erreicht hat,
Und hinter sich ließ das Meer und die Stürme.

Heine.

Jung Siegfried war ein stolzer Knab,
Gieng von des Vaters Burg herab,
Wollt rasten nicht in Vaters Haus,
Wollt wandern in die Welt hinaus.

Uhland.

Und rings statt duftigen Gärten ein ödes Heideland,
Kein Baum verstreuet Schatten, kein Quell durchdrängt den Sand,
Des Königs Namen meldet kein Lied, kein Heldenbuch:
Versunken und vergessen! das ist des Sängers Fluch.

Uhland.

Einst schlief ich im düsteren Ulmenhain,
Nicht fern von den Särgen der Barden ein —
Mich sangen die Vögel des Waldes in Ruh,
Es rauschten die Zweige wie Lieder dazu.

Anastasius Grün.

f) Antiker Rhythmus.

Seit dem 17. Jahrhunderte, besonders seit Opitz „Prosodia germanica"
(1624) begann man die Nachbildung antiker (griechischer und lateinischer) Rhythmen
als die Hauptaufgabe der deutschen Verskunst zu betrachten.

Die damals neubegründete Theorie führte die Unterscheidung von l a n g e n und
k u r z e n Silben durch. — Seit K l o p s t o c k hat man die antiken Versmaße mit so
glücklichem Erfolge nachgebildet, daß man in denselben die höchste Vollendung der
deutschen Verskunst sah, umsomehr, als die Kunde von der altdeutschen Verskunst längst
dem Bewußtsein unserer Dichter entschwunden war. P l a t e n hat es in unserem
Jahrhundert hierin zu anerkannter Meisterschaft gebracht. — Auf diese Nachbildungen
haben J. H. V o ß („Deutsche Zeitmessung" 1802) und J. M i n k w i t z (Lehrbuch
deutscher Verskunst 1843) ihr theoretisches Quantitätssystem gebaut. — Erst das neu
erwachende Studium des deutschen Altertums (die deutsche Philologie) hat dagegen
die auf dem alten deutschen Verse beruhende Accenttheorie wieder zur Geltung gebracht, welche neuestens selbst durch physiologische Untersuchungen von Professor
B r ü c k e (Die physiologische Grundlage der nhd. Verskunst, Wien 1871) Bestätigung
gefunden hat.

Die Silben wurden in den antiken Sprachen gemessen, ihre Quantität (Länge
und Kürze) bestimmte ihren Wert für den Rhythmus. Da dieß der Natur der deutschen Sprache widerspricht, so hat man hochtonige Silben als metrisch lang, tieftonige abwechselnd als lang und kurz (mittelzeitig), tonlose als kurz gebraucht, ohne
Rücksicht auf prosodische Quantität.

Der antiken Mustern nachgebildete deutsche Vers beruht zwar auch auf einem
Systeme von Hebungen und Senkungen (Arsen und Thesen), aber er gliedert sich in
kleinere Theile, die man Versfüße nennt. Diese bestehen aus zwei, drei oder
v i e r Silben und tragen verschiedene Namen.

Die im Deutschen gebräuchlichsten Versfüße sind:

1. Der **Jambus** (◡ —) zweisilbig, von einer kurzen zur langen Silbe aufsteigend. — Er bildet zwei= bis achtfüßige Verse, Dimeter (4), Trimeter (6) und Tetrameter (8). Der **fünffüßige** Jambus ist seit Lessing im ernsten Drama vorherrschend. — **Sechs Jamben** erfordert der früher gebräuchliche, den Franzosen nachgebildete **Alexandriner**; aus jambischen Versen bestehen die aus dem Italienischen entlehnten Strophenformen des **Sonettes**, der **Stanze** und **Terzine**. Z. B.:

> Wie rasche Pfeile sandte mich Archilochos.
>
> Schlegel.

2. Der **Trochäus** (— ◡) zweisilbig, von einer langen zur kurzen Silbe fallend, bildet ebenfalls zwei= bis achtsilbige Verse, Dimeter, Trimeter, Tetrameter; z. B.:

> Früh und viel zu frühe trat ich in die Zeit mit Ton und Klang.
>
> Platen.

3. Der **Spondeus** (— —) zweisilbig, erfordert zwei gleiche Längen, und kann im Deutschen nur dadurch nachgebildet werden, daß man eine hochtonige und eine tieftonige Silbe verbindet. Dadurch entstehen steigende und fallende Spondeen, wie Entwurf, Meerschiff. — Dieser Versfuß kann nie allein einen Vers bilden, sondern kommt nur in Verbindung mit andern vor; z. B.:

> Wie oft Seefahrt kaum vorrückt mühvolleres Rudern —
>
> Schlegel.

4. Der **Daktylus** (— ◡ ◡) dreisilbig, von einer langen Silbe zu zwei kurzen abfallend. Er bildet ebenfalls nie allein einen Vers, sondern in Verbindung mit Spondeen und Trochäen; nur ist er der vorherrschende Fuß im **Hexameter** und und **Pentameter**, welche vereinigt das **Distichon** ausmachen.

> Im Hexameter steigt des Springquells flüssige Säule,
> Im Pentameter drauf fällt sie melodisch herab.
>
> Schiller.

5. Der **Anapäst** (◡ ◡ —) dreisilbig, von zwei kurzen zu einer langen Silbe aufsteigend, verbindet sich stets mit dem verwandten Jambus oder dem steigenden Spondeus; z. B.:

> Wie pfeifts in der Luft! wie so plötzlich sich das gestirnte Gewölbe verfinstert!
>
> Platen.

g) Strophen.

Aus Versfüßen setzt sich der Vers zusammen, aus Versen die **Strophe**, aus Strophen das Gedicht. — Doch ist die strophische Gliederung nicht überall notwendig.

Der Charakter einer Strophe ist bedingt durch die Anzahl der Verse; herkömmlich sind es nicht mehr als zwölf, am häufigsten vier. Je länger die Verse, desto geringer ihre Anzahl in der Strophe.

Die Strophe erfordert sowol einen einheitlichen **Rhythmus**, als einen abgeschlossenen Gedanken= und Empfindungsgehalt, um als einheitliches Glied des Ganzen erscheinen zu können. — Doch kann die Länge der Verse innerhalb derselben Strophe wechseln.

Häufig sind die einzelnen Verse der Strophe auch durch den Reim untereinander verbunden. Zahl und Beschaffenheit der Reime richtet sich nach dem Umfange der Strophe; nur drei Verse dürfen gleichen Reim haben.

Der deutschen Sprache eigentümlich sind die **Reimpaare**, die vierzeilige **Nibelungenstrophe**, und die achtzeilige **Hildebrandstrophe**, nebst unzähligen Neubildungen.

Das zweizeilige **Distichon** stammt aus dem Griechischen, die dreizeilige **Terzine**, die achtzeilige **Stanze** und die dreizehnzeilige **Kanzone** aus dem Italienischen; z. B.:

> Aus jungen Augen sich die Welt stets neu entfaltet,
> Glaubs deinen Alten nicht, sie sei mit dir gealtet.
>
> Rückert.

> Er hat aus alten Zeiten mir ein Lied vertraut;
> Wie er zuerst der Wogen verborgnen Grund geschaut,
> Wie Siegfried ward erschlagen um schnöden Golds Gewinn,
> Und wie ihr Leid gerochen Kriemhild die edle Königin.
>
> Simrock.

Zu Leinburg auf der Feste,
Da wohnt ein edler Graf,
Den keiner seiner Gäste   Was ich thue
Jemals zu Hause traf.   Und vollbringe:
Er trieb sich allerwegen   Ich erringe
Gebirg und Wald entlang,   Nie die Ruhe.
Kein Sturm und auch kein Regen   Platen.
Verleidet ihm den Gang.

Uhland.

> Leben ist Ringen und Kampf: darum fürs Leben erziehen
> Ist nichts anderes, als: wecke zum Kampfe die Lust!
>
> Reither. (Aus der Schule.)

> Sie schlummern in der Erde stillem Grunde,
> Die meinen Eintritt in die Welt begrüßt,
> Und längst verschollen ist von mir die Kunde.
>
> Chamisso.

> Als du mich jüngst nach manchen trüben Tagen
> Zum erstenmal mit holdem Wort begrüßt,
> Da wollte gern mein Mund den Dank dir sagen,
> Doch hätt ichs leicht mit deinem Zorn gebüßt,
> Weil minder nicht als deinen leisen Klagen
> Auch meiner Lust dein Busen sich verschließt.
> So magst du denn für mich die Muse hören;
> Den Göttern kann kein Mensch das Reden wehren.
>
> Ernst Schulze.

Ein Kern des Lichts fließt aus in hundert Stralen,
Die gottentflammte Abkunft zu bewähren:
Begeisterung ist die Sonne, die das Leben
Befeuchtet, tränkt und reift in allen Sphären.
In welchem Spiegel sich ihr Bild mag malen,
Mag sie im Liede kühn die Flügel heben,
Mag Herz zu Herz sie streben:
Sie sucht das Höchste stets, wie sies erkennt.
Längst im Gemeinen wär die Welt zerfallen,
Längst wären ohne sie zerstäubt die Hallen
Des Tempels, wo die Himmelsflamme brennt.
Sie ist der Born, der reges Leben quillet,
Vom Leben stammt, allein mit Leben füllet.

Zedlitz.

§. 28. Reimkunst.

Der Vers, die eigentliche sprachliche Form der Poesie, hebt sich zunächst durch den Rhythmus von der Prosa ab, die streng geordnete Folge von Hebungen und Senkungen. In der deutschen Sprache verband sich mit demselben schon in ältester Zeit der Reim, ein Gleichklang von Konsonanten und Vokalen. — Rhythmus und Reim sind ursprünglich musikalische Elemente, die dem sprachlichen Kunstwerke Würde und Reiz verleihen. — Rhythmus bildet den Vers auch ohne Reim, aber Reime ohne Rhythmus sind noch keine Verse; sie heißen Knittelreime.

a) Stabreim.

Der älteste Reim der deutschen Poesie ist der Stabreim (Alliteration). Er besteht im Gleichklange der Anlaute hochtoniger Stammsilben. Diese müssen nicht immer Wortanfänge sein, aber immer in der Hebung stehn. Minder bedeutende Worte im Verse sind für den Stabreim nicht verwendbar. Der Gleichklang kann auf einem oder zwei Konsonanten beruhen, aber auch Vokale untereinander gelten als Stabreim. — Ein Vers kann zwei bis vier Stäbe, aber auch Stabreime verschiedener Art enthalten.

Seit der ahd. Zeit ist der Stabreim fast völlig verdrängt worden. Nur gelegentlich begegnet er als sprachlicher Schmuck im Verse oder in althergebrachten Redensarten. Neuestens suchte Wilhelm Jordan durch seinen Epos „die Nibelunge" denselben wieder in Aufnahme zu bringen.

Ahd.: Ich wallôta sumarô enti wintrô sehstic.
Ich wallte der Sommer und Winter sechzig.

Hildenbrandslied

Mhd.: Formelhaft im Nibelungenliede:
swertes swanc; mage unde man;
wie liebe mit leide ze jungist lônen kan.

Nhd.: Als Lautmalerei verwendet:
Dann klipperts und klapperts mitunter hinein —
Die Ratte, sie raschle so lange sie mag. —

Goethe.

Grundsätzlich durchgeführt in Jordans Epos „Nibelunge":

Einst das Ufer des Eilands aufstieg. —
Enthülle der Herzen holdes Geheimnis. —
Wie am Felsen gebrochen das Brausen der Brandung.

W. Jordan.

b) Stimmreim.

Eine zweite Art des Reimes ist der Stimmreim (Assonanz), der Gleichklang der Wurzelvokale. Er thut als Endreim in der deutschen Sprache nur geringe Wirkung, weil die Vokale zu wenig vor den Konsonanten hervortreten. Daher kommt er auch meist nur als Lautmalerei innerhalb des Verses in Verwendung; z. B.:

Da pfeift es und geigt es und klinget und klirrt,
Da ringelt und schleift es und rauschet und wirrt.

Goethe.

Von des Nordens kaltem Wehen,
Wird der Schnee dahergetrieben,
Der die dunkle Erde decket.

Dunkle Wolken ziehen am Himmel
Und es flimmern keine Sterne;
Nur der Schnee im Dunkel schimmert.

Chamisso.

c) Vollreim.

Die für den deutschen Vers wichtigste und gebräuchlichste Art des Reimes ist der Vollreim, oder Reim geradehin genannt. Er fordert den Gleichklang der Wurzelvokale hochtoniger Silben und aller auf dieselbe folgenden Konsonanten und Silben. — Als Endreim steht er am Ende des Verses, als Binnenreim innerhalb desselben.

Einsilbige Reime heißen männlich oder stumpf, zweisilbige weiblich oder klingend, dreisilbige gleitend.

Die Reinheit des Reimes fordert vollkommene Gleichheit der Konsonanten und Vokale. Doch sind auch unreine Reime üblich.

Die Reime werden in der Strophe mannigfach vertheilt. Sie erscheinen entweder paarweise oder verschränkt, d. i. abwechselnd. — Sie dürfen aber nicht so weit entfernt sein, daß das Ohr das Zusammenklingen nicht mehr vernehmen könnte.

Ein Beispiel mannigfaltiger Reimverschlingung gibt die Goethe'sche Strophe:

Und ich sah ein Licht von weiten,
Und es kam gleich einem Sterne
Hinten aus der fernsten Ferne
Eben, als es zwölfe schlug.
Und da galt kein Vorbereiten:
Heller wards mit einemmale
Von dem Glanz der vollen Schale,
Die ein schöner Knabe trug.

Gleitende Reime kommen seltener vor. Z. B.:

> Hat der Begrabene
> Schon sich nach oben,
> Lebend erhabene,
> Herlich erhoben!
>
> Goethe.

§. 29. Dichtungsarten.

Wie in der Tonkunst unterscheidet man auch in der Dichtkunst drei Hauptarten, die bald durch den Gegenstand, bald durch die Art der Darstellung sich
unterscheiden.

Auf die dichterische Phantasie des Menschen wirken zuerst die Erscheinungen
der Außenwelt, des Menschen-, Thier- und Naturlebens. Der Dichter nimmt sie
in seinen Geist auf und gestaltet sie zu einem poetischen Bilde, das er durch das
Mittel der Sprache wieder zum Ausdruck bringt. Er erzählt Begebenheiten des
Menschenlebens oder schildert Naturscenen und Ereignisse. Man nennt diese Poesie
die epische. Ihr ist eine gewisse Einfachheit, Klarheit und Ruhe eigen und die
Sprache dehnt sich in behäbiger Breite. — Darum sagt Platen von ihr, daß sie
„buntfarbigen Fabelteppich ausbreite." Sie ist die älteste Art der Dichtung.

Mit der Zeit lernt der Mensch von den Erscheinungen der Außenwelt das
unterscheiden, was in seinem Innern vorgeht, sein Denken und Fühlen, seine
innere Welt. — Auch diese kann für sich Gegenstand poetischer Darstellung werden,
es bildet sich die lyrische Poesie. Sie ist ihrer Natur nach bewegter, schwungvoller,
leidenschaftlicher als die epische. Der hohe Gedankenflug, wie die Tiefe der Empfindung
geben der Sprache etwas Geheimnisvolles, Schwerwiegendes, was sich der sinnlichen
Anschauung entzieht, und das kein flüchtiger Blick erfaßt. Darum, sagt Platen, flötet
oftmals tauberen Ohren der hohe lyrische Dichter.

Ursprünglich wurde das epische, wie das lyrische Gedicht gesungen und hieß
Lied. — Theilweise geschieht es heute noch; der Tonkünstler sucht gerne im reichen
Schatze epischer und lyrischer Dichtung nach Grundlagen zu einer Composition und
die besten Werke dieser Art werden durch Gesang unter dem Volke verbreitet. Aber
nicht jede epische oder lyrische Dichtung ist heute singbar. Viele widerstreben sowol
durch ihren Inhalt als ihren Umfang der musikalischen Behandlung.

Als die epische Kunst größere Werke hervorbrachte, kam der Unterschied von
singen und sagen auf, von Gesang und rhythmischem Vortrage einzelner Bruchstücke
(Rhapsodien). In mhd. Zeit nannte man das epische, unsingbare Werk wol auch
buoch zum Unterschiede von liet. Als auch der mündliche Vortrag (das Sagen)
außer Uebung kam, und man sich gewöhnte, alles nur still zu lesen, verlor zunächst
die epische Dichtung viel von ihrer Wirkung, und Schiller beneidet mit Recht die
„Sänger der Vorwelt, die mit dem lebenden Wort horchende Völker entzückt." —
Alles Lesen ist nicht im Stande, den gebildeten mündlichen Vortrag (heute De-
clamation genannt) zu ersetzen; er hat heute noch neben dem Gesange die Aufgabe,
die poetischen Werke zu rechter Wirkung zu bringen. — Wird ein solcher Vortrag mit
Instrumentalmusik begleitet, so heißt er melodramatisch.

Der Grundcharakter der epischen und lyrischen Dichtung findet sich in einer dritten Dichtungsart vereinigt. — Begebenheiten aus dem menschlichen Leben (Handlungen), können nämlich nicht nur vom Dichter erzählt, sondern auch geradezu von den handelnden Personen dargestellt werden, die ihre Gedanken und Gefühle gegenseitig aussprechen. Erhalten wir das Bild der Handlung durch das Gespräch der handelnden Personen, so gehört das Werk der dramatischen Poesie an. — Die dramatische Handlung ist aber doch eine andere, als die epische; sie erfordert eine gedrängte Form, einen raschern Fortgang, und geht mehr aus den Charakteren und Leidenschaften, als aus den Umständen hervor. Sie schließt sowol epische Breite als Ruhe aus. — Ebenso ist der Gedanken- und Gefühlsausdruck im Drama ein anderer, als der eigentlich lyrische. Letzterer besteht für sich, ist Selbstzweck, setzt keine Person voraus, an die er gerichtet ist. Im Drama ist er bestimmt, auf andere Personen zu wirken, in die Handlung einzugreifen, und selbst im Monolog, wenn die handelnde Person nur für sich spricht, ist der Ausdruck des innern Lebens ein Glied der dramatischen Entwicklung und bereitet uns auf Thaten vor, die kommen sollen. — „Handlung ist der Welt allmächtiger Puls, und leicht das Volk hinreißend erhöht des Dramas Schöpfer den Schauplatz." Diese Worte Platens bezeichnen die durchgreifende Wirksamkeit dieser Dichtungsart; sie deuten zugleich auf die Bühne und die schauspielerische Darstellung hin, welche der dramatischen Poesie dienstbar sind, wie Singen und Sagen der lyrischen und epischen. — Die poetischen Charaktere, die nur die Phantasie zu fassen vermag, gewinnen plastische Gestaltung für das Auge und der malerische Reiz der Scenerie belebt die sonst nur im Geiste existierende Handlung.

Man spricht auch von einer didaktischen Poesie. Diese ist aber keine eigene Kunstform, sondern nur eine Richtung, welche die drei Hauptarten nehmen können. Erhalten nämlich epische, lyrische oder dramatische Dichtungen eine lehrhafte Tendenz, so nennt man sie didaktisch. Man hat der Lehrpoesie wol auch alle ästhetische Berechtigung abgesprochen, weil sie unkünstlerische Zwecke (Belehrung) verfolge. Aber es ist den Menschen der Trieb eingeboren, Lehrhaftes in die Form der Schönheit zu kleiden, um es wirksamer zu machen, und die lehrhafte Poesie ist in der That so alt, als die Poesie überhaupt. In keiner Zeit war sie ganz verdrängt; nur wenn sie in der Literatur vorherschend wird, so ist das ein Zeichen ihres künstlerischen Verfalles.

Obwol der Vers als die eigentliche Form der Poesie gilt, so kommt die Prosa doch in allen Dichtungsarten zur Verwendung. Die neuern Literaturen weisen sowol Erzählungen, als lyrische Ergüsse und Dramen in Prosa auf. Doch behauptet der Vers immer den künstlerischen Vorrang als die höhere, weil edlere Form.

Jeder Dichtungsart entsprechen bestimmte Versarten. Die Epik liebt langgedehnte Verse; die Lyrik bildet den kunstvollen Rhythmus und Strophenbau aus; im Drama sind nur jambische und trochäische Verse verwendbar, in denen der Dialog sich am leichtesten bewegt.

§. 30. Epische Dichtung.

Alle Dichtung ist ursprünglich episch und volkstümlich. Was die Phantasie des Volkes schafft, ist Mythe, Sage (griechisch Epos), Märchen. Von Göttern erzählt der epische Sänger und von den Thaten der Helden, von den Wundern des geheimnisvollen Erdinnern oder der fernen Zonen, den Geistern des Luftreiches und den Ungeheuern der Meerestiefe. Das alles singt man entweder mit Begleitung eines einfachen Instrumentes oder erzählt es gerade schlichthin; die sprachliche Form ist entweder Vers oder Prosa. Volkstümlich-epische Stoffe in rhythmischer Form haben als Balladen, Romanzen, epische Lieder sich bis in die Gegenwart herein erhalten.

Epische Lieder aus alter Zeit haben sich in der nordischen „Edda" erhalten, welche im zwölften Jahrhundert aufgezeichnet wurde. Sie handeln von Göttern und Helden der Germanen. — Am Ausgange des Mittelalters entstanden in Spanien die Romanzen vom „Cid", dem Haupthelden der Kämpfe gegen den Islam, welche durch Herders Bearbeitung in die deutsche Literatur Eingang fanden. — Die Serben besitzen heute noch einen heroischen Volksgesang epischen Stils, wie er sich vielleicht bei keinem zweiten Volke erhalten hat. Ihre Volkslieder sind im Anfange des Jahrhunderts von Wuk Stephanovics gesammelt und mannigfach deutsch bearbeitet worden. — Auch die Czechen glauben in der 1819 bekannt gewordenen „Königin-hofer Handschrift" alte epische Lieder zu besitzen; aber ihre Ächtheit ist stark in Zweifel gezogen worden. — Reich an Balladen ist die englische Literatur. Im vorigen Jahrhundert erregten die von Macpherson herausgegebenen „Lieder Ossians" viel Bewunderung, weil man sie für Werke eines alten schottischen Barden hielt, aber sie sind in neuester Zeit als unächt erkannt worden. — Eine Sammlung ursprünglich deutscher Balladen und Romanzen enthalten Uhlands „Volkslieder".

a) Epos.

Aus der Menge von Mythen und Sagen, die einzeln, selbständig und zusammenhängend unter dem Volke verbreitet sind, bildet sich das eigentliche Epos heraus, das umfangreiche, einheitlich abgerundete Kunstwerk. Obwol der Stoff Eigentum aller, ist das einheitliche Epos doch immer das Werk des einen Genius, der seinem Volke voran leuchtet. Kein großartiges Epos ist in allen seinen Theilen vom Dichter selbst erfunden, jedes ist nur Bearbeitung eines in Sage oder Geschichte schon gegebenen Stoffes. Keines ist aber auch von mehreren zugleich gedichtet worden.

Das Epos ist nicht zu allen Zeiten dasselbe geblieben; es wechselten Inhalt und Form nach den Kulturperioden der Menschheit. Nur ein gewisser epischer Stil gilt für die epische Kunst aller Zeiten und Völker und bestimmt den Kunstwert der Dichtung.

Als höchste und bisher unerreichte Muster epischen Stils gelten die altgriechischen Epopöen: „Ilias und Odyssee", deren Verfasser man seit den ältesten Zeiten Homeros genannt. Wer wagte mit Göttern den Kampf, und wer mit dem Einen, ruft Goethe aus, als auch er daran gieng, ein Epos zu schaffen. Es war ihm klar, dais solche Dichtungen, welche das Leben des heroischen Zeitalters wiederspiegeln, nur unter gewissen Kulturverhältnissen möglich seien. — „Doch Homeride zu sein, auch nur als letzter, ist schön" setzt Goethe hinzu, und meint damit, dais spätere Zeiten sich begnügen müßten, den homerischen Werken nur die Grundsätze der epischen Kunst abzulauschen, die für alle Zeiten dieselben bleiben. — Die epische Kunst im allgemeinen bleibt unverloren, aber ihre höchste Leistung, das heroische Epos ist

durch Geist und Verhältnisse des heroischen Zeitalters bedingt. — Spätere Nach=
ahmungen können den Wert des Originalwerkes nie erreichen.

Eine solche Nachahmung der homerischen Dichtungen ohne volkstümlichen
Ursprung liegt uns vor im lateinischen Epos „Äneis" von Virgilius Maro.
Dieses ist wieder nachgebildet worden in den „Lusiaden" vom Portugiesen
Camoëns im 16. Jahrhunderte.

Unabhängig von den Griechen, aber auch anders gestalteten sich die Epen der
Inder: „Ramajana" und „Mahabarata" und das der Perser: „Schahnameh"
von Firdusi. Alle drei aber enthalten Mythen und Sagen der Völker und sind
ein Spiegelbild ihres heroischen Zeitalters.

Selbständig erwuchsen auch die heroischen Epen der Germanen: „Das
Nibelungenlied" und die „Gudrun". — Der Inhalt beider war jahr=
hundertelang als Nibelungen=, Amelungen= und Hegelingensage unter dem Volke be=
kannt. Erst in mhd. Zeit wurde daraus das einheitliche Kunstwerk geschaffen. Beide
Epopöen sind aus Oesterreich hervorgegangen; aber niemand nennt ihre Verfasser. —
Nach Geist und Charakter von den griechischen Epen verschieden, stehen sie denselben
in Bezug auf heroisch epischen Stil unter allen spätern Dichtungen am nächsten. Dieß
motiviert den Ausspruch des Geschichtsschreibers Johannes von Müller, das
Nibelungenlied könne eine nordische Ilias werden.

Obwol diese Epen aus dem Mittelalter stammen, athmen sie doch den Geist
des heroischen Zeitalters. — Die Romantik der christlichen Zeit gab der epischen
Dichtung einen ganz anderen Charakter. Die epischen Dichtungen der Franzosen
und das höfische Epos der Deutschen zur Zeit der Kreuzzüge schildern ganz
andere Lebensverhältnisse, anders geartete Charaktere, ein anderes Gemütsleben.
Ritterliche Beziehungen des Frauendienstes, romantische Gefühlsschwärmerei, christlich=
religiöse Gebundenheit gehören zum Wesen des romantischen Epos. — Wolframs
„Parcival", Hartmanns „Iwein" und Gottfrieds „Tristan" sind die Haupt=
werke dieser Art in deutscher Sprache. — In Italien entstanden noch am Aus=
gange des Mittelalters romantische Epen von hervorragender Bedeutung, wie Ariosts
„Orlando furioso" (Rasender Roland) und Tasso's „Gerusalemme liberata" (befreites
Jerusalem). Das eine enthält eine Bearbeitung der im Mittelalter weitverbreiteten
Rolandsage, das andere eine geschichtliche Begebenheit aus dem Ende des ersten
Kreuzzuges. Wielands „Oberon" und Ernst Schulzes „bezauberte Rose" reprä=
sentieren die Gattung in der neuen deutschen Literatur.

Im vierzehnten Jahrhunderte lieferte Dante Alighieri in seiner „Divina
Comedia" das erste großartige Beispiel eines christlich=religiösen Epos,
das sowol vom heroischen als romantischen absteht. — Ihm zur Seite treten
John Milton mit seinem „Paradis lost" (Verlorenes Paradies 1648) und
Klopstock mit seinem „Messias" (1772). Der religiöse Gegenstand schließt hier
selbstverständlich heroische oder ritterliche Großthaten und kraftvolle Charaktere aus.
Er erfordert vor allem eine weihevolle, gottergebene Stimmung, welcher der Mensch
mehr in seiner Schwäche und Sündhaftigkeit, als in seiner ureignen Naturkraft
erscheint.

Die deutsche und französische Literatur haben eine eigentümliche Thiersage aus-gebildet, welche Grundlage des Thierepos wurde, das in Goethes „Reineke Fuchs" (1793) seine vollendetste Bearbeitung fand.

Goethe schuf außerdem in seinem „Hermann und Dorothea" (1797) das Meisterepos der neuern Zeit für die deutsche Literatur. Man nennt es seines Inhaltes wegen ein idyllisches Epos. Weder das alte Heldentum findet sich hier, noch die Ritterlichkeit des Mittelalters; auch nicht der erhabene Ernst religiöser Geschichte und Anschauungen. Einfache Lebensverhältnisse der Gegenwart führt uns der Dichter vor, deutsche Charaktere aus bürgerlichen Kreisen, ein Lebensbild aus der Zeit der französischen Revolutionskriege, deren Rückwirkung der Dichtung einen düsterernsten Hintergrund verleiht. Es fehlt dem Epos auch der mythologische Apparat des heroischen, die wundervolle Märchenwelt des romantischen Zeitalters, und doch ist es ein episches Kunstwerk im vollsten Sinne, weil es wie wenig andere in moderner Zeit nach den Grundgesetzen alter epischer Dichtung gebaut ist.

Die neuern Literaturen kennen epische Dichtungen anderer Art, auf die man den Kunstausdruck Epos nicht anwenden kann. — Sie bestehen oft nur aus einer Reihe epischer und lyrischer Gedichte, die in verschiedenen Versarten geschrieben, nur lose durch den Inhalt verbunden sind. Es fehlt ihnen sowol die formelle Einheit des Epos, als die innere Einheit der Handlung. Völlig der modernen Gedanken-welt entsprossen, meist moderne Stoffe behandelnd, weichen sie auch von der Ruhe und Einfachheit des eigentlichen Epos ab. — Als hervorragendstes Beispiel dieser Art ist „Ritter Haralds Pilgerfahrt" von Lord Byron zu betrachten. In der deutschen Literatur stehen Lenaus „Savonarola", Anastasius Grüns „Pfaff vom Kahlenberg" und „Ahasver" von Julius Mosen obenan.

Der für größere Epen gebräuchliche Vers ist der Hexameter; er heißt dar-um vorwiegend der epische Vers. Zuerst erscheint er bei Homer; in Deutschland bürgerte ihn Klopstock ein mit seinem „Messias", und Goethe gebrauchte ihn sowol für „Reineke Fuchs", als für „Hermann und Dorothea".

Der epische Vers der Deutschen aber ist eigentlich die sechsmal gehobene Lang-zeile, der Nibelungenvers genannt, welchem der Gudrunvers verwandt ist. — Er verbindet sich zu einer vierzeiligen Strophe und fordert den Reim, während der Hexameter Strophe und Reim ausschließt. In neuerer Zeit wird er vorwiegend in Balladen und Romanzen gebraucht.

Dante bildete für sein religiöses Epos die jambische Terzine, welche unter andern Julius Mosen in seinem „Ahasver" nachbildete. — Tasso hat die achtzeilige Stanze in Aufnahme gebracht, welche in Deutschland besonders Wieland und Ernst Schulze cultivierten.

In neuern epischen Dichtungen kommen wechselnde Versmaße, jambische tro-chäische, daktylische zur Verwendung, wie der Inhalt es angemessen erscheinen läßt.

b) Roman.

Neben erzählenden Dichtungen in Versen hat es seit alter Zeit auch solche in Prosa gegeben. — Insofern die älteste Geschichtschreibung Sagen enthält, ist auch sie hierher zu rechnen. — Aber in der Regel ist die dichterische Prosa-Erzählung

erſt dann in Aufnahme gekommen, wenn der wahrhaft künſtleriſche Trieb zu er=
ſterben begann; ſo in Deutſchland nach dem Verfalle der großen Epik der mhd. Zeit.
Was man früher in Verſe kleidete, löſte man im 14. und 15. Jahrhunderte gerne
in Proſa auf. — Um dieſe Zeit ſchuf Boccaccio in Italien die Novelle und
in Frankreich geſtaltete ſich der Roman zur umfangreichen Proſa = Erzählung. —
Beide Arten von epiſcher Dichtung erſcheinen ſeit dem 16. Jahrhundert in der deutſchen
Literatur und haben im 18. Jahrhundert durch Wieland, Goethe, Friedrich
Richter (Jean Paul), ſowie durch Schriftſteller unſerer Zeit jene klaſſiſche Form erhalten,
welche ihnen eine äſthetiſche Berechtigung neben den Kunſtwerken in rhythmiſcher
Form ſichert.

Die höchſte künſtleriſche Ausbildung hat der Roman bis heute in Frankreich
und England erhalten; dort ſuchen die deutſchen Romanſchriftſteller ihre Muſter.

Der Roman iſt noch umfangreicher als das Epos; außerdem iſt ſein Inhalt
mannigfaltiger, ſeine Darſtellung ſpannender. Die Proſa bindet den Dichter weniger
als der epiſche Vers. — Die Handlung des Romans kann breiter angelegt und mehr
mit Epiſoden durchflochten werden; die Erzählung kann mit ausführlichen Schilderun=
gen, theoretiſchen Abhandlungen wechſeln, was das Epos nicht geſtattet. — Darum
iſt der Roman ganz beſonders geeignet, die verwickelten Lebensverhältniſſe der Gegen=
wart, die weithin verzweigten Beziehungen moderner Ereigniſſe darzuſtellen, während
das Epos durch ſeine Kunſtform auf einfache, klare Verhältniſſe, und einen begränzten
Lebenskreis angewieſen iſt, ſelbſt wenn es moderne Stoffe behandelt.

§: 31. Lyriſche Dichtung.

Die älteſten Volkslieder ſind häufig epiſch=lyriſch, d. h. ſie enthalten Erzählung
und Gefühlsausdruck, aber ſo gemiſcht, daß die Erzählung als Hauptſache erſcheint.—
Das ſelbſtändige Auftreten der Lyrik als der poetiſchen Darſtellung der
innern Welt bezeichnet ſchon die zweite Stufe der künſtleriſchen Entwicklung eines
Volkes. Denn es liegt in der menſchlichen Natur, daß der Geiſt nur bei einer ge=
wiſſen Reife zum Selbſtbewußtſein gelangt und das Bedürfnis fühlt, ſein eigenes, von
der Außenwelt verſchiedenes, aber nicht unabhängiges Leben zum Ausdrucke zu bringen.

Dieſe Loslöſung von der Epik zeigt deutlich die Geſchichte des Liedes, d. h.
des ſingbaren Gedichtes. — Es iſt ſo alt, als die Poeſie überhaupt, und war ur=
ſprünglich rein epiſch, oder epiſch = lyriſch, wie heute noch die Ballade und Romanze.
In mittelhochdeutſcher Zeit erhält das deutſche Lied durch den ſogenannten Minne=
ſang einen rein lyriſchen Charakter, und entwickelt ſich die Lyrik überhaupt in kräfti=
ger Friſche neben der Epik. — Das ſpätere Volkslied weiſt epiſche und lyriſche
Blüten auf. In der heutigen Literatur verſteht man dagegen unter Lied zunächſt ein
ſingbares lyriſches Gedicht.

Das Lied in ſeinen Abſtufungen umfaßt eigentlich das ganze Gebiet der ly=
riſchen Poeſie. Von der einfachſten Regung bis zum höchſten Schwunge, von der
jubelnden Freude bis zum vernichtenden Jammer, irdiſche Luſt und himmliſche An=
dacht, leichter Sinn und ſchwere Gedankenwucht, alles findet im Liede angemeſſenen
Ausdruck. — Alle Sphären der menſchlichen Geſellſchaft, der ganze Kreislauf des
individuellen und Volkslebens bieten dem Liede unerſchöpflichen Stoff. Daher auch

die mannigfachen Benennungen des Liedes nach seinem Inhalte und seiner Be=
stimmung. —

Aber die Theorie sondert einzelne lyrische Dichtungen durch besondere Namen
vom Liede; ihr Charakter wird bald durch den Inhalt, bald durch die Form
bestimmt. Die Namen sind aber sämmtlich fremde, und kommen erst in Gebrauch, seit
das Studium des Altertums auf die ästhetische Bildung Einfluß gewonnen. So be=
zeichnet man eine erhabene Gedankenlyrik mit dem Worte Ode; die Verherlichung
einer Gottheit oder das begeisterte Lob eines irdischen Gegenstandes nennt man
Hymne, den biblischen Gesang Psalm, und den Ausdruck trunkener Freude Di=
thyrambe. Das Gefühl der Trauer und Wehmut gibt dem Gedichte den Cha=
rakter einer Elegie. Doch ist diese nicht immer durch den Inhalt, sondern auch
durch die Form bestimmt; ein Gedicht in Distichen, ohne Rücksicht auf den Inhalt,
heißt auch Elegie.

Andere Arten lyrischer Dichtung kennzeichnen sich durch eine festbestimmte
Form. Zwei vierzeilige und zwei dreizeilige Strophen mit vorgeschriebener Reimver=
schlingung bilden das Sonett; die Wiederholung desselben Reimes in Versen un=
gerader Zahl erfordert das Ghasel. — Eine Strophe von dreizehn Versen, worunter
der siebente kürzer ist, heißt Kanzone.

Die lyrische Dichtung steht in engster Verbindung mit der Tonkunst; schon
ihr Name stammt von einem begleitenden Instrumente, der Lyra. — Der Ausdruck
Lied bezeichnet sowol ein poetisches als ein musikalisches Werk. — Keine andere Art
von Dichtung bietet dem Tonkünstler so willkommene Grundlage für Compositionen,
als die lyrische, weil in keiner das Gefühlsleben so unmittelbar zum Ausdruck kommt;
und zum Gefühlsleben steht wieder die Tonkunst in nächster Beziehung. Fast aller
Gesang, der weltliche wie der geistliche, beruht auf dieser Verbindung der Lyrik
mit der Tonkunst. Nur jene lyrischen Arten, deren Wesen in der Form liegt, schließen
musikalische Begleitung aus.

Die lyrische Dichtung weist die größte Mannigfaltigkeit rhythmischer
Formen auf. Der ernste Schritt des Trochäus, wie der leichtere des Jambus, auch
der beflügelte Gang der Daktylen und Anapäste steht dem Liede gleichmäßig an. Für
Ode und Hymne sind die kunstvollen, aus verschiedenartigen Versen und Füßen zu=
sammengesetzten Strophenarten beliebt, die antiken Mustern nachgebildet werden. —
Selbst der Hexameter ist für die Elegie verwendbar.

Unter den Völkern des Orients sind die Inder und Perser durch ihre Lyrik
hervorragend. Die Dichtungen der Bedas, des ältesten Werkes der Sanskritliteratur,
die Lieder der persischen Sänger Hafis und Saadi gehören der Weltliteratur an.
Aber ungleich reicher und edler hat sich die Lyrik der Griechen im Altertume ent=
wickelt; wie im Epos hat es dieses Volk auch in der Lyrik zur höchsten Kunstvollen=
dung gebracht.

Simonides Elegien und Pindar's Hymnen bezeichnen den Höhepunkt
dieser Kunstgattung. — Neben denselben werden Archilochos Jamben, Anakreons
heitere Lieder, Sapphos und Alkaios leidenschaftliche Dichtungen von allen ge=
priesen. — Horatius Oden und Ovidius elegische Briefe aus dem Pontus (seinem
Verbannungsort) repräsentieren die Lyrik der Römer.

Die Romantik des Mittelalters trieb unter verschiedenen Völkern reiche Blüten lyrischer Kunst: die Lieder der Troubadours in Frankreich, der Minnesänger in Deutschland, Petrarkas Sonette und Kanzonen in Italien. Unter den Minnesängern ragt der Name Walthers von der Vogelweide hervor, des vielgepriesenen deutschen Mannes, der sein Volk in Liebe und Treue verherlichte.

In dem Maße, als sich die Gefühls- und Gedankenwelt der Kulturvölker in den neuen Jahrhunderten erweiterte und vertiefte, gestaltete sich auch die lyrische Dichtung in immer neuen Stoffen und Formen. — Der Deutsche besitzt heute in Klopstock's und Platen's Oden, in Goethe's, Uhland's und Heine's Liedern, in Schiller's gedankentiefen Rhythmen und Lenau's schwermütiger Dichtung einen geistigen Nationalschatz, wie kaum ein zweites Volk der Erde.

Und nennt man der Lyriker beste Namen, so werden die Franzosen Beranger und Alfred de Musset, die Engländer Byron und Robert Burns von aller Welt mit genannt. Gar nicht zu gedenken der großen Zahl derer, welche singen, weil ihnen Gesang gegeben, im Dichterwald aller Nationen. Denn „nicht an wenig stolze Namen ist die Liederkunst gebannt."

§. 32. Dramatische Dichtung.

Die dramatische Dichtung stellt sich schon dadurch als die Krone der poetischen Kunst dar, daß sie geschichtlich erst nach der epischen und lyrischen auftritt. — Ja manche Völker, welche Epik und Lyrik ausgebildet, sind nicht zum Drama vorgeschritten, oder sind in dieser Kunstform hinter andern Leistungen auffallend zurückgeblieben.

Die Grundform des Dramas ist das Zwiegespräch, der Dialog. Durch Rede und Gegenrede wirkt der Geist auf den Geist, regt das Gemüt das Gemüt auf, äußert sich die Leidenschaft, prägt sich der Charakter aus, wird der Mensch zur That getrieben. — Der Monolog bezeichnet Pausen oder Wendepunkte in der dramatischen Entwicklung.

Inhalt des Dramas ist stets eine Handlung; sie kann aber sowol eine äußere, als eine innere sein. — Am kräftigsten wirkt reiche äußere Handlung, wie sie Shakespeare oder Schiller dargestellt. Sie wird darum von manchen als allein dramatisch angesehen. Aber es liegt im menschlichen Wesen, daß neben unbedeutender äußerer Handlung sich gewaltige Seelenkämpfe, Charakterentwicklungen, gleichsam innere Handlungen vollziehen können. Diese sind nach dem Vorgange klassischer Dichter im Drama ebenso berechtigt, als der Wechsel äußerer Umstände. In den meisten griechischen Tragödien, in Goethes „Iphigenie" und „Tasso" liegt der Schwerpunkt des Dramas im Seelenleben der handelnden Personen, also in der innern Handlung. —

Das Wesen des Kunstwerkes erfordert Einheit der Handlung, d. h. daß die Handlung einheitlich, wol geordnet sei, daß alles, was geschieht, auf einen Grundgedanken sich beziehe, also untereinander im Zusammenhange stehen. In der Natur einer solchen einheitlichen Handlung liegt es, daß ihre Abschnitte der Zeit nach nicht gar zu weit auseinanderliegen. Doch ist der Dichter an eine bestimmte Zeit nicht gebunden; sie richtet sich nach der Beschaffenheit der Handlung. Wenn die Griechen dieselbe gewöhnlich innerhalb eines Tages sich abspinnen ließen, so lag dieß sowol in der Einrichtung ihrer Bühne, als in der Einfachheit ihrer Stoffe begründet. Wenn

15*

aber das moderne Drama mit seiner viel mannigfaltigeren und verwickelteren Handlung sich derart beschränken wollte, würde es einem unnatürlichen Zwange verfallen, wie es dem klassischen Drama der Franzosen durch den Grundsatz der sogenannten Einheit der Zeit geschehen. — Ebenso verhält es sich mit dem Wechsel des Ortes. Eine große, verwickelte Handlung kann der Natur der Sache nach nicht auf einem Orte sich vollenden und ein Scenenwechsel ist auf unserer Bühne leicht möglich. Er kann darum so oft eintreten, als die Handlung es erfordert. — Einen zu häufigen Scenenwechsel vermeidet der Dichter schon darum, weil er zerstreuend wirkt und den Erfolg der Dichtung beeinträchtigt. Dagegen würde er derselben einen unnötigen Zwang anthun, wollte er wie die Klassiker der Franzosen und theilweise die Griechen, die ganze Handlung auf einen Ort beschränken. Die Einheit des Ortes ist demnach für unser Drama eben so unbegründet, als die Einheit der Zeit.

Insoferne jedes Drama zur Darstellung auf der Bühne bestimmt ist, muß es auch der Einrichtung derselben entsprechen, es muß bühnengerecht sein. Es soll nichts enthalten, was auf der Bühne entweder nicht darstellbar ist, oder in der Darstellung eine schlechte Wirkung thun müßte.

Aber diese Forderung hat nur bis zu einer gewissen Gränze eine Berechtigung; sie ist kein Grundgesetz der dramatischen Kunst. Denn die Leistungsfähigkeit der Bühne hängt einerseits vom Talente der Schauspieler, anderseits von rein äußerlichen, mechanischen Dingen, am meisten von den Kosten ab, die man auf die Ausstattung verwenden kann. Darum darf die Bühne dem Dichter kein künstlerisches Gesetz diktieren, und ein Drama kann ganz wol ein vollendetes Werk sein, ohne den Anforderungen der Bühne gerecht zu werden. Indessen ist nicht zu leugnen, daß Fortschritte der Bühnentechnik auch die künstlerische Entwicklung des Dramas bestimmt und gefördert haben. Manche Eigentümlichkeit des griechischen und modernen Dramas ist aus der Einrichtung der griechischen und modernen Bühne zu erklären.

Die dramatische Dichtung erscheint sowol in Prosa, als in Versen. — Im Lustspiele ist die Prosa überhaupt noch vorherschend, in dem Trauerspiele gibt man dem Verse als der edlern Form unter allen Verhältnissen den Vorzug. — Seit Opitz kam für das deutsche Trauerspiel der französische Alexandriner in Verwendung; seit Lessing, Goethe und Schiller ist aber der fünffüßige Jambus der eigentlich dramatische Vers geworden. Er besitzt Mannigfaltigkeit genug zum Ausdrucke des Ernsten und Milden, wie es die Entwicklung der Handlung verlangt. — Nur in seltenen Fällen ist von den Dichtern statt des Jambus der vierfüßige Trochäus gebraucht worden.

§. 33. Tragödie und Komödie.

Der Gegensatz des Ernsten und Heitern, des Hohen und Niedern, des Großartigen und Lieblichen, des Pathos und des Humors ist durch alle Arten der Kunst und der Dichtkunst insbesondere zu verfolgen. Aber nirgends prägt sich derselbe so kräftig aus, wie im Drama; denn dieses gliedert sich nach demselben in zwei Hauptformen, die Tragödie und Komödie (Trauerspiel und Lustspiel).

Die Tragödie erfordert eine ernste Handlung, einen Kampf der Ideen und Leidenschaften, starke Charaktere, einen hohen Gedankenschwung und eine erhabene

Sprache. Der tragische Held muß ein tragisches Leiden (Pathos) erdulden und geht im Kampfe meist unter; daher die deutsche Benennung Trauerspiel.

Das tragische Leiden ist vorwiegend ein seelisches; verbindet sich mit demselben auch ein physisches Leiden, so ist es Nebensache. Dadurch, daß der Held durch die Kraft seines Charakters das Leiden zu überwinden strebt, entsteht das tragische Pathos, das auf den Beobachter erhebend wirkt.

Das Leiden entsteht durch den tragischen Konflikt, d. h. durch den Widerstand, den der Held bei seinen Bestrebungen findet, durch den Kampf mit einem feindlichen Schicksal. Dieser Konflikt liegt in der Natur der menschlichen Dinge. Wie die Menschen beschaffen sind, tritt selbst kein Fortschritt zum Bessern ins Leben, ohne mit bestehenden Verhältnissen und Interessen in Widerspruch zu geraten. Im Kampfe für eine Idee geht auch der geschichtliche Held unter. Auf dieser Naturnotwendigkeit beruht die hohe Bedeutung der Tragödie, in der

> wir den Kampf gewaltiger Naturen
> Um ein bedeutend Ziel vor Augen sehen,
> Und um der Menschheit große Gegenstände wird gerungen. (Schiller.)

In dem Konflikte liegt zugleich die tragische Schuld des Helden. Sie kann in einem wirklichen Fehler, einem Verbrechen bestehen, kann aber auch etwas sein, was in unsern Augen als ein Vorzug, eine Tugend erscheint. Auch eine gute Eigenschaft oder That wird zur Schuld, sobald sie den Helden ins Leiden und Verderben stürzt.

Ob die Handlung für den Helden glücklich oder unglücklich endet, ist für die alte Tragödie gleichgiltig. Nur in neuerer Zeit hat man für Handlungen mit glücklichem Ausgang die Bezeichnung Schauspiel in Anwendung gebracht.

Wichtiger für diese Kunstform ist der Unterschied der Lebenskreise, aus denen die Handlung genommen ist, die Gedankensphäre, in welcher der Dichter sich bewegt. Große, geschichtliche Handlungen von weitgreifender Wirkung, idealische Charaktere, die über das Maß des gewöhnlichen Lebens hinausragen, geben dem Werke ein ganz anderes Wesen, als wenn auch noch so ernste Konflikte im bürgerlichen und Familienleben, in kleinen Verhältnissen geschildert werden. — Die große künstlerische Wirkung ist auch nur von Werken der ersten Art zu erwarten; Menschen in bürgerlichen Verhältnissen können uns interessieren, aber vermögen nie uns durch Größe zu erschüttern.

> Denn nur der große Gegenstand vermag
> Den tiefen Grund Menschheit aufzuregen;
> Im regen Kreis verengert sich der Sinn;
> Es wächst der Mensch mit seinen größern Zwecken. (Schiller.)

Man hat darum mit Recht das bürgerliche Trauerspiel und Schauspiel von der eigentlichen Tragödie gesondert.

Die Komödie (das Lustspiel) bildet in allem den Gegensatz zur Tragödie. Stellt uns diese den Menschen in seiner Kraft und Größe, so zeigt ihn uns jene in seiner Schwäche und Kleinlichkeit. An die Stelle gewaltiger Konflikte der Leidenschaften treten kleinliche Kämpfe von Vorurtheilen und beschränkten Anschauungen; statt zu erschüttern und zu erheben, muß die Komödie erheitern. — Menschliche

Schwächen und Verkehrtheiten können aber nicht an sich, sondern nur als Objekt der ernsten und heitern Satire auf uns poetisch wirken; darum ist der Grundton der Komödie in der Regel ein satirischer. Indem der Dichter den Menschen in seiner Beschränktheit lächerlich macht, erhebt er uns gerade über die Beschränktheit und bringt somit eine poetische Wirkung hervor.

Oft zeigt uns die Komödie die Kleinlichkeit nicht gerade des Menschen, sondern der menschlichen Verhältnisse, einen Charakter im Kampfe mit sinnreichem Zufall oder sinnreicher Intrigue, die sich gerade in kleinen Verhältnissen am mächtigsten erweist. — Da dieser Kampf stets mit dichterischem Humor dargestellt werden muß, wirkt er stets erheiternd und anregend.

Das neuere Drama führt komische Charaktere und Situationen mitunter in die Tragödie ein, um die Wirkung des Tragischen in etwas zu mildern.

§. 34. Geschichte des Dramas.

Unter den Völkern des Orients, welche reich sind an epischer und lyrischer Dichtung, haben nur die Inder ein Drama hervorgebracht, das seit dem Auf= kommen des Sanskritstudiums auch in Europa Beachtung fand. Am meisten ver= breitet ist Kalidasas Schauspiel „Sakuntala" oder „der Ring der Treue".

Die Griechen, die Meister aller Kunst, haben auch dem Drama die erste klassische Vollendung gegeben. Ihre Tragödie und ihre Komödie sind in ihrer Art heute noch unübertroffen, so gut wie ihre Epopöe und Lyrik. Die nationalen Dionysos= feste gaben Anlaß zur Entwicklung der dramatischen Form, indem man da zuerst dialogische Vorträge zu Ehren des Gottes veranstaltete. Von diesen Festen her blieb dem griechischen Drama der Chor, der sich in der Orchestra bewegte, und dessen Gesänge die Pausen der Handlung ausfüllten. Er ist dem neueren Drama fremd und mit der modernen Bühne unverträglich. Nur Schiller versuchte denselben in seiner „Braut von Messina" nachzuahmen. — Zum Wesen des griechischen Dramas gehört sonst noch: eine geringe Anzahl von handelnden Personen und eine ganz ein= fache Handlung. Der Stoff der Tragödie war meist bekannten Sagen entlehnt. — Die Komödie hatte einen viel weiteren Spielraum als die moderne, da sie nicht bloß das sociale, sondern auch das politische Leben in ihren Kreis ziehen durfte, und die Satire durch keinerlei Rücksicht auf Personen und Würden beschränkt war.

Die Blüte des griechischen Dramas fällt in das fünfte Jahrhundert v. Chr. G. in das glanzvolle Zeitalter der Perserkriege und des Perikles — In demselben Jahr= hunderte, in welchem Iktinos den Parthenon erstehen ließ, Pheidias den Zeus von Olympia schuf, Polygnot die Poikile mit marathonischen Bildern schmückte, in dieser Zeit beispielloser geistiger Erhebung ertönten auch die tragischen Chorgesänge eines Äschylos, Sophokles und Euripides im Theater des Dionysos am Südabhange der Akropolis, und der unsterbliche Witz des Aristophanes geißelte in Komödien die beginnende Entartung der Athener.

Die Römer, in jeder Kunst Nachahmer der Griechen, sind besonders im Drama weit hinter ihrem Vorbilde zurückgeblieben. — Nur die Komödien des Terentius und Plautus, Nachbildungen nicht der aristophanischen, sondern der späteren griechischen Komödie, repräsentieren diese Kunstgattung in der römischen

Literatur. Die hohe Tragödie entsprach der vorwiegend nüchternen Natur des Römervolkes wenig.

Unter den neueren Völkern waren die Franzosen am meisten bestrebt, das antike Ideal im Drama zu erreichen. Ihre Klassiker Racine, Corneille, Voltaire im 17. und 18. Jahrhundert bildeten sich nach antiken Mustern, wählten gerne antike Stoffe zu ihren Tragödien und suchten auch die Formenstrenge der Antike auf das moderne Drama zu übertragen. Aus Aristoteles Poetik deducierte die Kritik ihrer Zeit, wenn auch fälschlich, das Gesetz der drei dramatischen Einheiten der Handlung, der Zeit und des Ortes und legte der dramatischen Kunst Fesseln auf, die der Grieche in dieser Art nicht kannte. — Lange Zeit beherrschten die französische Tragödie, sowie Moliere's Lustspiele die moderne Bühne und gewannen besonders in Deutschland das Ansehen unbedingter Mustergiltigkeit.

Vor den Franzosen, unabhängig von ihnen und den Alten, haben die Engländer und Spanier ihr Drama ausgebildet. Man hat es das romantische Drama genannt im Gegensatze zum antik-klassischen. Es ist freier in der Form und mannigfaltiger im Inhalt. Es erlaubt häufigen Scenenwechsel, gestattet eine größere Anzahl von Personen, genauere Charakteristik der Einzelnen, selbst eine Mischung von Scherz und Ernst. — Schlegel vergleicht darum das klassische Drama mit einer plastischen Gruppe mit ihrer scharfen Umgränzung, ihrer gemessenen Haltung, ihrer notwendig einfachen Handlung; das romantische hingegen mit einem Gemälde, das volkreiche Scenen in bunter Farbenpracht und mit mannigfaltigem Hintergrunde darstellt, aus denen einzelne Charaktergestalten scharf hervortreten.

Das englische Drama fand in William Shakespeare (1564—1616) seinen Meister, den man den Stolz seiner Nation, den „Genius der britischen Insel" genannt. — Sein Wirken verherrlicht die Regierungszeit der Königin Elisabet und König Jakobs I. zu Ende des 16. und Anfang des 17. Jahrhunderts. Er war ebenso groß in der Tragödie, wie in der Komödie. — Obwol er seine Stoffe nicht nur aus heimischen Geschichten und Sagen, sondern auch dem Altertume und der Literatur der Italiener entlehnte, so bewahrten seine Werke doch in Geist und Form einen durchaus nationalen Charakter. — Nach der puritanischen Revolution von 1648 in England fast vergessen, wandte sich ihm die Bewunderung der Nation seit dem Beginn des 18. Jahrhunderts wieder zu, und seit Lessing und Herder verdrängen seine Werke das Ansehen der französischen Muster in Deutschland.

Das spanische Drama erreichte in den Schauspielen Lope de Vega's und Calderon de la Barca's seinen Höhepunkt. — Beide Dramatiker gehören dem 17. Jahrhundert an und sind in Deutschland erst neuerer Zeit durch die romantische Schule gehörig gewürdigt worden.

Die dramatische Literatur der Italiener hat nicht die Weltbedeutung ihrer epischen erreicht. — Doch werden die Lustspieldichter Gozzi und Goldoni, die Tragödiendichter Alfieri und Metastasio neben den großen Dramatikern der übrigen Nationen genannt.

Das deutsche Drama machte eine Entwicklungsgeschichte von Jahrhunderten durch. — Im 14. und 15. Jahrhunderte aus nationalem Boden erwachsen, wurde es durch die Ungunst politischer Verhältnisse in seiner Fortbildung gehemmt, kam dann in Abhängigkeit vom Auslande (besonders Frankreich) und rang sich nur schwer im 18. Jahrhundert zur Selbständigkeit empor.

Aus dem christlichen Kultus erwuchsen die geistlichen Spiele (Weihnachts- und Passionsspiele); heitere Geselligkeit führte zu den Fastnachtspielen und der Bildungseifer der Universitäten und Gymnasien schuf die Schuldramen. Damit waren im 16. Jahrhunderte bereits die Anfänge des deutschen Dramas gegeben, das sowol Hans Sachs, als später Andreas Gryphius durch ihre Schauspiele mannigfach bereicherten. — Gegen Ende des 17. Jahrhunderts begann der überwältigende Einfluß des französischen Dramas, das gegenüber den landesüblichen Haupt- und Staatsactionen a's mustergiltig dastand. Der Vorkämpfer der französischen Richtung war Gottsched in Leipzig, der auf der Bühne der Karoline Neuber den Hanswurst, die Lieblingsfigur der Haupt- und Staatsactionen, feierlich verbrennen ließ. — Eine wahrhafte Erhebung des nationalen Dramas aber begann erst mit Lessing, der die französischen Muster mit den scharfen Waffen seiner Kritik bekämpfte und Shakespeares Einfluß begründete. — Nach Lessing bezeichnen die Schauspiele Goethes und Schillers den Höhepunkt der dramatischen Kunst Deutschlands. Nach ihnen gelten Heinrich von Kleist, Grillparzer und Friedrich Halm als die Hauptvertreter dieser Kunstform — Die deutsche Tragödie steht viel höher, als die deutsche Komödie; letztere ist heute noch vielfach von französischen Mustern abhängig.

Einzelne Bühnen sind zu verschiedenen Zeiten Hauptpflegestätten des deutschen Dramas gewesen. So z. B. die Leipziger Bühne zu Gottscheds Zeit, das Hamburger Theater unter Lessings Leitung, die Bühne von Weimar unter Goethe und Schiller, das Hoftheater in Berlin unter Iffland, und das Burgtheater in Wien seit seiner Gründung durch Kaiser Josef II. (1776). —

Poesie und Malerei.

(Aus „Laokoon oder über die Gränzen der Malerei und Poesie".)

1.

Der Erste, welcher die Malerei und Poesie mit einander verglich, war ein Mann von feinem Gefühle, der von beiden Künsten eine ähnliche Wirkung auf sich verspürte. Beide, empfand er, stellen uns abwesende Dinge als gegenwärtig, den Schein als Wirklichkeit vor; beide
5 täuschen, und beider Täuschung gefällt.

Ein Zweiter suchte in das Innere dieses Gefallens einzudringen, und entdeckte, daß es bei beiden aus einerlei Quelle fließe. Die Schönheit, deren Begriff wir zuerst von körperlichen Gegenständen abziehen, hat allgemeine Regeln, die sich auf mehrere Dinge anwenden lassen; auf
10 Handlungen, auf Gedanken sowol, als auf Formen.

Ein Dritter, welcher über den Wert und über die Vertheilung dieser allgemeinen Regeln nachdachte, bemerkte, daß einige mehr in der

Malerei, andere mehr in der Poesie herschten; daß also bei diesen die
Poesie der Malerei, bei jenen die Malerei der Poesie mit Erläuterungen
und Beispielen aushelfen könne.

Das erste war der Liebhaber, das zweite der Philosoph, das dritte
der Kunstrichter.

Jene beiden konnten nicht leicht, weder von ihrem Gefühl, noch
von ihren Schlüssen einen unrechten Gebrauch machen. Hingegen bei
den Bemerkungen des Kunstrichters beruht das Meiste in der Richtigkeit
der Anwendung auf den einzelnen Fall; und es wäre ein Wunder, da
es gegen e i n e n scharfsinnigen Kunstrichter fünfzig witzige gegeben hat,
wenn diese Anwendung jederzeit mit aller der Vorsicht wäre gemacht
worden, welche die Wage zwischen beiden Künsten gleich erhalten muß.

Falls A p e l l e s und P r o t o g e n e s in ihren verlornen Schriften
von der Malerei die Regeln derselben durch die bereits festgesetzten Regeln
der Poesie bestätigt und erläutert haben, so darf man sicherlich glauben,
daß es mit der Mäßigung und Genauigkeit wird geschehen sein, mit
welcher wir noch jetzt den A r i s t o t e l e s, Cicero, Horaz, Quin=
t i l i a n in ihren Werken die Grundsätze und Erfahrungen der Malerei
auf die Beredtsamkeit und Dichtkunst anwenden sehen. Es ist das Vor=
recht der Alten, keiner Sache weder zu viel noch zu wenig zu thun.

Aber wir Neuern haben in mehreren Stücken geglaubt, uns weit
über sie wegzusetzen, wenn wir ihre kleinen Lustwege in Landstraßen ver=
wandelten; sollten auch die kürzern und sicherern Landstraßen darüber zu
Pfaden eingehen, wie sie durch Wildnisse führen.

Die blendende Antithese des griechischen Voltaire, daß die M a l e r e i
e i n e s t u m m e P o e s i e, und die P o e s i e e i n e r e d e n d e M a l e r e i
s e i, stand wol in keinem Lehrbuche. Es war ein Einfall, wie S i=
m o n i d e s mehrere hatte, dessen wahrer Theil so einleuchtend ist, daß
man das Unbestimmte und Falsche, welches er mit sich führt, übersehen
zu müssen glaubt.

Gleichwol übersahen es die Alten nicht. Sondern, indem sie den
Ausspruch des Simonides auf die Wirkung der beiden Künste einschränkten,
vergaßen sie nicht einzuschärfen, daß, ungeachtet der vollkommenen Aehnlich=
keit dieser Wirkung, sie dennoch sowol in den Gegenständen als
in der Art ihrer Nachahmung verschieden wären.

Völlig aber, als ob sich gar keine solche Verschiedenheit fände, haben
viele der neuesten Kunstrichter aus jener Uebereinstimmung der Malerei

⁵⁰ und Poesie die krudesten Dinge von der Welt geschlossen. Bald zwingen
sie die Poesie in die engern Schranken der Malerei; bald lassen sie die
Malerei die ganze weite Sphäre der Poesie füllen. Alles, was der einen
Recht ist, soll auch der andern vergönnt sein; alles, was in der einen
gefällt oder mißfällt, soll notwendig auch in der andern gefallen oder
⁵⁵ misfallen; und voll von dieser Idee, sprechen sie in dem zuversichtlichsten
Tone die seichtesten Urtheile, wenn sie in den Werken des Dichters und
Malers über einerlei Vorwurf die darin bemerkten Abweichungen von
einander zu Fehlern machen, die sie dem einen oder dem andern, nachdem sie entweder mehr Geschmack an der Dichtkunst oder an der Malerei
⁶⁰ haben, zur Last legen.

Ja diese Afterkritik hat zum Theil die Virtuosen selbst verführt.
Sie hat in der Poesie die Schilderungssucht, in der Malerei die Alle-
goristerei erzeugt, indem man jene zu einem redenden Gemälde machen
wollen, ohne eigentlich zu wissen, was sie malen könne und solle, und
⁶⁵ diese zu einem stummen Gedichte, ohne überlegt zu haben, in welchem
Maße sie allgemeine Begriffe ausdrücken könne, ohne sich von ihrer
Bestimmung zu entfernen und zu einer willkürlichen Schriftart zu werden.

Diesem falschen Geschmacke und jenen ungegründeten Urtheilen
entgegen zu arbeiten, ist die vornehmste Absicht folgender Aufsätze.
⁷⁰ Sie sind zufälliger Weise entstanden und mehr nach der Folge
meiner Lectüre, als durch die methodische Entwicklung allgemeiner Grundsätze angewachsen. Es sind also mehr unordentliche Kollectaneen zu
einem Buche als ein Buch.

Doch schmeichle ich mir, daß sie auch als solche nicht ganz zu ver-
⁷⁵ achten sein werden. An systematischen Büchern haben wir Deutschen überhaupt keinen Mangel. Aus ein Paar angenommenen Worterklärungen in
der schönsten Ordnung alles, was wir nur wollen, herzuleiten, darauf
verstehen wir uns trotz einer Nation in der Welt.

Baumgarten bekannte, einen großen Theil der Beispiele in
⁸⁰ seiner Aesthetik Geßners Wörterbuche schuldig zu sein. Wenn mein Raison-
nement nicht so bündig ist, als das Baumgartensche, so werden doch
meine Beispiele mehr nach der Quelle schmecken.

Da ich von dem Laokoon gleichsam aussetze und mehrmals auf ihn
zurückkomme, so habe ich ihm auch einen Antheil an der Aufschrift lassen
⁸⁵ wollen. Andere kleine Ausschweifungen über verschiedene
Punkte der alten Kunstgeschichte, tragen weniger zu meiner

Absicht bei, und sie stehen nur da, weil ich ihnen niemals einen bessern Platz zu geben hoffen kann.

Noch erinnere ich, dass ich unter dem Namen der Malerei die bildenden Künste überhaupt begreife; so wie ich nicht dafür stehe, dass ich [90] nicht unter dem Namen der Poesie, auch auf die übrigen Künste, deren Nachahmung fortschreitend ist, einige Rücksicht nehmen dürfte.

2.

Ist dem aber so, und kann ein Gedicht sehr ergiebig für den Maler, dennoch aber selbst nicht malerisch, hinwiederum ein anderes sehr malerisch und dennoch nicht ergiebig für den Maler sein, so ist es auch um den [95] Einfall des Grafen Caylus gethan, welcher die Brauchbarkeit für den Maler zum Probierstein der Dichter machen, und ihre Rangordnung nach der Anzahl der Gemälde, die sie dem Artisten darbieten, bestimmen wollen.

Fern sei es, diesen Einfall auch nur durch unser Stillschweigen das Ansehen einer Regel gewinnen zu lassen. Milton würde als das [100] erste unschuldige Opfer derselben fallen. Denn es scheint wirklich, dass das verächtliche Urtheil, welches Caylus über ihn spricht, nicht sowol Nationalgeschmack, als eine Folge seiner vermeinten Regel gewesen. „Der Verlust des Gesichts", sagt er, „mag wol die größte Aehnlichkeit sein, die Milton mit dem Homer gehabt hat." Freilich kann Milton keine [105] Gallerien füllen; aber müßte, so lange ich das leibliche Auge hätte, die Sphäre desselben auch die Sphäre meines inneren Auges sein, so würde ich, um von dieser Einschränkung frei zu werden, einen großen Wert auf den Verlust des ersteren legen. —

„Das verlorene Paradies" ist darum nicht weniger die erste Epopöe [110] nach dem Homer, weil es wenig Gemälde liefert, als die Leidens= geschichte Christi deswegen ein Poem ist, weil man kaum den Kopf einer Nadel in sie setzen kann, ohne auf eine Stelle zu treffen, die nicht eine Menge der größten Artisten beschäftigt hätte. Die Evangelisten erzählen das Faktum mit aller möglichen trockenen Einfalt, und der Artist nutzt [115] die mannigfaltigen Theile desselben, ohne dass sie ihrerseits den geringsten Funken von malerischem Genie dabei gezeigt haben. Es gibt malbare und unmalbare Fakta, und der Geschichtschreiber kann die malbarsten eben so unmalerisch erzählen, als der Dichter die unmalbarsten malerisch dar= zustellen vermögend ist. [120]

Man läßt sich bloß von der Zweideutigkeit des Wortes verführen, wenn man die Sache anders nimmt. Ein poetisches Gemälde ist nicht notwendig das, was in ein materielles Gemälde zu verwandeln ist, sondern jeder Zug, jede Verbindung mehrerer Züge, 125durch die uns der Dichter seinen Gegenstand so sinnlich macht, daß wir uns dieses Gegenstandes deutlicher bewußt werden, als seiner Worte, heißt malerisch, heißt ein Gemälde, weil es uns dem Grade der Illusion näher bringt, dessen das materielle Gemälde besonders fähig ist, der sich von dem materiellen Gemälde am ersten und leichtesten abstrahieren lassen.

3.

130 Nun kann der Dichter zu diesem Grade der Illusion, wie die Erfahrung zeigt, auch die Vorstellungen anderer, als sichtbarer Gegenstände erheben. Folglich müssen notwendig dem Artisten ganze Klassen von Gemälden abgehen, die der Dichter vor ihm voraus hat. Dryden's Ode auf den Cäcilientag ist voller musikalischen Gemälde, die den Pinsel 135müßig lassen. Doch ich will mich in dergleichen Exempel nicht verlieren, aus welchen man am Ende doch nicht viel mehr lernt, als daß die Farben keine Töne, und die Ohren keine Augen sind.

Ich will bei den Gemälden bloß sichtbarer Gegenstände stehen bleiben, die dem Dichter und Maler gemein sind. Woran liegt es, daß manche 140poetische Gemälde von dieser Art für den Maler unbrauchbar sind, und hinwiederum manche eigentliche Gemälde unter der Behandlung des Dichters den größten Theil ihrer Wirkung verlieren?

Exempel mögen mich leiten. Ich wiederhole es: das Gemälde des Pandarus im vierten Buche der Ilias ist eines von den ausgeführtesten, 145täuschendsten im ganzen Homer. Von dem Ergreifen des Bogens bis zu dem Fluge des Pfeiles ist jeder Augenblick gemalt, und alle diese Augenblicke sind so nahe und doch so unterschieden angenommen, daß, wenn man nicht wüßte, wie mit dem Bogen umzugehen wäre, man es aus diesem Gemälde allein lernen könnte. Pandarus zieht seinen Bogen 150hervor, legt die Sehne an, öffnet den Köcher, wählt einen noch ungebrauchten wolbefiederten Pfeil, setzt den Pfeil an die Sehne, zieht die Sehne mitsammt dem Pfeile unten an dem Einschnitte zurück; die Sehne naht sich der Brust, die eiserne Spitze des Pfeiles dem Bogen; der große gerundete Bogen schlägt tönend auseinander; die Sehne schwirrt; 155ab sprang der Pfeil, und gierig fliegt er nach seinem Ziele.

Ueberſehen kann Caylus dieſes vortreffliche Gemälde nicht haben. Was fand er alſo darin, warum er es für unfähig achtete, ſeinen Artiſten zu beſchäftigen? und was war es, warum ihm die Verſammlung der rat= pflegenden, zechenden Götter zu dieſer Abſicht tauglicher dünkte? Hier ſowol als dort ſind ſichtbare Vorwürfe, und was braucht der Maler [160] mehr als ſichtbare Vorwürfe, um ſeine Fläche zu füllen?

Der Knoten muſs dieſer ſein. Obſchon beide Vorwürfe als ſichtbar, der eigentlichen Malerei gleich fähig ſind, ſo findet ſich doch dieſer weſent= liche Unterſchied unter ihnen, daſs jener eine ſichtbare fortſchreitende Handlung iſt, deren verſchiedene Theile ſich nach und nach, in der Folge der [165] Zeit ereignen, dieſer hingegen eine ſichtbare ſtehende Handlung, deren verſchiedene Theile ſich neben einander im Raume entwickeln. Wenn nun aber die Malerei, vermöge ihrer Zeichen oder der Mittel ihrer Nach= ahmung, die ſie nur im Raume verbinden kann, der Zeit gänzlich ent= ſagen muſs: ſo können fortſchreitende Handlungen als fortſchreitend [170] unter ihre Gegenſtände nicht gehören, ſondern ſie muſs ſich mit Hand= lungen neben einander, oder mit bloßen Körpern, die durch ihre Stellungen eine Handlung vermuten laſſen, begnügen. Die Poeſie hingegen — —

4.

Doch ich will verſuchen, die Sache aus ihren erſten Gründen herzuleiten. [175]

Ich ſchließe ſo: Wenn es wahr iſt, daſs die Malerei zu ihren Nachahmungen ganz andere Mittel oder Zeichen gebraucht, als die Poeſie, (jene nämlich Figuren und Farben in dem Raume, dieſe aber arti= kulierte Töne in der Zeit), wenn unſtreitig die Zeichen ein bequemes Verhältnis zu dem Bezeichneten haben müſſen: ſo können nebeneinander [180] geordnete Zeichen auch nur Gegenſtände, die neben einander, oder deren Theile neben einander exiſtieren, auf einander folgende Zeichen aber auch nur Gegenſtände ausdrücken, die auf einander, oder deren Theile auf einander folgen.

Gegenſtände, die neben einander, oder deren Theile neben einander [185] exiſtieren, heißen Körper. Folglich ſind Körper mit ihren ſichtbaren Eigenſchaften die eigentlichen Gegenſtände der Malerei.

Gegenſtände, die aufeinander, oder deren Theile aufeinander folgen, heißen überhaupt Handlungen. Folglich ſind Handlungen der eigentliche Gegenſtand der Poeſie. [190]

Doch alle Körper existieren nicht allein in dem Raume, sondern auch in der Zeit. Sie dauern fort, und können in jedem Augenblicke ihrer Dauer anders erscheinen und in anderer Verbindung stehen. Jede 195 dieser augenblicklichen Erscheinungen und Verbindungen ist die Wirkung einer vorhergehenden und kann die Ursache einer folgenden, und sonach gleichsam das Centrum einer Handlung sein. Folglich kann die Malerei auch Handlungen nachahmen, aber nur andeutungsweise durch Körper.

Auf der anderen Seite können Handlungen nicht für sich selbst bestehen, sondern müssen gewissen Wesen anhängen. Insofern nun diese Wesen 200 Körper sind, oder als Körper betrachtet werden, schildert die Poesie auch Körper, aber nur andeutungsweise durch Handlungen.

Die Malerei kann in ihren coexistierenden Kompositionen nur einen einzigen Augenblick der Handlung nutzen, und muß daher den prägnantesten wählen, aus welchem das Vorhergehende und Folgende am 205 begreiflichsten wird.

Ebenso kann auch die Poesie in ihren fortschreitenden Nachahmungen nur eine einzige Eigenschaft der Körper nutzen, und muß daher diejenige wählen, welche das sinnlichste Bild des Körpers von der Seite erweckt, von welcher sie ihn braucht.

210 Hieraus fließt die Regel von der Einheit der malerischen Beiwörter und der Sparsamkeit in den Schilderungen körperlicher Gegenstände.

Ich würde in diese trockene Schlußkette weniger Vertrauen setzen, wenn ich sie nicht durch die Praxis des Homer vollkommen bestätigt fände, oder wenn es nicht vielmehr die Praxis des Homer selbst wäre, 215 die mich darauf gebracht hätte. Nur aus diesen Grundsätzen läßt sich die große Manier des Griechen bestimmen und erklären, sowie der entgegengesetzten Manier so vieler neueren Dichter ihr Recht ertheilen, die in einem Stücke mit dem Maler wetteifern wollen, in welchem sie notwendig von ihm überwunden werden müssen.

220 Ich finde, Homer malt nichts als fortschreitende Handlungen, und alle Körper, alle einzelnen Dinge malt er nur durch ihren Antheil an diesen Handlungen, gemeiniglich nur mit einem Zuge. Was Wunder also, daß der Maler da, wo Homer malt, wenig oder nichts für sich zu thun sieht, und daß seine Ernte nur da ist, wo die Geschichte eine Menge 225 schöner Körper in schönen Stellungen in einem der Kunst vortheilhaften Raume zusammenbringt; der Dichter selbst mag diese Körper, diese Stellungen, diesen Raum so wenig malen, als er will. Man gehe die

ganze Folge der Gemälde, wie sie Caylus aus ihm vorschlägt, Stück vor Stück durch, und man wird in jedem den Beweis von dieser Anmerkung finden.

Ich lasse also hier den Grafen, der den Farbenstein des Malers [230] zum Probierstein des Dichters machen will, um die Manier des Homer näher zu erklären.

Für ein Ding, sage ich, hat Homer gemeiniglich nur einen Zug. Ein Schiff ist ihm bald das schwarze Schiff, bald das hohle Schiff, bald das schnelle Schiff, höchstens das wolberuderte, schwarze Schiff. [235] Weiter läßt er sich in die Malerei des Schiffes nicht ein; aber wol das Schiffen, das Abfahren, das Anlanden des Schiffes macht er zu einem ausführlichen Gemälde, zu einem Gemälde, aus welchem der Maler fünf, sechs besondere Gemälde machen müßte, wenn er es ganz auf seine Lein= wand bringen wollte. [240]

Zwingen den Homer ja besondere Umstände, unsern Blick auf einen einzelnen körperlichen Gegenstand länger zu heften, so wird dennungeachtet kein Gemälde daraus, dem der Maler mit dem Pinsel folgen könnte; sondern er weiß durch unzählige Kunstgriffe diesen einzelnen Gegenstand in eine Folge von Augenblicken zu setzen, in deren jedem er anders erscheint, [245] und in deren letztem ihn der Maler erwarten muß, um uns entstanden zu zeigen, was wir bei dem Dichter entstehen sehen. Z. E. Will Homer uns den Wagen der Juno sehen lassen, so muß ihn Hebe vor unseren Augen Stück vor Stück zusammensetzen. Wir sehen die Räder, die Achsen, den Sitz, die Deichsel, die Riemen und Stränge, nicht sowol wie es bei= [250] sammen ist, als wie es unter den Händen der Hebe zusammen kommt. Auf die Räder allein verwendet der Dichter mehr als einen Zug, und weist uns die ehernen acht Speichen, die goldenen Felgen, die Schienen von Erz, die silberne Nabe, alles insbesondere. Man sollte sagen, da der Räder mehr als eines war, so mußte in der Beschreibung eben so [255] viel Zeit mehr auf sie gehen, als ihre besondere Anlegung deren in der Natur selbst mehr erforderte.

Hebe fügt um den Wagen ihr schnell die gerundeten Räder,
Mit acht ehernen Speichen, umher an die eiserne Axe.
Gold ist ihnen der Kranz, unalterndes; aber darauf sind [260]
Eherne Schienen gelegt, anpassende, Wunder dem Anblick.
Silbern glänzen die Naben in schön umlaufender Rundung.
Dann in goldenen Riemen und silbernen schwebet der Sessel,
Ausgespannt, und umringt mit zween umlaufenden Ründern.

²⁶⁵ Vorhin streckt aus Silber die Deichsel sich; aber am Ende
Band sie das goldene Joch, das prangende, dem sie die Seile,
Golden und schön, umschlang. In das Joch nun fügete Here
Ihr schnellfüßig Gespann und brannte nach Streit und Getümmel.

Will uns Homer zeigen, wie Agamemnon bekleidet gewesen, so
²⁷⁰muß sich der König vor unseren Augen seine völlige Kleidung Stück vor
Stück umthun, das weiche Unterkleid, den großen Mantel, die schönen
Halbstiefel, den Degen, und so ist er fertig und ergreift das Scepter.
Wir sehen die Kleider, indem der Dichter die Handlung des Bekleidens
malt; ein Anderer würde die Kleider bis auf die geringste Franse gemalt
²⁷⁵haben, und von der Handlung hätten wir nichts zu sehen bekommen.

— — — — zog das weiche Gewand an,
Sauber und neu gewirkt, und warf den Mantel darüber;
Unter die glänzenden Füß' auch band er sich stattliche Sohlen,
Hängte sodann um die Schultern das Schwert voll silberner Buckeln,
²⁸⁰ Nahm auch den Königsstab, den ererbeten, ewiger Dauer.

Und wenn wir von diesem Scepter, welches hier bloß das väterliche,
unvergängliche Scepter heißt, sowie ein ähnliches ihm an einem anderen
Orte bloß, das „mit goldenen Stiften beschlagene" Scepter
ist, wenn wir, sage ich, von diesem wichtigen Scepter ein vollständigeres,
²⁸⁵genaueres Bild haben sollen, was thut sodann Homer? Malt er uns
außer den goldenen Nägeln nun auch das Holz, den geschnitzten Knopf?
Ja, wenn die Beschreibung in eine Heraldik sollte, damit einmal in den
folgenden Zeiten ein anderes genau darnach gemacht werden könne. Und
doch bin ich gewiß, daß mancher neuere Dichter eine solche Wappenkönigs=
²⁹⁰beschreibung daraus würde gemacht haben, in der treuherzigen Meinung,
daß er wirklich selber gemalt habe, weil der Maler ihm nachmalen kann.
Was bekümmert sich aber Homer, wie weit er den Maler hinter sich läßt?
Statt einer Abbildung gibt er uns die Geschichte des Scepters: erst ist
es unter der Arbeit des Vulkan; nun glänzt es in den Händen des Jupiter;
²⁹⁵nun bemerkt es die Würde Merkur's; nun ist es der Kommandostab des
kriegerischen Pelops, nun der Hirtenstab des friedlichen Atreus u. s. w.

Haltend den Königsstab, den mit Kunst Hephästos gebildet;
Diesen gab Hephästos dem waltenden Zeus Kronion.
Hierauf gab ihn Zeus dem bestellenden Argoswürger;
³⁰⁰ Hermes gab ihn, der Herscher, dem Rossebändiger Pelops.

Wieder gab ihn Pelops dem völkerweidenen Atreus;
Dann ließ Atreus ihn sterbend dem lämmerreichen Thyestes.
Aber ihn ließ Thyestes dem Held Agamemnon zum Erbtheil,
Viel Eilande damit und Argos' Reich zu beherrschen.

So kenne ich endlich dieses Scepter besser, als mir es der Maler 305
vor Augen legen oder ein zweiter Vulkan in die Hände liefern könnte. —
Es würde mich nicht befremden, wenn ich fände, daß einer von den alten
Auslegern des Homers diese Stelle als die vollkommenste Allegorie von
dem Ursprunge, dem Fortgange, der Befestigung und endlichen Beerb=
folgung der königlichen Gewalt unter den Menschen bewundert hätte. 310
Ich würde zwar lächeln, wenn ich läse, daß Vulkan, welcher das Scepter
gearbeitet, das Feuer, als das, was dem Menschen zu seiner Erhaltung
das Unentbehrlichste ist, die Abstellung der Bedürfnisse überhaupt anzeige,
welche die ersten Menschen sich einem Einzigen zu unterwerfen bewogen; daß
der erste König ein Sohn der Zeit, ein ehrwürdiger Alter gewesen sei, 315
welcher seine Macht mit einem beredten klugen Manne, mit einem Merkur
theilen, oder gänzlich auf ihn übertragen wollen; daß der kluge Redner
zur Zeit, als der junge Staat von auswärtigen Feinden bedroht worden,
seine oberste Gewalt dem tapfersten Krieger („dem Rossebändiger
Pelops") überlassen habe: daß der tapfere Krieger, nachdem er die 320
Feinde gedämpft und das Reich gesichert, es seinem Sohne in die Hände
spielen können, welcher als ein friedliebender Regent, als ein wohlthätiger
Hirte seiner Völker („der völkerweidende Atreus") sie mit
Wohlleben und Ueberfluß bekannt gemacht habe, wodurch nach seinem Tode
dem reichsten seiner Anverwandten („dem lämmerreichen Thyestes") 325
der Weg gebahnt worden, das, was bisher das Vertrauen ertheilt, und
das Verdienst mehr für eine Bürde als Würde gehalten hatte, durch
Geschenke und Bestechungen an sich zu bringen, und es hernach als ein
gleichsam erkauftes Gut seiner Familie auf immer zu versichern. Ich
würde lächeln; ich würde aber demungeachtet in meiner Achtung für den 330
Dichter bestärkt werden, dem man so vieles leihen kann. — Doch dieses liegt
außer meinem Wege, und ich betrachte jetzt die Geschichte des Scepters bloß
als einen Kunstgriff, uns bei einem einzelnen Dinge verweilen zu machen,
ohne sich in die frostige Beschreibung seiner Theile einzulassen. — Auch wenn
Achilles bei seinem Scepter schwört, die Geringschätzung, mit welcher ihm 335
Agamemnon begegnet, zu rächen, gibt uns Homer die Geschichte dieses
Scepters. Wir sehen ihn auf den Bergen grünen; das Eisen trennt ihn von

dem Stamme, entblättert und entrindet ihn, und macht ihn bequem den Richtern des Volkes zum Zeichen ihrer göttlichen Würde zu dienen.

340   Wahrlich, bei diesem Scepter, das niemals Blätter und Zweige
Wieder zeugt, nachdem es den Stumpf im Gebirge verlassen;
Nie mehr sprost es empor; denn ringsum schälte das Erz ihm
Laub und Rinde hinweg; und edele Söhne Achaja's
Tragen es jetzt in der Hand, die richtenden, welchen Kronion
345   Seine Gesetze vertraut. — — — —

    Dem Homer war nicht sowol daran gelegen, zwei Stäbe von ver=
verschiedener Materie und Figur zu schildern, als uns von der Ver=
schiedenheit der Macht, deren Zeichen diese Stäbe waren, ein sinnliches
Bild zu machen. Jener, ein Werk des Vulkan; dieser von einer unbe=
350 kannten Hand auf den Bergen geschnitten; jener, der alte Besitz eines edlen
Hauses; dieser bestimmt die erste, die beste Faust zu füllen; jener von einem
Monarchen über viele Inseln und über ganz Argos erstreckt; dieser von einem
aus dem Mittel der Griechen geführt, den man nebst anderen die Bewahrung
der Gesetze anvertraut hatte. Dieses war wirklich der Abstand, in welchem
355 sich Agamemnon und Achill von einander befanden; ein Abstand, den
Achill selbst, bei allem seinen blinden Zorne, einzugestehen nicht umhin konnte.

    Doch nicht bloß da, wo Homer mit seinen Beschreibungen der=
gleichen weitere Absichten verbindet, sondern auch da, wo es ihm um das
bloße Bild zu thun ist, wird er dieses Bild in eine Art von Geschichte des
360 Gegenstandes verstreuen, um die Theile desselben, die wir in der Natur
nebeneinander sehen, in seinem Gemälde eben so natürlich aufeinander
folgen und mit dem Flusse der Rede gleichsam Schritt halten zu lassen.
Z. E. Er will uns den Bogen des Pandarus malen; einen Bogen von
Horn, von der und der Länge, wol poliert und an beiden Spitzen mit
365 Goldblech beschlagen. Was thut er? Zählt er uns alle diese Eigen=
schaften so trocken eine nach der andern vor? Mit nichten; das würde
einen solchen Bogen angeben, vorschreiben, aber nicht malen heißen.
Er fängt mit der Jagd des Steinbocks an, aus dessen Hörnern der
Bogen gemacht worden; Pandarus hatte ihm in den Felsen aufgepaßt
370 und ihn erlegt. Die Hörner waren von außerordentlicher Größe; des=
wegen bestimmte er sie zu einem Bogen; sie kommen in die Arbeit; der
Künstler verbindet sie, beschlägt sie. Und so, wie gesagt, sehen wir bei
dem Dichter entstehen, was wir bei dem Maler nicht entstehen sehen können.

Ich würde nicht fertig werden, wenn ich alle Exemplare dieser Art ausschreiben wollte. Sie werden jedem, der Homer inne hat, in Menge [375] beifallen.

Lessing.

Volksdichtung.

(Aus „Schriften zur Geschichte der Dichtung und Sage".
Stuttgart 1868, 7. Band, S. 3.)

Der literarischen Ausbildung und dem Hervortreten schriftstellerischer Persönlichkeit geht überall ein Zeitalter volkstümlicher Ueberlieferung voran. Diese verschiedenen Zustände sind Erzeugnis und Ausdruck der innern Geschichte des geistigen Völkerlebens. So lang alle Kräfte und Richtungen des Geistes in der Poesie gesammelt sind, [5] blüht das Reich der lebendigen Sage: sobald die geistigen Thätigkeiten sich nach verschiedenen Seiten der Erkenntnis zu sondern beginnen, entfaltet sich die Literatur. Die Erfindung der Schrift an sich ist es keineswegs, was eine so wesentliche Veränderung hervorbringt; diese Erfindung selbst ist nur das Werk [10] des für sie erwachsenen geistigen Bedürfnisses. Allerdings aber wird die Schrift das Mittel, wodurch der Antheil der Einzelnen an dem geistigen Gesammtleben und den gesonderten Richtungen desselben zur Erscheinung kommt und in immer schärferen Individualitäten sich ausprägt. Aber so besteht auch umgekehrt die Sage nicht bloß in Ermangelung des noch [15] unerfundenen Buchstabens, sondern weil für diesen noch gar kein Bedürfnis vorhanden ist, weil die Bilderschrift poetischer Gestaltungen ihn gar nicht vermissen läßt. Eben damit ergibt sich aber, daß die Sage im Großen und Ganzen auch wirklich nur eine poetische sein kann: denn wo das Wort weder für abstractes Denken zugebildet, noch durch die Schrift [20] festgehalten ist, kann eine geistige Mittheilung, eine dauernde Ueberlieferung nicht anders gedacht werden, als mittelst der Anschauungen der Einbildungskraft. Selbst geschichtliche Thatsachen müssen als bloße Gedächtnissache frühzeitig erlöschen, wenn sie nicht durch poetische Kräfte, durch Phantasie und Gemüt, gehoben und fortwährend aufgefrischt würden. [25] Die Sage der Völker ist hiernach wesentlich Volkspoesie; alle Volkspoesie aber ist ihrem Hauptbestande nach sagenhaft, sofern wir unter Sage die Ueberlieferung durch Erzählen, das epische Element der Volkspoesie, zu verstehen pflegen. Denn wenn schon auch der Volkspoesie keine der poetischen Grundformen völlig fremd ist, und sie in ihrem ursprünglichsten Zustand [30] die verschiedenen Dichtformen ungetrennt in sich schließt, so kann sie doch

16*

immer nur durch Gestalt und Handlung, durch das episch Anschauliche,
nachhaltigen Bestand gewinnen.

Der Drang, der dem einzelnen Menschen inwohnt, ein geistiges
35 Bild seines Wesens und Lebens zu erzeugen, ist auch in ganzen Völkern
als solchen, schöpferisch wirksam und es ist nicht bloße Redeform, daß
die Völker dichten. Eben in diesem gemeinsamen Hervorbringen haftet
der Begriff der Volkspoesie, und aus ihrem Ursprung ergeben sich ihre
Eigenschaften.

40 Wol kann auch sie nur mittelst Einzelner sich äußern, aber die
Persönlichkeit der Einzelnen ist nicht, wie in der Dichtkunst literarisch
gebildeter Zeiten, vorwiegend, sondern verschwindet im allgemeinen Volks-
charakter. Auch aus den Zeiten der Volksdichtung haben sich berühmte
Sängernamen erhalten und, wo dieselbe noch jetzt blüht, werden beliebte
45 Sänger namhaft gemacht. Meist jedoch sind die Urheber der Sagenlieder
unbekannt oder bestritten, und die Genannten selbst, auch wo die Namen
nicht ins Mythische sich verlieren, erscheinen überall nur als Vertreter
der Gattung, die Einzelnen stören nicht die Gleichartigkeit der poetischen
Masse, sie pflanzen das Ueberlieferte fort und reihen ihm das Ihrige
50 nach Geist und Form übereinstimmend an, sie führen nicht abgesonderte
Werke auf, sondern schaffen am gemeinsamen Bau, der niemals beschlossen
ist. Dichter von gänzlich hervorstechender Eigentümlichkeit können hier
schon darum nicht als dauernde Erscheinung gedacht werden, weil die
mündliche Fortpflanzung der Poesie das Eigentümliche nach der allge-
55 meinen Sinnesart zuschleift und nur ein allmähliges Wachstum gestattet.
Vornehmlich aber läßt ein innerer Grund die Ueberlegenheit der Einzelnen
nicht aufkommen. Die allgemeinste Theilnahme eines Volkes an Lied
und Sage, wie sie zur Erzeugung einer blühenden Volkspoesie erforderlich
ist, findet notwendig dann statt, wenn die Poesie, wie zuvor bemerkt
60 wurde, noch ausschließlich Bewahrerin und Ausspenderin des gesammten
geistigen Besitztums ist. Eine bedeutende Abstufung und Ungleichheit
der Geistesbildung ist aber in diesem Jugendalter eines Volkes nicht
wol denkbar; sie kann erst mit der vorgerückten künstlerischen und wissenschaftlichen Entwickelung eintreten. Denn wenn auch zu allen Zeiten
65 die einzelnen Naturen mehr oder weniger begünstigt erscheinen, die einen
gebend, die andern empfangend, die geistigen Anregungen aber das Geschäft der Edleren sind, so muß doch in jenem einfacheren Zustande die
poetische Anschauung bei allen lebendiger, bei den Einzelnen mehr im

Allgemeinen befangen gedacht werden. Indem die geistigen Richtungen
noch ungeschieden sind, haben sich auch der Eigentümlichkeit noch kein [70]
besondere Bahnen eröffnet; das künstlerische Bewußtsein steht noch nicht
dem Stoffe gegenüber, darum auch keine absichtliche Mannigfaltigkeit der
Gestaltung; der Stoff selbst, im Gesammtleben des Volkes festbegründet,
durch lange Ueberlieferung geheiligt, gibt keiner freieren Willkür Raum.
Und so bleibt zwar die Thätigkeit der Begabteren unverloren, aber sie [75]
mehrt und fördert nur unvermerkt das gemeinsame Ganze.

Allerdings kann auf keiner Stufe der poetischen Literatur, selbst
nicht bei dem schärfsten Gepräge dichterischer Eigentümlichkeiten, der Zusammenhang des Einzelnen mit der Gesammtbildung seines Volkes völlig
verleugnet werden. Erscheinungen, die in Nähe und Gegenwart schroff [80]
auseinander stehen, treten in der Ferne der Zeit und des Raumes in
größere Gruppen zusammen, und diese Gruppen selbst zeigen unter sich
einen gemeinschaftlichen Charakter. Stellt man sich so dem gesammten
poetischen Erzeugnis eines Volkes gegenüber und vergleicht man es nach
außen mit den Gesammtleistungen anderer Völker, so betrachtet man das- [85]
selbe als Nationalpoesie; für unsern Zweck war es um den innern Gegensatz zu thun, um die Volkspoesie in ihrem Verhältnisse zur dichterischen
Persönlichkeit.

Die Volkspoesie lebt, wie gezeigt worden, nur in münd-
lichem Vortrage. Das nun, daß ihre Gebilde lediglich mittelst der [90]
Phantasie und des angeregten Gemütes durch Jahrhunderte getragen
werden, bewährt dieselben als probehaltig. Was nicht klar mit dem
innern Auge geschaut, was nicht mit regem Herzen empfunden werden
kann, woran sollte das sein Dasein und seine Dauer knüpfen? Die
Schrift, die auch das Entseelte in Balsam aufbewahrt, die Kunstform, [95]
die auch dem Leblosen den Schein des Lebens leiht, sind nicht vorhanden.
Auch nicht Wort und Tonweise, im Gedächtnis festgehalten, können das
Nichtige retten; denn das schlichte Wort ist in jenen Zeiten keine Schönheit für sich, es lebt und stirbt mit seinem Gegenstande; die einfache
Tonweise, wenn sie selbst Dauer haben soll, muß ursprünglich einem [100]
Lebendigen gedient haben. Je fester und lebensvoller jene ächten Gebilde
dastehen, um so weniger kann das Scheinleben in ihrem Kreise aufkommen
und geduldet werden.

Worin liegt aber der Gehalt und die Kraft, vermöge deren sie
durch viele Geschlechter unvertilgbar fortbestehen? Ohne Zweifel darin, [105]

daß sie die Grundzüge des Volkscharakters, ja die Urformen naturkräftiger Menschheit, wahr und ausdrucksvoll verzeichnen. Glaubensansichten, Naturanschauungen, Charaktere, Leidenschaften, menschliche Verhältnisse treten hier gleichsam in urweltlicher Größe und Nacktheit hervor: unverwitterte Bildwerke, gleich der erhabenen Arbeit des Urgebirgs. Darum kann auch gerade den Zeiten, welche durch gesellige, künstlerische und wissenschaftliche Verfeinerung solchen ursprünglichen Zuständen am fernsten und fremdesten stehen, der Rückblick auf diese lehrreich und erquicklich sein; so ungefähr, wie der größte der römischen Geschichtschreiber aus seinem welken Römerreich in die frischen germanischen Wälder, auf die riesenhaften Gestalten, einfachen Sitten und gesunden Charakterzüge ihrer Bewohner, vorhaltend und weissagend hinüberzeigte.

Wenn wir uns hier die Volkspoesie nach ihrem vollsten Begriffe gedacht haben, so ist doch leicht zu erachten, daß sie in ihrer geschichtlichen Erscheinung bei verschiedenen Völkern, nach Gehalt und Umfang, in sehr mannigfachen Abstufungen und Uebergängen sich darstelle. Wie das Leben jedes Volkes wird auch das Bild dieses Lebens, die Poesie, beschaffen sein. Ein Hirtenvolk, in dessen einsame Gebirgsthäler der Kampf der Welt nur fernher in dumpfen Widerhallen eindringt, wird in seinen Liedern und Ortsagen die beschränkten Verhältnisse ländlichen Lebens, die Mahnungen der Naturgeister, die einfachsten Empfindungen und Gemütszustände niederlegen; sein Gesang wird idyllisch = lyrisch austönen. Ein Volk dagegen, das seit undenklicher Zeit in weltgeschichtlichen Schwingungen sich bewegt, mit gewaltigen Schicksalen kämpft und große Erinnerungen bewahrt, wird auch eine reiche Dichtung, voll mächtiger Charaktere, Thaten und Leidenschaften, aus sich erschaffen, und wie sein Leben weitere Kreise zieht und größere Zusammenhänge bildet, wie sich in ihm ein höheres Walten mit stärkeren Zügen offenbart, so werden auch seine poetischen Ueberlieferungen sich zum Cyclus einer großartigen Götter= und Heldensage verknüpfen und ausdehnen. Bei demselben Volk aber wird man die eigentliche Volkspoesie in dem Maße zurückweichen sehen, in welchem die literarische Bildung und die mit ihr verbundene Herrschaft dichterischer Persönlichkeit vorschreiten. Gedeihen und Absterben der Volkspoesie hängt überall davon ab, ob die Grundbedingung derselben, Theilnahme des gesammten Volkes, feststehe oder versage; ziehen die edleren Kräfte sich von ihr zurück, dem Schriftentum zugewandt, so versinkt sie notwendig in Armut und Gemeinheit.　　Ludwig Uhland.

Charakter der Götter- und Heldensage.

(Aus „Schriften zur Geschichte der Dichtung und Sage".
Stuttgart 1868, 7. Band, S. 351.)

Das Verhältnis zwischen Götter- und Heldensage des Nordens ist im Bisherigen objectiv betrachtet worden. Wir fanden, wie beide sich wechselseitig erklären und ergänzen, wie die irdische Geschichte mit dem Weltleben, das menschliche Geschick mit dem Schicksal der Götter zusammengreift und sich darin vollendet. Diese objective Uebereinstimmung wird uns aber als eine notwendige erscheinen, wenn wir erwägen, daß jenes Weltganze ein Bild der Welt ist, wie sie in der Anschauung der Völker sich dargestellt hat, bei denen die so zusammenhängende Sage lebendig war. Eben damit aber ergibt sich, neben der objectiven Uebereinstimmung, ein noch tiefer greifender subjectiver Charakter, der, im innersten Bildungszustande dieser Völker begründet, das Erzeugnis ihrer Weltanschauung im Ganzen und Einzelnen, in Inhalt und Form, durchdringt und ausprägt. Soll dieser gemeinsame, subjective Charakter mit einem Worte bezeichnet werden, so ist es der des Naturkräftigen. Die Naturkraft herscht in Götter- und Heldensage der altnordischen Völker, wie sie in ihrem innern und äußern Leben geherscht hat. Ihre Götterlehre ist Naturreligion, sofern wir hierüber eine solche Religionsform verstehen, in der von den Gegensätzen zwischen Natur- und Sittengesetz, Notwendigkeit und Freiheit, die erstere Seite, die des Naturgesetzes und der Notwendigkeit, wenn nicht ausschließlich, doch vorwiegend ausgebildet ist. Keineswegs aber erstreckt sich der Naturcharakter der nordischen Götterlehre so weit, daß er in gleicher Weise auch auf den Gegensatz zwischen Natur und Geist, zwischen dem Physischen, Materiellen, und dem Geistigen, Idealen, anwendbar wäre. Denn der Geist ist in ihr allerdings über die Materie gestellt, er durchspäht, bekämpft und bändigt sie; aber er wirkt mehr kräftig, als sittlich, er ist selbst eine Naturkraft, die der Notwendigkeit folgt, er ist nicht durch sittliche Freiheit in sich bestimmt und über sich selbst gehoben. Der Naturcharakter der nordischen Glaubenslehre ist also näher dahin anzugeben, daß in ihr die materielle und die geistige Natur unter dem gleichen Gesetze der Notwendigkeit stehen. Wenn nun gleich beide unter sich im Kampfe begriffen sind, so sind sie gleichwol durch die gemeinsame Unterordnung noch nahe verbunden. Diese Bindung ist eine bedeutende Schranke des Geistes und gereicht dem ethischen Werte der nordischen Götterlehre zum Nachtheil, aber sie erhält auf der andern

35 Seite dem Materiellen geistige Belebung und dem Geiste, soweit ihm zu
walten vergönnt ist, lebendige Gestaltung, und hieraus erwächst die
poetische Naturkraft der nordischen Mythologie.

Die Anschauung der Natur selbst ist vermöge dieser Festhaltung des
Geistes in der Materie eine durchgreifende Personification. Das
40 poetische Gefühl unserer Zeit betrachtet die Natur vorzugsweise malerisch,
landschaftlich; der Geist, den wir in ihr ahnen, umschwebt sie, wie ein
zarter, farbiger Duft; das Auge des Nordländers aber heftete sich auf
das Gebirg, bis die beschneiten Felsthürme menschliche Geberde annahmen
und der Eis- oder Steinriese schweren Trittes herangewandelt kam; es
45 versenkte sich in den Glanz der Frühlingsflur oder des Sommerfeldes,
bis Freija mit dem leuchtenden Halsschmuck oder Sif mit dem wallenden
Goldhaar hervortrat. Diese Naturwesen, einmal ins Leben gerufen,
traten nun auch unter sich, jedes nach seinem persönlichen Charakter, in
Handlung, und so dichteten sich jene mannigfachen Naturmythen der Edda,
50 deren Sinn wir niemals durch philosophische Abstraction, sondern nur
wieder mit demselben naturbelebenden Blicke erreichen werden, der ihnen
das Dasein gab. Wären jene jotischen und vanischen Götter bloße Alle-
gorieen der Natur gewesen, so hätte man sich ihrer auch als solcher bewußt sein müssen, und sie hätten dann niemals der Gegenstand religiöser
55 Scheu und Verehrung sein können; aber da die Natur in ihnen lebendig
und persönlich wurde, verehrte man in ihnen den in der Natur waltenden
Geist, wenn auch nur in seinen einzelnen Richtungen und Aeußerungen.

Derselbe Naturcharakter zieht sich nun auch in beiden Richtungen
durch die Heldensage. Menschliches Leben dringt hier auch in die
60 übrige Natur ein; die Sprache der Vögel wird verstanden und umgekehrt
horcht das Element dem Zauberliede; die menschliche Seele fährt in
jede Thiergestalt. Alle Erscheinung hat tiefern Sinn, darum ist jedes
Traumbild bedeutungsvoll und nichts Erhebliches geschieht, was nicht
durch Träume vorgebildet wäre. Sind aber die Götter im Banne der
65 Natur befangen, wie viel mehr die Erdenbewohner? Die ungeheure
Körperkraft, zu der die Helden heranwachsen, mit der sie die Schrecken
der Natur, die Gewalt des Meeres und die Ungetüme des Waldes be-
kämpfen, drängt in ihnen selbst die Herschaft des Geistes zurück. Sie
steigert sich bis zur blinden Berserkerwut. Der Zauber, dem die Natur
70 gehorcht, beherscht auch die Menschenseele und vermag den Menschen zum
rasenden Wolfe umzuschaffen. Ein Zaubertrank bringt geschworene Eide

in Vergessenheit und nötigt zu anderer Liebe. Motive, die überall in den Heldensagen so bedeutend wirken, haben entschieden physische Grund=lage; so das Forterben der edleren Natur in bestimmten Geschlechtern, vorzüglich aber die Blutrache, die instinktartige Nötigung, lediglich wegen des gleichen Blutes, ohne Rücksicht auf das sonstige Recht der Sache, den erschlagenen Verwandten gewaltsam zu rächen.

Die Buße, das Wergeld, ist der erste Versuch einer gerichtlichen Ausgleichung, aber in der altertümlichen Ansicht der Heldensage ist es edler, das Lösegeld zu verschmähen und Blut mit Blut zu sühnen.

Auch jede innigere Freundschaft aus freier Wahl nimmt durch die feierliche Vermischung des Blutes im Pflegbrüderbunde die Gestalt der eigentlichen Blutsfreundschaft an. Vor allem aber äußert sich die Her=schaft der Notwendigkeit darin, daß die böse That, wenn auch ein Grund zur Rache, doch nicht eine Sache der Zurechnung, sondern ein Unglück für den ist, der sie verübt. Nicht bloß das Lebensalter und anderes Geschick ist dem Helden durch die Nornen vorbestimmt, auch die That ist ihm zum Voraus zugetheilt. Die Nidingswerke sind eine unselige Gabe der Götter bei seiner Geburt oder haften an seinem Schwerte.

Der Fluch, der in der Völsungensage auf das Lösegeld gelegt ist, wirkt in langer Reihe von Frevel und Rache bis zur völligen Vertilgung der Geschlechter fort. Liebe und Haß, Treue und Verrat, walten ohne Verdienst und Verschuldung mit der Notwendigkeit und Unbewußtheit des eingepflanzten Naturtriebs.

So wie aber die materielle Natur bald im Uebermaß ihrer elemen=tarischen Gewalten sich ungestüm und furchtbar entladet, bald wieder freundlich und stillerhaben sich darstellt und ihre Segnungen ausspendet, so erscheint auch in jenen Heldenseelen neben dem Gewaltsamen das Edle und Hohe. Es verläugnet sich nicht, daß das unbewußte Wirken der menschlichen Natur mit dem Sittengesetz in keinem unauflösbaren Wider=spruche steht, daß die unverdorbene Natur, wie im Kinde, so im Jugend=alter der Völker, ihre eigenen, frischkräftigen Tugenden hervortreibt. Während in geistig gebildeteren Zeiten die sittliche Freiheit sich vorzüglich im strengen Ernste gegen die weichlichen und üppigen Neigungen bethätigt, so nimmt dort die natürliche Neigung selbst ihre beständige, willenskräftige Richtung auf das Ernste, Strenge, Harte und dann, allerdings im Ueber=maß, auf das Grausame und Blutige. Diese nordischen Helden sind unbarmherzig, aber sie sind es zunächst gegen sich selbst; ein Menschen=

leben gilt ihnen wenig, aber sie sparen auch ihr eigenes nicht. Wenn
110 Starkadr die üppigen Sitten an Ingells Hofe straft, so tritt er schon
unter ein neues Geschlecht ein; aber er selbst ist der Held der alten
Zeit, der sich am Wintermorgen auf die Sturmseite setzt und sich bis zu
den Schultern einschneien läßt, der seine furchtbaren Wunden keinem zu
verbinden gibt, der ihm ein Schlechter dünkt. Unter den Kämpfen des
115 Zornes und Hasses zeigen sich dann auch Liebe und Treue in ihrer
vollen Kraft, ja sie blühen manchmal in wunderbarer Zartheit auf, wie
eine Wasserlilie auf sturmbewegter See. Gudrun sitzt über Sigurds
Leiche, steinharten Herzens, und kann nicht weinen; da wird das Tuch,
das ihn bedeckte, weggeschwungen, sie schaut einmal auf ihn, ihre Wange
120 rötet sich, ein Regentropfen rinnt nieder auf ihre Kniee; Brynhild sticht
sich das Schwert in die Brust, um mit dem geliebten Helden, den sie
selbst erschlagen ließ, den Scheiterhaufen zu theilen; wenn Sigrun weint,
dann fallen blutige Tropfen auf Helgis kalte Brust im Grabhügel.

Es geht auch in der Heldenzeit die Sage von dem goldenen Friedens-
125 alter, das einst unter König Frodi geblüht. Damals herschte Gesetz und
Recht, keiner hätte den Mörder seines Vaters oder Bruders angetastet,
mochte er ihn los oder gebunden vor sich finden, und ein Goldring lag
lange unberührt am Wege. Aber diese Friedenszeit ist längst von der
Erde verschwunden, wie Baldurs Reich bei den Göttern. Hildur weckt
130 unablässigen Kampf bis zur Götterdämmerung; unabwendbarer Fluch
haftet auf den edelsten Heldenstämmen. Das Gefühl dieses unauflöslichen
Bannes verbreitet über die ganze Heldensage einen düstern, tragischen Ernst.
Es ist eine tiefe Sehnsucht nach Befreiung, die nicht auf Erden, sondern
von und bei den Göttern erwartet wird, die all den irdischen Kampf
135 verhängt haben, der selbst eine höhere Bedeutung und Weihe erlangen
soll. Der greise Starkadr, vom Fluch seiner Nidingswerke gebeugt,
trägt das Gold, das er dafür empfangen, am Halse, zum Lohne dem,
der ihn zu Odin sendet. Aus dem schwülen Leben blicken die Helden
freudig dem Tod entgegen, sie sehen Walhall offen und sterben lachend.
140 Auch dort noch wartet ihrer Kampf, aber ein größerer, in Gemeinschaft
der Götter. Auch diese sind noch in den Schranken der Zeit gefangen,
aber der letzte Kampf aller Geister, der Untergang ihres Daseins im
Endlichen, ist auch ihre gemeinsame Befreiung. In der neuen Welt ist
alles Uebel verschwunden und Baldur wiedergekehrt.

So finden wir in der Götter= und Heldensage des Nordens zwar [145] den Naturcharakter im Guten wie im Bösen vorherschend, aber das Sehnen und Streben des Geistes nach sittlicher Freiheit kann dennoch in ihr nicht verkannt werden.

Ludwig Uhland.

Entstehung des Nibelungenliedes.

(Aus einer Abhandlung über das Nibelungenlied in den „Preußischen Jahrbüchern", XVI. Band, S. 269.)

1.

Die ersten Ursprünge des Nibelungenliedes, das heißt die Ent= stehung der Nibelungensage, liegen weit vor der Zeit, in welcher das uns bekannte Nibelungenlied entstand. Denn das Nibelungenlied ist nicht das Werk eines Dichters in dem Sinne, wie wir heute von poetischen Werken sprechen. Die Vorstellung, die wir uns von der [5] Arbeit eines Romandichters etwa machen, wie er aus Erlebtem und Gedachtem, aus Fremdem und Eigenem, aus Ueberliefertem und Er= fundenem eine einheitliche Composition erschafft, welcher sein Geist das eigentümliche und entscheidende Gepräge aufdrückt, diese Vorstellung müssen wir gänzlich fallen lassen, wenn es sich von der Entstehung des [10] Nibelungenliedes handelt.

An dem Nibelungenliede ist Jahrhunderte hindurch gearbeitet worden, bis es die Gestalt erhielt, in der wir es kennen. Und wenn wir die Personen wüßten, denen wir das Verdienst der Arbeit zu= erkennen müßten, so würden auch sie ohne Zweifel nach Hunderten [15] zählen.

Das Gedicht selbst ist keineswegs ein einfaches untheilbares Wesen mit scharfen, markierten Zügen, das nur einmal vorhanden, nicht seines Gleichen hätte. Es ist keineswegs das einzige und aus= schließliche Ziel jener Arbeit von Jahrhunderten, jener Bemühungen [20] von zahllosen Dichtern gewesen. Das Nibelungenlied ist nur ein Exem= plar einer weit verbreiteten, mit dem verschiedenen Himmel sich wan= delnden Pflanze.

Unser Nibelungenlied ist in Oesterreich gewachsen. In Westfalen aber sang man von Siegfried und Kriemhild und Attila [25] ganz anders. Im fernsten Norden, auf Island, flüsterte die Muse den Dichtern von Sigurd, dem Drachentödter und von der Jungfrau Brunhilde weit verschiedenen Gesang zu. Die altdänischen Heldenlieder

weisen ihre besonderen Züge auf, mit denen sie die Gestalten der Sage
30 ausstatten. Und auf den farischen Inseln singt das Volk im Chor und
zum Tanze noch heute wieder andere Lieder von Grimhild, und wie sie
ihre Brüder mordet.

Dennoch ein und derselbe Stoff, ein und dieselbe Sage, die un=
zählige Mal ihre Gestalten wechselt, ohne jemals ihr innerstes Wesen
35 zu verändern.

Wir aber müssen angesichts dieser Vielgestaltigkeit die Frage er=
heben: Wo sang man zuerst von den Nibelungen? wann und was sang
man von ihnen?

Und weiter müssen wir fragen: Auf welchem Wege wurde die
40 poetische Phantasie von den besungenen Gegenständen entzündet? Sind
es Erdichtungen, ausgeheckt von der freispielenden Einbildungskraft eines
großen genialen Mannes? Oder ist es historische Wahrheit? haben
Siegfried, Brunhild, Hagen, Kriemhild gelebt und als leibhaftige
athmende Menschen die Erde betreten? Oder gehören sie zu jenen
45 Wahngebilden, welche der menschliche Geist sich selber erschafft ohne es
zu wissen, die in Wahrheit niemals gewesen sind, und an die er den=
noch glaubt, so fest und fester als an die Dinge, die sein Auge be=
trachtet, seine Hand berührt?

Wir können auf alle diese Fragen ganz bestimmte und einfache
50 Antworten geben.

Der Inhalt des Nibelungenliedes ist zur Hälfte wahr, zur Hälfte
unwahr. Wahr im Wesentlichen ist der zweite Theil des Gedichtes,
wo alles hindrängt auf das furchtbare Ende, auf den blutigen Mord
an Attila's Hof: das Gedächtnis großer erschütternder historischer Er=
55 eignisse ist darin bewahrt worden. Unwahr ist die erste Hälfte der Dich=
tung, in welcher Siegfried im Mittelpunkte steht, der glänzende Held,
wie er kämpft, wie er liebt, wie er herscht, wie er stirbt. Aber auch
dieser Theil ist nicht erdichtet, wie ein Poet freiwählend in der Masse
des Möglichen erfindet, sondern er ruht auf alten religiösen Vor=
60 stellungen unserer Urväter, enthält germanisches Heidentum, erzählt
Thaten und Schicksale von Göttern, wie sie in der Mythe lebten.

Mit der Zusammenfügung beider Theile entsteht die Nibelungen=
sage. Der deutsche Volksstamm, bei welchem diese Zusammenfügung
geschah, ist derjenige, dem es zuerst gelang mit frischer, bezwingender
65 Macht die zerstreuten Kräfte der anderen germanischen Stämme zu einer

einzigen Keule zusammenzubinden, die auf die romanischen Völker furchtbar herabsauste. Die Zeit, in welcher die Zusammenfügung vollzogen
wurde, ist der Höhepunkt der Völkerwanderung, die zweite Hälfte des
fünften Jahrhunderts unserer Zeitrechnung, als Attila starb und in Rom
der Thron der Cäsaren zerbrach. Die Zeit, in welcher die europäische 70
Welt den Germanen zu gehören begann, ist auch die Zeit, in welcher
das größte Gedicht ihres Heidentums von den Göttern ihnen geschenkt
wurde. Die Nibelungendichtung ist der vollständigste, großartigste Ausdruck, den das deutsche Heidentum gefunden
hat, es ist die bleibende Erbschaft, die es späteren Ge- 75
schlechtern vermacht hat.

Uebersehen wir in Kürze die ganze älteste Gestalt der Nibelungensage, welche von unserem Nibelungenliede sich nicht unbe-
trächtlich unterscheidet.

Siegfried, ein fränkischer Königssohn, tötet einen Drachen und 80
erbt seinen Schatz. Er reitet durch die Flammen, welche die schlafende
Brunhild umschließen, und gewinnt sich diese zum Weibe. Er verläßt
sie und kommt an den burgundischen Hof. Ein Zaubertrank wird ihm
kredenzt, der ihm das Gedächtnis benimmt, und vergessen ist Brunhild:
die burgundische Königstochter Kriemhild erwirbt seine Liebe. Er schließt 85
mit ihren Brüdern Bundesbrüderschaft, erwirbt dem Gunther die ver-
gessene Brunhild und erhält Kriemhild zur Ehe. Der Streit der beiden
Königinnen wird die Ursache seines Todes. Um Siegfried's Witwe aber
läßt Attila freien, und sie nimmt ihn zum Mann. Attila strebt nach
den Schätzen der burgundischen Brüder, lockt sie an seinen Hof und 90
erschlägt sie. Kriemhild ist nun verpflichtet Blutrache zu üben an ihrem
eigenen Mann. Als er einstmals im Trunke sich übernommen, und
fester Schlaf seine Glieder umschloß, vollführte sie des Nachts die un-
geheuere That. Wie es im alten Liede heißt:

Mit dem Dolch gab sie Blut dem Bette zu trinken 95
Mit mordlustiger Hand; sie löste die Hunde:
Vor die Saalthür warf sie, das Gesinde erweckend,
Die brennende Brandfackel, die Brüder zu rächen.

Attilas Burg geht in Feuer auf. Kriemhild aber, nachdem sie die
Pflicht gegen ihre Brüder erfüllt, leistet nun auch dem Gatten die 100
Pflicht und folgt ihm im Tode nach, indem sie selbst in die Flammen
sich stürzt.

In solcher Gestalt ungefähr wurde die Nibelungendichtung durch zahllose Sänger über ganz Deutschland verbreitet und weit über Deutsch= 105land hinaus bis auf die skandinavische Halbinsel, von wo sie später mit den ausziehenden Geschlechtern des Adels nach Island wanderte.

Ich sage: die Nibelungendichtung. Aber ich möchte nicht dahin misverstanden werden, als ob ich ein einziges großes Gedicht meinte. Ein solches gab es auch jetzt nicht. Es gab nur einzelne Lieder, welche 110die einzelnen Theile der ganzen Dichtung oder Sage behandelten. Ja es gab über dieselben Theile der Sage verschiedene Gedichte, welche in Einzelheiten, vielleicht sogar in wesentlicheren Punkten von einander ab= wichen. So sang man besondere Lieder von dem Drachenkampfe Sieg= frieds, von Siegfrieds Flammenritt, von seiner Ankunft am burgundischen 115Hof u. s. w.

Die Verfasser aller dieser Lieder sind unbekannt. Keiner jener alten Dichter hat jemals gesungen, um seinen Namen durch ein solches Werk auf die Nachwelt zu bringen. Und keines der Lieder wurde aufgeschrie= ben; nur durch mündliche Tradition erhielten sie sich. Darum veränder= 120ten sie sich mit den Personen, durch deren Mund sie giengen, und mit den Jahren ihrer Lebensdauer. Die Sänger, welche an den Höfen der Könige und der Großen die Lieder vortrugen, mochten Lücken ihres Gedächtnisses durch eigene Einfälle verdecken. Oder ihr poetisches Gefühl mochte Aenderungen fordern, die sie unbedenklich, fast ohne es zu 125wissen, vornahmen. Kurz, von einzelnen bestimmten Verfassern der alten Lieder könnte, wie bei unseren Volksliedern, auch wenn uns Sänger= namen überliefert wären, kaum die Rede sein — so wenig werden ihre Werke im Laufe der Zeiten die ursprüngliche Gestalt bewahrt haben.

130
2.

Während nun die Nibelungenlieder aus ihrer fränkischen Heimat am Rhein in die Welt hinauszogen, waren in Deutschland die Metamor= phosen der Dichtung noch immer nicht ganz zu Ende. Aber es würde mich zu weit führen, wollte ich das Schauspiel dieser Verwandlungen, welches wir nicht aus direkten Nachrichten, sondern nur durch den Scharfsinn gelehrter Kombination erst kennen lernten, seinem ganzen 135Verlaufe nach abschildern. Ich muß den Vorhang hier herabrollen lassen, und es folgt ein Zwischenakt von sieben Jahrhunderten.

In der zweiten Hälfte des zwölften Säculums öffnet sich uns die
Bühne von neuem. Die Dynastie der Hohenstaufen regiert über Deutschland. Eben wird eine traurige Botschaft den deutschen Stämmen zuge-
tragen und von den Burgen des Adels bis hinab zur ärmsten Hütte 140
mit Schrecken vernommen: Kaiser Friedrich den Rotbart hat auf seinem
Zuge ins heilige Land ein neidischer Flußgott hinweggerafft. In dieser
Zeit (es ist das letzte Jahrzehent des zwölften Jahrhunderts) finden wir
unsere Nibelungendichtung wieder.

Die Scene hat sich verändert. Wir sind vom Rhein wegversetzt 145
an die Ufer der Donau, nach Oesterreich. Die babenbergischen Fürsten
halten zu Wien glänzenden Hof. Ein reicher und mächtiger Adel haust
auf seinen Burgen zerstreut über das Land. Und in diesen höchsten
Ständen herscht ein bemerkenswertes Interesse nicht bloß für die Pflege
der Poesie, sondern der lebhafteste Drang, selbst Poesie zu machen. 150

Es war eine wichtige Zeit damals angebrochen für die Entwickelung des Gemütes der deutschen Nation. Die früheren Menschen
bewegten sich in grellen Kontrasten. Ohne Uebergang wurden sie von
Entbehrung in Genuß, von Genuß in Entbehrung geworfen. Was zwischen beiden schwebt, Sehnsucht, Trauer und Wehmut, der lautlose 155
Schmerz, der nur in Thränen redet, das kannten sie nicht. Die Blüte
des feinsten Gefühls war noch unaufgeschlossen für sie. Erst damals
wurden die zartesten Saiten der menschlichen Natur zum erstenmale
gerührt, der höchste Gipfel des menschlichen Empfindungslebens erst damals erklommen. 160

Die Gemütsvertiefung hatte mit der Religion begonnen, der reuige
Sünder, der sich zerknirscht vor Gott hinwarf oder die Gottesmutter
Maria unter bitteren Selbstanklagen weinend um ihre Fürsprache anflehte,
erfuhr zuerst an sich jene Erschütterungen des inneren Wesens, welche
durch keinen äußeren Unfall, durch keinen erlittenen körperlichen Schmerz 165
hervorgebracht waren, welche lediglich aus der Bewegung seiner Gedanken
und deren Beziehung auf einen ganz idealen Vorstellungskreis entsprangen.

Das Kind der religiösen Innigkeit ist die Liebesinnigkeit. So übermächtig wurden die neuen ungeahnten Empfindungen, so blendend wirkte
der Glanz dieser neuen Welt, die sich plötzlich aufschloß, — wie die 170
alten Legenden von heiligen Männern erzählen, denen im Traum ein
Blick in des Paradieses Seligkeit gegönnt wurde, — daß es die Menschen drängte (wie durch einen Schrei sich körperlicher Schmerz Luft

macht) von dem Druck, der auf ihre Seele geübt wurde, sich zu befreien, [175]indem sie ihr inneres Leben in Worte ausströmten.

Der wunderbar poetische Blumenwuchs, der in den adeligen Kreisen von Oesterreich emporsproßte, umrankte auch die alten nibelungischen Steinsäulen noch einmal. In derselben aristokratischen Gesellschaft, in welcher jene Minnelieder entstanden, wurden auch neue Lieder [180]von den Nibelungen gedichtet.

Wie sehr aber hatte sich ihr Inhalt geändert die lange Flucht der Jahre hindurch! Wie waren alle Elemente der Sage verblaßt und verkümmert, andere dagegen breiter ausgeführt, ja selbst neue hinzugekommen, ganz wichtige Motive fallen gelassen und durch weit ver=[185]schiedene ersetzt.

Daß Brunhild Siegsfrieds erste Frau war, ist bis auf eine letzte Spur vergessen. Das Wunderbarste in Brunhilds Erscheinung, der Flammenkranz, der ihre Burg umgibt, und den Siegfried durchreiten muß, ist verschwunden. Sie wohnt im fernsten Norden auf Island. [190]Durch drei siegreiche Kampfspiele: Sperwurf, Steinwurf, Weitsprung, wird sie errungen. Zwischen Siegfried und Gunther findet kein Gestaltenwechsel mehr statt, sondern in einen unsichtbar machenden Mantel gehüllt steht Siegfried dem Gunther in den Kampfspielen bei.

Die größte und einschneidendste Veränderung ist die, daß nicht [195]Attila die Burgunder an seinen Hof lockt und sie aus Habsucht verdirbt, sondern, daß Kriemhild es thut, als Rächerin ihres böslich ermordeten Siegfried. Und in dem zweiten Theile der Dichtung, der von dieser Rache handelt, treten eine Menge Personen auf, welche die älteste Sage nicht kennt: Dietrich von Bern, der alte Hildebrand und ihre Volks=[200]genossen; Rüdiger von Pöchlarn, der treueste Vasall; Volker von Alzei, der Sänger und Held; Iring und Irnfried und noch andere.

Fast um eben so viele ist die Masse der Erschlagenen vermehrt. Nur Attila, der in dem ganzen Drama nun die Rolle eines müßigen Zuschauers spielt, dann Dietrich und Hildebrand ragen wie drei einsame [205]Masten des untergegangenen Heldenschiffes über die Fläche der verschlingenden See empor.

Auch jetzt wieder, wie in jener ersten Zeit nach Attilas Tod, bemächtigte sich nicht ein einzelner bedeutender Geist dieses gewaltigen Stoffes, um ein einheitliches Gedicht daraus zu machen. Wieder griffen [210]die verschiedenen Dichter — auch ihre Namen unbekannt, wie die der alten Nibelungensänger und die der gleichzeitigen Minnedichter — nur einzelne Theile dieses Stoffes zu poetischer Behandlung heraus. Wieder fanden einzelne Theile doppelte Bearbeitung, während andere ganz leer ausgiengen.

Aber die Lieder wurden jetzt, in der vorgeschritteneren Zeit, durch 215 die schriftliche Aufzeichnung fixiert. Und diesem Umstande verdanken wir es, daß ihrer zwanzig uns erhalten sind. Doch hat man die Lücken zwischen ihnen ausgefüllt, durch mannigfache Einschaltungen sie einander zu nähern gesucht, dem verschiedenen Stile verschiedener Dichter ein modisches, gleichmäßig bedeckendes Mäntelchen umgehängt. Und was so 220 zu stande kam mit dem Schein eines einheitlichen Gedichtes, ist unser Nibelungenlied. Nicht ein Lied also eigentlich, sondern eine Sammlung von zwanzig Liedern, welche das schärfere Auge philologisch geschulter Kritiker in ihrem verschiedenen Charakter, mit ihren verschiedenen Stil, in ihren verschiedenen Ansichten über manche Punkte der 225 Sage noch sehr wol unter dem fremdartigen Schutt und Anwurf zu erkennen vermag.

Der Geist, den fast alle diese Lieder athmen, ist nicht der Geist der hohenstaufischen Periode, sondern es ist noch der Geist der Zeit, in welcher man zuerst von den 230 Nibelungen sang.

Es war ein hartes, wildes und kriegerisches Geschlecht, jene Germanen der Völkerwanderung, knorrig und fest wie ihre Eichen, rauh wie die Luft, die sie in sich sogen, düster wie der Himmel, zu dem sie emporblickten, ahnungsvoll im Gemüte, wie das Rauschen ihrer Wälder, 235 träge im Frieden wie die Meere und Sümpfe, die sich noch endlos dehnten durch ihre Länder: im Kriege aber unwiderstehlich wie die Stürme, die über ihre Haiden hinbrausten.

Das ungestüme Heldenfeuer dieser Nordlandsöhne lodert noch hell auf in dem Nibelungenliede. Die Muse, die es eingegeben hat, ist eine 240 stürmische Walküre, die auf dunklem Schlachtroß durch die Wolken jagt, gepanzert von Kopf bis zu Füßen, Kampf und Streit in ihrem Blick, Zorn auf ihrer Braue.

Aber wenigstens nicht alle Dichter der Nibelungenlieder haben aus dem Methorn dieser Muse sich Begeisterung getrunken. In dem 245 Liede von Siegfrieds und Kriemhildens erster Begegnung lispeln ganz andere Stimmen, Stimmen aus einer neuen, erst aufsteigenden Welt.

Eine und dieselbe Geistesmacht regt zum ersten Male die Flügel
in diesen gefühlsinnigen Stellen eines Nibelungenliedes, wie in jenen
250 lyrischen Poesien adeliger Damen. Der Mensch, der sich selbst wert
genug geworden ist, um seine tiefsten und verborgensten Empfindungen
poetisch zu verklären, der wird bald auch so kühn sein, seine Gedanken,
seine Gesinnungen, seinen Willen zu proklamieren, um sie, wenn es sein
muß, einer Welt entgegenzuschleudern.

255 Es ist eine große Stunde unserer Geschichte, aus
welcher das Nibelungenlied uns ein Denkmal verblieb.
Zwei himmelweit verschiedene Lebensepochen unserer Nation reichen in
ihm sich die Hand. Die alte Nacht sinkt hinab und über ihren schwarzen
Rücken schreitet der junge Tag auf die Erde. Die Nacht heißt Gebun=
260 denheit, Knechtschaft der Seele. Der Tag heißt Losgebundenheit, Frei=
heit des Geistes.

Wilhelm Scherer.

Wesen der Thierfabel.
(Aus „Reinhart Fuchs". Berlin 1834, I. Bd., S. 1.)

Die Poesie, nicht zufrieden, Schicksale, Handlungen und Gedanken
der Menschen zu umfassen, hat auch das verborgene Leben der Thiere
bewältigen und unter ihre Einflüsse und Gesetze bringen wollen.

Ersten Anlaß hierzu entdecken wir schon in der ganzen Natur der,
5 für sich selbst betrachtet, auf einer poetischen Grund=Anschauung beruhenden
Sprache. Indem sie nicht umhin kann, allen lebendigen, ja unbelebten
Wesen ein Genus anzueignen und eine stärker oder leiser daraus ent=
faltete Persönlichkeit einzuräumen, muß sie sie am deutlichsten bei den
Thieren vorherschen lassen, welche nicht an den Boden gebannt, neben
10 voller Freiheit der Bewegung die Gewalt der Stimme haben, und zur
Seite des Menschen als mitthätige Geschöpfe in dem Stillleben einer
gleichsam leidenden Pflanzenwelt auftreten. Damit scheint der Ursprung,
fast die Notwendigkeit der Thierfabel gegeben.

Es ist nicht bloß die äußere Menschähnlichkeit der Thiere, der
15 Glanz ihrer Augen, die Fülle und Schönheit ihrer Gliedmassen, was
uns anzieht; auch die Wahrnehmung ihrer mannigfaltigen Triebe, Kunst=
vermögen, Begehrungen, Leidenschaften und Schmerzen zwingt in ihrem
Innern ein Analogon von Seele anzuerkennen, das bei allem Abstand
von der Seele des Menschen ihn in ein so empfindbares Verhältnis zu
20 jenen bringt, daß ohne gewaltsamen Sprung Eigenschaften des menschlichen

Gemüts auf das Thier und thierische Aeußerungen auf den Menschen
übertragen werden dürfen. In mehr als einer sinnlichen Kraft thut es
uns das Thier zuvor, in Schärfe des Gesichts, Feinheit und Stärke des
Gehörs und Geruchs, Schnelle des Laufs und Befähigung zum Flug;
sollten wir ihm nicht zugestehen, neben uns und in der Einwirkung auf 25
uns seine Besonderheit geltend zu machen?

Die früheren Zustände menschlicher Gesellschaft hatten aber dieß
Band fester gewonnen. Alles athmete noch ein viel frischeres sinnliches
Naturgefühl. Jäger und Hirte sahen sich zu einem vertrauten Umgang
mit den Thieren bewogen und tägliches Zusammensein übte sie im Er= 30
lauschen und Beobachten aller ihrer Eigenschaften. Damals wurden eine
Menge nachher verlorener oder geschwächter Beziehungen zu den Thieren
entwickelt; von Hegung und Weide des zahmen Viehes, Erlegung des
Wildes, Verfolgung des Raubthiers, aber auch von einem uneigennützigen,
unfeindlichen Verkehr, wie er in mancher Lage zwischen Mensch und 35
Thier eintreten mußte, giengen diese Bezüge aus. Für Thiere, deren nähere
Bekanntschaft unentbehrlich war, oder die man scheute, mit denen aber
gut zu stehen für ratsam erachtet wurde, entsprangen außer den gewöhn=
lichen appellativen besondere Eigennamen, die als Ruf oder Anrede geltend,
unter beiden Parteien das wärmere Verhältnis einer wenigstens unvoll= 40
kommen gelungenen Verständigung herbeiführten. Diese Namen konnten
wieder mit der Zeit in förmliche und ständige Appellativa übergehen.

Blieben nun in der Wirklichkeit immer Schranken gesteckt und
Gränzen abgezeichnet, so überschritt und verschmolz sie doch die ganze
Unschuld der phantasievollen Vorzeit allenthalben. Wie ein Kind, jene 45
Kluft des Abstandes wenig fühlend, Thiere beinahe für seinesgleichen
ansieht und als solche behandelt: so faßt auch das Altertum ihren Unter=
schied von den Menschen ganz anders als die spätere Zeit. Sagen und
Mythologien glauben Verwandlungen der Menschen in Thiere, der Thiere
in Menschen, und hierauf gebaut ist die wunderbare Annahme der Seelen= 50
wanderung. In schwieriger Gefahr hat der Mensch entscheidenden Rat
und Hilfe einiger Thiere zu gewarten; von anderen befürchtet er Uebel
und Nachtheil, noch weit größeren, als ihre natürliche Fähigkeit ihm zu
schaden mit sich führt; allein er traut ihnen Zauberkräfte zu und meidet
abergläubisch ihren Namen auszusprechen, an dessen Stelle er ein anderes 55
schmeichelndes oder versöhnendes Wort setzt. Ohne Thiere, deren Art,
Geschlecht und Farbe genaueste Rücksicht fordert, können gewisse Opfer

17*

nicht vollbracht, gewisse Weissagungen nicht gepflogen werden. Vogelflug
und Angang der Thiere sind bald heilbringende, bald schreckende Zeichen;
60 Thiere sind Anführer auswandernder Ansiedelungen. Thiere werden zur
Deutung der Gestirne an den Himmel versetzt, Thiere versehen Botendienste
und künden dem Menschen herannahendes Glück oder Leid. In ihrem
Geschrei und Gespräch (das Begabte verstehen lernen) unterhalten sie sich
von unserem Geschick, von unseren Begebenheiten. Einige Thiere sollen ein
65 Alter erreichen, das die dem Menschen gesetzte Lebenszeit weit übertrifft.
Nachahmung der Thiergestalt in Tracht, Larve und Rüstung, Thierbilder
auf Heerzeichen und Wappen liegen darum dem Menschen nahe; sie
mögen nicht bloß durch die Verwendung schmückender Häute und Federn,
sondern durch irgend einen lebendigeren Bezug auf Eigenschaften der
70 Thiere und ihr Verhältnis zu den Menschen eingeführt gewesen sein.
Wo aber solche und ähnliche Vorstellungen (und sie scheinen bei Völkern
auf halber Bildungsstufe am stärksten und lebhaftesten) in dem Gemüte
des Menschen wurzeln, da wird es gern dem Leben der Thiere einen
breiteren Spielraum, einen tieferen Hintergrund gestatten, und die Brücke
75 schlagen, über welche sie in das Gebiet menschlicher Handlungen und
Ereignisse eingelassen werden können.

Sobald einmal um diesen Zusammenhang des thierischen und
menschlichen Lebens her die vielgeschäftige Sage und die nährende Poesie
sich ausbreiteten, und ihn dann wieder in den Duft einer entlegenen
80 Vergangenheit zurückschoben: mußte sich da nicht eine eigentümliche Reihe
von Ueberlieferungen erzeugen und niedersetzen, welche die Grundlage
aller Thierfabeln abgegeben haben? Alle Volkspoesie sehen wir erfüllt
von Thieren, die sie in Bilder, Sprüche und Lieder einführt. Und konnte
sich die allbelebende Dichtung des letzten Schritts enthalten, den Thieren
85 die sie in menschlicher Sinnesart vorstellt, auch das unerläßliche Mittel
näherer Gemeinschaft, Theilnahme an menschlich gegliederter Rede beizu-
legen? Ohne jenes gläubige Zugeständnis ihrer Sprachgabe, die nicht
viel mehr auffällt, als die gleiche Sprache zweier Völker im Gedicht,
war keine Aufnahme der Thiere in das Reich der Dichtung denkbar.
90 Bedeutsam drückt die Formel: als noch die Thiere sprachen, mit welcher
wir das Dunkel einer geschwundenen Vorzeit bezeichnen, den Untergang
eines im Glauben der Poesie vorhandenen engeren Verkehres mit den
Thieren aus, dessen Erinnerung diese uns in ihren Bildern vorhält.
Wie durch ein Misgeschick sind die Thiere nachher verstummt, oder halten

vor den Menschen, deren Schuld gleichsam dabei mitwirkte, ihre Sprache [95]
zurück.

Die Thierfabel gründet sich also auf nichts anderes, als den sicheren
und dauerhaften Boden jedweder epischen Dichtung, auf unvordenkliche,
lang hingehaltene, zähe Ueberlieferung, die mächtig genug war, sich in
endlose Fäden auszuspinnen und diese dem wechselnden Laufe der Zeiten [100]
anzuschmiegen. Gleich allem Epos, in nie still stehendem Wachstum, setzt
sie Ringe an, Stufen ihrer Entwicklung zu bezeichnen, und weiß sich
nach Ort, Gegend und den veränderten Verhältnissen menschlicher Einrichtungen unermüdlich von neuem zu gestalten und wieder zu gebären.
Unter günstigem Luftstrich gedeiht sie und gewinnt Formen; wo aber die [105]
Zeit ihrer Blüte ungenutzt verlauft, stirbt sie allmählig aus, und wird
nur noch in bröckelhafter Volkssage dahingetragen.

Es ist eben so widerstrebend, echte Thierfabeln zu ersinnen, als
ein anderes episches Gedicht. Alle Versuche scheitern, weil das Gelingen gebunden ist an einen unerfundenen und unerfindbaren Stoff, [110]
über den die Länge der Tradition gekommen sein muß, ihn zu weihen
und zu festigen.

Nur darin unterscheidet der Gegenstand der Thierfabel sich von
dem jedes übrigen Epos, daß dieser, wenn auch keine wirklichen Begebenheiten enthaltend, immer an sie gränzt und sich unauflösbar mit der [115]
wahren Geschichte der Vorzeit vereinigt; die Thierfabel hingegen eine
Unterlage empfangen hat, welcher die Möglichkeit der Wahrheit notwendig abgeht, durch den Glauben der Einbildungskraft aber dennoch
Bestätigung und Sicherheit verliehen wird. Wie die Sprache leblosen
Wesen ein Geschlecht ertheilte, dessen sie in der Natur unfähig waren, [120]
so hat die Poesie den Thieren Begebenheiten und eine Geschichte an-
erschaffen. Sobald wir eingelassen sind in das innere Gebiet der Fabel,
beginnt der Zweifel an dem wirklichen Geschehensein ihrer Ereignisse zu
schwinden, wir fühlen uns so von ihr angezogen und fortgerissen, daß
wir den auftretenden Thieren eine Theilnahme zuwenden, die wenig oder [125]
nichts nachgibt derjenigen, die uns beim rein menschlichen Epos erfüllt.
Wir vergessen, daß die handelnden Personen Thiere sind, wir muten
ihnen Pläne, Schicksale und Gesinnungen der Menschen zu. Hierbei
kommt in Betracht, daß Menschen selbst in die Thierfabel verflochten
werden und in ihre Handlung wesentlich eingreifen, die an dem Umgang [130]
und der Sprachfähigkeit der Thiere nicht den geringsten Anstoß nehmen.

Aus dieſen Eigenſchaften erwächſt der Thierfabel ein beſonderer, ſogar dem übrigen Epos mangelnder Reiz, den ich in die innige Ver= miſchung des menſchlichen mit dem thieriſchen Element 135ſetze. Die Thierfabel hat demzufolge zwei weſentliche Merkmale. Einmal: ſie muſs die Thiere darſtellen, als ſeien ſie begabt mit menſch= licher Vernunft und in alle Gewohnheiten und Zuſtände unſeres Lebens eingeweiht, ſo daſs ihre Aufführung gar nichts Befremdliches hat. Die gemordete Henne wird auf einer Bahre mit Zetergeſchrei vor den König 140getragen; er heißt ihr das Totenamt halten und eine Grabſchrift ſetzen. Die Menſchen der Fabel ſtehen nicht an, dem Wolf, der ihre Sprache redet, als er um Aufnahme ins Kloſter bittet, die Tonſur zu gewähren. Der Bauer läſst ſich mit dem Fuchſe in förmlichen Vertrag über ſeine Hühner ein, und erkennt den Löwen im Rechtsſtreit mit Thieren als 145gemeinſchaftlichen Richter. Dann aber müſſen daneben die Eigenheiten der beſonderen thieriſchen Natur ins Spiel gebracht und geltend gemacht werden. So ſingt der Hahn, auf einem Fuße ſtehend und die Augen= lider ſchließend, ein ganz der Natur abgelauſchter Zug. So bedient im Kampf mit dem Wolfe der Fuchs ſich aller ſeiner natürlichen Liſten. So 150wird bei der Katze die eingeprägte Neigung zu den Mäuſen, bei dem Bären zum Honig unentbehrlicher Hebel der Fabel, aus dem die ein= greifendſten Verwicklungen hervorgehen. Dieſe Vereinbarung zweier in der Wirklichkeit widerſtreitender Elemente kann die Thierfabel nicht ent= raten. Wer Geſchichten erſinnen wollte, in denen die Thiere ſich bloß 155wie Menſchen gebärdeten, nur zufällig mit Thiernamen und Geſtalt be= gabt wären, hätte den Geiſt der Fabel ebenſo verfehlt, wie wer darin Thiere getreu nach der Natur aufzufaſſen ſuchte, ohne menſchliches Ge= ſchick und ohne den Menſchen abgeſehene Handlung. Fehlte den Thieren der Fabel der menſchliche Beigeſchmack, ſo würden ſie albern, fehlte ihnen 160der thieriſche, langweilig ſein. Einleuchtend finden wir dieſe Erforderniſſe bewährt, wenn ſich die Kunſt der Thierfabel bemächtigen will. Der Künſtler muſs es verſtehen, den Thieren ihr Eigentümliches zu laſſen und ſie zugleich in die Menſchenähnlichkeit zu erheben; er muſs, den thieriſchen Leib beibehaltend, ihm dazu noch Gebärde, Stellung, leiden= 165ſchaftlichen Ausdruck des Menſchen zu verleihen wiſſen.

Jakob Grimm.

Klopſtock und die Meſſiade.

Die deutſchen Dichter, da ſie nicht mehr als Gildeglieder für einen Mann ſtanden, genoſſen in der bürgerlichen Welt nicht der mindeſten Vortheile. Sie hatten weder Halt, Stand noch Anſeben, als inſofern ſonſt ein Verhältnis ihnen günſtig war, und es kam daher bloß auf den Zufall an, ob das Talent zu Ehren oder Schanden geboren ſein ſollte. Ein armer Erdenſohn im Gefühl von Geiſt und Fähigkeiten mußte ſich kümmerlich ins Leben hineinſchleppen, und die Gabe, die er allenfalls von den Muſen erhalten hatte, von dem augenblicklichen Bedürfnis gedrängt vergeuden. Das Gelegenheitsgedicht, die erſte und ächteſte aller Dichtarten, ward verächtlich auf einen Grad, daß die Nation noch jetzt nicht zu einem Begriff des hohen Wertes deſſelben gelangen kann, und ein Poet, wenn er nicht gar den Weg Günthers einſchlug, erſchien in der Welt auf die traurigſte Weiſe ſubordiniert, als Spaßmacher und Schmarotzer, ſo daß er ſowol auf dem Theater als auf der Lebensbühne eine Figur vorſtellte, der man nach Belieben mitſpielen konnte.

Geſellte ſich hingegen die Muſe zu Männern von Anſeben, ſo erhielten dieſe dadurch einen Glanz, der auf die Geberin zurückfiel. Lebensgewandte Edelleute, wie Hagedorn, ſtattliche Bürger, wie Brockes, entſchiedene Gelehrte, wie Haller, erſchienen unter den erſten der Nation, den vornehmſten und geſchätzteſten gleich. Beſonders wurden auch ſolche Perſonen verehrt, die neben jenem angenehmen Talente ſich noch als emſige, treue Geſchäftsmänner auszeichneten. Deshalb erfreuten ſich Uz, Rabener, Weiße einer Achtung ganz eigner Art, weil man die heterogenſten, ſelten mit einander verbundenen Eigenſchaften hier vereint zu ſchätzen hatte. Nun ſollte aber die Zeit kommen, wo das Dichtergenie ſich ſelbſt gewahr würde, ſich ſeine eignen Verhältniſſe ſelbſt ſchüfe, und den Grund zu einer unabhängigen Würde zu legen verſtünde. Alles traf in Klopſtock zuſammen, um eine ſolche Epoche zu begründen. Er war, von der ſinnlichen, wie von der ſittlichen Seite betrachtet, ein reiner Jüngling. Ernſt und gründlich erzogen legt er von Jugend an einen großen Wert auf ſich ſelbſt und auf alles, was er thut, und indem er die Schritte ſeines Lebens bedächtig vorausmißt, wendet er ſich im Vorgefühl der ganzen Kraft ſeines Innern gegen den höchſten denkbaren Gegenſtand. Der Meſſias, ein Name, der unendliche Eigenſchaften bezeichnet, ſollte durch ihn aufs neue verherlicht werden. Der Erlöſer ſollte der Held ſein, den

er durch irdische Gemeinheit und Leiden zu den höchsten himmlischen Triumphen zu begleiten gedachte. Alles, was göttliches, englisches, menschliches in der jungen Seele lag, ward hier in Anspruch genommen. Er, an der Bibel erzogen und durch ihre Kraft genährt, lebt nun mit
40 Erzvätern, Propheten und Vorläufern als gegenwärtigen; doch alle sind seit Jahrhunderten nur dazu berufen, einen lichten Kreis um den Einen zu ziehen, dessen Erniedrigung sie mit Staunen beschauen, und an dessen Verherlichung sie glorreich theilnehmen sollen; denn endlich nach trüben und schrecklichen Stunden wird der ewige Richter sein Antlitz entwölken,
45 seinen Sohn und Mitgott wieder anerkennen, und dieser wird ihm da-gegen die abgewendeten Menschen, ja sogar einen abgefallenen Geist wieder zuführen. Die lebendigen Himmel jauchzen in tausend Engelstimmen um den Thron, und ein Liebesglanz übergießt das Weltall, das seinen Blick kurz vorher auf eine greuliche Opferstätte gesammelt hielt. Der himm-
50 lische Friede, welchen Klopstock bei Conception und Ausführung dieses Gedichtes empfunden, theilt sich noch jetzt einem jeden mit, der die ersten zehn Gesänge liest, ohne die Forderungen bei sich laut werden zu lassen, auf die eine fortrückende Bildung nicht gern Verzicht thut.

Die Würde des Gegenstandes erhöhte dem Dichter das Gefühl
55 eigner Persönlichkeit. Daß er selbst dereinst zu diesen Chören eintreten, daß der Gottmensch ihn auszeichnen, ihm von Angesicht zu Angesicht den Dank für seine Bemühungen abtragen würde, den ihm schon hier jedes gefühlvolle, fromme Herz durch manche reine Zähre lieblich genug ent-richtet hatte, dieß waren so unschuldige, kindliche Gesinnungen und Hoff-
60 nungen, als sie nur ein wolgeschaffenes Gemüt haben und hegen kann. So erwarb nun Klopstock das völlige Recht, sich als eine geheiligte Person anzusehen, und so befließ er sich auch in seinem Thun der auf-merksamsten Reinigkeit. Noch in spätem Alter beunruhigte es ihn unge-mein, daß er seine erste Liebe einem Frauenzimmer zugewendet hatte, die
65 ihn, da sie einen andern heiratete, in Ungewißheit ließ, ob sie ihn wirk-lich geliebt habe, ob sie seiner wert gewesen sei. Die Gesinnungen, die ihn mit Meta verbanden, diese innige, ruhige Neigung, der kurze, heilige Ehestand, des überlebenden Gatten Abneigung vor einer zweiten Ver-bindung, alles ist von der Art, um sich desselben einst im Kreise der
70 Seligen wol wieder erinnern zu dürfen.

Dieses ehrenhafte Verfahren gegen sich selbst ward noch dadurch erhöht, daß er in dem wolgesinnten Dänemark, in dem Hause eines großen und, auch menschlich betrachtet, fürtrefflichen Staatsmannes eine Zeit lang wol aufgenommen war. Hier in einem höheren Kreise, der zwar in sich abgeschlossen, aber auch zugleich der äußeren Sitte, der Aufmerksamkeit gegen die Welt gewidmet war, entschied sich seine Richtung noch mehr. Ein gefaßtes Betragen, eine abgemessene Rede, ein Lakonismus, selbst wenn er offen und entscheidend sprach, gaben ihm durch sein ganzes Leben ein gewisses, diplomatisches, ministerielles Ansehen, das mit jenen zarten Naturgesinnungen im Widerstreit zu liegen schien, obgleich beide aus einer Quelle entsprangen. Von allem diesen geben seine ersten Werke ein reines Ab- und Vorbild, und sie mußten daher einen unglaublichen Einfluß gewinnen. Daß er jedoch persönlich andere Strebende im Leben und Dichten gefördert, ist kaum als eine seiner entschiedenen Eigenschaften zur Sprache gekommen. Goethe.

Ueber „Hermann und Dorothea" von Goethe.

(Aesthetische Versuche über Goethe's „Hermann und Dorothea". 3. Aufl. Braunschweig 1861. — S. 9, 61 und 76.)

1.

Die schlichte Einfachheit des geschilderten Gegenstandes und die Größe und Tiefe der dadurch hervorgebrachten Wirkung, diese beiden Stücke sind es, welche in Goethe's Hermann und Dorothea die Bewunderung des Lesers am stärksten und unwillkürlichsten an sich reißen. Was sich am meisten entgegensteht, was nur dem Genie des Künstlers, und auch diesem allein in seinen glücklichsten Stimmungen zu verknüpfen gelingt, finden wir auf einmal vor unserer Seele gegenwärtig: Gestalten, so wahr und individuell, als nur die Natur und die lebendige Gegenwart sie zu geben, und zugleich so rein und idealisch, als die Wirklichkeit sie niemals darzustellen vermag. In der bloßen Schilderung einer einfachen Handlung erkennen wir das treue und vollständige Bild der Welt und der Menschheit.

Der Dichter erzählt die Verbindung eines Sohnes aus einer wolhabenden Bürgerfamilie mit einer Ausgewanderten; er thut nichts, als die einzelnen Momente dieser Handlung, die einzelnen Theile dieses Stoffes aus einander legen, die Reihe der Umstände entwickeln, wie sie natürlich und notwendig aus einander entspringen; er ist nie mit etwas anderem, als mit seinem Gegenstande beschäftigt; alle Hindernisse, durch die er den Knoten der Handlung schürzt, alle Mittel, durch die er ihn wieder löst,

20 sind allein aus diesem und aus den Charakteren der handelnden Personen genommen; alles, wodurch er die Theilnahme des Lesers gewinnt, ist allein in diesem Kreise enthalten, und nie tritt er in seiner eignen Individualität hervor, nie schweift er in eine eigene Betrachtung, oder eine eigene Empfindung aus. Und auf welchen Standpunkt sieht sich dadurch der Leser 25 versetzt! Das Leben in seinen größten und wichtigsten Verhältnissen und der Mensch in allen bedeutenden Momenten seines Daseins stehen auf einmal vor ihm da, und er durchschaut sie mit lebendiger Klarheit.

Was seinem Herzen das Wichtigste ist, sein Nachdenken und seine Beobachtung am anhaltendsten beschäftigt, sieht er mit wenigen, aber 30 meisterhaften Zügen in überraschender Wahrheit geschildert: den Wechsel der Alter und Zeiten, die fortschreitende Umänderung in Sitten und Denkungsart, die Hauptstufen menschlicher Kultur, und vor allem das Verhältnis häuslicher Bürgertugend und stillen Familienglücks zu dem Schicksal von Nationen und dem Strome außerordentlicher Ereignisse. 35 Indem er nur den Begebenheiten einer einzelnen Familie zuzuhören glaubt, fühlt er seinen Geist in ernste und allgemeine Betrachtungen versenkt, sein Herz zu wehmutsvoller Rührung hingerissen, sein ganzes Gemüt hingegen zuletzt wieder durch einfache, aber gediegene Weisheit beruhigt. Denn die wichtige Frage, die sich in unserer Zeit überall jedem 40 aufdrängen muß: wie soll bei dem allgemeinen Wechsel, in welchem Meinungen, Sitten, Verfassungen und Nationen fortgerissen werden, der Einzelne sich verhalten? findet er nicht allein in den mannigfaltigsten Gestalten aufgeworfen, sondern auch so beantwortet, daß die Antwort ihm mit der Belehrung zugleich Kraft zum Handeln und Mut zum Ausharren 45 in die Seele haucht.

Aus der Mitte aller Verhältnisse seiner Zeit und seines Vaterlandes sieht er sich in eine Welt versetzt, in die er sonst nur, von der Erinnerung an die einfachsten und frühesten Menschenalter erfüllt, an der Hand der Alten einzugehen pflegt. Denn indem ihn der Dichter bei der ganzen 50 Individualität seines Wesens ergreift, führt er ihn zu den reinen und ursprünglichen Naturformen zurück; und indem er in der Wirklichkeit alles vertilgt, was sie zur bloßen Wirklichkeit und untauglich zum Gebrauch für die Phantasie macht, benutzt er noch bis auf den kleinsten Zug ihre Individualität.

55 So rein dichterisch hat er seinen Stoff erfunden und ausgeführt.

2.

Hermann und Dorothea sind beide durchaus so gehalten, daß keine dieser beiden Gestalten vor der anderen hervortritt. Wie sie in der Handlung, in der sie der Dichter zeigt, eins sind; wie ihre ganze Seele nur gegenwärtig mit einander beschäftigt ist: so sind sie auch nur gleichsam als ein einziges Individuum geschildert. Ueberall erscheinen sie nur immer in Beziehung auf den andern, überall sieht man in dem einen auch den andern zugleich mit, und ihre beiderseitige Natur schmilzt eben so fest und vollkommen zusammen, als ihre Herzen unzertrennlich verbunden sind.

Aber (denn auch darin ist die Ordnung der Natur so schön beobachtet) Hermann tritt überhaupt mehr, und von Anfang allein auf: wir lernen Dorotheen nur durch ihn kennen, durch das ganze Gedicht erscheint sie immer nur als ihm bestimmt oder angehörend, und wenn sie am Ende einen Augenblick eine eigene Selbständigkeit gewinnt, so geschieht es nur, um durch diesen Mut und diese Kraft der weiblichen Anhänglichkeit noch mehr Adel und Würde zu geben. Darum bleiben wir hier nur bei Dorotheens Schilderung stehen. Hermann, als die Hauptfigur des Gedichtes, zeichnet sich von selbst: indes werden wir doch bald sehen, daß auch er seine eigentliche Größe von der Einbildungskraft des Lesers nur dadurch gewinnt, daß wir seine Gestalt in Dorotheens Wesen, wie in einem reineren Medium, wieder erblicken.

So tragen und heben beide Figuren sich immer nur gegenseitig; und indem die Phantasie, den fixen Punkt aufsuchend, an dem das Ganze befestigt ist, immer von der einen zur andern hinüberschwanken muß, indem das Bild beider, wie ein Licht zwischen zwei Spiegeln, immerfort von der einen in die andere zurückgeworfen wird, erhalten sie immer schwellende und unendliche Umrisse.

3.

Was diesem ganzen Goetheschen Gedichte eine so große Objectivität gibt, und es so sehr der Gattung von Gedichten aneignet, von der wir hier reden, ist der feste und sichere Grund, welcher dem ganzen, so wie jedem einzelnen Theile, jeder Handlung und jeder Schilderung, wenn die Metapher erlaubt scheint, gleichsam untergebaut ist. Wie der Werkmeister der Natur den feinsten und sprechendsten Zügen der menschlichen Gestalt einen festen und bestimmten Gliederbau unterlegt, und die Festigkeit und Stärke, die daraus hervorgeht, zu einem Hauptelemente der Schönheit macht: so bereitet sein Schüler, der Dichter, der Einbildungs

kraft einen sichern und unerschütterlichen Boden, von welchem aus sie,
zuversichtlich auftretend, einen kühnen Aufflug nehmen kann. Nicht also
bloß in der Anlage des Ganzen sind alle Theile fest zusammengefügt,
sondern auch bei einzelnen Schilderungen, vorzüglich bei der Zeichnung
95 der Charaktere, sind gerade solche Elemente ausgewählt, welche dem
Ganzen Haltung, Kraft und Sicherheit geben.

Fast nirgends fällt dieß so lebhaft ins Auge, als bei dem ersten
Erscheinen Dorotheens. Ihr Bild ist da mit so sicherer Meisterhand
hingestellt, daß es in dem Gemüte, wie festgewurzelt, haftet.

100 Als ich nun meines Weges die neue Straße hinanfuhr,
Fiel mir ein Wagen ins Auge, von tüchtigen Bäumen gefüget,
Von zwei Ochsen gezogen, den größten und stärksten des Auslands.
Nebenher aber gieng mit starken Schritten ein Mädchen,
Lenkte mit langem Stabe die beiden gewaltigen Thiere,
105 Trieb sie an, und hielt sie zurück; sie leitete klüglich.

Man glaubt eine der hohen Gestalten zu sehen, die man bisweilen
auf den Werken der Alten, auf geschnittenen Steinen, erblickt. Man
fühlt sich betroffen und hält inne; man begreift nicht, wodurch und womit dieß gemacht ist. Der Dichter hat bloß die einfache Handlung er-
110 zählt; aber man kann sich nicht enthalten, dieser Erscheinung noch einen
Augenblick zuzusehen. Sie steht zu auffallend da.

Von der Erzählung im vorigen Gesange her ist der Leser noch von
dem Zuge der Ausgewanderten erfüllt; er sieht noch das verwirrte Durch-
einandertreiben, die unbesonnene Eile, die gegen fremdes Unglück gleich-
115 giltige Selbstsucht vor Augen. Aus dieser ungeschiedenen Menge sondert
sich nun eine einzelne Gruppe ab; ein Wagen ist zurückgeblieben, indes
die übrigen schon in der Entfernung voraneilen; eine Wöchnerin, von
Ochsen gezogen, die ein Mädchen lenkt. Dieß Mädchen tritt allein einzeln
auf, sie allein ruhig, besonnen, hilfreich; nun muß alles, die Stärke des
120 festgefügten Wagens, die gewaltige Größe der Thiere, selbst das verwirrte Gedränge des Zuges ihr Bild zu vergrößern beitragen. Es ist
schon so idealisch geworden, die Phantasie ist schon so willig, es in ganz
fremde Regionen zu versetzen, daß wir vergessen, daß der lange lenkende
Stab nicht mehr Sitte unserer Zeit ist.

4.

125 Die erste Eigenschaft, die wir bis jetzt vorzugsweise an dem Goetheschen Gedichte gewahr wurden, war seine reine und vollendete Objecti-

vität; wir fügen nunmehr eine zweite hinzu, seine schlichte **Einfalt** und seine natürliche **Wahrheit**.

Beide sind gewissermaßen mit einander verwandt. Die erstere beruht auf einem rein beobachtenden und bestimmt bildenden Sinn, auf der [130] Fähigkeit, die Natur in aller ihrer Wahrheit aufzufassen, und in der ganzen Bestimmtheit ihrer Formen, der ganzen Festigkeit ihres Zusammenhanges wieder darzustellen. Einem solchen äußern Sinne muß ein ähnlicher innerer entsprechen. So wie jener sich in der äußern Natur vorzugsweise an ihrer Gesetzmäßigkeit und ihrer Realität erfreut; so muß [135] dieser dieselben Eigenschaften in dem Inneren des Gemütes und dem Charakter der Menschheit aufsuchen. Er kann daher nur bei ihren größesten, einfachsten und wesentlichsten Formen verweilen.

Wer sich in dieser Stimmung befindet, wird überall nur die Natur malen, nur sie in ihrem inneren Charakter und ihrer äußeren Gestalt. [140] Er wird daher auch den Menschen am liebsten von den Seiten betrachten, von welchen er geradezu mit ihr übereinstimmt, lieber da, wo er als Gattung erscheint, als da, wo er in einer entschiedenen Eigentümlichkeit auftritt. Die Einfachheit des Stoffes, den er schildert, wird auf seine Schilderung selbst übergehen. Er wird immer innerhalb des Tones [145] ruhiger Darstellung bleiben; immer nur, indem er einen Theil an den andern anfügt, das Ganze hinzustellen bemüht sein; nie mit seinem Ausdruck hinter der Sache zurückbleiben, aber auch nie mit demselben darüber hinausgehen. Er wird immer den treffendsten und kräftigsten in seiner Macht haben; nie aber einen bloß kühnen oder glänzenden suchen. [150]

Das Gepräge einer solchen Einfachheit und Wahrheit nun trägt das gegenwärtige Gedicht in einem auffallenden Grade an sich. Es ist überall nur die Sache, die wir vor uns erblicken, und sie immer in ihrer wahren und nackten Gestalt. Aber noch mehr als im Tone und der Sprache fällt diese Einfachheit in den Gesinnungen und Charakteren auf. [155]

Es ist kaum möglich, ein einzelnes Beispiel für eine Behauptung herauszuheben, für die eigentlich alles zugleich spricht. Allein wenn es dennoch eines Beispiels bedarf, so erinnere man sich an die **Schilderung** der **Mutter Hermanns**. Unter allem, was in der Natur einfach genannt werden kann, ist kaum etwas anderes, was diesen Namen in höherem [160] Grade verdiente, als die Liebe einer Mutter zu ihrem Kinde. Aus der natürlichsten Verbindung entsprungen, durch die natürlichsten Verhältnisse fortgepflanzt, auf die natürlichste Sorgfalt für unmittelbares Glück und unmittelbare Zufriedenheit beschränkt, bietet sie, — so ehrwürdig und schön sie auch in der Wirklichkeit erscheint — der dichterischen Einbildungs= kraft kaum eine einzige Seite dar, von welcher sie dieselbe durch eine hervorstechende Eigentümlichkeit auszeichnen könnte. Nur der Dichter, der seiner Stärke gewiß ist, die Natur bloß als Natur geltend zu machen, darf sich an die Schilderung eines Gefühls wagen, das er nur, indem er es in seiner ganzen Größe, in seiner durchgängigen Wahrheit auffaßt, aus dem Gewöhnlichen heraus zu heben und dichterisch zu halten im stande ist. Denn unter allen andern ist keines, was so sehr, als dieß, entweder jede dichterische Behandlung verschmäht, oder nur in dem reinsten und höchsten Stile der Kunst eine glückliche Wirkung verspricht.

Aber wie viel einfacher wird dieses Bild mütterlicher Zärtlichkeit noch unter den Händen unseres Dichters! Er schildert nicht den Zustand heftiger Leidenschaft, nicht die qualvolle Furcht vor einem drohenden, oder den zerreißenden Schmerz über einen erlittenen Verlust; auch bei ihm ist das mütterliche Herz um das Glück des Sohnes besorgt, aber diese Be= sorgnis entspringt mehr aus der Aengstlichkeit der Liebe, als aus der dringenden Lage der Umstände. Er zeigt uns nicht die Sorgfalt für die ersten Jahre der Kindheit, für den erst stammelnden Säugling — eine Lage, die durch die zarte Unschuld, die liebliche Anmut, die abhängige Hilflosigkeit dieses Alters einen eigentümlichen Reiz gewinnt. Er schildert uns die Mutter mit dem erwachsenen Sohne, also in Verhältnissen und Empfindungen, die, um unserm Herzen wichtig zu werden, nichts als ihre einfache Wahrheit, ihre tiefe Innigkeit besitzen. In dem Charakter dieser Mutter selbst hat er alle Einfalt einer schönen und reinen, aber schlichten Natur vereinigt; sie überall sonst nur als die hilfreiche Gattin, die geschäftige Hausfrau gezeichnet, und dieß Bild noch durch die Züge verstärkt, die er von einer gewissen kindischen Naivetät in ihrer früheren Jugend erzählt.

Gerade aber durch diese Kühnheit, seinen Gegenstand schlechterdings da aufzunehmen, wo er bloß Natur ist, führt er ihn auf eine Stufe ein= facher Erhabenheit, von der wir sonst kaum einen Begriff haben. Wenig= stens erinnern wir uns bei keinem andern Dichter einer Schilderung einer Mutter, die an Natur und Wahrheit, an Größe und Schönheit der Ge= sinnung mit dieser verglichen werden dürfte. Wie groß und edel irgend einer der in diesem Gedichte aufgestellten Charaktere erscheinen mag, so darf diese Mutter keinem derselben weichen. Sie ist durchaus gut, durch=

aus verständig, durchaus zart und fein empfindend; nirgends zeigt sie einen Mangel, nirgends einen Mißklang. Ihr Charakter ist ganz idealisch: denn nirgends wird man eine einengende Schranke in demselben gewahr, und er ist zugleich ganz natürlich: denn sein Wesen besteht bloß in dem, was dem Menschen zugleich mit der Menschheit eingepflanzt ist.

²⁰⁵

Darum ist die Liebe dieser Mutter nicht bloß stark und innig, sondern zugleich auch so zart; darum ihr Sinn so fein, die innersten Gefühle ihres Hermanns mitten aus seinen halb verstellten, halb verwirrten Worten zu enträtseln; darum ihre Schonung für jede Denkungsart so schön; ihr Sinn für jede Eigentümlichkeit in der Menschheit so groß und ²¹⁰ menschlich. Zu der Liberalität, die sonst nur Philosophie und Nachdenken, zu der Feinheit, die nur mühsam erworbene Menschenkenntnis verschafft, gelangt sie allein auf dem Wege der einzigen Empfindung, welcher sie ganz und ausschließlich angehört.

Einer solchen Liebe der Mutter muß eine gleiche Zärtlichkeit des ²¹⁵ Sohnes entsprechen. Diese hat uns auch der Dichter gezeichnet; wir sehen seine starke Anhänglichkeit, sein großes und zuversichtliches Vertrauen; aber er scheut sich sogar nicht, uns hier in das kleinste Detail einzuführen, uns zu erzählen, daß z. B. der Sohn sich nie vom Hause entfernte, ohne seine Mutter vorher davon zu unterrichten. ²²⁰

Daß Züge dieser Art nicht kleinlich, nicht gemein werden, ist das Verdienst der Kunst, und hierin besteht ihre Größe. Zwar pflegt man das Einfache an sich groß zu nennen. Aber es ist dieß nie von selbst, immer allein durch die Ansicht oder die Behandlung, immer nur dadurch, daß man es als Natur, also in der Wahrheit, der Realität, dem ²²⁵ Zusammenhange darstellt, welche dieser eigen sind.

Wovon wir also zuerst ausgiengen, darauf allein kommt alles an: überall, im Aeußeren und Inneren, in den sinnlichen Formen und in den Veränderungen unseres Gemütes nur die Natur aufzusuchen und darzustellen. ²³⁰

Dadurch nun, daß unser Dichter, immer hiermit beschäftigt, das menschliche Gemüt und seine Gesinnungen so klar und offen darlegt, erlangt er eine Einfachheit und Wahrheit, bringt er uns seinen Stoff mit einer Innigkeit ans Herz, die nur ihm allein angehört. Er greift in unsere eigensten Gedanken und Empfindungen ein, und indem er alle ²³⁵ Falten unseres Herzens aufdeckt, und uns in den Kreis unseres gewöhnlichen Alltagslebens zu begleiten scheint, erhält er sich immer auf der

notwendigen poetischen Höhe. Nur selten hat ein anderer unter den
Neuern so sehr die strenge Wahrheit und die schlichte Einfalt der Natur
240 mit der vollkommensten Begeisterung der Kunst gepaart, und nie — könnte
man sagen — ist einer in einem so durchaus prosaischem Gange in so
hohem Grade poetisch gewesen.

Wir bleiben schlechterdings in demselben Kreise, in welchem wir
einmal zu leben gewohnt sind; aber wir werden mit diesem ganzen Kreise
245 auf eine ungewohnte Höhe erhoben. Die Wirklichkeit in und um uns leidet
kaum eine Veränderung in ihrer Beschaffenheit; aber sie ist gar nicht
mehr Wirklichkeit, sie ist nur reines Erzeugnis der dichterischen Einbildungskraft.   Wilhelm Humboldt.

Schiller und Goethe über epische und dramatische Dichtung.

(Aus „Schiller in seinem Verhältnisse zur Wissenschaft". Wien 1862, S. 497.)

Schon vor der Lectüre des Aristoteles war Schiller, durch Goethe
angeregt, zur Aufstellung praktischer Gesichtspunkte über Natur und Forderungen der epischen und dramatischen Dichtung gekommen, die dann
später unter neuerlichem Einflusse Goethes weiter ausgebildet wurden.
5 Dem Ertrage des Briefwechsels Schillers mit seinen kritischen Freunden,
so bedeutungsvoll für die Lösung der Aufgabe, die wir uns stellten, sind
wir nach allen Seiten hin gefolgt. Mit Schillers Uebersiedelung nach
Weimar (3. Dec. 1799) tritt begreiflicher Weise die Reichhaltigkeit und
Wichtigkeit des Briefwechsels mit Goethe zurück, so wie jener mit Körner
10 und Humbolt schon seit Beginn der ausschließlichen dichterischen Thätigkeit an Bedeutung verliert. Da ist es noch die fruchtreiche Discussion
Schillers und Goethes in den Briefen aus der Jenenser Zeit, die im
Zusammenhange dieses Abschnittes unsere Aufmerksamkeit in Anspruch
nimmt. Auf sie sei deshalb noch gestattet des näheren einzugehen, um
15 den Antheil Schillers in seinen Hauptpunkten hervorzuheben.

Goethe hatte wie im Nachhange zu den mit Schiller gepflogenen
Verhandlungen über Hermann und Dorothea, deren wir früher Erwähnung
thaten, die Bemerkung hingeworfen (Brief vom 19. April 1797), daß
es eine Haupteigenschaft des epischen Gedichtes sei, immer vor und zurück
20 zu gehen, daher alle retardierenden Motive episch seien. Es dürften aber
keine eigentlichen Hindernisse sein, welche ins Drama gehörten. Dieß war
ein Schlüssel, um bei Schiller eine reiche Fülle von Gedanken über die

eigentümlichen Forderungen beider Dichtarten zu erschließen. Es geht daraus hervor, daß er die epische Dichtung der dramatischen in künstlerischer Beziehung voranstellen möchte. Wenn er seinen Gedanken kurz herausjagen sollte, heißt es, so sei es dieser: Beide, der Epiker und Dramatiker, stellen uns eine Handlung dar, nur daß diese bei dem letztern der Zweck, bei erstrem bloßes Mittel zu einem absolut ästhetischen Zwecke ist. Darin dürfte das treffend Richtige, welches zu Grunde liegt, nicht zu verkennen sein: der Epiker ist im stande, seine Handlung mehr als Mittel der kunstmäßigen Form zu verwenden, während bei dem Dramatiker die Handlung ein selbständigeres Interesse in Anspruch nehmen wird. Aus seinem Grundsatze, entwickelt Schiller weiter, könne er sich vollkommen erklären, warum der tragische Dichter rascher und directer fortschreiten müsse, warum der epische bei einem zögernden Gange seine Rechnung besser finde. Es folge daraus auch, wie ihn dünkt, daß der epische Dichter sich solcher Stoffe wol thue zu enthalten, die den Affect, sei es der Neugierde oder Theilnahme, schon für sich selbst stark erregen, wobei also die Handlung zu sehr als Zweck interessiere, um sich in den Gränzen eines bloßen Mittels zu halten. Ebenso bezeichnend ist es, wenn er in vorausgegangenen Briefen entwickelte, daß der epische Dichter uns bloß das ruhige Dasein und Wirken der Dinge nach ihren Naturen schildere, daß sein Zweck in jedem Punkte seiner Bewegung liege, weshalb wir nicht ungeduldig zu einem Ziele drängten, sondern mit Liebe bei jedem Schritte verweilten, während uns der Dramatiker mehr auf das Ende zutreibe, — und wenn er dann darauf gestützt in kantischer Reminiscenz den Gedanken ausspricht, jener stehe unter der Kategorie der Causalität, dieser unter der Kategorie der Substanzialität; dort könne und dürfe etwas als Ursache von was anderem da sein, hier müsse alles sich selbst um seiner selbst willen geltend machen.

Die Discussion über Epos und Drama wird erst nach einer langen Unterbrechung wieder aufgenommen (Winter 1797). Bei Gelegenheit der Recension Schlegels über Hermann und Dorothea hatte Goethe einen kleinen Aufsatz zusammengestellt, welcher der Discussion unterzogen und durch die Ergebnisse derselben ausgeführt und erweitert werden sollte. Er überschrieb ihn deshalb im voraus „über epische und dramatische Dichtung von Goethe und Schiller", unter welchem Titel er dann auch im Briefwechsel erscheint. Wir wollen daraus nur jene Bemerkungen hervorheben, an die Schiller nachher neue Gedanken anknüpft. Den

60 großen wesentlichen Unterschied zwischen dem Epiker und Dramatiker setzt
Goethe darein, daß der Epiker die Begebenheit als vollkommen ver=
gangen vortrage und der Dramatiker sie als vollkommen gegen=
wärtig darstelle. Zu diesem reichhaltigen Gesichtspunkte fügt er eine
noch einträglichere praktische Vorstellung hinzu. Wollte man, lehrt Goethe,
65 das Detail der Gesetze, wonach beide zu handeln haben, aus der Natur
des Menschen herleiten, so müßte man sich einen Rhapsoden und Mimen,
beide als Dichter, jenen mit seinem ruhig horchenden, diesen mit seinem
ungeduldig schauenden und hörenden Kreise umgeben, immer vergegen=
wärtigen, und es würde nicht schwer fallen zu entwickeln, was einer
70 jeden von den beiden Dichtarten am meisten frommt.

Diese letztere Vorstellung insbesondere nimmt Schiller mit vollem
Interesse auf. Und noch ein anderes Hilfsmittel möchte er zur Veran=
schaulichung dieses Unterschiedes in Vorschlag bringen: es ist eine bild=
liche Vorstellung, die auch neben jener Goetheschen der Beachtung wert
75 ist. Die dramatische Handlung, sagt er, bewegt sich vor mir, um die
epische bewege ich mich selbst, und sie scheint gleichsam stille zu stehen.
Und nun entwickelt er in scharfsichtiger Weise die Consequenzen dieses
Behelfes, seine Uebereinstimmung mit dem Begriff des Vergangenseins
und des Erzählens und gelangt dabei zu den wichtigsten seiner oben an=
80 geführten Resultate. Auch an die Goethesche Regel, daß der Epiker seine
Begebenheit als vollkommen vergangen, der Tragiker die seinige als
gegenwärtig zu behandeln habe, knüpft Schiller eine sinnvolle Bemerkung:
er möchte hinzusetzen, daß daraus ein reizender Widerstreit der Dichtung
als Genus mit der Species derselben entstehe, der in der Natur, wie
85 in der Kunst immer sehr geistreich sei. Die Dichtung als solche mache
alles sinnlich gegenwärtig, und so nötige sie auch den epischen Dichter
das Geschehene zu vergegenwärtigen, nur daß der Charakter des Ver=
gangenseins nicht verwischt werden dürfe. Die Dichtkunst als solche mache
alles Gegenwärtige vergangen und entferne alles Nahe (durch Idealität),
90 und so nötige sie den Dramatiker, die individuell auf uns eindringende
Wirklichkeit von uns entfernt zu halten und dem Gemüt eine poetische
Freiheit gegen den Stoff zu verschaffen. Die Tragödie in ihrem höchsten
Begriffe, fügt er hinzu, wird also immer zu dem epischen Charakter
hinaufstreben und wird nur dadurch zur Dichtung. Das epische Gedicht
95 wird ebenso zu dem Drama herunterstreben und wird nur dadurch
den poetischen Gattungsbegriff ganz erfüllen; just das, was beide zu

poetischen Werken macht, bringt beide einander nahe. Man wird in dieser Auseinandersetzung die richtige Forderung nicht verkennen, daß beide Dichtarten, ohne ihre Eigentümlichkeiten als solche aufzugeben, zur Höhe des objectiven Schönen hinstreben und auf ihr sich begegnen sollen. 100 Ähnlich, ergab sich uns, nähere sich die naive und sentimentalische Dichtung auf dem Boden der reinen Schönheitsformen. Hiezu können wir es dann halten, wenn Humboldt ganz in Schillers Geiste im Epischen eine Verwandtschaft mit der naiven, in der Tragödie mit der sentimentalischen Dichtung erblicken wollte. 105

Der praktische Wert der von Schiller und Goethe gewonnenen Gesichtspunkte über Epos und Drama springt in die Augen. Es sind zunächst eben solche „empirische und specielle Formeln", welche wir Schillern, bei Gelegenheit seiner Discussion mit Wilhelm von Humboldt über das Verhältnis der ästhetischen Theorie zur Ausübung für den Künstler 110 haben fordern sehen; und wenn wir dort die Ansicht entwickelten, daß die Ästhetik, soll sie der ausübenden Kunst zugute kommen, dem Künstler vor allem in Fällen des Zweifels behilflich sein müsse, so können wir in der That den mitgetheilten Hauptformeln diesen Vorzug in hohem Grade beilegen.

So zeigten sich uns Schillers Bemühungen um Erforschung ästhe-115 tischer Gesetze in nächster Berührung mit der ausübenden Dichtung. Und wie hier in diesen letzten Gängen, auf denen wir ihm folgten, so hat sich überall, selbst inmitten der poetisierenden Art idealistischen Philosophierens die beherschende Kraft eines gesunden Denkens offenbart, welche ihn, den Dichter, vielfach über Irrungen der Philosophen seiner Zeit erhoben 120 zeigte und in seiner bewunderungswürdig reichen Entwickelung eine Fülle eingreifender Ergebnisse von dauernder Geltung für die Wissenschaft erkennen ließ.

Karl Tomaschek.

Die lyrische Darstellungsweise.

(Aus „Aesthetik. Die Idee des Schönen und ihre Verwirklichung durch Natur, Geist und Kunst". Leipzig 1859, II. Band, S. 552.)

1.

> Ich singe wie der Vogel singt,
> Der in den Zweigen wohnet,
> Das Lied, das aus der Kehle dringt,
> Ist Lohn, der reichlich lohnet.

In diesen Worten Goethes ist es schon gesagt, daß der Lyriker die eigene Innerlichkeit ausspricht, daß er in der Selbstbefreiung und dem Selbstgenuß des Gefühls seine Befriedigung findet. Wir bezeichnen

18*

die lyrische Poesie als die subjective; subjectiv aber nennen wir einmal das persönliche Seelenleben im Unterschied von der Außenwelt und
den Dingen, dann aber auch dasjenige, was nur einer bestimmten Individualität angehört, wie wenn wir im Unterschied von dem Allgemein-
giltigen, durch sich selbst Einleuchtenden von einer subjectiven Wahrheit
reden, die gerade nur für einen Einzelnen Überzeugungskraft hat und
von dessen Gemütsstimmung getragen wird. Allein indem dieß ganz
Persönliche, indem das Seelenleben in individueller Unmittelbarkeit ausgesprochen wird, erlangt es die Weihe der Kunst dadurch, daß die hier
angeschlagene Saite in allen Herzen mittönt, weil das allgemeine Wesen
der Menschheit in seiner Tiefe berührt worden. So ist Mignons Lied
von Italien der Sehnsuchtslaut dieses Kindes nach dem fernen schönen
Vaterland; aber es erklingt darin zugleich der geheimnißvolle Zug in
die Ferne, das Heimweh der Seele nach einem verlorenen Paradies,
das in jedem Herzen schlummert. So rief der Dichter der Marseillaise
Tausende zum Streit, weil sein persönlicher freiheitsdurstiger Thatendrang
dem Patriotismus des ganzen Volks eine Stimme lieh. So ist der
Sündenschmerz und die Erlösungshoffnung oder die Naturfreude und
das Gottvertrauen in Davids Psalmen eine Stimme für Millionen
geworden.

Der rechte Epiker verschwand hinter seinem Werk, mit eigener Kraft
schienen die Bilder des Lebens sich vor unserer Anschauung zu bewegen,
nach eigenem Sinne sich zu Gruppen zu verbinden; eine innere Einheit,
eine Folgerichtigkeit verkettete die Gedanken. Aber der Lyriker tritt selbst
in den Mittelpunkt, sein Gefühl ist es, das die Welt in sich aufnimmt,
er zeigt sie uns nur im Spiegel seines Gemüts. Und wie das All
klanglos, dunkel, in schweigender Nacht dastünde, wenn nicht die Wellen
der Luft an ein Ohr und die Schwingungen des Äthers an ein Auge
schlügen, wo dann die Seele sie empfindend zu Tönen und Farben werden läßt, so sollen wir in der Subjectivität des Dichters die Macht erkennen, welche in aller Fülle der Natur und der Geschichte nur den
Wiederschein des eigenen Wesens erblickt; aus seinem Auge entspringt
der Morgensonnenstral, der die Memnonsäule tönen macht, und der Hauch
seines Mundes wird der belebende Odem der Gebilde seiner Hand. Sein
Gefühl singt er, um das Echo im Herzen der Andern wach zu rufen,
nicht Anschauungen will er vor uns hinführen, sondern Stimmungen in
uns erwecken. Die Melodie der Seele und ihre Selbstinnigkeit tönt in

seinem Lied, und von den Dingen spricht er nur, wie sie das Gemüt bewegen, wie sie durch die Empfindungen, die sie in uns erregen, in ihrer Untrennbarkeit vom Ich als Bedingungen der eigenen wechselnden Zustände gefühlt werden; er schildert sie nur, um durch ihr Bild den gleichen Eindruck auf die Hörer zu machen und so in ihnen die Belebungen 45 des eigenen Innern fortzittern zu lassen.

2.

Die Lyrik ist allerdings die musikalische Poesie, wie das Epos die plastische; aber wie wir bei diesem auf den Unterschied der bildenden Kunst von der dichtenden hinwiesen, so müssen wir auch jetzt festhalten, daß die Poesie nicht das reine Empfindungsleben als solches geben kann, 50 sondern daß sie von dem allgemeinen Empfindungsausdruck des Tons zur Bestimmtheit des Wortes fortgeht, daß sie durch klare Bilder auf die Phantasie wirkt und dann durch diese die eigene Stimmung des Dichters auch im Hörer hervorruft, daß das Wort als solches immer schon die Allgemeinheit des Gedankens ausprägt. Die Musik gibt den melodischen 55 Wellenschlag des Gefühls und deutet dadurch Ideen an, die Poesie spricht Ideen aus und erweckt dadurch unser Gefühl. Das Geheimnis der Lyrik beruht darauf, daß die Stimmung des Dichters sich durch das ganze Gedicht ergießt, daß sie die Wahl der Bilder und der metrischen Form bedingt, so daß auch im Tonfall der Worte, im Rhythmus oder in der 60 Reimweise die innere Melodie dem Ohr vernehmlich wird; aber zur Vollendung gehört, daß auch unser Auge eine plastisch-klare Klangfigur erblickt. Wie die wollautendsten Reime ohne geistigen Gehalt ein bloßer Klingklang, so sind gestaltlose Gefühlslieder einem Gemälde gleich, das durch Pracht und Harmonie der ineinander schillernden Farben reizt, aber 65 bei dem Mangel von Zeichnung kein bleibendes Wolgefallen erwecken kann, es sei denn, daß der Dichter eben die Stimmung aussprechen und erregen wollte, die uns ergreift, wenn wir in einem stillen blauen Bergsee den Abendhimmel sich spiegeln und in seinen sanft gekräuselten Wellen stets Formen entstehen und wieder zerrinnen, Licht und Farbe aufleuchten und 70 wieder verlöschen sehen. So schließt Clemens Brentano im Schwanenlied:

Stille wird's, es glänzt der Schnee am Hügel,
Und ich kühl im Silberreif den schwülen Flügel,
Möcht ihn hin nach neuem Frühling zücken:
Da erstarret mich ein kalt Entzücken. —

Es erfriert mein Herz, ein See voll Wonne,
Auf ihm gleitet still der Mond und sanft die Sonne.
Unter den sinnenden, denkenden, klugen Sternen
Schau ich mein Sternbild an in Himmelsfernen;
80 Alle Leiden sind Freuden, alle Schmerzen scherzen,
Und das ganze Leben sieht aus meinem Herzen.
Süßer Tod, süßer Tod
Zwischen dem Morgen- und Abendrot!

Brentano und Arnim sind gleich den Sängern mancher Lieder im
85 Wunderhorn Herr der Stimmung, aber es mangelt oft das deutliche
und entsprechende Bild; Platen ist anschaulich und gestaltenreich, aber
es fehlt oft ein alles umspielender und durchdringender Hauch und Duft,
ich möchte sagen die sich selbst singende Melodie der Empfindung und
der Worte; wo sie aber mitklingt, da leistet er Vollendetes, wie in der
90 Ode „Neujahrsnacht", im Ghasel: „Wie, du fragst, warum vor allen mich
erwählt dein Wolgefallen", in dem Liede: „Wie rafft ich mich auf in der
Nacht, in der Nacht!" Daß Goethe bei aller Glut der Leidenschaft, bei
aller Tiefe des Gefühls und bei allem melodischen Stimmungsausdruck
doch so lebendige Bilder schafft, seine Gestalten doch mit so sichern Linien
95 umschreibt, dieß macht ihn eben auch zum größten Lyriker. Emanuel
Geibels eigentümliche Größe beruht darauf, daß er ohne Nachahmer zu
sein auf dieser Bahn Goethes wandelt, und auf den Tonwellen der einen
Empfindung, die sich in seinem Gedichte ergießt, so plastisch-klare Gestalten
sich hinwiegen läßt, die dem Auge denselben Eindruck machen, wie die
100 Klänge dem Ohr, so daß bald die Energie des männlich gewaltigen, bald
die zarte Anmut des frauenhaften Sinnes durch die Harmonie der Rhythmen und der Bilder in einer Weise hervortritt, wie sie nur dem in sich
versöhnten Gemüte möglich ist.

Oder betrachte man zwei Gedichte Justinus Kerners, das Wander-
105 lied und das Trinkglas des verstorbenen Freundes: wie entsprechen
dort die Bilder des bewegten Lebens, die Wellen, die Vögel, die Sterne
in ihrem Freudereigen dem raschen Gang des Verses, der so munter
anhebt: Wolauf, noch getrunken den funkelnden Wein! Und hier, wie
ernst ist die Haltung des Ganzen in den längern ruhigen Zeilen, wo
110 der volle männliche Reim vorangeht und der weibliche ins Unbestimmte
hinaustritt.

Still geht der Mond das Thal entlang,
Ernst tönt die mitternächt'ge Stunde;
Leer steht das Glas, der heil'ge Klang
Tönt nach in dem krystall'nem Grunde. 115

So wechseln auch in Hermann Linggs historischer Lyrik die Rhythmen
der Lieder mit dem Geist der besungenen Helden und Zeiten.

Doch es geziemt sich des alten Meisters zu gedenken, der an der
Pforte der neuern deutschen Literatur steht und in seiner edlen Ergebenheit
uns zeigte, was das Ziel unserer Dichtung ist, die innigste Durchdringung 120
des nationalen, des antiken und des christlich religiösen Elementes. Ich
rede von Klopstock und rufe gern der Gegenwart in's Gedächtnis,
was Herder schon in Bezug auf dessen Oden dargethan: ein eigener Ton
des Ausdrucks, eine eigene Farbe ruht auf jeglicher, und erstreckt sich
von der ganzen Mensur, Haltung und Betrachtung des Gegenstandes bis 125
auf den kleinsten Zug, Länge und Kürze der Perioden, Wahl des Silben=
maßes, beinahe bis auf jeden härteren und leiseren Buchstaben, auf jedes
O und Ach. Hierin haben diese Oden so etwas Eigenes, Ursprüngliches
und Eingegeistetes, daß sowie die Natur jedem Kraute, Gewächse und
Thiere seine Gestalt, Sinn und Art gegeben, die individuell ist und eigentlich 130
nicht verglichen werden kann, so schwimmt auch ein anderer Duft, und
weht ein anderer Geist der Art und Leidenschaft in jeder einzelnen
Dichtung Klopstocks. Welch eine herrliche Abenddämmerung geht zum
Exempel durch die Erscheinung von Tuiskon! Mit Silbenmaß und Ideen=
folge und Bildern und Anfang und Ende gleichsam aus den letzten Sonnen= 135
stralen und dem stäubenden Silber und rauschenden Wipfeln wie heilig,
feierlich und still zusammengewebt! — Ich möchte die frühen Gräber, die
Sommernacht, den Rheinwein, den Zürchersee und Gottes Allgegenwart
noch vorziehen, da hier die Stimmung durchaus innig und einig das Ganze
hält und durchdringt, und die Bilder sich durchaus klar und den Grundton 140
gleichsam dem Auge veranschaulichend entfalten. Klopstock will wie Pindar
nicht flüchtig gelesen, sondern studiert sein, aber er lebt dann gleich jenem
wie ein weihender Genius in unserer Seele.   M. Carriere.

Anfänge des Theaters (1817).
(Kritische Schriften, I., S. 325, Leipzig 1848.)

Bei den gebildeteren Nationen der neueren Zeit ist das Theater
bald nach seiner Entstehung und Verbesserung eine Angelegenheit ge=
worden, die die Aufmerksamkeit der vorzüglichsten Geister, der Gelehrten

und selbst der Staatsmänner auf sich gezogen, man hat es eben so oft
als einen Nationalgegenstand erhoben und verehrt, als geschmäht und
verfolgt, und die Geschichte dieser Ansichten und Stimmungen eben so
wie des Entstehens und der allmähligen Entwickelung des Drama, so wie
des früh eintretenden Kampfes mit voreiliger Kritik und falsch ange=
wandter Gelehrsamkeit, seines Aufschwunges zur Kunst und Bildung
einer bestimmten Schule, welches ihm in England unter Elisabet und
bald nachher in Spanien gelang, ist für den Freund der Poesie auf
gleiche Weise lehrreich und unterhaltend. Wie in Frankreich, bald nach=
dem sich das Theater in Spanien vervollkommnet hatte, eine Schule
entstand, die sich aber aus vielen Ursachen niemals zur Kunst erheben
konnte, wie Italien in allen Zeitaltern einer höhern Ausbildung des
Drama widerstrebte, und wie dort alle Versuche nur einseitig ausfielen
und nie die ganze Nation ergreifen konnten, welche immer ihrem alten
überlieferten wenig zusammenhängenden Schauspiele treu blieb; diesem
nachzufolgen, ist ebenfalls für den kritischen Forscher anziehend, wenn er
gleich nicht dieselbe Befriedigung, wie bei der Theatergeschichte Englands
findet. Kein Volk aber hat so vielseitige Versuche gemacht, sich in so
verschiedene Nachahmungen geworfen, kein anderes hat mit diesem Ernst
Kritik und Ausübung der Kunst vereinigen wollen, als das deutsche;
auch ist kein anderes durch günstige Umstände so wenig unterstützt, keines
so durch Begebenheiten und Unfälle von außen gestört worden, so, daß
seine Bahn in Rücksicht des Theaters, sowie der Literatur überhaupt,
die sonderbarsten und abweichendsten Linien beschreibt. In dieser Hin=
sicht führt uns das deutsche Theater, obwol es weder jetzt noch
früher seine Vollendung, oder auch nur einen bestimmten eigentümlichen
Charakter gewonnen hat, mehr als jedes andere zu den interessantesten
Betrachtungen, und ich hoffe, es soll den Freunden der Bühne nicht
unwichtig scheinen, in einer Sammlung von Beispielen, von seiner frühe=
sten Entstehung an, die verschiedenen Epochen desselben, die Annäherung
zur Kunst und Nationalität, so wie die Misverständnisse deutlich werden
zu sehen, die den Trieb zur Ausbildung begleitet und gestört haben.

Die eigentlichen Theater in Europa sind alle ziemlich neu. Die
Völker haben eine Eitelkeit darein gesetzt, die Entstehung ihrer Bühne
in frühe Jahrhunderte hinaufzurücken, und vorzüglich haben Italiener
und Franzosen hierin einen unnützen Wettstreit geführt. Wenn man sich
dahin vereinigt, daß man von der Bühne und der Schauspielkunst einer

Nation nur sprechen kann, wenn ein Publikum entstanden, das mit
seinen Dichtern eins geworden ist, wenn sich ein bestimmter Geschmack,
eine Schule und eigne Vorliebe ausgebildet haben, so wird man nicht
mehr einzelne religiöse oder moralische Dialogen zum Theater zählen,
noch weniger jene fragmentarischen Nachrichten von Gauklern und Jong- 45
leuren, am wenigsten aber frühe Uebungsversuche und Nachahmungen,
die einen Mönch auf seiner Zelle, oder einen Gelehrten, der keines Publikums bedurfte, unterhielten. Das jetzige Bedürfnis des Theaters
konnte sich in früheren Jahrhunderten nicht zeigen, in welchen viele
kirchliche und weltliche Feste, Turniere des Adels neben Aufzügen und 50
Spielen der Bürger die Imagination beschäftigten, und in denen das
Leben überhaupt weit weniger auf den engen Kreis des Hauses und
kleiner Thätigkeit eingeschränkt war. Die neue Zeit genießt nicht jene
Begünstigungen der griechischen, in welcher Poesie und Theater aus dem
größten öffentlichen Beisammenleben, aus einem mächtigen gemeinsamen 55
Interesse entsprangen, und dadurch so früh von selbst national und
geheiligt wurden: bei uns zeigt sich nach dem verschwundenen Mittelalter und seinen großartigen Gedichten die neuere Poesie, vorzüglich
aber das Theater erst dann, als eine Sehnsucht nach entflohenen großen
Bildern und Begebenheiten an die Stelle dieser tritt; es schärft sich 60
diese Begier um so mehr, je mehr das gemeinsame Band sich löset, je
mehr alle Menschen den Mittelpunkt des Lebens verlieren. So steht
in neuern Zeiten die Poesie leicht als Widerstreit des Lebens da, und
die Aufgabe, sich mit diesem auszusöhnen und wieder mit ihm eins zu
werden ist die Ursache, daß so oft und so gern Größe und Schönheit 65
einer falschen nachgeahmten Wahrheit aufgeopfert wurden.

Soll also die Bühne nur in der Eigentümlichkeit und nationalen
Bildung eines Volks bestehen, so hat ohne Zweifel nach dieser Voraus-
setzung England das älteste Theater in Europa, welches kurz vor
Shakespeare entstand und durch ihn seine Vollendung erhielt; fast eben 70
so alt ist das spanische, welches nicht lange vor und mit Lope begann,
aber erst durch Calderon nach 1640 seine Ausbildung fand; mit dem
Cid beginnt die Periode des wahren französischen Drama; vor dem
Goldoni können sich die Italiener keiner nationalen geschriebenen Komödie
rühmen, und die Deutschen müssen gestehen, daß sie erst seit vierzig 75
oder fünfzig Jahren auf dem Wege sind, original und deutsch für ihre
Bühne zu dichten, um vielleicht künftig jene Vollkommenheit zu finden,

in welcher sie eben so kunstmäßig als national sein können, wenn es
nicht etwa beschlossen ist, durch neue Verirrungen diese Bildungsfähig=
keit zu stören und wiederholt zu verwirren.   Ludwig Tieck.

Behandlung des Wunderbaren in der Tragödie (1793).
("Kritische Schriften", I., 62.)

Ich habe bis jetzt nur von der Art des Wunderbaren gesprochen,
die im "Sturm" und "Sommernachtstraum" herrscht, und von der Manier,
mit der es der Dichter hier behandelte; ich will jetzt noch einige kurze
Bemerkungen über die Darstellung desselben Stoffes in seinen Tragödien
versuchen.

Der Zweck des Trauerspiels ist Furcht und Mitleid. Die Tragödie
ist das Gebiet aller hohen Affecte, der Extreme der Leidenschaften; die
Aufmerksamkeit des Zuschauers muß immer auf einen Punkt geheftet
bleiben, jede Zerstreuung thut der Wirkung des Stückes Schaden. Durch
alle Gradationen des Elends und der Leidenschaften führt uns der
Dichter seinem Zweck entgegen: von Othellos Liebe bis zum letzten und
fürchterlichsten Augenblicke seiner Eifersucht, von dem Moment, da Mac=
beth den ersten flüchtigen Gedanken des Mordes faßt, bis zu dem, da
er endlich mit seinem Tode die Zahl seiner Verbrechen schließt. Kein
Vorfall, kein Charakter darf uns hier in den Weg treten, der uns den
Hauptgesichtspunkt verrückte; sobald der Zuschauer hier unterbrochen
wird, ermattet auch die Theilnahme. Ich habe aber zu zeigen gesucht,
daß das Wunderbare im Sturm und Sommernachtstraum eben dadurch
wahrscheinlich werde, daß die Aufmerksamkeit des Zuschauers nicht zu
lange auf einen Punkt geheftet bleibe; der hohe Affect der Tragödie,
der Endzweck des Trauerspiels selbst, scheinen also nicht eine solche
Geisterwelt zu vertragen, wie sie Shakespeare im Sturm darstellt.

Die Geisterwelt scheint uns hier entfernter, und ist uns unbe=
greiflicher.

Er handelt auch in der Tragödie ganz umgekehrt: die Geisterwelt
ist hier der wirklichen untergeordnet, der Dichter läßt sie nicht als
Hauptzweck hervortreten; sie wahrscheinlich zu machen, sind ihr nicht die
übrigen Theile des Stückes untergeordnet, sondern Leidenschaften und
Begebenheiten unserer Welt ziehen die Aufmerksamkeit des Zuschauers
auf sich; die wunderbare dient ihm nur dazu, das Furchtbare zu

verstärken, uns noch tiefer zu erschüttern. Das Wunderbare tritt hier in den Hintergrund zurück; wie ein Blitzstral bricht es dann plötzlich hervor, und eben darum ist hier die Kunst des Dichters, es wahrschein= lich zu machen, nicht so notwendig; wenn er es nur dahin bringt, daß es nur eintritt, uns zu erschrecken und zu erschüttern, so wird schon dadurch un= sere Illusion völlig gewonnen, denn der Schreck, den wir empfinden, läßt den richtenden Verstand nicht zur Sprache kommen.

Im Sturm und im Sommernachtstraum ist uns die Geisterwelt näher gerückt. Wir verstehen zwar immer nicht, wie Ariel wirkt, oder wie eine Blume (sieh die schöne Beschreibung im zweiten Akt des Sommer= nachtstraums) die Wirkungen haben kann, die ihr Oberon beilegt; aber wir sehen doch die Mittel, durch welche eine Wirkung hervor= gebracht wird, der Dichter macht uns mit der Natur des Ariel und der Titania bekannt. Völlig unbegreiflich hingegen sind uns die Erscheinungen in der unterirdischen Hexenhöhle; der Geist des alten Hamlet und des Banquo bleiben immer für uns fremde, unbegreifliche Wesen. In dem Dunkeln und Rätselhaften dieser wunderbaren Welt liegt das Er= schreckende; daß wir so unendlich weit von ihr entfernt stehen, und mehr ahnen, als wirklich wahrnehmen, dieß ist es, was unseren Schauder erregt und uns so stark erschüttert. Shakespeare charakterisiert im dritten Akt des Sommernachtstraums diese beiden Arten der Geister selbst sehr gut.

Puck:

Das muß, o Geisterfürst, sehr bald geschehn;
Die schnellen Drachen, die den Wagen ziehen
Der braunen Nacht, durchschneiden schon die Wolken
Mit größerer Eil, und dorten scheint Aurorens
Vorläufer schon, bei dessen Ankunft die
Umirrenden Gespenster scharenweise
Heim zu Kirchhöfen eilen. Schon sind alle
Verdammten Geister, die auf Scheidewegen
Und in den Fluten ihr Begräbnis haben,
Zu ihrem würmervollen Lager bebend
Zurückgekehrt; aus Furcht, der helle Tag
Möcht ihre Schande sehn, verbannen sie
Freiwillig sich vom Lichte weg und bleiben
Auf ewig zu der schwarzen Nacht gesellt.

Oberon.

Doch wir sind Geister einer andern Art.
Oft hab ich mit dem Morgenlicht gescherzt,
70 Und kann den Wald so lange wie ein Jäger
Durchtraben, bis des Himmels Pfort im Osten
Ganz feuerrot sich gegen den Neptun
Mit weit umher ergosznen Stralen öffnet,
Und seine grünen Ström in Gold verwandelt.

75 Im Hamlet sagt der Geist:

O wäre mir es nicht verboten, das
Geheimnis meines Kerkers zu entdecken,
Ich könnte eine Schilderung beginnen,
Die mit dem kleinsten Worte deine Seele
80 Zermalmte, dasz dein junges Blut erstarrte,
Dasz deine beiden Augen, Sternen ähnlich,
Aus ihren Höhlen sprängen, dasz sich trennten
Die dichten, krausen Locken, jedes Haar
Sich aufwärts sträubte, wie die Stacheln des
85 Ergrimmten Igels. — Aber diese Rätsel
Der Ewigkeit gehören nicht für Ohren
Von Fleisch und Blut.

Und in dieser grauenvollen Dämmerung läszt der Dichter auch alle seine übernatürlichen Wesen in der Tragödie.

90 Die Geister der Tragödie treten nur auf, um die tragische Wirkung auf das höchste zu bringen. Im Hamlet erreicht die Scene zwischen ihm und seiner Mutter einen hohen Grad des Pathetischen, als der Geist eintritt und der Scene einen neuen, noch kühnern Schwing gibt. Durch Hamlets Erstaunen, Schaudern und Zittern im ersten Akt, durch 95 Macbeth's Leidenschaft, die an Wahnsinn gränzt, indem er den Geist Banquos erblickt, hiedurch läszt uns der Dichter gar keinen Zweifel an der Existenz der Geister selbst übrig, indem sich die Empfindung Macbeths und Hamlets dem Zuschauer mittheilt: der Schreck ist es hier, so wie das Rätselhafte und Unbegreifliche des Hexenkessels, was 100 uns mit Grausen erfüllt und uns auf die lebendigste Art täuscht.

Alles Unbegreifliche, alles, wo wir eine Wirkung ohne eine Ur= sache wahrnehmen, ist es vorzüglich, was uns mit Schrecken und Grauen erfüllt: ein Schatten, von dem wir keinen Körper sehen; eine Hand, die aus der Mauer tritt und unverständliche Charaktere an die Wand schreibt; ein unbekanntes Wesen, das plötzlich vor mir steht, und eben so [105] plötzlich wieder verschwindet. Die Seele erstarrt bei diesen fremdartigen Erscheinungen, die allen ihren bisherigen Erfahrungen widersprechen: die Phantasie durchläuft in einer wunderbaren Schnelligkeit tausend und tausend Gegenstände, um endlich die Ursache der unbegreiflichen Wirkung herauszubringen, sie findet keine befriedigende, und kehrt noch ermüdeter [110] zum Gegenstande des Schreckens selbst zurück. Auf diese Art entsteht der Schauder, und jenes heimliche Grausen, das uns im Macbeth und Hamlet befällt: ein Schauder, den ich einen Schwindel der Seele nennen möchte, so wie der körperliche Schwindel durch eine schnelle Betrachtung von vielen Gegenständen entstehen kann, indem das Auge auf keinem [115] verweilt und ausruht. — Wären wir mit Hamlets oder Banquos Geist so vertraut wie mit Ariel oder Caliban, so würden sie uns wenig erschrecken: nur in dem Dunkel, womit der Dichter hier seine wunderbare Welt umhüllt, liegt das Furchtbare, und indem er es mit den höchsten Ausbrüchen der Leidenschaft in Verbindung bringt, erregt er das Er- [120] schütternde. — Daher ist die Geistererscheinung im Cäsar nicht so fürchterlich als die im Macbeth, weil Brutus hier nicht mit jenem Entsetzen Macbeths spricht: aber der Dichter wollte hier auch nur eine bange Ahnung für seinen Haupthelden erregen, keinen hohen tragischen Schreck. — Die Geister in Richard III. sind nur Vorboten seines [125] Unterganges, nur Herolde seines Elends, aber sie sind nicht, wie Banquos Geist dem Macbeth, das sinnlich dargestellte Elend und Entsetzen Richards.

Ludwig Tieck.

Englische und spanische Bühne.
(Aus „Vorlesungen über dramatische Kunst und Literatur". III. Thl.)

Unserm gleich anfangs vorgelegten Plane gemäß haben wir uns jetzt mit dem englischen und spanischen Theater zu beschäftigen. Wir wurden im vorhergehenden schon verschiedentlich veranlaßt, bald das eine, bald das andere beiläufig zu erwähnen, theils um manche Begriffe durch den Gegensatz in ein helleres Licht zu setzen, theils wegen des Einflusses, [5] den sie nach außenhin verbreitet haben. Sowol die Engländer als die Spanier besitzen eine sehr reiche dramatische Literatur, beide haben eine Menge fruchtbarer und talentvoller Schauspieldichter gehabt, worunter

auch die weniger bewunderten und berühmten, im Ganzen genommen,
10 ungemeines Geschick für dramatische Belebung und Einsicht in das Wesen
theatralischer Wirkung beweisen. Die Geschichte ihres Theaters hat keinen
Zusammenhang mit der des italienischen und französischen, denn es hat
sich ganz ohne fremde Einwirkung aus eigener Kraftfülle entwickelt: die
Versuche, es auf Nachahmung der Alten oder gar der Franzosen zurück=
15 zuführen, sind entweder ohne Folgen geblieben, oder erst sehr spät, in
den Zeiten des Verfalls zum Vorschein gekommen. Die Ausbildung dieser
beiden Bühnen ist ebenfalls unabhängig von einander; die spanischen
Dichter haben die englischen durchaus nicht gekannt, und bei diesen konnte
ich in der älteren und bedeutendsten Periode noch keine Spur der Be=
20 kanntschaft mit spanischen Schauspielen (wiewol allerdings mit Novellen
und Romanen) entdecken; erst in der Zeit Karls des Zweiten finden sich
Uebersetzungen aus dem Calderon.

Es haben unter dem Menschengeschlecht so vielfältige Mittheilungen
von Jahrhundert zu Jahrhundert und von Nation zu Nation stattgefunden,
25 und der menschliche Geist ist meistentheils so träge zum Erfinden, daß
das Ursprüngliche in jedem Fache geistiger Bemühungen überall eine
seltene Erscheinung ist. Wir sind begierig zu sehen, wie es geraten wird,
wenn unternehmende Köpfe, unbekümmert darum, daß etwas schon
anderswo in hoher Vollkommenheit vorhanden gewesen, sich bestreben, es
30 ganz von vorn wieder zu erfinden; wenn sie den Grund des neuen Ge=
bäudes auf eigenem Boden legen, und alle Zurüstungen, alles Baugerät
aus eigenen Mitteln herbeischaffen. Wir theilen gewissermaßen die Freude
des Gelingens, wenn wir sie rasch von der anfänglichen Unbeholfenheit
und Bedürftigkeit zu fertiger Meisterschaft fortschreiten sehen. Diesen an=
35 ziehenden Anblick würde uns die Geschichte des griechischen Theaters
gewähren, wenn uns dessen roheste Anfänge aufbewahrt wären, die noch
gar nicht einmal aufgeschrieben wurden; allein es ist leicht, aus der Ver=
gleichung des Aeschylus mit dem Sophokles weiter zurück zu schließen.
Die Griechen hatten ihre Schauspielkunst von keinem anderen Volke er=
40 erbt oder entlehnt; sie war ursprünglich und einheimisch, und eben darum
konnte sie eine lebendige Wirkung hervorbringen. Hiemit hatte es schon
eine Endschaft erreicht, als Griechen Griechen nachahmten, nämlich als
die alexandrinischen Dichter nach den großen Mustern gelehrt und kritisch
Dramen ausarbeiteten. Bei den Römern trat das Gegentheil ein; sie
45 hatten Form und Gehalt ihrer Schauspiele von den Griechen über=

kommen, sie versuchten es nie, hierin mündig zu werden, und ihre eigene Sinnesart auszusprechen; deswegen nehmen sie auch in der Geschichte der dramatischen Kunst eine so unbedeutende Stelle ein. Unter den Völkern des neueren Europa haben bis jetzt nur die Engländer und Spanier (die deutsche Schaubühne ist erst im Werden) ein durchaus originales, nationales und in seiner eigenen Gestalt zu einer festen Ausbildung gediehenes Theater.

Jene Kunstrichter, welche die Alten auf solche Weise für musterhaft halten, daß in der Poesie wie in allen übrigen Künsten kein Heil zu hoffen sei, außer auf dem Wege der Nachahmung, behaupten: jene eben genannten Nationen haben gerade deswegen, weil sie diesen Weg nicht betreten, lauter regellose Werke auf die Bühne gefördert, die durch einzelne schöne Züge glänzen mögen, an denen aber die barbarische Formlosigkeit des Ganzen immer verwerflich bleibe. Wir haben über diese Ansicht schon im Eingange gegenwärtiger Vorlesungen das Nötige im allgemeinen erinnert, müssen uns aber hier noch etwas näher damit einlassen.

Wäre die Behauptung richtig, so würde alles, was die Werke der vollendetsten englischen und spanischen Dramatiker, eines Shakespeare und Calderon, unterscheidet, sie bloß unter die Alten herabsetzen; sie würden auf keine Weise für die Theorie wichtig sein, und könnten höchstens durch die Annahme merkwürdig scheinen, der Eigensinn dieser Nationen, sich durchaus nicht nach den Regeln bequemen zu wollen, möchte den Dichtern desto unbeschränkteren Spielraum gelassen haben, ihre angestammte Originalität, wiewol gleichsam hinter dem Rücken der Kunst zu offenbaren. Allein selbst diese Annahme dürfte bei näherer Beleuchtung sehr zweifelhaft werden. Der dichterische Geist bedarf allerdings einer Umgränzung, um sich innerhalb derselben mit schöner Freiheit zu bewegen, wie es alle Völker schon bei der ersten Erfindung des Silbenmaßes gefühlt haben: er muß nach Gesetzen, die aus seinem eigenen Wesen herfließen, wirken, wenn seine Kraft nicht ins Leere hinaus verdunsten soll.

Formlos zu sein, darf also den Werken des Genius auf keine Weise gestattet werden; allein es hat damit auch keine Gefahr. Um dem Vorwurfe der Formlosigkeit zu begegnen, verständige man sich nur über den Begriff der Form, der von den meisten, namentlich von jenen Kunstrichtern, welche vor allem auf steife Regelmäßigkeit dringen, nur mechanisch, und nicht, wie er sollte, organisch gefaßt wird. Mechanisch

ist die Form, wenn sie durch äußere Einwirkung irgend einem Stoffe, bloß als zufällige Zuthat, ohne Beziehung auf dessen Beschaffenheit er-
⁸⁵ theilt wird, wie man z. B. einer weichen Masse eine beliebige Gestalt gibt, damit sie solche nach der Erhärtung beibehalte. Die organische Form hingegen ist eingeboren, sie bildet sich von innen heraus, und erreicht ihre Bestimmtheit zugleich mit der vollständigen Entwicklung des Keimes. Solche Formen entdecken wir in der Natur überall, wo sich lebendige
⁹⁰ Kräfte regen, von der Krystallisation der Salze und Mineralien an bis zur Pflanze und Blume und von dieser bis zur menschlichen Gesichts-bildung hinauf. Auch in der schönen Kunst wie im Gebiete der Natur, der höchsten Künstlerin, sind alle ächten Formen organisch, d. h. durch den Gehalt des Kunstwerkes bestimmt. Mit einem Worte, die Form ist
⁹⁵ nichts anderes als ein bedeutsames Aeußeres, die sprechende, durch keine störenden Zufälligkeiten entstellte Physiognomie jedes Dinges, die von dessen verborgenem Wesen ein wahrhaftes Zeugnis ablegt.

Hieraus leuchtet ein, daß der unvergängliche oder gleichsam durch verschiedene Körper wandernde Geist der Poesie, so oft er sich im
¹⁰⁰ Menschengeschlechte neu gebiert, aus den Nahrungsstoffen eines ver-änderten Zeitalters sich auch einen anders gestalteten Leib zubilden muß. Mit der Richtung des dichterischen Sinnes wechseln die Formen, und wenn man die neueren Dichtarten mit den alten Gattungsnamen belegt, und sie nach deren Begriffe beurtheilt, so ist dieß eine ganz unbefugte
¹⁰⁵ Anwendung von dem Ansehen des klassischen Alterthums. Niemand soll vor einer Gerichtsbarkeit belangt werden, unter die er nicht gehört. Wir können gern zugeben, die meisten dramatischen Werke der englischen und spanischen Dichter seien im Sinne der Alten weder Tragödien noch Komödien; es sind eben romantische Schauspiele. Daß die Bühne
¹¹⁰ eines Volkes, welches bei deren Gründung und Ausbildung von fremden Vorbildern nichts gewußt, noch wissen wollen, viel eigenes und abweichen-des haben wird, sogar seltsam abstechendes gegen die Theater anderer Na-tionen, die dabei ein gemeinschaftliches Muster der Nachahmung vor Augen gehabt, dieß wird schon jedermann voraussetzen, und das Gegen-
¹¹⁵ theil würde eher befremdlich scheinen. Wenn aber die gleichzeitig ent-standenen und dennoch einander unbekannt gebliebenen Bühnen zweier Völker, die in physischer, moralischer, politischer und religiöser Hinsicht so weit von einander abstehen, wie die Engländer und Spanier, neben den äußeren und inneren Verschiedenheiten die auffallendsten Züge der

Verwandtschaft an sich tragen, so muß wol der Gedankenloseste auf diese Erscheinung aufmerksam werden, und es wird sich ihm natürlich die Vermutung aufdrängen, bei der Entwickelung beider habe dasselbe oder wenigstens ein gleichartiges Princip obgewaltet. Indessen ist diese Zusammenstellung des englischen und des spanischen Theaters in ihrem gemeinschaftlichen Gegensatz mit aller dramatischen Literatur, die aus Nachahmung der Alten erwachsen, so viel wir wissen, noch niemals versucht worden. Könnte man einen Landes- und Zeitgenossen und verständigen Bewunderer des Shakespeare, und einen anderen des Calderon wieder aufwecken, und sie mit den Werken des ihnen fremden Dichters bekannt machen, so würden beide, mehr von einem nationalen als allgemeinen Gesichtspunkte ausgehend, ohne Zweifel sich nur mit Mühe hinein versetzen und viel dagegen einzuwenden haben. Hier muß nun die vermittelnde Kritik eintreten, die vielleicht von einem Deutschen am besten ausgeübt werden kann, der weder in englischer noch in spanischer Nationalität befangen, aber einer wie der andern durch Neigung befreundet ist, und durch keine Eifersucht gehindert wird, das Große, was früher im Auslande geleistet worden, anzuerkennen.

A. W. Schlegel.

Ueber Goethe's „Torquato Tasso".

(„Kritische Schriften", I. Thl., S. 14. — Berlin 1828.)

Der Gedanke, den Charakter eines wirklichen Dichters zum Gegenstande einer dichterischen Darstellung zu machen, hat etwas so natürliches und auffallend anlockendes, daß man sich wundern muß, ihn nicht häufiger benutzt zu finden. So wie ein Dichter am fähigsten ist, einen anderen auszulegen, wie er oft einen dichterischen Zug mit lebendigem Gefühl auffaßt, der anderen nur verworrene Ahnungen erregt, so wird er auch tiefer ergründen, wie sich in einer Dichterseele die Triebe zart in einander weben, feiner belauschen, wie da die Regung sich allmählig zur That bildet; hiebei vorausgesetzt, daß der Dichter, dessen Charakter dargestellt werden soll, nicht ein gewöhnlicher Mensch im Leben sei, daß der Schwung und die besondere Richtung seines Genius sich auch in Eigentümlichkeiten der Denkart und Lebensweise äußern. Dieß war gewiß mit Torquato Tasso, den Goethe zur Hauptperson eines jetzt zum ersten Mal (1790) gedruckten Schauspiels gemacht hat, in hohem Grade der Fall. Seine seltsamen und unglücklichen Schicksale wurden durch

seinen Charakter veranlaßt, und eben die Eigenheiten seines Tempera-
ments und seiner Organisation, die diesen bestimmen helfen, hiengen auch
mit seinem dichterischen Talent zusammen. Sein leicht aufflammender
Enthusiasmus zeigte sich im Leben als höchst reizbare Empfindlichkeit;
20 die stille keusche Würde seines Stils als schüchterne Bescheidenheit mit
Künstlerstolz gemischt; der hohe Ernst in dem Ton seiner Gedichte als
Hang zur Einsamkeit und Betrachtung. Derjenige Zug seines Charakters,
den man aus seinen Werken am wenigsten vermuten sollte, ist das
grillenhafte, düstere Mistrauen gegen die Menschen, das ihn ewig quälte
25 und wie einen rastlosen Flüchtling durch das Leben hinjagte. Nicht nur
die Persönlichkeit des Tasso, wie man sie aus der Geschichte kennen
lernt, hat Goethe treu und wahr in seinem Bildnisse zusammengefaßt,
sondern auch feinere Schattierungen, die er nur durch tiefes Studium
der Werke des Dichters wahrnehmen konnte, auszudrücken gewußt. Selbst
30 auf einzelne Stellen der Gedichte seines Helden hat er angespielt. So
ist z. B. was Tasso vom goldenen Zeitalter sagt, größtentheils aus dem
bezaubernd schönen Chor im ersten Act des „Aminta" genommen. Manche
Schönheiten dieser Art müssen freilich für Leser verloren gehen, die den
Tasso nicht als Dichter kennen, wenn ihnen gleich immer die Feinheit
35 und Sorgfalt in der Behandlung des ganzen Charakters sichtbar bleibt.
Eine andere Klasse von Schönheiten, welche nur von Kennern der
Lebensgeschichte des Tasso gefühlt werden können, machen die Benutzungen
kleiner historischer Umstände aus, die den Leser auf den Schauplatz hin-
zaubern, und ihm das Ganze mit anschaulicher Wahrheit vorbilden.
40 Hiebei ist der Dichter weit mehr dem neuesten Biographen des Tasso,
dem Abbate Serassi, als dem, aus welchem fast alle übrigen geschöpft
haben, dem Giambattista Manso gefolgt. Aus der Lebensbeschreibung
des letzten schreiben sich viele romanhafte Erzählungen her, die zum
theil von jenem, der mit großem Fleiß gesammelt und geprüft zu haben
45 scheint, verworfen werden. Serassi leugnet das Liebesverständnis der
Prinzessin Leonora mit dem Tasso, wovon so viel erzählt worden war;
er behauptet, sie habe nie etwas anderes für ihn empfunden als Freundschaft, Bewunderung für sein Talent und Wolgefallen an seinem geist-
reichen Umgange. Unser Dichter hat zwar ihrer Neigung eine etwas
50 andere Farbe geliehen; aber auch in seiner Darstellung gestattet sie den
leidenschaftlichen Gefühlen ihres Günstlings nicht, die Schranken der
Ehrerbietung zu überschreiten.

Der Plan des Stückes ist sehr einfach: gerade nur so viel Handlung, als erfordert wurde, um den Charafter des Tasso sich völlig entwickeln zu laffen. Ohne daß unerwartete Ereigniffe oder mächtige Leidenschaften zu Hilfe gerufen würden, um den Knoten zu schürzen, fließt alles aus dem Contraft zwischen den Charakteren des Tasso und des Antonio Montecatino, welcher Secretär beim Herzog Alfonso war, leicht und natürlich her. Der Schluß ist nicht ganz befriedigend. Das schöne Gleichnis, worin Tasso sich und den Antonio schildert, kann die dauernde Disharmonie zwischen ihnen nicht auflösen, durch die der erste in so quälende Lagen geriet. Für die Bühne scheint der Verfasser das Stück überhaupt nicht bestimmt zu haben; ein Schauspiel, das sich mehr durch sorgfältige Ausführung, durch Feinheit und Zierlichkeit des Dialogs, durch Sittensprüche, die mit attischer Urbanität vorgetragen sind, als durch überraschende Auftritte, durch Kühnheit und Kraft auszeichnet, muß auch notwendig auf den Leser stärker wirken, als auf den Zuschauer.

A. W. Schlegel.

Shakespeare.

(Aus „Wilhelm Meisters Lehrjahre", III. Buch, 11. Kap.)

Wilhelm hatte kaum einige Stücke Shakespeare's gelesen, als ihre Wirkung auf ihn so stark wurde, daß er weiter fortzufahren nicht im stande war. Seine ganze Seele geriet in Bewegung. Er suchte Gelegenheit mit Jarno zu sprechen und konnte ihm nicht genug für die verschaffte Freude danken.

„Ich habe es wol vorausgesehen," sagte dieser, „daß Sie gegen die Trefflichkeit des außerordentlichsten und wunderbarsten aller Schriftsteller nicht unempfindlich bleiben würden."

„Ja," rief Wilhelm aus, „ich erinnere mich nicht, daß ein Buch, ein Mensch oder irgend eine Begebenheit des Lebens so große Wirkungen auf mich hervorgebracht hätte, als die köstlichen Stücke, die ich durch Ihre Gütigkeit habe kennen lernen. Sie scheinen ein Werk eines himmlischen Genius zu sein, der sich den Menschen nähert, um sie mit sich selbst auf die gelindeste Weise bekannt zu machen. Es sind keine Gedichte! Man glaubt vor den aufgeschlagenen, ungeheuren Büchern des Schicksals zu stehen, in denen der Sturmwind des bewegtesten Lebens saust und sie mit Gewalt rasch hin und wieder blättert. Ich bin über die Stärke und Zartheit, über die Gewalt und Ruhe so erstaunt und außer aller Fassung

gebracht, daß ich nur mit Sehnsucht auf die Zeit warte, da ich mich
20 in einem Zustande befinden werde, weiter zu lesen.

„Bravo," sagte Jarno, indem er unserem Freunde die Hand reichte
und sie ihm drückte, „so wollte ich es haben. Und die Folgen, die ich
hoffe, werden gewiß auch nicht ausbleiben."

„Ich wünschte," versetzte Wilhelm, „daß ich Ihnen alles, was
25 gegenwärtig in mir vorgeht, entdecken könnte. Alle Vorgefühle, die ich
jemals über Menschheit und ihre Schicksale gehabt, die mich von Jugend
auf, mir selbst unbemerkt, begleiteten, finde ich in Shakespeares Stücken
erfüllt und entwickelt. Es scheint, als wenn er uns alle Rätsel offenbarte, ohne daß man doch sagen kann: Hier oder da ist das Wort der
30 Auflösung. Seine Menschen scheinen natürliche Menschen zu sein, und
sie sind es doch nicht. Diese geheimnisvollsten und zusammengesetztesten
Geschöpfe der Natur handeln vor uns in seinen Stücken, als wenn sie
Uhren wären, deren Zifferblatt und Gehäuse man von Krystall gebildet
hätte; sie zeigen nach ihrer Bestimmung den Lauf der Stunden an, und
35 man kann zugleich das Räder- und Federwerk erkennen, das sie treibt.
Diese wenigen Blicke, die ich in Shakespeares Welt gethan, reizen mich
mehr als irgend etwas anderes, in der wirklichen Welt schnellere Fortschritte vorwärts zu thun, mich in die Flut der Schicksale zu mischen,
die über sie verhängt sind, und dereinst, wenn es mir glücken sollte, aus
40 dem großen Meere der wahren Natur wenige Becher zu schöpfen und sie von
der Schaubühne dem lechzenden Publikum meines Vaterlandes auszu-
spenden."

„Wie freut mich die Gemütsverfassung, in der ich Sie sehe," versetzte Jarno und legte dem bewegten Jüngling die Hand auf die Schulter,
45 „lassen Sie den Vorsatz nicht fahren, in ein thätiges Leben überzugehen,
und eilen Sie, die guten Jahre, die Ihnen gegönnt sind, wacker zu
nützen. Kann ich Ihnen behilflich sein, so geschieht es von ganzem
Herzen. Goethe.

Goethe's „Faust".
(Aus „Briefe über Goethe's „Faust". Wien 1834, S. 11, zweiter Brief.)

1.

Ganz richtig ist die Bemerkung, verehrter Freund, daß sich in
Fausts Charakter alle drei Richtungen, wenn auch in sehr ungleichem
Maße, ausgedrückt finden, nach welchen hin die menschliche Kraft ihrer
Beschränkung gewahr werden kann: die Richtung auf Erkenntnis nämlich,

auf materielle, und auf sittliche Lebenszwecke: in welchen
drei Richtungen eben alles menschliche Streben rein aufgeht. In jener
Vereinigung liegt denn auch die Totalität der Dichtung; und wenn
einige diese die Welttragödie, und andere besser die Tragödie der
Menschheit genannt haben: so ist es zum theil in diesem Sinn, daß
eine solche Benennung ihr zukommt.

Verfolgt man nun jene drei Richtungen bei Faust im einzelnen,
und zunächst die auf sittliche Zwecke hinausgehende: so ist es an sich
selbst klar, daß diese Zwecke keine rein sittlichen sein können. Denn es
wäre in der That ein sonderbarer Einfall, wenn sich jemand dem
Teufel aus reinem Tugendeifer verschriebe, und eine solche Dichtung
wol die frechste, wie die abgeschmackteste Verhöhnung des sittlichen
Strebens, welche der Uebermut sich erlauben könnte. Auch kann das
rein sittliche Streben, in wie fern nämlich bei endlichen Wesen von
einem solchen die Rede sein darf, seiner Natur nach nie zu einer Entzweiung über seine Beschränkung führen, weil es jederzeit seinen Abschluß in der Idee einer sittlichen Weltregierung sucht und findet, und
durch den festen Glauben an diese, auch in der Beschränkung mit sich
selbst sich einig fühlend, vor jedem Zerfallen über diese gewahrt wird.
Unvermeidlich aber werden die Keime der letzteren sich dort entwickeln,
wo das sittliche Streben selbst auf entschieden vorherschenden
Beweggründen der Eigensucht ruht: ein Hebel, der von Klin-
ger in seiner Bearbeitung des Faust sehr wirksam benützt worden ist.
In Goethes Faust hingegen tritt das sittliche Streben bei diesem auf
das offenbarste zurück, wie es auch nach der Anlage des ganzen Gedichtes notwendig zurücktreten müßte; und nur in dem Wunsch, andern
reine, von Irrtum reine Quellen der Erkenntnis öffnen zu können; in
seiner thätigen Verwendung bei der Seuche, und in einem gelegentlichen
Rückblick auf den ungleichen Streit zwischen der sittlichen und sinnlichen
Natur des Menschen ist es mit wenigen einzelnen Zügen angedeutet.

Desto bedeutender tritt in Faust das Streben nach Erkenntnis hervor. Es ergibt sich im allgemeinen von selbst, daß jedes
Streben nach Erkenntnis, ausschließend um ihrer selbst willen, als ein
rein intellektuelles, durchaus undramatisch ist. Daher vermöchte denn
die Zerfallenheit über die Schranken unsers Erkennens in überraschen-
den Zügen, herb und ohne Milderung hingestellt, wol einen tragischen
Eindruck, nie aber eine tragische Wirkung hervorzubringen, die nur auf

das Handeln gegründet werden mag. Zur Erreichung einer solchen kann
sie nur dann geeignet sein, wenn das Streben nach Erkenntnis mit
dem Streben nach äußeren Lebenszwecken in Verbindung tritt; und auf
45 solche Weise allein konnte es im Faust dem Stamm der alten Volkssage
eingeimpft, oder als dieser bereits angehörender Zweig benützt werden.

Je bedeutender aber in Faust das Streben nach Erkenntnis, als
Quelle seiner Zerfallenheit, hervortritt, um desto wichtiger wird es sein,
über die eigentümliche Natur und Beschaffenheit dieses Strebens ins
50 Reine zu kommen. Denn wenn Schubarth in seinen schätzbaren Vor=
lesungen gleich sehr richtig bemerkt hat, daß nicht die Erkenntnis
des Höheren an sich, seines erhabenen Wertes wegen,
Fausts Zweck sei: so scheint dieses die Frage doch keineswegs zu er=
schöpfen. Was ich selbst zu ihrer Lösung vorzubringen habe, werden Sie
55 als Andeutungen, die ich hier Ihrer weitern Prüfung unterwerfe, gewiß
eben so unbefangen aufnehmen, als ich Ihnen dieselben übergebe.

Man hat, glaube ich, in Fausts Charakter immer zu viel Accent
auf sein Streben nach Erkenntnis, als ein positives, und als
Grund seiner Zerfallenheit gelegt. Ich will es versuchen, mich
60 deutlicher zu erklären.

2.

Die Kraft, welche in uns nach Erkenntnis strebt, ist, als geistige,
eine unendliche. Indem sie, als eine solche sich an den Schranken der
Endlichkeit bricht, ist ihr die Entzweiung mit diesen von vorne herein
gegeben, und das drückende Gefühl derselben kann nur dadurch versöhnt
65 werden, daß sie innerhalb jener Schranken selbst sich befriedigt
finde. Betrachten wir nun die drei vorzüglichsten Richtungen, nach
welchen der Erkenntnistrieb sich auszubreiten strebt: die Richtung auf
das scientifische Wissen, in so fern dieses das Notwendige und Nützliche,
wie das Angenehme im Leben zum Gegenstande hat; auf die Kenntnis
70 der Natur, als Inbegriff aller äußeren Erscheinungen, und ihres not=
wendigen Zusammenhanges; und auf die Erkenntnis der sittlichen Natur
des Menschen und den Zusammenhang seines gegenwärtigen Daseins
mit einem zukünftigen: so finden wir, daß wie dem menschlichen Geist,
wenn er über die ihm gezogenen Schranken hinausstrebt, die Entzweitg.
75 so auch innerhalb derselben die Versöhnung gegeben ist.

Diese Versöhnung nun liegt bei dem scientifischen Wissen darin,
daß dieses für unsere äußeren Lebenszwecke, für diejenigen sowol, welche

das Notwendige und Nützliche, als für jene, welche das Angenehme zum
Gegenstande haben, und eben so unsre Erkenntnis von der materiellen
Natur, wie von der sittlichen des Menschen für unser Bedürfnis in [80]
unserem gegenwärtigen Zustande sich als genügend ausweist, um uns
auch innerhalb der unserm Geist gesetzten Marken eine hinreichende Befriedigung finden zu lassen. Vermittelt aber wird diese Befriedigung
nach jeder der angegebenen Beziehungen im allgemeinen durch das in
unserer Natur liegende Wolgefallen an dem Erreichten, als errungenem, [85]
und an dem Erreichbaren, als zu hoffenden Besitz; bei unbefangener Erforschung der materiellen, so wie der sittlichen Natur des Menschen aber
noch dadurch, daß diese, wie unvollkommen unsere Einsicht auch bleibe,
jederzeit dem Glauben an eine sittliche Weltregierung zulenkt, und so
nicht nur dem Schmerz über unsere Beschränkung seine Stachel nimmt [90]
sondern uns auch mit der erhebenden Hoffnung erfüllt, daß unsere
intellectuellen, wie unsere sittlichen Kräfte im beständigen Fortschritt
einer vollkommeneren Entwicklung entgegen reifen.

Wo aber dem Trieb nach Erkenntnis diese Beziehung vom Anfang
her fehlt, oder wo er sie aufgegeben hat: da läßt sich von seinem [95]
Streben auch nicht sagen, daß es auf ein Positives gerichtet sei; sondern es strebt vielmehr überall vernichtend der Verneinung zu. Denn,
indem er weder die Natur nach ihrem innern Zusammenhang als ein
selbständiges Ganzes zu erfassen, noch den Bruchstücken seiner Einsicht
in diesem Zusammenhang durch die Beziehung auf die Idee einer Gott- [100]
heit, als Schöpfers und Erhalters derselben, eine sichere Bedeutung abzugewinnen vermag: erblickt er in ihr, wie in seiner innern Welt nichts
als eine verworrene Masse von ewig sich feindselig bekämpfenden und
zerstörenden Kräften, bei deren Betrachtung ihm nichts als die Verneinung übrig bleibt, da ihm durch den Mangel einer alles zur Ein- [105]
heit verknüpfenden, und durch sich selbst abschließenden Idee das Bejahen
durchaus genommen ist.

Dieses aber ist noch von einer andern Seite her der Fall. Wenn
nämlich in dem Vorhergehenden die Freude an der errungenen Erkenntnis, als Besitz, und die Hoffnung, diesen Besitz zu erweitern, mit [110]
Recht als dasjenige bezeichnet wurde, wodurch alle Befriedigung des
menschlichen Geistes innerhalb der ihm gezogenen Schranken vermittelt
werde: so sieht dieser auch in solcher Hinsicht zur Verneinung sich hin-
gedrängt, da ohne jene ausgleichende Idee einer sittlichen Weltregierung

115 das Streben nach Erkenntnis einer sichern Beziehung zu den höchsten
Interessen unsers Daseins entbehrt und somit weder erfreuend noch erhebend
auf den Geist einzuwirken vermag. Indem aber auf solche Weise jedes
einige Interesse an der Menschen erreichbaren Erkenntnis aufgehoben
wird, wird damit zugleich jeder tiefere Ernst und Gehalt des Strebens
120 nach derselben aufgehoben, und es bleibt für das unruhige Bedürfnis
des Geistes eben kein Ziel, als das Unerreichbare übrig. —

Wie kann aber das Unerreichbare für den Erkenntnistrieb Ziel
eines positiven Strebens sein, wenn es sich diesem als ein Unerreich=
bares mit solcher Entschiedenheit darstellt, wie das überall bei den außer
125 dem Bereich unsers Erkennens liegenden Objecten der Fall ist? Was
außerhalb dieses Bereiches liegt, ist eben nur im allgemeinen Begriff
eines erweiterten Erkennens für uns vorhanden. Es gibt daher eine
Sehnsucht, ein lebendiges Verlangen, daß es dem menschlichen Geist
vergönnt sein möchte, die Gränzen seiner Erkenntnis zu überfliegen; es
130 gibt ein Verachten und Vernichten des innerhalb dieser Gränzen Liegen=
den; es gibt ein leidenschaftliches Anstürmen, aber es gibt kein positives
Hinausstreben über dieselben, das sich nicht an sich selbst in ein Nichts
auflöste.

Der regste Trieb nach Erkenntnis um i h r e r s e l b s t, wenn auch
135 nicht um ihres erhabenen Wertes in ihrer Beziehung zu den höchsten
Interessen des Daseins willen, wird dabei immer am wenigsten in Ge=
fahr sein, sich in den Banden eines solchen Irrtums zu verstricken;
nicht darum allein, weil er innerhalb der Begränzung selbst Stoff, ge=
nügende Befriedigung und Abschluß seines Strebens findet, sondern
140 weil er, durch sich selbst diese zu suchen angetrieben, überall auf ein
Wesentliches gestellt ist; weswegen denn auch auf Fausts Streben nach
Erkenntnis um ihrer selbst willen — wobei an ihren höchsten Wert,
vermöge welchem sie als die Führerin des Lebens erscheint, und alle
Interessen und Bestrebungen desselben läutert und veredelt, auf keine
145 entschiedene Weise zu denken ist — kein so bedeutendes Gewicht gelegt
werden kann.

3.

Vielleicht werden Sie sagen, in Betreff des Strebens nach einem
höheren Maß von Erkenntnis, als dem Menschen sonst zu erreichen ge=
gönnt ist, trete im Faust die Magie vermittelnd ein, und eben hier
150 spreche sich Fausts Drang nach Erkenntnis am entschiedensten aus. Allein

weit entfernt Ihre Einwendung gelten zu lassen, finde ich gerade in den Scenen, welche hierher gehören, und in der Art, wie sich Faust bei der Verbindung mit einem Wesen von mehr als menschlichen Kräften benimmt, den schlagendsten Beweis für meine Ansicht. Zwar sagt er gleich zu Anfang selbst:

> — Ich habe mich der Magie ergeben, [155]
> Ob mir durch Geistes Kraft und Mund
> Nicht manch Geheimnis würde kund,
> Daß ich nicht mehr mit saurem Schweiß
> Zu sagen brauche, was ich nicht weiß. [160]
> Daß ich erkenne, was die Welt
> Im Innersten zusammenhält,
> Schau alle Wirkungskraft und Samen,
> Und thu nicht mehr in Worten kramen.

Allein damit ist noch keineswegs die Erkenntnis als Erkenntnis, abge- [165] sehen selbst von den höheren Beziehungen, an welche sie sich zu knüpfen, und welche sie zu verfolgen vermag, als unmittelbarer und letzter Zweck seines Entschlusses dargethan. Etwas anderes, als ein solches Streben ist es, was noch in der nämlichen Scene sich kund gibt. Als der beschworne Geist Fausts stolz aufschwellendes, kühn ausgesprochenes [170] Selbstgefühl —

> Ich bins, bin Faust, bin deines Gleichen!
> ⸺ ⸺ ⸺ ⸺ ⸺ ⸺
> Der du die weite Welt umschweifst,
> Geschäftiger Geist, wie nah fühl ich mich dir — [175]

mit den Worten zu Boden schlägt:

> Du gleichst dem Geist, den du begreifst,
> Nicht mir!

da ist es nicht die zertrümmerte Hoffnung, in die innersten Geheimnisse der Natur einzudringen, sondern tief verletzter Hochmut, was den Zurück- [180] gestoßenen niederwirft.

> Nicht dir?
> Wem denn?
> Ich Ebenbild der Gottheit!
> Und nicht einmal dir! [185]

Diese Kränkung ist es, mindestens zunächst, die ihn antreibt, nach der Phiole mit dem braunen Saft zu greifen, und deren Erinnerung in

der wildesten Gährung seines Unmuts sich als Veranlassung des letzteren
am entscheidensten hervordrängt.

190   Ich habe mich zu hoch gebläht.
      In deinen Rang gehör ich nur,
      Der große Geist hat mich verschmäht,
      Vor mir verschließt sich die Natur.
      Des Denkens Faden ist zerrissen,
195   Mir ekelt lange vor allem Wissen.
      Laß in den Tiefen der Sinnlichkeit
      Uns glühende Leidenschaften stillen ꝛc. ꝛc.

Wenn Faust hier seinem neuen Bundesgenossen auch einen weit
tieferen Rang anweist, als jenem, nach dessen Bündnis er zuerst strebte:
200 so verheißt die, wenn gleich verderbte, doch höhere geistige Natur desselben, seinem Wissenstrieb für jeden Fall eine erhöhte Befriedigung,
welche auch die alte Sage wirklich zu einer Bedingung des mit Mephistopheles geschlossenen Vertrages macht. Eine solche Bedingung aber
fand keine Stelle in einem Gedichte, das in der vollkommensten Glie-
205 derung darstellt, wie das Streben nach Erkenntnis, wie jedes andere
menschliche Streben, sich selbst vernichtet, wenn es, von eigensüchtigen
Antrieben gestachelt, verachtet und zerstört, was die von der Natur selbst
gestellte Bedingung seiner Befriedigung ist. Denn da, wo das Streben
nach Erkenntnis und Wissen, wie bei Faust, der Träger eigensüchtiger
210 Zwecke, titanischen Hochmutes und unersättlicher Genußgier ist, da
wendet sich der gährende Unmut, wenn er in der Erreichung jener
Zwecke sich gehemmt, und in seinen Erwartungen sich betrogen sieht —
wie die Leidenschaft in solchen Fällen immer den Unwillen zunächst gegen
das Unzulängliche in den Mitteln ihrer Befriedigung kehrt — mit wilder
215 Heftigkeit und feindseliger Zerstörungslust gegen die Schranken, welche
er nicht zu durchbrechen vermag, und sucht das Gefühl seiner Schwäche
durch übermütige Verachtung und freche Verläumdung der Natur zu
rächen. Die Erkenntnis aber kommt bei solchem Verfahren nur noch
als Mittel jener eigensüchtigen Zwecke in Berechnung, und was dabei
220 noch den Schein eines positiven Strebens behält, ist in der That nicht
mehr als Schein; bald Selbsttäuschung des aufgeregten Unmuts über
seine wahren Zwecke, bald Nachklang des früheren dem uneigennützigen
Drang nach Erkenntnis angehörenden Ernstes.

Nur unter diesen Gesichtspunkt fällt auf der von Faust erreichten
225 Stufe des Zerstörungsprozesses, den er an sich vorgenommen hat, was

uns bei ihm als Drang nach Erkenntnis der Natur entgegentritt. Es
findet nämlich ein Unterschied statt zwischen dem Streben nach solcher
Erkenntnis innerhalb der Beschränkung, als nach einem Erreichbaren,
seines selbständigen Wertes wegen, der auch dann noch, wenn er sich
nicht, wie oben angedeutet ward, an die höchsten Interessen des For= 230
schens und des Daseins überhaupt knüpft, groß genug bleibt, um den
Forscher anzuregen, zu erheben und zu erfreuen, und zwischen jenem
stürmischen Begehren nach einem Unerreichbaren und nur in einem all=
gemeinen Begriffe Vorhandenen. Jenes gewährt dem Forscher ein leben=
diges Gefühl seiner Kraft, und darum in der Beschränkung selbst eine 235
genügende, wenn gleich unvollkommene Befriedigung; bei diesem ist jedes
innige und wahrhafte Hinstreben zur Natur unmöglich, weil es die
Kraft verachtet und bekämpft, durch welche es sich ihr nähern soll, und
mit dem Vertrauen auf dieselbe jede Hoffnung der Befriedigung von
selbst aufhebt. Wie rührend daher auch die Liebe zur Natur als Nach= 240
klang einer früheren Zeit, gleich in der ersten Scene —

Und fragst du noch, warum dein Herz
Sich bang in deinem Busen klemmt, ꝛc.

Flieh! Auf, hinaus ins weite Land! 245

oder die tief aufgeregte Sehnsucht, aus dem Gewühl wirrer und er=
drückender Zweifel an den Busen der heitern Natur zu flüchten, in der
herlichen Stelle:

Doch laß uns dieser Stunde schönes Gut
Durch solchen Trübsinn nicht verkümmern! 250
Betrachte wie in Abendsonnenglut ꝛc.

sich bei ihm auch ausspricht: weder ihre Größe und Erhabenheit, noch
ihr Reiz und ihre Anmut, vermögen seinen Sinn und sein Gemüt stark
genug zu ergreifen, und einen vorhaltenden Eindruck darauf hervorzu=
bringen; denn sie finden in beiden nichts mehr, womit sie sich für die 255
Dauer verbinden könnten.

4.

Auf noch bestimmtere Weise tritt die eigentümliche Natur von Faust's
Zerfallenheit über die Beschränkung des menschlichen Geistes hervor, wenn wir
seine Stellung zum sittlichen Erkennen ins Auge fassen. Der
menschliche Geist kann sich keine höheren Fragen vorlegen, als jene über seine 260
moralische Bestimmung, über den Zusammenhang seines gegenwärtigen

Lebens mit einem künftigen, und über das Dasein einer moralischen Weltordnung; ihnen wendet der tiefere Denker, als dem höchsten und würdigsten
Ziel seiner Anstrengungen, überall zuerst und zuletzt die größte Kraft
265 seines Vermögens zu, wie die kaum geborene Philosophie zuerst an ihnen
die noch ungeübten Kräfte versuchte. Der Schmerz über die Unmöglichkeit ihrer genügenden Lösung, wenn er noch keine befriedigende
Versöhnung gefunden hat, ist vielleicht der tiefste und erhabenste,
welcher in der Brust des Menschen Raum findet; und welcher andere
270 Schmerz sollte auch tiefer sein, als jener, der dem Leben keine feste
Grundlage übrig läßt, und ihm allen Zusammenhang, wie alle Bedeutung nimmt.

Der menschliche Geist kann durch die Unmöglichkeit, über jene Fragen
durch sich selbst zu einem befriedigenden Abschluß zu gelangen, zerfallen;
275 er kann, wo der ungestüme Drang nach einer hier ihm unerreichbaren
Gewißheit des Wissens den Glauben von sich weist, und zu gleicher Zeit
mit einer ihm noch überwiegenden Sinnlichkeit collidiert, das Dasein einer
moralischen Weltregierung sich ableugnen, und die Gränzen seines endlichen Daseins willkürlich zu den Marken seines Wünschens, Wirkens
280 und Strebens machen: aber er kann, wenn er jene Fragen irgend einmal mit tieferem Ernste ergriffen hat, sie nie wieder verleugnen; und
wenn er im leidenschaftlichen Unmut seine Beschränkung anklagt, wird er
die Anklage jederzeit zuerst und am heftigsten von diesem Punkte aus erheben.
Nie aber hat Fausts Streben nach Erkenntnis jene Fragen mit der
285 rechten Tiefe des Ernstes ergriffen. Das Resultat könnte, wie ich eben
bemerkt habe, das nämliche sein, und er könnte mit der nämlichen Ent-
schlossenheit, wie er es wirklich thut, sagen:

> Das Jenseits kann mich wenig kümmern.
> Schlägst du erst diese Welt in Trümmern,
290 > Die andere mag darnach entstehn.
> Aus dieser Erde quellen meine Freuden,
> Und diese Sonne scheinet meinen Leiden;
> Kann ich mich erst von ihnen scheiden,
> Dann mag, was will und kann, geschehn.
295 > Davon will ich nichts weiter hören,
> Ob man auch künftig haßt und liebt,
> Und ob es auch in jenen Sphären
> Ein Oben oder Unten gibt —:

aber immer würde die Empörung über die Schranken des menschlichen Geistes mit der größten Stärke sich nach jener Seite hin wenden, von welcher her sie demselben bei seinem Streben nach dem höchsten Ziel alles Erkennens am schmerzlichsten fühlbar geworden wären. Was bei Faust an jenes höhere Streben seines Erkenntnistriebes erinnert, seine Rührung bei der Weihe des Ostermorgens und bei der Rückkehr vom Spaziergange, ist, wie er selbst sagt, Nachklang einer früheren Zeit, und geht unter im verwirrenden Gewühl der Zweifel, und in der wieder= kehrenden Aufregung des Grollens. Nur an eine Wahrnehmung hat er sich bei Betrachtung der sittlichen Natur des Menschen festgeklammert, an die des Zerwürfnisses derselben mit der sinnlichen, welche Wahr= nehmung, wenn sie, wie bei Faust, aus einem durch die im Beobachter selbst überwiegende Sinnlichkeit bestimmten Gesichtspunkte aufgegriffen wird, den Ernst des Strebens nach sittlicher Erkenntnis jederzeit von selbst aufhebt; weil, indem sie von vorne herein dasjenige herabsetzt, von dessen Kraft und Wert die Ueberzeugung durch jenes Streben gewonnen werden soll, dieses selbst ihr jetzt weiter so wichtig nicht mehr sein kann.

5.

Auch über die Beschränkung seiner sinnlichen Natur kann der Mensch mit sich selbst zerfallen; und diese Richtung seines Strebens, die ich oben mit einem allgemeineren Ausdruck als Streben nach äußeren Lebenszwecken, im Gegensatz zu den sittlichen Zwecken, bezeichnet habe, ist es, die mir noch näher ins Auge zu fassen übrig bleibt.

Schon Friedrich Wähner, gewiß einer von den gediegensten Kritikern Deutschlands, hat bemerkt, daß keineswegs der Drang das Unfaßbare zu erfassen, in Faust der einzige Hebel seiner chaotischen Gährung sei. „Das sinnliche Princip“, sagt er, „ist in Faust von allem Anfang so übermächtig, als das geistige. Er stürzt sich nicht erst in Folge seines schrankenlosen Erkenntnistriebes in alle Taumel des Genusses, er trägt vielmehr die tiefwühlenden Stacheln desselben (des Dranges nach Genuß) ursprünglich in der tobenden Brust; denn nachdem er damit angefangen, die Unzulänglichkeit seines Wissens bitter, aber auch in Ver= gleichung mit andern hochmütig zu beklagen, fügt er abspringend, aber doch in einem Athem hinzu:

Auch hab ich weder Geld noch Gut
Noch Ehr' und Herlichkeit der Welt;
335   Es möchte kein Hund so länger leben.

Und gleich darauf entwickelt er seinen Zustand vollständig also:
Zwei Seelen wohnen, ach! in meiner Brust,
Die eine will sich von der andern trennen;
Die eine hält in derber Liebeslust
340   Sich an die Welt, mit klammernden Organen;
Die andere hebt gewaltsam sich vom Dust
Zu den Gefilden hoher Ahnen.

„Nach dem deutlichen Sinn dieser Stellen", fährt Friedrich Wähner fort, „fühlt sich Faust gleich von vorne herein durch die reichste, großmütigste 345 Ausstattung der Natur in einer unbegränzten Sympathie mit dem All der Kräfte und Genüsse, und geht ihr zufolge darauf aus, getrieben von den Furien des oberen und des untern Begehrens, das Ganze, das Pandämonium der Welt in seine erobernde Gewalt zu bringen."

Erlauben Sie mir hierüber zuerst eine Bemerkung im allgemeinen.

350 Es gibt Naturen, und größtentheils sind es die reichsten und groß= mütigst ausgestatteten, in welchen — um dem angeführten Kunstrichter einen Ausdruck abzuborgen — eine so unbegränzte Sympathie zu dem All der Genüsse liegt, daß ihr ganzes Wesen in dem Streben nach Ge= nuß rein aufgeht. Eine so unbedingte Tendenz zum Genuß würde ihnen, 355 den Bedingungen des wirklichen Lebens gegenüber, keine andere, als eine phantastische Existenz gestatten, oder, um es mit einem andern Ausdruck zu sagen, ihre Entwicklung würde eine unmögliche sein, wenn hier nicht zwei Dinge vermittelnd und ausgleichend einträten. Einmal, daß, wie sie immer und überall genießen wollen und verlangen, daß ihnen alles zum 360 Genusse werde, sie bei der reichen Ausstattung, die ihnen zu theil ge= worden, und bei einem höheren Maße geistiger Empfänglichkeit, Vielseitig= keit und Gewandtheit, den Genuß in allem zu finden und sich ihn überall zu schaffen wissen; nicht in Gegenständen sinnlichen Begehrens allein, sondern auch in geistiger und praktischer Thätigkeit (wobei sie denn freilich 365 die ihrer Genußgier zusagende Seite eines solchen Strebens zunächst, und meistens allein im Auge behalten). Dann, daß, wenn es dem Menschen nicht möglich ist, auch nur den tausendsten Theil der bei seiner Be= schränkung erreichbaren Erkenntnis in seine Macht zu bringen, es ihm unter günstigen Bedingungen wol erlaubt ist, alles, was das Leben dem 370 Drang nach Genuß zu bieten vermag, mindestens bis auf einen gewissen

Grad zu erschöpfen. Bis auf den Grad dieser Möglichkeit bedürfen denn aber jene Naturen, deren eigentlichstes Lebensprincip der Drang nach Genuß in der bezeichneten Potenz ist, die Gunst der Umstände auch wirklich, wenn sie sich glücklich entwickeln und im Leben sich gefallen sollen; da sie für jede Anstrengung den reichen, nahen und sichern Lohn, und von jedem Vergnügen die üppigste Blüte verlangen, immer im vollen Strome schwimmen wollen, und im Augenblick der Sättigung und der erschöpfenden Kraft zum Genießen, stets nach einer frischen Anregung und nach einem gesteigerten, oder wechselnden Reize verlangen. Wenn bei einem minder heftigen und minder unbedingten Drang nach Lebensgenuß durch die Freude an einem partiellen Glück eine sich selbst beschränkende Befriedigung herbeigeführt, und diese oft durch die vorhergegangene Entbehrung selbst vermittelt wird: so ist bei jener höchsten Potenz der Genußgier an eine solche Ausgleichung durchaus nicht zu denken. Hier streut jede Entbehrung, jede Beschränkung, jede versagte Gunst des Glückes unverwüstliche Keime des Zerwürfnisses mit dem Leben und des innern Grolles aus, dessen Empörung fort und fort anwächst, und mit jeder andern Veranlassung zum Unmut sich verschwistert; während die ungestüme Gierde nach Genuß immer mächtiger anschwillt, bis sie zuletzt jenen Grad erreicht, auf welchem sie, so zu sagen, sich selbst wieder vernichtet, indem sie in allem, was sie erreichen, oder was ihr geboten werden kann, weiter keine Befriedigung zu finden vermag.

Wenn Sie einen Blick auf die alte Sage werfen: so wird der Unterschied zwischen dem Faust derselben und jenem des Dichters in der fraglichen Beziehung vollkommen klar werden. Der Faust der Sage hat noch Leidenschaften, und er weiß recht gut, wofür er sich dem Teufel verschrieben hat. Vierundzwanzig Jahre muß ihm dieser zu Diensten sein, und jede seiner Leidenschaften, jede Laune seines Uebermutes befriedigen. Er muß ihm Geld schaffen, Speisen herbeibringen, und Witze machen helfen, womit er besonders die junge Welt amüsiert. Prächtige Gärten, Musik, wilde Thiere zaubert er um sich herum. Die schöne Helena von Griechenland wird sein Weib, und er zeugt mit ihr einen Sohn, Justus Faust, einen Succubus. Der Teufel muß vor seinem Wagen her das Straßenpflaster aufreißen, und hinter demselben es augenblicklich wieder herstellen ꝛc. ꝛc. Mit einem Worte, in dem Faust der Sage findet sich das Streben nach Genuß mit der unbedingtesten Bestimmtheit ausgesprochen, indem er sich selbst aufopfert, um durch die

Verbindung mit einem mächtigeren Wesen eine Zeit lang jede Begierde mit schrankenloser Willkür ersättigen zu können.

410 Anders ist es mit dem Faust des Gedichtes. Bei ihm hat das unbefriedigt gebliebene Verlangen nach Genuß sich zwar ebenfalls zur heftigsten Gierde gesteigert; aber indem er seinen Unmut darüber auch hier gegen die menschliche Natur, als durch ihre Beschränkung jedes befriedigenden Genusses unfähig, gewendet hat, hat er, die Möglichkeit 415 jeder Befriedigung leugnend, diese von vorne herein aufgehoben. Weniger materiell in seinem Streben nach Genuß, will er alle Widersprüche, in welchen Lust und Schmerz sich begegnen, in eins zusammenfassen, und sieht sich dadurch wie durch den unbedingten Groll gegen jede Beschränkung mit seinem Drang nach Genuß ins Unbestimmte getrieben. Er hat keine 420 Leidenschaften, denn er hat für diese keine bestimmten Objecte mehr; er hat, wie die erschöpfte Kraft der Genußgier, nur noch den Drang einer immerwährenden Aufregung übrig, und weiß bei seiner Verbindung mit Mephistopheles sich für jene Gierde nichts zu bedingen, als einen fort= während Taumel, der eben die wahre Verneinung alles Genusses ist.

425 Du hörest ja, von Freud ist nicht die Rede,
Dem Taumel weih ich mich, dem schmerzlichen Genuß,
Verliebtem Haß, erquickendem Verdruß.
Mein Busen, der vom Wissensdrang geheilt ist,
Soll keinen Schmerzen künftig sich verschließen,
430 Und was der ganzen Menschheit zugetheilt ist,
Will ich in meinem innern Selbst genießen.
Mit meinem Geist das Höchst' und Tiefste greifen,
Ihr Wol und Weh auf meinen Busen häufen,
Und so mein eigen Selbst zu ihrem Selbst erweitern,
435 Und, wie sie selbst, am End auch so zerscheitern.

6.

Lassen Sie mich nun, was ich bisher über Fausts Charakter und Gemütslage bemerkt habe, in wenige Worte zusammenfassen.

Hochmut und Genußgier sind die beiden Pole seines Wesens, und beide erzeugen notwendig die Keime einer unheilbaren Entzweiung in ihm. 440 Jener, indem er an die Schranken der menschlichen Erkenntniskraft, diese, indem sie an die Schranken einer dürftigen und niedrigen Lage stößt. Mit wildem Ungestüm, mit feindseliger Verachtung wendet sich sein Unmut gegen die menschliche Natur, und sein Groll findet allein noch darin

Erleichterung, sie herabzuziehen, und in den Staub zu treten; der un=
seligste Irrtum, in welchen der Mensch fallen kann, indem ihm in dem 445
Begriff von der Würde innerer Natur zugleich die Idee einer sittlichen
Weltregierung, in dieser aber jede sichere Bedeutung des Lebens, jeder
freudige Mut zu wirken und zu schaffen, zu genießen und zu leiden unter=
geht, und sich ihm alles in eine reine Verneinung auflöst. Mit dieser
fürchterlichen Leere eines allgemeinen Verneinens steht Faust da, ohne 450
jedes Ziel eines kräftigen Strebens, indem, was die verachtete Kraft er=
reichen kann, kaum ein solches genannt werden mag: während die aufs
Höchste gesteigerte Gierde nach Genuß sich, wie sein Streben nach Er=
kenntnis, überschlägt, und nur noch im wildesten Taumel sich betäuben
kann. Nichts bleibt ihm übrig, als der leidenschaftliche Groll seines Zer= 455
würfnisses, der fortwährend in ihm wächst, weil er, nachdem er alles für
ihn Erreichbare vernichtet hat, mit wilder Hast nach einem Unerreichbaren
verlangt, und sich dabei immer aufs neue in das Gefühl seiner Ohnmacht
zurückgeworfen sieht. Auf dem höchsten Punkt dieser innern Gährung
zerreißt er zuletzt mit übermütigem Hohn jedes Band, welches ihn noch 460
an die Menschheit knüpft, und vernichtet mit der höchsten Willkür der
Empörung sein moralisches Dasein, nachdem er alles vernichtet hat, wo=
durch dieses, als ein solches, bedingt wird. *Michael Enk.*

Schiller als dramatischer Dichter.

(Aus „Geschichte der deutschen Dichtung", Leipzig 1853, V. Band, S. 456.)

In allen Theilen bildet Schillers Dichtercharakter gegen
den göthischen den schlagendsten Gegensatz. Er war zum ächten
Tragiker geboren, wie Goethe zum epischen Dichter. Dießseits
aller formalen Poesie in die Zeiten der Sentimentalität geworfen, in
denen die Tragödie an ihrem natürlichen Orte steht, war er mit seiner 5
Stellung und dem Stern seiner Geburt so zufrieden, wie Goethe unzu=
frieden; er verfocht einen Wert der modernen Dichtung und ihren
Fehlern und Gebrechen sah er die günstige Seite ab. Von dem poe=
tischen Drange der Gegenwart einmal ergriffen, mit dem Bedürfnisse
der Zeit in Einklang gebracht, verfolgte er seine dichterische Laufbahn 10
mit einer Energie, der nichts zu vergleichen ist, und er schaffte sich
selbst mit Gewaltstreichen Bahn durch drückende Verhältnisse, durch
Zwang, durch Not und Krankheit, durch Brodstudien, durch die Um=
wege der Wissenschaften und die Belästigungen der Politik, Hemmungen,

Egger. 20

¹⁵die er theilweise in Förderungen verwandelte und seiner Dichtung, wie schwer dieß war, zum Dienste zwang. Goethe, immer zweifelnd im einzelnen, und im ganzen des rechten Weges so bewußt und sicher, konnte sich an nichts, auch nicht an Schillers mühseligem Ringen trösten und zusammenraffen; Schiller hier und da zweifelnd an seinem ²⁰dichterischen Berufe im ganzen, in der einzelnen Beschäftigung aber rastlos und freudig, ließ sich selbst dann nicht irren, als er Goethes Leichtigkeit bewunderte, mit der er nur am Baume schüttelte, um sich die reifsten Früchte zufallen zu sehen, während er selber mühsam sammelte und pflückte: sein Ziel schien ihm deutlicher und lockender zu ²⁵werden, als er es ferner vor sich sah. Seine Strebsamkeit gewährt daher das seltene Schauspiel, zu sehen, was ein kräftig ringender Mann, mit seiner Natur im Kampfe, im Einklang mit seiner Einsicht und mit den Verhältnissen zu erreichen vermag. Er war der eigentlich denkende Künstler, wie ihn unsere verständige Zeit bilden konnte, denn die ³⁰geistigen Kräfte waren in ihm die repräsentierenden, und seine Anschauungs= und Einbildungskraft war diesen mehr untergeordnet. Keine der Bildungen der neuen Welt war ihm gleichgiltig, er knüpfte sie an seine Dichtung an, und konnte mit dieser nur auf jene Gattung fallen, die, in den Epochen der Kultur entstanden, den Ideengehalt nicht aus= ³⁵schließt, und im Gegensatze gegen die erschlaffte moralische Kraft in den Zeitgenossen die moralische Großheit der Vergangenheit aufdeckt. Er sah in der Tragödie den letzten Zweck aller Kunst erreicht, und dieser Zweck hieß ihm Darstellung des Uebersinnlichen, der moralischen Freiheit des Menschen. Dem Manne, der vor dem ruhigen ⁴⁰Glücke den Kampf der Unabhängigkeit des Menschen mit Natur und Schicksal schätzt und preist, dem es minder darauf ankam, daß unsere gesammten Kräfte im ebenen Gleise des Lebens Uebung finden, als daß wir zu dem höchsten Bewußtsein unserer moralischen Natur gelangen, das nur im Kampfe zu erreichen ist, mußte das Trauerspiel ausschließlich ⁴⁵zusagen, dessen eigentliche Aufgabe die Schilderung eben dieses Kampfes ist. Goethe wehrte sich vor der alten Schicksalstragödie, wo der Mensch voll Trieb und Willen, im Unmaß ausschreitend, leidet, und vor der der mittleren Zeiten, wo der Held leicht duldet und entsagt, weil der Höchste gelitten und im Handeln gleich anfieng zu dulden; ihm gab es ⁵⁰eine holde Mittelart zwischen beiden, an der Schicksal und Glauben kein Theil hat, wo in der Brust des Menschen alles Heil liegt, die

ihm eigentümliche Herzenstragödie. Schiller aber würde sie an
die Gränze der Rührtragödie geschoben und mit dieser verworfen haben,
die bloß die Sinne rührt durch Leiden, ohne moralischen Widerstand
zu zeigen, sowie er auch deren entgegengesetztes Extrem, die heroische [55]
Tragödie der Franzosen, verwarf, in welcher moralische Siege
ohne sinnliche Leiden erfochten werden.

Goethe scheute jene Concentration der producierenden Kräfte auf einen
Punkt, die das Trauerspiel verlangt, aber Schillers energischer und ange=
spannter Thätigkeit schien sie gerade ein Bedürfnis zu sein. Goethes Ver= [60]
trauen zu dieser Gattung wich mit dem Besinnen, daß sie ihm in ihrer
strengen Gestalt nicht geglückt sei; Schillern blieb gerade die Zuversicht zu
ihr, wie in der Jugend, so später, fast ganz unerschüttert. Er, der sich die
Rettung der modernen Kunst so angelegen sein ließ, fand eben diese Gattung
die einzige, in der wir uns noch mit dem Altertume messen könnten; ihre [65]
Zeitgemäßheit war ihm ein ganz anderer Sporn als Goethen. „Müssen
wir Neuern, sagte er, wirklich Verzicht darauf thun, griechische Kunst
je wieder herzustellen, da der philosophische Genius des Zeitalters und
die moderne Kultur überhaupt der Poesie nicht günstig sind, so wirken
sie weniger nachtheilig auf die tragische Kunst, welche mehr auf der [70]
Sittlichkeit ruht. Ihr allein ersetzt vielleicht unsere Kultur den Raub,
den sie an der Kunst überhaupt verübt." Wirklich ist es in der Ge=
schichte der Tragödie überall augenscheinlich, daß sie in ihren Anfängen,
wie da, wo sie am größesten und unabhängigsten ist, der verderbten
Gegenwart gegenüber eine sittenreformatorische Tendenz annimmt. Das [75]
hat das Altertum gewußt; das haben die obscuren deutschen Tragöden
des 17. Jahrhunderts schon ausgesprochen, das hat Shakespeare nicht
allein gesagt, sondern seine größten Meisterwerke sind wie eine moralische
Gallerie geordnet, in der er des Menschen Leidenschaften und Laster an
die äußersten Punkte rückt und warnend die erschütternden Bilder des [80]
Stolzes und Ehrgeizes, des Jähzorns und der Unentschlossenheit, der
Liebe und Eifersucht, der Verleumdung, Falschheit und Treue, des
Geizes und der Verschwendung aufstellt. Die Wendung, die Goethe
und Schiller in dieser Hinsicht nahmen, war außerordentlich verschieden.
Der Eine hielt der deutschen Zeit, den räumlichen Verhältnissen den [85]
Spiegel vor und zeigte ihr ihre Natur und Gestalt an ihr selbst, auch
in der Tragödie mild und friedlich und versöhnlich; der Andere faßte die
Zeit in ihren allgemeinen Verhältnissen, nahm der Vergangenheit Bilder

20*.

in den Spiegel, der andere Geschlechter zeigte, und deutete auf das
großé Leben der Geschichte, den kleinen häuslichen Verhältnissen gegen=
über. Unsere Tragödie, sagt er, hat mit der Ohnmacht, Schlaffheit,
Charakterlosigkeit des Zeitgeistes und mit einer gemeinen Denkart zu
ringen, sie muß also Kraft und Charakter zeigen, das Gemüt zu er=
schüttern, zu erheben, aber nicht aufzulösen suchen. Die Schönheit ist
für ein glückliches Geschlecht, aber ein unglückliches muß man erhaben
zu rühren suchen." Während daher die Lieblingscharaktere Goethes mehr
den Affekt als den Geist interessieren, mehr das Mitleid als die Be=
wunderung in Anspruch nehmen, die holden Schwächen der Natur an
sich tragen und zur Versöhnung mit diesem Lose erschlaffend stimmen,
so üben die schillerschen eine gesteigerte Tugend aus, oft abstrakte Ge=
schöpfe, die nach den Forderungen des kategorischen Imperativs handeln,
und anspannend eine Bewunderung hervorrufen. Goethen reizte diese
höchste Thätigkeit der moralischen Natur nicht, Schillern war sie über=
haupt das Höchste; jenem war das süße Seelenleiden in inneren
Kämpfen der letzte Prüfstein mehr der menschlichen Fassung, als Stärke,
diesem die gewaltigen Reibungen des menschlichen Willens mit dem
Zwang der Geschicke die Probe der Kraft und Freiheit. Er fand wie
Shakespeare die heroische Stärke des Coriolan seiner höchsten Achtung
wert, die Goethen Grauen erregte, und selbst die eines Timoleon reizte
ihn, die Goethen noch größere Schauder verursacht haben würde.

Gervinus.

Schillers Wallenstein.
("Schillers Leben und Werke", Berlin 1863, 4. Aufl., 2. Band, S. 410.)

1.

Der moderne Dramatiker steht äußerlich in großem Nachtheil
gegen die Alten. Keine Mythendichtung, kaum die Sage, bereitet ihm
seine Fabel zu. Er steht in großem Nachtheil gegen Shakespeare. Ihm
fehlt Shakespeares Theater, auf welchem der Brite ohne die Gräben
und Verhake der Dekorationen die größte Handlung rasch durch fünf
Akte jagen konnte. Selbst seine Zuschauer engen ihn ein, sie kommen
zu seinem Vorhange mit einer Phantasie, welche jede Illusion unter
die Kontrolle der prosaischen Natürlichkeit stellt.

Vor allem treffen die Nachtheile das historische Drama. Seine
Basis ist das öffentliche Leben, seine Fabel unendlich verzettelt, sein
Stoff der unförmlichste. Bei dem Fiesko traten solche Schwierigkeiten

weniger hervor, denn dort flutete die Handlung in dem engen Bette einer Stadt, und diese Stadt war zugleich der Staat. Ganz ungeheuer waren sie beim Wallenstein.

Der weitläufigste Schauplatz, die verwickeltsten Verhältnisse, zahl-[15] reiche Parteien; zerstreute, von Rom nach Paris, von Wien nach Stockholm und Prag hinfließende Fäden, aus denen der ganze Knoten der Bewegung geschürzt war. Ein Held und seine Armee, zwischen zwei Mächten stehend, welche sich beide der Darstellung versagten; denn der Kaiser saß in seiner Burg zu Wien, die Protestanten zersplitterten sich[20] in einzelne Kriegsführer, in einzelne Bekenntnisse, Lutheraner, Refor= mierte. Noch schwieriger war darzustellen, was sich der Darstellung ge= waltsam aufdrängte. Der Herscher zeichnet sich allein durch die, welche er beherscht. Seine Größe ist relativ. Je bunter, roher, zusammen= gesetzter, ungebundener die Armee, um so größer der Feldherr, der sie[25] zügelt. Um die grandiose Kraft Wallensteins zu vergegenwärtigen, ward die Vergegenwärtigung seiner Armee bis zum gemeinen Soldaten hinab nötig. Denn die Masse der Soldaten ist es, die den Ausschlag gibt. Ja, diese Vergegenwärtigung ward unentbehrlich, da um die Treue dieser Soldaten sich zuletzt das Gelingen oder Mislingen des Ver=[30] brechens drehte, welches der Dichter allein zum Angelpunkt seiner Fabel machen konnte. Aber wie dieß alles in jene „Hahnengrube, in dieses O von Holz" packen,

„Mit vier bis fünf zerfetzten schnöden Klingen,
Zu lächerlichem Balgen schlecht geordnet"?[35]

So viel der Dichter im Laufe der Jahre an seinem Werke gethan hatte, so gewiß er war, daß es schon jetzt mehr Form und Zweck be= saß, als irgend eins seiner früheren Stücke, dennoch klagte er noch im November 1796 dem Dresdener Freunde, daß es formlos und endlos vor ihm daliege. Die Geschichte des dreißigjährigen Krieges hatte ihm[40] zwar die Gestalt seines Helden in großem, grobem Umriß geliefert, aber, um die Armee zu zeichnen, mußte er vor allem das Kolorit der Zeit tiefer aus den Quellen schöpfen. Seine Karlsbader Reise hatte ihm zwar einen Blick in das ernste Böhmerland und auf die Physiognomie der österreichischen Soldateska vergönnt, aber das Detail jener aus aller[45] Herren Ländern zusammengeflossenen Heeresmassen mußte schließlich doch aus Büchern zusammen gelesen werden. Schwerlich hätte irgend ein anderer Dichter andere Organe in sich gefunden, um solchem Stoffe

beizukommen. Und doch war dieses noch immer die leichtere Arbeit.
50 Schwerer war es, aus dem Charakter Wallensteins einen tragischen
Helden zu machen. Ich setze voraus, daß meine Leser es zufrieden
sind, wenn ich Schillers dreißigjährigen Krieg nicht an dieser Stelle
ausschreibe. Wir kennen ihn aus der Geschichte, diesen verwegenen
Charakter:

55   Den Schöpfer kühner Heere,
     Des Lagers Abgott und der Länder Geisel,
     Die Stütze und den Schrecken seines Kaisers,
     Des Glückes abenteuerlichen Sohn, .
     Der, von der Zeiten Gunst emporgetragen,
60   Der Ehre höchste Staffel rasch erstieg
     Und, ungesättigt immer weiter strebend,
     Der ungezähmten Ehrsucht Opfer fiel.

So war der Wallenstein der Geschichte. Ohne Frage, so wenig
vielleicht Schiller sich dessen bewußt ward, so sehr er die vollendetere
65 Technik, mit der er sein Werk angriff, für Kälte gegen seinen Helden
hielt, ohne Frage reizte „der große Verbrecher" und sein blutiger Untergang den Dichter des Karl Moor auch dießmal zur Darstellung, wie
ihn der Verbrecher am Fiesko gereizt hatte. Behauptete doch seine
Theorie der Tragödie, daß die furchtbare Freiheit des Bösewichts zu
70 Gemälden der erhabensten Sittlichkeit am geeignetsten sei. Aber war
Wallenstein auch wirklich ein tragischer Verbrecher? Hatte er ein Recht
auf unser Interesse? War in ihm eine sittliche Kraft verhüllt? ja nur
eine erhabene Kraft vorhanden? War es nicht bloß sein brutales Glück,
das ihn erhoben, seine brutale Rachsucht, die ihn zum Abfall reizte,
75 und ein plumper Irrtum, ein eitles Vertrauen in seine Armee, ein
blindes Ungefähr, das ihn stürzte? Karl Moor und Fiesko hatten allen
Glanz der Jugend; den Einen versuchte eine zügellose Empfindung, den
Andern seine Genie der Intrigue, beide der sie umgebende faule Zustand. Der Erste spiegelte sich ein Richteramt vor, der Zweite schwankte
80 wenigstens nach der Freiheit hinüber. Wallenstein war ein finstrer, ein
bejahrter, verschlossener Mann, kalt, grausam selbst in seiner Großmut;
sein Sternenglaube, sein feierlicher Ernst machten ihn lächerlich. Gustaf
Adolf sagte: Der Kaiser hat drei Generale; einen Pfaffen, das ist Tilly;
einen Narren, das ist Wallenstein; und einen braven Soldaten, das ist
85 Pappenheim.

2.

Schiller fand eine Eigenschaft im historischen Wallenstein, in welcher ein Problem von allgemeinster Giltigkeit versteckt lag, eine Aufgabe, bei weitem größer und tiefsinniger, als die Darstellung einer Leidenschaft jemals sein kann. Wallenstein ist in Schillers Geschichte, und natürlich [90] nur nach dieser kann hier die Frage sein, ein unbegreiflicher Zauderer. Er hat alles zum Abfall vorbereitet, aber er zögert mit der Ausführung, bis Gallas (im Stücke spielt Piccolomini den größten Theil seiner Rolle) ihn vollständig mit dem Netze des kaiserlichen Verdachtes umstellt hat; Wallenstein muß einen Schritt thun, den er vielleicht niemals thun [95] wollte. Hier griff Schiller sein Thema, die dunkle Totalidee, welche, wie er sagt, ihm jedesmal bei der Konception eines Werkes aufdämmerte.

Er gab seinem Helden eine dämonische Lust an seiner genialen Macht, an dem Vermögen, dem Kaiser, wenn er wollte, schaden zu können. Auch sein Wallenstein zaudert, er wiegt sich in den Träumen [100] der bösen That, in der Wolluſt des Willens, im Rausche der Macht. Es ist ihm eine Genugthuung, Questenberg zu zeigen, was er vermöchte. Er unterhandelt mit dem Feinde, aber er hält sich die Wege offen. Vorsichtig auf der einen Seite, gibt er „nichts Schriftliches von sich", er verpflichtet sich zu nichts, er verlangt dagegen, daß sich die Generale [105] ihm unbedingt mit ihrer Handschrift verpflichten, nur, damit er die Unterschrift nötigenfalls dem Schweden zeigen könne. Er will sich in dieser Schwebe halten, bis die Sterne sprechen. Aber als die Sterne zur That winken, als er auch dieser Bestätigung seines auserwählten Loses sich mit grauenhafter Lust freut, da sind sie bereits die Sterne [110] der Notwendigkeit. Wallensteins Pläne ruhten in den Händen von Menschen, und Menschen sind keine Maschinen. Sie stehen im Banne des Zufalls, der Pflicht, des Bedürfnisses. Er, der die Menschen nie geachtet, er, der sie als Mittel zum Zweck behandelt hat, der teuflisch mit Buttlers Rachsucht gerechnet hat, um ihn für den Notfall sicher zu [115] haben, muß erfahren, daß diese Mittel selbst Zwecke, daß sie Persönlichkeiten sind. Sein Unterhändler ist gefangen, sein Vertrauter ein treuer Diener, ein schlauthätiger Freund des Kaisers. Zurück zum Kaiser kann Wallenstein nicht mehr, er muß vorwärts zur That und mit dem vollen Bewußtsein dieses Zwanges, mit dem Bewußtsein, daß [120] das, was er thut, sein Unglück ist, verbindet er sich mit den Schweden. Die Handlung ist der reinste ästhetische Beweis, daß eigentlich der

böse Wille die wahre Schuld, daß die That schon die strafende,
die unvermeidliche Folge des bösen Willens ist. Fürwahr ein Satz von
125 eben so erhabner Einfachheit als sittlicher Tiefe!

Und der Dichter hätte somit seine Tragödie nur geschrieben, damit
die Vernunft diesen Satz gewinne? Damit sie ihn in ihr Gesetzbuch
schreibe? mit ihm schon den bösen Willen verdamme? Nimmermehr.
Der Dichter ist zwar, als Intelligenz, Vertreter der Vernunft, aber
130 als Künstler ist er Vertreter der Natur. Als Künstler stellt er seinen
Schuldigen vor ein Gericht der Geschwornen, welche vor allem Menschen
sind, Menschen mit Herz und Sinnen, und indem er als Intelligenz
seinen Zuschauern ein Gesetz übergibt, nach welchem sie richten, ruft
er als Künstler mit allen Mitteln der Vertheidigung Empfindungen in
135 seinen Zuschauern auf, welche ihnen das Gericht unmöglich machen.
Jener Vernunftthätigkeit wird er sich kaum bewußt werden, denn sie ge=
hört ihm als Nichtkünstler; während er schafft, wird er nichts so sehr
als den Künstler in sich empfinden, den Künstler, welcher bestrebt ist,
auf jede Weise für seinen Helden zu interessieren.

140 Dieses Verfahren beobachtete Schiller bei seinem Wallenstein.
Es gab dafür zwei Wege. Schiller schlug sie beide ein. Zuerst: er
idealisierte seinen Helden. Die Rachbegier ist bei Schillers Wallenstein
fast ganz in den Hintergrund getreten, er spielt den Gekränkten nur
vor Questenberg. Der Ehrgeiz nimmt den edlen Flug sittlicher, für
145 jeden Deutschen herzgewinnender Zwecke: Friedland will Reichsfürst
werden, aber, um das Reich zu schirmen.

   „Es soll im Reiche keine fremde Macht
     Mir Wurzel fassen, und am wenigsten
     Die Goten sollens, diese Hungerleider,
150   Die nach dem Segen unsres deutschen Landes
     Mit Neidesblicken raubbegierig schauen.

Schiller gab seinem Helden ferner nicht blos cäsarische Hoheit,
sondern auch cäsarische Liebefähigkeit. An den Idealisten, den
Jüngling, an Max fesselte er diesen großartigen Realisten. Er gab
155 ihm noch eine andere Größe. Zur äußersten Totalität, deren der
Realist (nach Schillers Entwicklung an bekannter Stelle) fähig ist, ließ
er, wie wir sehen werden mit Hilfe Goethes, ganz bewußt seinen
Helden sich erheben. Der Realist bestimmt sich nicht aus seiner Freiheit,
sondern aus seiner Natur, aus den Umständen. Aber er erhebt sich

über diese Schranke, wenn er sich aus der Notwendigkeit der ganzen[160]
Natur bestimmt. So ergriff Wallenstein, wenn auch in der Form des
Wahns, die Natur als großes lebendiges Ganze, in welches durch die
Sterne auch seine eigene Natur geheimnisvoll mit eingewebt ist. Und
von hier aus betrat Schiller den zweiten Weg, auf welchem der Künstler
für seinen Helden plaidieren kann. Er machte ihn blind. Wir sehen[165]
einen Blinden seine Wege suchen. Das ist immer ein erschütternder
Anblick. Jeder innige Glaube, und wär es ein Wahn, hat seinen Frei-
brief. Sein Glaube an die Sterne, an das Schicksal, umstrickt den
Herzog; sein Glaube, der ihn doch wieder als ein so einziges Heidentum über die dogmatische Enge der Zeit erhob, und worin ihm selbst[170]
ein Melanchthon nichts nachgegeben hatte. Dieser Glaube kettete ihn
mit ebenso rührender als erschreckender Unerschütterlichkeit an Octavio,
an seinen Verräter. Dazu seine Machtstellung, gezeichnet in der ver-
götternden Anhänglichkeit seines Heeres, in der Besorgnis Questenbergs,
dazu die verführerische Gelegenheit, endlich die sichtbare Not, die ihn[175]
zum Abfall drängt. So konnte Schiller von der Kunst sagen:

<blockquote>
Sie sieht den Menschen in des Lebens Drang
Und wälzt die größre Hälfte seiner Schuld
Den unglückseligen Gestirnen zu.
</blockquote>

Die Grundsäulen des gewaltigen Baues standen nach der eben ge-[180]
schilderten Operation aufgerichtet. Indem der Dichter vorzugsweise aus
dem Innern des Helden, aus seinem Glauben und seinem Spiel „mit
dem Teufel" die Handlung hervorgehen ließ, hob er den Stoff aus den
Banden des Geschichtlichen heraus und schuf ganz wie im Fiesko eine
Charaktertragödie. Aber eine Charaktertragödie von allgemeinster[185]
Giltigkeit. An dem eigentümlichsten Menschen wurde das Wesen der
Menschheit dargestellt, in dem Individuellsten ein Symbol von durch-
greifendster Bedeutung. Und von dieser Seite steht dieses einzige
Meisterwerk mit seiner vollendeten geschichtlichen Färbung, seinem
„Pulvergeruch" und seinem Lager, als ein Universum da, wie Prome-[190]
theus, Faust, Hamlet. Wir müssen es dem Dichter nachsehen, daß er
hier die dramatische Form zersprengte. Wir müssen das Lager und die
Zweitheilung in die Piccolomini und Wallensteins Tod mit in den Kauf
nehmen. Wenn sich auch durch eine geschickte Regie einige hundert Verse
hinauswerfen lassen, in einem Theaterabend ist es niemals zu bannen;[195]
es steht als ein ewiges Wahrzeichen da, daß es mit der Entwickelung

unserer äußern Bühne noch nicht am Ende ist, und dass, wo große
Gegenstände verlangt werden, diese wiederum größere Mittel verlangen.
Aber man sollte an jedem Schillerfeste einmal die drei Stücke mit ab-
200 gemessenen Pausen hintereinander aufführen.

3.

Eine Würdigung dieser Tragödie auf wenigen Blättern zu versuchen, würde mich ein wahrer Frevel dünken. Das Lager hat keine
dramatische Handlung, aber konnte sich die Armee anders, als in diesem
lässigen Lagergeplauder auf eine naive Weise darstellen? Carlyle hat
205 trefflich hervorgehoben, wie jeder Soldat der Spiegel seines Regiments-
chefs ist. Die herliche Realistik in den ersten Scenen der Piccolomini,
in der Tafelscene, die bewundernswürdige Weisheit in der Scene mit
Wrangel hat schon Tieck gerühmt, und doch, so sehr ich selbst gerade
diese Scenen in ihrem edelsten Rost der Historie als Shakespeares
210 Bestem ebenbürtig preise, hätten diese Scenen das Werk volkstümlich
machen können? Nach meinen Erfahrungen bezweifle ich das. Auch ist
der hereinleuchtende Idealismus, der erhöhte Ton, das Pathos, selbst
oft das nackte, dürre Aussprechen des Grundgedankens, vielleicht gerade
das einzige Mittel gewesen, der Organisation des Werkes Klarheit und
215 jene Höhe zu geben, in der es, mit Aristoteles zu reden, philosophischer
als die Geschichte wurde. Ich darf nicht auf die Charakteristik eingehen.
Wo wäre da ein Aufhören? In der Geschichte spielt Wallenstein dem
Illo jenen Streich mit dem Grafentitel ohne alle Folgen. Wie trefflich
hat der Dichter diesen Zug benutzt! Wallenstein spekuliert auf Buttlers
220 Rachsucht, um ihn an sich zu fesseln. Und eben diese Rachsucht wird
seine Mörderin. Darin ist jene Consequenz des tragischen Gerichts, mit
welcher Laertes an dem Stoß des vergifteten Rapiers verendet: „meine
Arglist hat sich auf mich gewandt.“ Und dieser Staatsmann Octavio,
dieser maulfertige Slave Terzky, dieser Schwede Wrangel, wie umgibt
225 alle diese Figuren ein gewisser Glanz der Weltbühne! Wo hatte der
Dichter diese Politiker hergenommen? Diesen ächten Gesandtschafts-
menschen, Questenberg! Und jener Buttler, der Fatalist ist, wenn es
eine Unthat gilt, und auf seinen Willen stolz, wenn sein Stolz beleidigt
wird; er, der Wallenstein im Kleinen, welch ein volle körnige Gestalt!
230 Trefflich hat Hiecke nachgewiesen, dass, vielleicht gegen die Meinung des
Dichters und durchaus gegen die Meinung Tiecks, Max und Thekla,

die ächten Idealisten der schönen Jugend, im Sturm der Konflikte nur verzweifeln können und in der Verzweiflung die Pflicht verletzen, welcher sie ihre Neigung zum Opfer brachten. In Thekla aber ist eben ein solches Gegentheil des kategorischen Imperativs dargestellt, wie Schiller [235] es im ächten Christentume fand, wo die Pflicht zur Neigung geworden ist. Die Engländer haben diesen Charakter vollkommen verstanden und gewürdigt. In Max und Thekla ist jene höchste Gattung des Tragischen im kleineren Kreise erfüllt, welche Schiller in seiner Theorie als solche aufgestellt hatte. Ich kann auch den Schluß des Dramas nicht mit [240] Tieck unbefriedigend finden. Jede andere Befriedigung wäre hier klein und gewaltsam gewesen. Und es ist eine wahrhaft staunenswerte Weisheit des Künstlers, daß er, je machtloser, je ärmer und einsamer Wallenstein wird, den Helden mit lauter ganz gewöhnlichen Naturen umgibt, ja, daß seine Mörder die ganz gemeine nackte Prosa des Be- [245] dürfnisses vorstellen. Denn sie ist der Tod aller wahren Größe, und gegen solche Menschen, wie Gordon, Illo, Terzky, umstrahlt den fürstlichen Mann bei seinem Fall noch einmal ein verklärendes Licht der Berechtigung, welches diesen Fall nur um so erschütternder wirken läßt.

Emil Palleske.

Ueber den Gebrauch des Chors in der Tragödie.

(Vorwort zum Trauerspiele „Braut von Messina".)

1.

Ein poetisches Werk muß sich selbst rechtfertigen, und wo die That nicht spricht, da wird das Wort nicht viel helfen. Man könnte es also gar wol dem Chor überlassen, sein eigener Sprecher zu sein, wenn er nur erst selbst auf die gehörige Art zur Darstellung gebracht wäre. Aber das tragische Dichterwerk wird erst durch die theatralische Vorstellung [5] zu einem Ganzen; nur die Worte gibt der Dichter, Musik und Tanz müssen hinzukommen, sie zu beleben. So lange also dem Chor diese sinnlich mächtige Begleitung fehlt, so lange wird er in der Oekonomie des Trauerspiels als ein Außending, als ein fremdartiger Körper und als ein Aufenthalt erscheinen, der nur den Gang der Handlung unter- [10] bricht, der die Täuschung stört, der den Zuschauer erkältet. Um dem Chor sein Recht anzuthun, muß man sich also von der wirklichen Bühne auf eine mögliche versetzen; aber das muß man überall, wo man zu etwas Höherem gelangen will. Was die Kunst noch nicht hat, das soll

15 sie erwerben; der zufällige Mangel an Hilfsmitteln darf die schaffende
Einbildungskraft des Dichters nicht beschränken. Das Würdigste setzt
er sich zum Ziel, einem Ideale strebt er nach; die ausübende Kunst mag
sich nach den Umständen bequemen.

Es ist nicht wahr, was man gewöhnlich behaupten hört, daß das
20 Publikum die Kunst herabzieht; der Künstler zieht das Publikum
herab, und zu allen Zeiten, wo die Kunst verfiel, ist sie durch die
Künstler gefallen. Das Publikum braucht nichts als Empfänglichkeit,
und diese besitzt es. Es tritt vor den Vorhang mit einem unbestimmten
Verlangen, mit einem vielseitigen Vermögen. Zu dem Höchsten bringt
25 es eine Fähigkeit mit; es erfreut sich an dem Verständigen und Rechten,
und wenn es damit angefangen hat, sich mit dem Schlechten zu begnügen,
so wird es zuverlässig damit aufhören, das Vortreffliche zu fordern, wenn
man es ihm erst gegeben hat.

Der Dichter, hört man einwenden, hat gut nach einem Ideal
30 arbeiten, der Kunstrichter hat gut nach Ideen urtheilen, die bedingte, beschränkte, ausübende Kunst ruht auf dem Bedürfnis. Der Unternehmer
will bestehen, der Schauspieler will sich zeigen, der Zuschauer will unterhalten und in Bewegung gesetzt sein. Das Vergnügen sucht er, und ist
unzufrieden, wenn man ihm da eine Anstrengung zumutet, wo er ein
35 Spiel und eine Erholung erwartet.

Aber indem man das Theater ernsthafter behandelt, will man das
Vergnügen des Zuschauers nicht aufheben, sondern veredeln. Es soll
ein Spiel bleiben, aber ein poetisches. Alle Kunst ist der Freude gewidmet, und es gibt keine höhere und keine ernsthaftere Aufgabe, als
40 die Menschen zu beglücken. Die rechte Kunst ist nur diese,
welche den höchsten Genuß verschafft. Der höchste Genuß
aber ist die Freiheit des Gemüts in dem lebendigen Spiel aller seiner
Kräfte.

Jeder Mensch zwar erwartet von den Künsten der Einbildungs-
45 kraft eine gewisse Befreiung von den Schranken des Wirklichen; er will
sich an dem Möglichen ergötzen und seiner Phantasie Raum geben. Der
am wenigsten erwartet, will doch sein Geschäft, sein gemeines Leben,
sein Individuum vergessen, er will sich in außerordentlichen Lagen fühlen,
sich an den seltsamen Combinationen des Zufalls weiden; er will, wenn
50 er von ernsthafterer Natur ist, die moralische Weltregierung, die er im
wirklichen Leben vermißt, auf der Schaubühne finden. Aber er weiß

selbst recht gut, daß er nur ein leeres Spiel treibt, daß er im eigent=
lichen Sinn sich nur an Träumen weidet, und wenn er von dem Schau=
platz wieder in die wirkliche Welt zurückkehrt, so umgibt ihn diese wieder
mit ihrer ganzen drückenden Enge, er ist ihr Raub, wie vorher; denn
sie selbst ist geblieben, was sie war, und an ihm ist nichts verändert
worden. Dadurch ist also nichts gewonnen, als ein gefälliger Wahn des
Augenblicks, der beim Erwachen verschwindet.

Und eben darum, weil es hier nur auf eine vorübergehende
Täuschung abgesehen ist, so ist auch nur ein Schein der Wahrheit oder
die beliebte Wahrscheinlichkeit nötig, die man so gern an die Stelle der
Wahrheit setzt.

Die wahre Kunst aber hat es nicht bloß auf ein vorübergehendes
Spiel abgesehen; es ist ihr Ernst damit, den Menschen nicht bloß in
einen augenblicklichen Traum von Freiheit zu versetzen, sondern ihn
wirklich und in der That frei zu machen, und dieses dadurch, daß sie
eine Kraft in ihm erweckt, übt und ausbildet, die sinnliche Welt, die
sonst nur als ein roher Stoff auf uns lastet, als eine blinde Macht
auf uns drückt, in eine objective Ferne zu rücken, in ein freies Werk
unsers Geistes zu verwandeln, und das Materielle durch Ideen zu be=
herrschen.

Und eben darum, weil die wahre Kunst etwas Reelles und Ob=
jectives will, so kann sie sich nicht bloß mit dem Schein der Wahrheit
begnügen; auf der Wahrheit selbst, auf dem festen und tiefen Grunde
der Natur errichtet sie ihr ideales Gebäude.

Wie aber nun die Kunst zugleich ganz ideal und doch im tiefsten
Sinne reell sein, wie sie das Wirkliche ganz verlassen und doch aufs
genaueste mit der Natur übereinstimmen soll und kann, das ists, was
wenige fassen, was die Ansicht poetischer und plastischer Werke so
schielend macht, weil beide Forderungen einander im gemeinen Urtheil
geradezu aufzuheben scheinen.

Auch begegnet es gewöhnlich, daß man das eine mit Aufopferung
des andern zu erreichen sucht und eben deswegen beides verfehlt. Wenn
die Natur zwar einen treuen Sinn und eine Innigkeit des Gefühls
verliehen, aber die schaffende Einbildungskraft versagte, der wird ein
treuer Maler des Wirklichen sein, er wird die zufälligen Erscheinungen,
aber nie den Geist der Natur ergreifen. Nur den Stoff der Welt wird
er uns wiederbringen; aber es wird eben darum nicht unser Werk, nicht

das freie Produkt unsers bildenden Geistes sein, und kann also auch die
90 wolthätige Wirkung der Kunst, welche in der Freiheit besteht, nicht haben.
Ernst zwar, doch unerfreulich ist die Stimmung, mit der uns ein solcher
Künstler und Dichter entläßt, und wir sehen uns durch die Kunst selbst,
die uns befreien sollte, in die gemeine enge Wirklichkeit peinlich zurückversetzt. Wem hingegen zwar eine rege Phantasie, aber ohne Gemüt
95 und Charakter, zu Theil geworden, der wird sich um keine Wahrheit
bekümmern, sondern mit dem Weltstoff nur spielen, nur durch phantastische und bizarre Combinationen zu überraschen suchen, und wie sein
ganzes Thun nur Schaum und Schein ist, so wird er zwar für den
Augenblick unterhalten, aber im Gemüt nichts erbauen und begründen.
100 Sein Spiel ist, sowie der Ernst des Andern, kein poetisches. Phantastische Gebilde willkürlich aneinander reihen, heißt nicht ins Ideale gehen,
und das Wirkliche nachahmend wieder bringen, heißt nicht die Natur
darstellen. Beide Forderungen stehen so wenig im Widerspruch mit
einander, daß sie vielmehr — eine und dieselbe sind; daß die Kunst
105 nur dadurch wahr ist, daß sie das Wirkliche ganz verläßt und rein ideell
wird. Die Natur selbst ist nur eine Idee des Geistes, die nie
in die Sinne fällt. Unter der Decke der Erscheinungen liegt sie, aber sie
selbst kommt niemals zur Erscheinung. Bloß der Kunst des Ideals ist
es verliehen, oder vielmehr, es ist ihr aufgegeben, diesen Geist des Alls
110 zu ergreifen und in einer körperlichen Form zu binden. Auch sie selbst
kann ihn zwar nie vor die Sinne, aber doch durch ihre schaffende Gewalt
vor die Einbildungskraft bringen, und dadurch wahrer sein als alle
Wirklichkeit und realer als alle Erfahrung. Es ergibt sich daraus von
selbst, daß der Künstler kein einziges Element aus der Wirklichkeit
115 brauchen kann, wie er es findet, daß sein Werk in allen seinen Theilen
ideell sein muß, wenn es als ein Ganzes Realität haben und mit der
Natur übereinstimmen soll.

2.

Was von Poesie und Kunst im Ganzen wahr ist, gilt auch von
allen Gattungen derselben, und es läßt sich ohne Mühe von dem jetzt
120 Gesagten auf die Tragödie die Anwendung machen. Auch hier hatte
man lange und hat noch jetzt mit dem gemeinen Begriff des Natürlichen zu kämpfen, welcher alle Poesie und Kunst geradezu aufhebt und
vernichtet. Der bildenden Kunst gibt man zwar notdürftig, doch mehr
aus conventionellen als aus innern Gründen, eine gewisse Idealität zu;

aber von der Poesie, und von der dramatischen insbesondere, verlangt[125]
man Illusion, die wenn sie auch wirklich zu leisten wäre, immer nur
ein armseliger Gauklerbetrug sein würde. Alles Aeußere bei einer dramatischen Vorstellung steht diesem Begriff entgegen. Alles ist nur
ein Symbol des Wirklichen. Der Tag selbst auf dem Theater ist nur
ein künstlicher, die Architektur ist nur eine symbolische, die metrische[130]
Sprache selbst ist ideal; aber die Handlung soll nun einmal real sein,
und der Theil das Ganze zerstören. So haben die Franzosen, die den
Geist der Alten zuerst ganz misverstanden, eine Einheit des Orts und
der Zeit nach dem gemeinsten empirischen Sinn auf der Schaubühne
eingeführt, als ob hier ein anderer Ort wäre, als der bloß ideale Raum,[135]
und eine andere Zeit, als bloß die stetige Folge der Handlung.

Durch Einführung einer metrischen Sprache ist man indes der
poetischen Tragödie schon um einen großen Schritt näher gekommen.
Es sind einige lyrische Versuche auf der Schaubühne glücklich durchge-
gangen, und die Poesie hat sich durch ihre eigene lebendige Kraft im[140]
einzelnen manchen Sieg über das herschende Vorurtheil errungen. Aber
mit dem Einzelnen ist wenig gewonnen, wenn nicht der Irrtum im
Ganzen fällt, und es ist nicht genug, daß man das nur als eine poetische Freiheit duldet, was doch das Wesen aller Poesie ist. Die Einführung des Chores wäre der letzte, der entscheidende Schritt — und[145]
wenn derselbe auch nur dazu diente, dem Naturalismus in der Kunst
offen und ehrlich den Krieg zu erklären, so sollte er uns eine lebendige
Mauer sein, die die Tragödie um sich herum zieht, um sich von der
wirklichen Welt rein abzuschließen und sich ihren idealen Boden, ihre
poetische Freiheit zu bewahren.[150]

Die Tragödie der Griechen ist, wie man weiß, aus dem
Chor entsprungen. Aber so wie sie sich historisch und der Zeitfolge
nach daraus loswand, so kann man auch sagen, daß sie poetisch und dem
Geiste nach aus demselben entstanden, und daß ohne diesen beharrlichen
Zeugen und Träger der Handlung eine ganz andere Dichtung aus ihr[155]
geworden wäre. Die Abschaffung des Chors und die Zusammenziehung
dieses sinnlich mächtigen Organs in die charakterlos langweilig wiederkehrende Figur eines ärmlichen Vertrauten war also keine so große Verbesserung der Tragödie, als die Franzosen und ihre Nachbeter sich ein-
gebildet haben.[160]

Die alte Tragödie, welche sich ursprünglich nur mit Göttern, Helden und Königen abgab, brauchte den Chor als eine notwendige Begleitung; sie fand ihn in der Natur, und brauchte ihn, weil sie ihn fand. Die Handlungen und Schicksale der Helden und Könige sind schon an 165 sich selbst öffentlich, und waren es in der einfachen Urzeit noch mehr. Der Chor war folglich in der alten Tragödie mehr ein natürliches Organ, er folgte schon aus der poetischen Gestalt des wirklichen Lebens. In der neuen Tragödie wird er zu einem Kunstorgan; er hilft die Poesie hervorbringen. Der neuere Dichter findet den Chor nicht mehr in der 170 Natur, er muß ihn poetisch erschaffen und einführen, das ist, er muß mit der Fabel, die er behandelt, eine solche Veränderung vornehmen, wodurch sie in jene kindliche Zeit und in jene einfache Form des Lebens zurückversetzt wird.

Der Chor leistet daher dem neuen Tragiker noch weit 175 wesentlichere Dienste, als dem alten Dichter, eben deswegen, weil er die moderne gemeine Welt in die alte poetische verwandelt, weil er ihm alles das unbrauchbar macht, was der Poesie widerstrebt, und ihn auf die einfachsten, ursprünglichsten und naivsten Motive hinauftreibt. Der Palast der Könige ist jetzt geschlossen, die Gerichte haben sich von 180 den Thoren der Städte in das Innere der Häuser zurückgezogen, die Schrift hat das lebendige Wort verdrängt, das Volk selbst, die sinnlich lebendige Masse, ist, wo sie nicht als rohe Gewalt wirkt, zum Staat, folglich zu einem abgezogenen Begriff geworden, die Götter sind in die Brust des Menschen zurückgekehrt. Der Dichter muß die Paläste wieder 185 aufthun, er muß die Gerichte unter freien Himmel herausführen, er muß die Götter wieder aufstellen, er muß alles Unmittelbare, das durch die künstliche Einrichtung des wirklichen Lebens aufgehoben ist, wieder herstellen und alles künstliche Machwerk an dem Menschen und um denselben, das die Erscheinung seiner innern Natur und seines ur- 190 sprünglichen Charakters hindert, wie der Bildhauer die modernen Gewänder, abwerfen und von allen äußeren Umgebungen desselben nichts aufnehmen, als was die höchste der Formen, die menschliche, sicht= bar macht.

Aber ebenso, wie der bildende Künstler die faltige Fülle der Ge= 195 wänder um seine Figuren breitet, um die Räume seines Bildes reich und anmutig auszufüllen, um die getrennten Partien desselben in ruhigen Massen stetig zu verbinden, um der Farbe, die das Auge reizt und quickt, einen Spielraum zu geben, um die menschlichen Formen zugleich geistreich zu verhüllen und sichtbar zu machen, ebenso durchflicht und umgibt der tragische Dichter seine streng abgemessene Handlung und die festen Umrisse seiner handelnden Figuren mit einem lyrischen Prachtgewebe, in welchem sich, als wie in einem weit gefalteten Purpurgewand, die handelnden Personen frei und edel mit einer gehaltenen Würde und hoher Ruhe bewegen.

In einer höhern Organisation darf der Stoff oder das Elementarische nicht mehr sichtbar sein; die chemische Farbe verschwindet in der feinen Carnation des Lebendigen. Aber auch der Stoff hat seine Herrlichkeit und kann als solcher in einem Kunstkörper aufgenommen werden. Dann aber muß er sich durch Leben und Fülle und durch Harmonie seinen Platz verdienen und die Formen, die er umgibt, geltend machen, anstatt sie durch seine Schwere zu erdrücken.

In Werken der bildenden Kunst ist dieses jedem leicht verständlich; aber auch in der Poesie und in der tragischen besonders, von der hier die Rede ist, findet dasselbe statt. Alles, was der Verstand sich im allgemeinen ausspricht, ist eben so wie das, was bloß die Sinne reizt, nur Stoff und rohes Element in einem Dichterwerk, und wird da, wo es vorherrscht, unausbleiblich das Poetische zerstören; denn dieses liegt gerade in dem Indifferenzpunkt des Ideellen und Sinnlichen. Nun ist aber der Mensch so gebildet, daß er immer von dem Besondern ins allgemeine gehen will, und die Reflexion muß also auch in der Tragödie ihren Platz erhalten. Sollte sie aber diesen Platz verdienen, so muß sie das, was ihr an sinnlichem Leben fehlt, durch den Vortrag wieder gewinnen; denn wenn die zwei Elemente der Poesie, das Ideale und Sinnliche, nicht innig verbunden zusammen wirken, so müssen sie neben einander wirken, oder die Poesie ist aufgehoben. Wenn die Wage nicht vollkommen inne steht, da kann das Gleichgewicht nur durch eine Schwankung der beiden Schalen hergestellt werden.

3.

Und dieses leistet nun der Chor in der Tragödie. Der Chor ist selbst kein Individuum, sondern ein allgemeiner Begriff; aber dieser Begriff repräsentiert sich durch eine sinnlich mächtige Masse, welche durch ihre ausfüllende Gegenwart den Sinnen imponiert. Der Chor verläßt den engen Kreis der Handlung, um sich über Ver-

gangenes und Künftiges, über ferne Zeiten und Völker, über das Mensch=
liche überhaupt zu verbreiten, um die großen Resultate des Lebens zu
ziehen, und die Lehren der Weisheit auszusprechen. Aber es thut dieses
mit der vollen Macht der Phantasie, mit einer kühnen lyrischen Frei=
heit, welche auf den hohen Gipfeln der menschlichen Dinge, wie mit
Schritten der Götter, einhergeht, und er thut es von der ganzen
sinnlichen Macht des Rhythmus und der Musik in Tönen und Be=
wegungen begleitet.

Der Chor reinigt also das tragische Gedicht, indem er
die Reflexion von der Handlung absondert und eben durch diese Ab=
sonderung sie selbst mit poetischer Kraft ausrüstet; eben so, wie der
bildende Künstler die gemeine Notdurft der Bekleidung durch eine reiche
Draperie in einen Reiz und in eine Schönheit verwandelt.

Aber eben so wie sich der Maler gezwungen sieht den Farbenton
des Lebendigen zu verstärken, um den mächtigen Stoffen das Gleich=
gewicht zu halten, so legt die lyrische Sprache des Chors dem
Dichter auf, verhältnismäßig die ganze Sprache des Ge=
dichts zu erheben und dadurch die sinnliche Gewalt des
Ausdrucks überhaupt zu verstärken. Nur der Chor berechtiget
den tragischen Dichter zu dieser Erhebung des Tons, die das Ohr aus=
füllt, die den Geist anspannt, die das ganze Gemüt erweitert. Diese
eine Riesengestalt in seinem Bilde nötigt ihn, alle seine Figuren auf
den Kothurn zu stellen und seinem Gemälde dadurch die tragische Größe
zu geben. Nimmt man den Chor hinweg, so muß die Sprache der
Tragödie im Ganzen sinken, oder, was jetzt groß und mächtig ist, wird
gezwungen und überspannt erscheinen. Der alte Chor, in das französische
Trauerspiel eingeführt, würde es in seiner ganzen Dürftigkeit darstellen
und zunichte machen; eben derselbe würde ohne Zweifel Shakespeares
Tragödie erst ihre wahre Bedeutung geben.

So wie der Chor in die Sprache Leben bringt, so bringt
er Ruhe in die Handlung — aber die schöne und hohe Ruhe, die
der Charakter eines edeln Kunstwerks sein muß. Denn das Gemüt
des Zuschauers soll auch in der heftigsten Passion seine Freiheit behalten;
es soll kein Raub der Eindrücke sein, sondern sich immer klar und heiter
von den Rührungen scheiden, die es erleidet. Was das gemeine Urtheil
an dem Chor zu tadeln pflegt, daß er die Täuschung aufhebe, daß er
die Gewalt der Affekte breche, das gereicht ihm zu seiner höchsten Em=

pfehlung; denn eben diese blinde Gewalt der Affekte ist es, die der wahre Künstler vermeidet, diese Täuschung ist es, die er zu erregen verschmäht. Wenn die Schläge, womit die Tragödie unser Herz trifft, ohne Unterbrechung auf einander folgten, so würde das Leiden über die Thätigkeit siegen. Wir würden uns mit dem Stoffe vermengen und nicht mehr über demselben schweben. Dadurch, daß der Chor die Theile auseinander hält und zwischen die Passionen mit seinen beruhigenden Betrachtungen tritt, gibt er uns unsere Freiheit zurück, die im Sturm der Affekte verloren gehen würde. Auch die tragischen Personen selbst bedürfen dieses Anhalts, dieser Ruhe, um sich zu sammeln, denn sie sind keine wirklichen Wesen, die bloß der Gewalt des Moments gehorchen, und bloß ein Individuum darstellen, sondern ideale Personen und Repräsentanten ihrer Gattung, die das Tiefe der Menschheit aussprechen. Die Gegenwart des Chors, der als ein richtiger Zeuge sie vernimmt und die ersten Ausbrüche ihrer Leidenschaft durch seine Dazwischenkunft bändigt, motiviert die Besonnenheit, mit der sie handeln, und die Würde, mit der sie reden. Sie stehen gewissermaßen schon auf einem natürlichen Theater, weil sie vor Zuschauern sprechen und handeln, und werden eben deswegen desto tauglicher, von dem Kunsttheater zu einem Publikum zu reden.

4.

So viel über meine Befugnis, den alten Chor auf die tragische Bühne zurückzuführen. Chöre kennt man zwar auch schon in der modernen Tragödie; aber der Chor des griechischen Trauerspiels, so wie ich ihn hier gebraucht habe, der Chor als eine einzige ideale Person, die die ganze Handlung trägt und begleitet, dieser ist von jenen opernhaften Chören wesentlich verschieden, und wenn ich bei Gelegenheit der griechischen Tragödie von Chören anstatt von einem Chor sprechen höre, so entsteht mir der Verdacht, daß man nicht recht wisse, wovon man rede. Der Chor der alten Tragödie ist meines Wissens seit dem Verfall derselben nie mehr auf der Bühne erschienen.

Ich habe den Chor zwar in zwei Theile getrennt und im Streit mit sich selbst dargestellt; aber dieß ist nur dann der Fall, wo er als wirkliche Person und als blinde Menge mithandelt. Als Chor und als ideale Person ist er immer eins mit sich selbst. Ich habe den Ort verändert und den Chor mehrmal abgehen lassen; aber auch Aeschylus, der

Schöpfer der Tragödie, und Sophokles, der größte Meister in dieser
305 Kunst, haben sich dieser Freiheit bedient.

Eine andere Freiheit, die ich mir erlaubt, möchte schwerer zu recht=
fertigen sein. Ich habe die christliche Religion und die griechische Götter=
lehre vermischt angewendet, ja selbst an den maurischen Aberglauben
erinnert. Aber der Schauplatz der Handlung ist Messina, wo diese drei
310 Religionen theils lebendig, theils in Denkmälern fortwirkten und zu den
Sinnen sprachen. Und dann halte ich es für ein Recht der Poesie, die
verschiedenen Religionen als ein collectives Ganze für die Einbildungs=
kraft zu behandeln, in welchem alles, was einen eigenen Charakter trägt,
eine eigene Empfindungsweise ausdrückt, seine Stelle findet. Unter der
315 Hülle aller Religionen liegt die Religion selbst, die Idee eines Gött=
lichen, und es muß dem Dichter erlaubt sein, dieses auszusprechen, in
welcher Form er es jedesmal am bequemsten und am treffendsten findet.

Schiller.

Ueber Franz Grillparzer.

(„Jahrbücher der Literatur", Wien 1840, 92. Band, S. 95.)

1.

Unter allen österreichischen Dichtern hat Franz Grillparzer
sowol in seinem Vaterlande und im übrigen Deutschland, als auch im
Auslande die meiste Anerkennung gefunden. Eine solche Anerkennung
ist um so erfreulicher, je seltener sie österreichischen Dichtern bei der
5 Misstimmung, welche sich im übrigen Deutschland gegen dieselben kund
gibt, zu theil wird; eine Misstimmung, deren Grund nicht ganz leicht zu
erklären ist. Denn einerseits ist das Verdienst der Dichter Oester=
reichs jenem des Auslandes gegenüber kein so überwiegendes, daß
erstere jene Misstimmung (ohne Dünkel und Anmaßung) einer neidischen
10 Scheelsucht der letzteren zuschreiben dürften; und andererseits ist das
Verdienst der Dichter des Auslandes jenem der österreichischen gegen=
über kein so alles überbietendes und überstralendes, und die An=
erkennung der Schwäche und Mangelhaftigkeit ihrer eigenen Leistungen
mitunter eine so unabweisbare, daß sie eben keinen zureichenden Grund
15 haben, auf die österreichischen Dichter so gar vornehm herabzusehen.
Wenn nun ein solches vornehmes Herabsehen auch die entschiedenste
Superiorität des Verdienstes nicht rechtfertigen könnte: so ist es wol klar,

daß Dünkel und Einbildung noch minder dazu bevorrechten können.
Nichts desto weniger sind es die kritischen Stimmführer des Auslandes
gewohnt, von Oesterreichs Dichtern und Schriftstellern ungefähr so zu
sprechen, als wenn diese die Kinderschuhe noch nicht vertreten hätten:
wobei sie gewöhnlich es nicht unterlassen, zum Troste der Betheiligten
der ungünstigen Literaturverhältnisse zu erwähnen, von welchen sie sich
bedrängt fänden, in der Beurtheilung dieser und anderer Lokalverhältnisse
jedoch nicht selten eine recht klägliche Unkunde und Unwissenheit an den
Tag legend. Ja selbst dann, wenn sie einem österreichischen Dichter nicht
alle Anerkennung verweigern zu dürfen glauben: so geschieht dieß auf
eine Art, daß demselben wenig davon zu gute kömmt: und man behandelt
ihn auch im besten Falle wie einen Unmündigen, aus dem allenfalls etwas
hätte werden können, wenn er die ächte Poesie gleich von Kindesbeinen
an mit der nordischen Luft eingeathmet hätte.

Das hat denn auch Franz Grillparzer erfahren müssen. Denn
während die Kritik des Auslandes einen ehrenwerten Charakter, Be=
scheidenheit, eine entschieden würdige Haltung und Adel der Gesinnung
ihm willig zugesteht, glaubt sie die Gunst des Publikums mehr den ge=
nannten Vorzügen und „seiner wehmütig einsamen Stellung", als dem
Gehalte seiner Werke zuschreiben zu müssen, der ihr als allzu gering er=
scheint, um jene Gunst zu verdienen, und den sie geradezu als „unzulänglich"
bezeichnet. So erfreulich es nun ist, jene Vorzüge, und neben diesen die
lautere Unbefangenheit und Humanität in Grillparzers Charakter, wegen
welcher er in seinem Vaterlande von allen, welche ihn kennen, eben so
allgemein geliebt als geachtet wird, auch von dem Auslande nicht ver=
kannt zu sehen, so ist es doch eben so schwer zu begreifen, wie das stille,
fast unbemerkte Leben des Dichters jene liebevolle Theilnahme ihm in ganz
Deutschland habe gewinnen können, wenn seine Leistungen ihm keinen
Anspruch darauf gaben, als, wie der Gehalt derselben bei einem eminenten
poetischen Talent, welches die Kritik dem Dichter nie abgesprochen hat,
und bei dem Adel der Gesinnung, den sie ihm zugesteht, so unzugänglich
sein könne, um ihm keine geltenden Ansprüche an die Gunst des Publi=
kums übrig zu lassen. Für jeden Fall ist es bei dem Dichter der Ge=
halt seiner Leistungen allein, der ihm die Gunst des Publikums für die
Dauer sichern kann; und eben so gewiß ist es, daß nur eine unbefangene
Kritik diesen Gehalt auszumitteln vermag. Einer solchen will Referent

hier zunächst die letzt erschienenen Dramen Grillparzers unterwerfen, wobei
es ihm erlaubt sein mag, gelegentlich auch die früheren Leistungen des
Dichters zu berücksichtigen.

2.

Daß Grillparzer die Kraft habe, sich auf die Höhe der antiken
Tragödie zu stellen, beweist sein größtes und ausgezeichnetes Werk: Das
goldene Bließ: ein Werk, dem, wenn die Kritik seinen Gehalt auch
nicht verkennen konnte, dennoch die Anerkennung nicht geworden ist, die es
trotz seiner Mängel verdiente.

Eine Trilogie im antiken Sinne ist dieses goldene Bließ nicht,
sondern ein dramatisches Gedicht in drei Abtheilungen, wie es der Dichter
auch selbst benannt hat. Man gibt auf der Bühne nur die letzte Ab=
theilung: Medea; gewiß nicht zur Ehre der Kunstbildung unserer Zeit.
Denn diese drei Abtheilungen sind ein organisches Ganzes und wollen
darum auch als ein solches aufgefaßt sein. Medea kann vereinzelt wol
gespielt, aber nicht begriffen werden. Und wenn Kritik und Publikum
auf jener Stufe dramatischer Kunstbildung stehen, welche sie ansprechen:
wie haben in den Argonauten die Energie in der Darstellung der
Leidenschaften, in Diction und Sprache, und die Macht dieser Rhythmen
bei ihnen verloren gehen können?

Wie in den betreffenden Dramen Hero und Sappho, so trägt
im „goldenen Bließ" Medea das Stück. Die Medea des Euripides
ist groß; die Entschiedenheit ihrer Rachsucht, aus dem Gesichtspunkte
griechischer Gesinnung betrachtet, entzieht ihr unsern Antheil nicht; und
wie glücklich ist nicht diese Rachsucht durch die Ausbrüche mütterlicher
Zärtlichkeit gemildert! Grillparzers Medea ist nicht minder groß=
artig gedacht, als jene des Euripides; aber ihr Schmerz ergreift uns
menschlich tiefer: und dabei ist sie eigentümlicher gedacht, als jene. Sie,
die hochherzige, willensstarke Königstochter, hat durch den Mann, der sie
verrät und dem Elend preisgibt, nicht bloß Vaterland, Vater und Bruder,
sie hat — und das ist ihre tragische Schuld — durch ihn sich selbst ver=
loren. Das ist am Schlusse der Argonauten mit großer Wirkung
herausgestellt. Noch prägnanter ist der Anfang der Medea. Hätte
Grillparzer auch nichts geschrieben, als die beiden ersten Akte dieser Medea:
er würde gutes Recht haben, sich den tragischen Dichtern des ersten Ranges
anzureihen. Medea vergräbt ihr Zaubergeräte; sie hat ihr eigenes Herz
bezwungen, sie hat die Vergangenheit hinter sich geworfen; sie ist ent=

schlossen, das Elend der Verbannung zu tragen, den Hohn, der die 90
Barbarin trifft, den Verdacht eines nicht begangenen Verbrechens: nur
den Gatten will sie behalten, durch den sie alles verloren hat, und durch
den dieser Jammer über sie gekommen ist. Aber sie sieht sich von ihm
nicht allein gehaßt, sondern verraten und aufgeopfert. Nun steigt die
Flut der Leidenschaft wie des Jammers in den drei letzten Akten immer 95
höher; aber einzelnes schwächt ihre Wirkung. Die Scene zwischen
Jason und Medea ist denn doch etwas zu breit angelegt; einzelne
Stellen luxurieren; und wenn der Schluß des dritten Aktes tief erschütternd
wirkt und über jedes Lob erhaben ist: so kann jener des fünften dagegen
nur herabstimmen und erkälten. 100

Den unnatürlichen Frevel des Kindermords unserm Gefühl erträglich zu machen, hat Euripides mit tiefer Weisheit zuletzt dennoch
das beste Mittel gewählt, indem er uns durch die Besorgnisse der Amme
und des greisen Erziehers von vorne herein darauf vorbereitet. Das auf
das entschiedenste ausgesprochene Motiv, dadurch sich an ihren Feinden 105
zu rächen und sich ihrem Hohne zu entziehen, hatte für die Griechen
weniger Empörendes, als für uns, und wird durch das nicht minder bestimmt ausgesprochene, die Kinder der Verachtung und dem Elend zu
entziehen, das ihrer harrt, um vieles gemildert. Das von Grillparzer
gebrauchte Motiv, daß die Kinder die Mutter fliehen, welches, wenn nicht 110
allein, doch vorzugsweise wirken soll, muß bei Medeens Gemütsstimmung
als ein naturwahres anerkannt werden. Aber wie nur der Wahnsinn
der Leidenschaft, oder die bis zum kalten Entschluß verdichtete Leidenschaft,
und auch diese nur, wenn sie durch eine neue Erschütterung heftig angeregt wurde, die That selbst vollbringen konnte: so konnte auch dieses 115
Motiv nur auf solche Weise richtig gebraucht werden. Ein offenbarer
Mißgriff ist es daher zu nennen, wenn uns der Dichter Medea kurz vor
der That von der brüderlichen Liebe gerührt zeigt, und sie dann sich hin-
setzen und in philosophische Reflexionen verlieren läßt. Solche Momente
sind es, wo die Fäden durchaus mit fester Hand zusammengehalten sein 120
wollen.

Den Jason bezeichnet Medea selbst im zweiten Akte sehr richtig,
wenn sie sagt:

Du kennst ihn nicht, ich aber kenn' ihn ganz!
Nur er ist da, er in der weiten Welt, 125
Und alles andere nichts, als Stoff zu Thaten.

Voll Selbstheit, nicht des Nutzens, doch des Sinns,
Spielt er mit seinem und der andern Glück.

Lockts ihn nach Ruhm, so schlägt er einen tot;
130 Will er ein Weib, so holt er eines sich;
Was auch darüber bricht, was kümmerts ihn?
Er thut nur recht; doch recht ist, was er will.

Antheil vermag er uns nicht abzugewinnen; und was ihm der Dichter
von den Zügen eines Heros geliehen, hat Mühe, gegen den kecken
135 modernen Uebermut in den Argonauten, und gegen seinen Ehestands-
groll, und seine gleißende Falschheit nach Medeens Verbannung auf-
zukommen. Dagegen ist Gora eine so großartige Schöpfung, als
Medea selbst:

Als ich die Kinder fliehn sah
140 sagt sie,

Den Arm der Mutter, der Pflegerin,
Da erkannte ich die Hand der Götter:
Da brach mir das Herz,
Da sank mir der Mut.
145 Hab sie gewartet, gepflegt,
Sie, meine Freude, mein Glück;
Die einzigen, reinen Kolcher sie,
An die ich wenden konnte
Die Liebe für mein fernes Vaterland.
150 Du warst mir längst entfremdet, längst!
In ihnen sah ich Kolchis wieder,
Den Vater dein und deinen Bruder,
Mein Königshaus und dich,
Wie du warst, nicht wie du bist.

155 Dieses Motiv rechtfertigt hinreichend die streng richtige Consequenz, mit welchem dieser Charakter nach vollbrachtem Kindermord
durchgeführt ist.

Der Einwirkungen des magischen Bließes kann hier nur kurz gedacht
werden. Sie sind unklar, und im Gastfreund selbst zweideutig; das
160 ist das Schlimmste, was sich davon sagen läßt. Wenn der Dichter dadurch herausstellen wollte, wie an jeden Frevel sich die Rache knüpfe,
und wenn diese Rache Aietes, Jason, Pelias und Medeen trifft:
wie den Phryxus? Der Traum im Tempel:

„Urplötzlich
Umflammt mich heller Glanz, und einen Mann   165
In nackter Kraft, die Keule in der Rechten,
Mit langem Bart und Haar, ein Widderfell
Um seine mächtigen Schultern, stand vor mir,
Und lächelte mit milder Huld mich an.
Nimm Sieg und Rache hin! sprach er und löste   170
Das reiche Vließ von seinen Schultern ab,
Und reichte mirs; da schütternd wacht ich auf."

entfernt jeden Gedanken an einen Frevel durch das Hinwegnehmen des
Vließes; und für die Darlegung jener Idee genügte der Mord des
Phryxus. Wie viel besser wäre es gewesen, auch hier der Sage ihr 175
Recht zu lassen!

3.

Wir haben nun noch des Stückes zu gedenken, womit Grillparzer
seine poetische Laufbahn begonnen hat; nämlich der Ahnfrau. Der
Erfolg dieses Stückes auf der Bühne war ein außerordentlicher und über=
raschender. Die Kritik, die es anfangs bei einzelnen Einwendungen und 180
Ausstellungen bewenden ließ, verflocht es später in die nämliche feind=
selige Polemik, welche sie gegen Müllners Schuld richtete. Es wäre,
nebenher gesagt, nicht übel, wenn sie hinsichtlich des Letzteren — was
auch sein literarischer Charakter verschuldet haben mag — es endlich ein=
mal müde würde, ihn im Kot herumzuzerren; erwägend, daß sie dadurch 185
nur fortwährend auf die Schandsäule hinzeige, die sie sich hier ganz
offenbar, entweder in dem anfänglich übertriebenen Lob oder später in
dem endlosen leidenschaftlich übertriebenen Schmähen, gesetzt hat.

Uebrigens ist die Kritik in Betreff der sogenannten Schicksals=
tragödien nie zu einer befriedigenden Ansicht gekommen. Eines ist 190
klar, daß sie für dasjenige, was ihr hier mißlingt, die Lösung für jeden
Fall nur vom Standpunkte der Philosophie, am befriedigendsten wol in
einem streng consequenten, die Lösung des Lebensrätsels an die Idee
einer sittlichen Weltordnung knüpfenden Determinismus finden könne.
Wie viel die Poesie durch das bezeichnete Philosophem gewinnen könne, 195
muß hier unbeantwortet bleiben. Tritt man aber in den gewöhnlichen
Standpunkt, so hat die Kritik sich auch von diesem aus meistens ziemlich
unklar gezeigt. Denn sie hat die Schicksalstragödie immer von dem
Punkte angegriffen, von welchem aus sie nicht anzugreifen, von dem Ein=

²⁰⁰ fluſſe äußerer Umſtände auf den Willen, den keine Philoſophie wegläugnen will noch kann, und den der Dichter nur in einem prägnanten concreten Fall hinſtellt, während ſie ihre Angriffe ausſchließend auf jeden Schein einer Nötigung zum Verbrechen hätte richten und nebenher fragen ſollen, wie er, wenn er den Schmerz auf eine ſo gewaltſame Weiſe in unſerer ²⁰⁵ Bruſt aufrege, dieſen Schmerz verſöhnen könne? und wie viel der Dichter für dieſen Zweck gethan habe?

Jener Schein nun fällt dem Dichter der „Schuld" weit mehr zur Laſt, als jenem der Ahnfrau (wobei bemerkt werden mag, daß die Fabel der „Schuld" eben ſo tragiſch blieb, wenn der Accent auf die ſchwach= ²¹⁰ mütige Furcht der Mutter gelegt wurde): aber auch Grillparzer hat dieſen Schein nicht vermieden. Es iſt gar nichts gewonnen, wenn Bertha nach der Erzählung bei dem Verbrechen und dem Verhängnis der Ahn= frau ihren Vater fragt:

> Vater, du ſiehſt bleich: iſt's Wahrheit,
> ²¹⁵ Was der alte Mann da ſpricht?

und dieſer antwortet:

> Was iſt wahr, was iſt es nicht?
> Laß uns eignen Wertes freuen,
> Und nur eigne Sünden ſcheuen;
> ²²⁰ Laß, wenn in der Ahnen Schar
> Jemals eine Schuld'ge war,
> Alle and're Furcht entweichen,
> Als die Furcht, ihr je zu gleichen —

da er, der Schuldloſe, der dieſe Lehre ausſpricht, nicht minder als die ²²⁵ Uebrigen in den Abgrund des Jammers hinabgezogen wird. Der An= blick des verhängnisvollen Dolches übt auf Jaromir magiſchen Einfluſ.

> Sei gegrüßt, du hilfreich Werkzeug!
> Ja du biſt's, fürwahr, du biſt's!
> Wie ich dich ſo vor mir ſehe,
> ²³⁰ Tauchen ferner Kindheit Bilder,
> Lang verborgen, lang entzogen
> Von des Lebens wilden Wogen,
> Wie der Heimat blaue Berge
> Auf aus der Erinnerung Flut. —
> ²³⁵ An dem Morgen meiner Tage
> Hab ich dich ſchon, dich geſehen;

Seitdem durch die Nacht des Lebens
Schwebtest du mir gräßlich vor,
Wie ein blutig Meteor.
In der flucherfüllten Nacht,   240
Als ich auf der ersten Stufe
Meinem furchtbaren Berufe
Scheu die Erstlinge gebracht:
Da sah ich mit bleichem Schrecken
In der Wunde, die ich schlug,   245
Statt des Dolches, den ich trug,
Deine, deine Klinge stecken.
Und seit jenem Schreckenstag
Blieb dein Bild mir immer wach! —

Diese magische Wirkung hält die Kritik mit Recht für einen Mißgriff. 250
Ebenso wenn der sterbende Borotin in die Worte ausbricht:

Dieser war es? Dieser Dolch?
Ja, du bist es, blutig Eisen,
Ja du bist's, du bist dasselbe,
Das des Ahnherrn blinde Wut   255
Tauchte in der Gattin Blut;
Ich seh' dich, und es wird helle,
Hell vor meinem trüben Blick.
Seht ihr mich verwundert an?
Das hat nicht mein Sohn gethan!   260
Tiefverhüllte, finst're Mächte,
Lenkten seine schwanke Rechte!

Endlich, wenn die Verbrechen der Fabel nicht Bedingung der Entführung der Ahnfrau, sondern Folge ihrer Schuld, der fortwuchernden
Macht des Samens der Sünde und des verstärkten Antriebes zum Bösen 265
im ererbten Blut waren: so wäre zu wünschen gewesen, daß der Dichter
diese Momente, was sich wol thun ließ, entschiedener herausgestellt hätte.
Wie auf andere Weise, so konnte dieses durch die Art, wie die Ahnfrau
selbst eingeführt wurde, geschehen. Der Dichter hat diese Weise selbst
mit richtigem Sinne angedeutet.   270

Und wenn Unheil droht dem Hause,
Sich Gewitter thürmen auf,

Steigt sie aus der dunkeln Klause
An die Oberwelt herauf.
275 Dann sieht man sie klagend gehen,
Klagend, dass ihr Macht gebricht;
Denn sie kann's nur vorher sehen,
Ab es wenden kann sie's nicht.

Irret Referent nicht, so würde die Bedeutung der Dichtung durch
280 das consequente Festhalten dieses Momentes in der durchaus stummen,
nur durch Gebärden ihren Schmerz ausdrückenden Erscheinung der Ahnfrau um nicht weniges klarer hervorgetreten sein.

An Andeutungen zur Versöhnung haben es beide Dichter nicht fehlen
lassen; nur dass diese durchaus ungenügend sind. Es wäre nicht schwer
285 zu beweisen, dass Müllner hier mehr gethan habe als Grillparzer;
so wie die Lösung der Aufgabe bei diesem weit schwerer war, als bei
jenem. Diese Aufgabe ist nur einmal vollkommen gelöst worden, im
Oedipus des Sophokles. Der König Oedipus des griechischen
Dichters ist wol eine herbere Schicksalstragödie, als irgend ein neuerer
290 Dichter auf die Bühne gebracht; aber im Oedipus zu Colonos
wird der herbe Schmerz, welchen jener erregt, eben so mild als vollständig versöhnt durch das, worin allein jeder Schmerz des Lebens, einer
sittlichen Weltordnung gegenüber, seine Rechtfertigung findet: durch die
Läuterung des Leidenden. Wie sehr dabei der griechische Dichter gegen
295 den neueren durch den Stoff sowie sonst im Vortheil gewesen, braucht
nicht insbesondere bemerkt zu werden.

Trotz dieser eingestandenen Mängel der Ahnfrau scheint es dennoch
ziemlich überflüssig gewesen zu sein, nach Sympathien des deutschen
Publikums zu suchen, um die Erfolge zu erklären, welche diese Dich-
300 tung auf allen vaterländischen Bühnen gehabt hat. Der Grund lag
nahe genug in dem drastischen menschlichen, wenn gleich herben Interesse der Fabel; in den meisterlich durchgeführten Charakteren; in
der energischen Darstellung der Leidenschaften; vorzüglich aber in der
Kraft und Fülle der poetischen Diction, worin die Ahnfrau von keinem
305 andern dramatischen Produkte in unserer Sprache übertroffen wird.
Wenn nun die Kritik des Auslandes Grillparzers Talent demungeachtet „unzulänglich" findet: so darf es den lebenden, dramatischen
Dichter nur nennen, den es gegen ihn in die Wage legen will; uns

bleibt von achtenswerten Erzeugnissen der tragischen wie der komischen Muse immer noch einiger Vorrat, um ihn in unsere Schale nachzulegen, 310 wenn diese, wider Vermuten, gar zu hoch emporschnellen sollte.

Michael Enk.

§. 35. Nebenkünste.

Die Gesetze der Aesthetik haben nicht nur für die Hauptarten der Kunst, sondern auch für andere Werke menschlichen Geistes und menschlicher Fertigkeit ihre Geltung. Solche Werke sind darum künstlerischer Natur, ohne die innere Bedeutung der hohen Kunst zu besitzen, und gelten als Produkte verschiedener Nebenkünste, insofern sie nicht in den Bereich der Kunstindustrie oder Kleinkunst fallen. — Die Nebenkünste stehen in der Regel mit einer Hauptkunst in äußerer oder innerer Verbindung, indem sie entweder derselben dienen oder ähnliche Werke hervorbringen.

1. Gartenkunst.

Der Architektur verwandt ist die Gartenkunst. Sie ordnet Boden und Bäume nach architektonischen Grundsätzen, schmückt einzelne Partien mit Bauten und plastischen Figuren, belebt andere durch das bewegliche Wasser, schafft malerische Perspectiven und Blumenanlagen. Es hat sich in dieser Kunst ein französischer und ein englischer Stil geltend gemacht. Jener fordert möglichst geradlinige Formen, auch der Bäume, die deshalb beschnitten werden müssen; dieser läßt der Vegetation eine möglichst freie Entwicklung und sucht die ästhetische Wirkung ohne Beeinträchtigung der natürlichen Form zu erreichen.

2. Graphische Künste.

Die graphischen Künste sind eigentlich Zweige der Malerei, insofern sie auf Zeichnung beruhen. Das Charakteristische derselben liegt darin, daß sie zur Vervielfältigung von Werken der bildenden Kunst dienen können, insoweit dieses durch Zeichnung und Druck möglich ist. Man nennt sie darum auch vervielfältigende Künste. — Durch allgemeine Verbreitung machen sie Kunstwerke, welche im Originale nur einmal existieren, populär, und wecken und befriedigen den Kunstsinn des Volkes. In Wien besteht eine eigene „Gesellschaft für vervielfältigende Kunst". —

Zu den graphischen Künsten gehören: die Kunst des Kupferstiches, des Holzschnittes und des Steindruckes. Kupferstich und Holzschnitt wurden schon im 15. Jahrhundert und zuerst in Deutschland angewendet; den Steindruck hat Sennefelder 1799 in München entdeckt. Der Kupferstich ist die vollkommenste der nachbildenden Künste, der Holzschnitt die volkstümlichste.

Der Kupferstecher gräbt die Zeichnung mittels des Grabstichels in die Kupferplatte ein, welche mit feiner schwarzer Farbe überzogen wird. Von der Platte kann durch Druck das Bild mehrmals auf Papier übertragen werden. Wenn man die Zeichnung nicht in die Kupferplatte eingräbt, sondern sie mit der Radiernadel nur auf den Wachsüberzug der Platte aufträgt, hierauf diese mit Aetzwasser bedeckt, welches sich in die durch die Radiernadel bloßgelegten Stellen der Platte einfrißt, so nennt man das Verfahren Radierung.

Dem Kupferstiche ähnlich, aber von geringerer künstlerischer Bedeutung ist der Stahl= und Zinkstich.

Der Holzschneider (Xylograph) zeichnet mit Bleistift auf die Fläche von Buxbaumholz, und arbeitet dann mit verschiedenen Werkzeugen den Grund vertieft heraus, so daß die Zeichnung erhaben bleibt. — Von dem Originalstocke können Abklatsche (Cliche's) in Blei gemacht und vervielfältigt und in Verbindung mit dem Buch=druck verwendet werden.

Der Lithograph zeichnet mit chemischer Kreide oder chemischem Tusche auf Kalkstein (am besten Solenhofer Stein); wird Papier gegen die Oberfläche des Steins gepreßt, so wird das Bild auf dasselbe übertragen. Der lithographische Farbendruck erfordert so viel Steine, als das Bild Farben enthält.

Diesem verwandt ist der Oelfarbendruck, der neuestens ebenfalls zur Vervielfältigung von Gemälden verwendet wird.

Zu den vervielfältigenden Künsten wird heute auch die Photographie ge=zählt, obwol das Bild nicht auf künstlerischem, sondern auf chemischem Wege herge=stellt wird. — Sie hat für gewisse Zwecke einen außerordentlichen praktischen Wert, kann aber nie die künstlerische Bedeutung des Kupferstiches erreichen, ihn daher auch nicht überflüssig machen.

3. Schauspielkunst.

Andere Nebenkünste stehen mit der Ton= und Dichtkunst in innigster Ver=bindung, entlehnen aber ihre Gesetze auch den bildenden Künsten. — Ihr Ma=terial ist der lebendige menschliche Körper; das Kunstwerk haftet an demselben und ist nur für den Moment da. — Diese sind: Die Tanzkunst, die Mimik und die Schauspielkunst.

Im Tanze beschreibt der menschliche Körper schöne rhythmische Formen, führt taktmäßig anmutige Bewegungen aus, unter Begleitung von Instrumentalmusik. In alter Zeit war auch Gesang damit verbunden. Als Kunst gefälliger freier Be=wegung gehört der Tanz; zum Schmuck geselligen Lebens; die höhere Tanzkunst findet ihre Anwendung im Ballet, das selbst sich oft mit der Oper verbindet.

Das Ballet kann ohne Mimik, die Kunst des Mienen= und Geberdenspiels, nicht bestehen; diese muß ihm die Sprache ersetzen. — Die Mimik verwendet die Be=wegungen des menschlichen Körpers zum Ausdrucke inneren Lebens, deutet durch sie sogar etwas geschehenes an.

Mimik ist ferner der wichtigste Theil der Schauspielkunst, welche den dramatischen Charakter sowol durch äußere Geberden, als durch die Sprache des Dichters darzustellen hat. — Die Kunst der Geberden und des Vortrages machen also den Schauspieler. Beide sind zur rechten Wirkung des dichterischen Werkes notwendig. — Mit der Kunst des Schauspielers verbindet sich wieder die Kunst der scenischen Ausstattung, als die eigentliche Bühnenkunst, welche das Wirken des Schauspielers hebt und ergänzt.

4. Redekunst.

Der Dichtkunst verwandt ist die Redekunst, insofern sie nicht nur Gründe, die den Verstand überzeugen, sondern auch Gefühl und Phantasie aufbietet, um auf den menschlichen Willen zu wirken oder wenigstens eine bleibende Stimmung zu erzeugen. — Obwol ihr Zweck ein praktischer, und die sprachliche Form stets die prosaische ist, so verwendet sie doch auch künstlerische Mittel, die ihr einen ästhetischen Charakter geben. — Der Redner sucht durch lebendige Schilderung zu wirken, wie der Epiker, er spricht unmittelbar sein erregtes Gefühl aus, wie der Lyriker, und manche Redefiguren, wie die der Anrede, des Einwurfs geben dem Vortrage desselben etwas dramatisches. Nebstbei ist zu bemerken, dass die Poesie, zumal die dramatische, gar oft sich rhetorischer Mittel bedient, wenn z. B. im Dialoge Rede und Gegenrede bestimmt sind, auf den Willen zu wirken.

Die Gartenkunst.

Es ist gar nichts Ungewöhnliches, dass man mit der Ausführung einer Sache anfängt und mit der Frage, ob sie denn auch wol möglich sei? endigt. Dieß scheint besonders auch mit den so allgemein beliebten ästhetischen Gärten der Fall zu sein. Diese Geburten des nördlichen Geschmacks sind von einer so zweideutigen Abkunft und haben bis jetzt einen so unsichern Charakter gezeigt, dass es dem ächten Kunstfreunde zu verzeihen ist, wenn er sie kaum einer flüchtigen Aufmerksamkeit würdigte und dem Dilettantismus zum Spiele dahin gab. Ungewiss, zu welcher Klasse der schönen Künste sie sich eigentlich schlagen sollte, schloss sich die Gartenkunst lange Zeit an die Baukunst an und beugte die lebendige Vegetation unter das steife Joch mathematischer Formen, wodurch der Architekt die leblose schwere Masse beherrscht. Der Baum musste seine höhere organische Natur verbergen, damit die Kunst an seiner gemeinen Körpernatur ihre Macht beweisen konnte. Er musste sein schönes selbständiges Leben für ein geistloses Ebenmaß und seinen leichten, schwebenden Wuchs für einen Anschein von Festigkeit hingeben, wie das Auge sie von steinernen Mauern verlangt. Von diesem seltsamen Irrweg kam die Gartenkunst in neueren Zeiten zwar zurück, aber nur, um sich auf den entgegengesetzten zu verlieren. Aus der strengen Zucht des Architekten flüchtete sie sich in die Freiheit des Poeten, vertauschte plötzlich die härteste Knechtschaft mit der regellosesten Licenz und wollte nun von der Einbildungskraft allein das Gesetz empfangen. So willkürlich, abenteuerlich und bunt, als nur immer die sich selbst überlassene Phantasie ihre Bilder wechselt, musste nun das Auge von einer unerwarteten Decoration

²⁵ zur andern hinüberspringen, und die Natur, in einem größern oder kleinern Bezirke, die ganze Mannigfaltigkeit ihrer Erscheinungen wie auf einer Musterkarte vorlegen. So wie sie in den französischen Gärten ihrer Freiheit beraubt, dafür aber durch eine gewisse architektonische Uebereinstimmung und Größe entschädigt wurde: so sinkt sie nun, in unsern ³⁰ sogenannten englischen Gärten, zu einer kindischen Kleinheit herab und hat sich durch ein übertriebenes Bestreben nach Ungezwungenheit und Mannigfaltigkeit von aller schönen Einfalt entfernt und aller Regel entzogen. In diesem Zustande ist sie größtentheils noch, nicht wenig bebegünstigt von dem weiblichen Charakter der Zeit, der vor aller Be- ³⁵ stimmtheit der Formen flieht und es unendlich bequemer findet, die Gegenstände nach seinen Einfällen zu modeln, als sich nach ihnen zu richten.

Da es so schwer hält, der ästhetischen Gartenkunst ihren Platz unter den schönen Künsten anzuweisen, so könnte man leicht auf die Vermutung geraten, daß sie hier gar nicht unterzubringen sei. Man würde ⁴⁰ aber Unrecht haben, die verunglückten Versuche in derselben gegen ihre Möglichkeit überhaupt zeugen zu lassen. Jene beiden entgegengesetzten Formen, unter denen sie bis jetzt bei uns aufgetreten ist, enthalten etwas Wahres und entsprangen beide aus einem gegründeten Bedürfnis. Was erstlich den architektonischen Geschmack betrifft, so ist nicht zu leugnen, daß die ⁴⁵ Gartenkunst unter einer Kategorie mit der Baukunst steht, obgleich man sehr übel gethan hat, die Verhältnisse der letztern auf sie anwenden zu wollen. Beide Künste entsprechen in ihrem ersten Ursprunge einem physischen Bedürfnis, welches zunächst ihre Formen bestimmt, bis das entwickelte Schönheits-Gefühl auf Freiheit ihrer Formen drang und ⁵⁰ zugleich mit dem Verstande der Geschmack seine Forderungen machte. Aus diesem Gesichtspunkte betrachtet, sind beide Künste nicht vollkommen frei, und die Schönheit ihrer Formen wird durch den unnachläßlichen physischen Zweck jederzeit bedingt und eingeschränkt bleiben. Beide haben gleichfalls mit einander gemein, daß sie Natur durch Natur, nicht ⁵⁵ durch ein künstliches Medium, nachahmen oder gar nicht nachahmen, sondern neue Objekte erzeugen. Daher mochte es kommen, daß man sich nicht sehr streng an die Formen hielt, welche die Wirklichkeit darbietet, ja sich wenig daraus machte, wenn nur der Verstand durch Ordnung und Uebereinstimmung, und das Auge durch Majestät und An- ⁶⁰ mut befriedigt wurde, die Natur als Mittel zu behandeln und ihrer Eigentümlichkeit Gewalt anzuthun. Man konnte sich um so eher dazu berechtigt glauben, da offenbar in der Gartenkunst, wie in der Baukunst, durch eben diese Aufopferung der Naturfreiheit sehr oft der physische Zweck befördert wird. Es ist also den Urhebern des architektonischen Geschmacks in der Gartenkunst einigermaßen zu verzeihen, wenn sie sich von der Verwandtschaft, die in mehreren Stücken zwischen diesen beiden Künsten herscht, verführen ließen, ihre ganz verschiedenen Charaktere zu verwechseln und in der Wahl zwischen Ordnung und Freiheit die erstere auf Kosten der anderen zu begünstigen.

Auf der anderen Seite beruht auch der poetische Gartengeschmack auf einem ganz richtigen Factum des Gefühls. Einem aufmerksamen Beobachter seiner selbst konnte es nicht entgehen, daß das Vergnügen, womit uns der Anblick landschaftlicher Scenen erfüllt, von der Vorstellung unzertrennlich ist, daß es Werke der freien Natur, nicht des Künstlers sind. Sobald also der Gartengeschmack diese Art des Genusses bezweckte, so mußte er darauf bedacht sein, aus seinen Anlagen alle Spuren eines künstlichen Ursprungs zu entfernen. Er machte sich also die Freiheit, so wie sein architektonischer Vorgänger die Regelmäßigkeit, zum obersten Gesetz; bei ihm mußte die Natur, bei diesem die Menschenhand siegen. Aber der Zweck, nach dem er strebte, war für die Mittel viel zu groß, auf welche seine Kunst ihn beschränkte; und er scheiterte, weil er aus seinen Gränzen trat und die Gartenkunst in die Malerei hinüber führte. Er vergaß, daß der verjüngte Maßstab, der der letzten zu statten kommt, auf eine Kunst nicht wol angewendet werden konnte, welche die Natur durch sich selbst repräsentiert und nur insofern rühren kann, als man sie absolut mit Natur verwechselt. Kein Wunder also, wenn er über dem Ringen nach Mannigfaltigkeit ins Tändelhafte und — weil ihm zu den Uebergängen, durch welche die Natur ihre Veränderungen vorbereitet und rechtfertigt, der Raum und die Kräfte fehlten — ins Willkürliche verfiel. Das Ideal, nach dem er strebte, enthält an sich selbst keinen Widerspruch; aber es war zweckwidrig und grillenhaft, weil auch der glücklichste Erfolg die ungeheuren Opfer nicht belohnte.

Soll also die Gartenkunst endlich von ihren Ausschweifungen zurückkommen und wie ihre andern Schwestern zwischen bestimmten und bleibenden Gränzen ruhen, so muß man sich vor allen Dingen deutlich gemacht haben, was man denn eigentlich will: eine Frage, woran man, in Deutschland wenigstens, noch nicht genug gedacht zu haben scheint. Es wird sich alsdann wahrscheinlicher Weise ein ganz guter Mittelweg

zwischen der Steifigkeit des französischen Gartengeschmacks und der gesetz=
100 losen Freiheit des sogenannten englischen finden; es wird sich zeigen,
daß sich diese Kunst zwar nicht zu so hohen Sphären versteigen dürfe,
als uns diejenigen überreden wollen, die bei ihren Entwürfen nichts
als die Mittel zur Ausführung vergessen, und daß es zwar abgeschmackt
und widersinnig ist, in eine Gartenmauer die Welt einschließen zu wollen,
105 aber sehr ausführbar und vernünftig, einen Garten, der allen Forderungen
des guten Landwirts entspricht, sowol für das Auge als für das Herz
und den Verstand zu einem charakteristischen Ganzen zu machen.

Schiller (1795).

Der Tanz.

Siehe, wie schwebenden Schritts im Wellenschwung sich die Paare
    Drehen! Den Boden berührt kaum der geflügelte Fuß.
Seh ich flüchtige Schatten, befreit von der Schwere des Leibes?
    Schlingen im Mondlicht dort Elfen den luftigen Reihn?
5 Wie, vom Zephyr gewiegt, der leichte Rauch in die Luft fließt,
    Wie sich leise der Kahn schaukelt auf silberner Flut,
Hüpft der gelehrige Fuß auf des Takts melodischer Woge,
    Säuselndes Saitengetön hebt den ätherischen Leib.
Jetzo, als wollt es mit Macht durchreißen die Kette des Tanzes,
10   Schwingt sich ein mutiges Paar dort in den dichtesten Reihn.
Schnell vor ihm her entsteht ihm die Bahn, die hinter ihm schwindet,
    Wie durch magische Hand öffnet und schließt sich der Weg.
Sieh! jetzt schwand es dem Blick; in wildem Gewirr durcheinander
    Stürzt der zierliche Bau dieser beweglichen Welt.
15 Nein, dort schwebt es frohlockend herauf, der Knoten entwirrt sich;
    Nur mit verändertem Reiz stellet die Regel sich her.
Ewig zerstört, es erzeugt sich ewig die drehende Schöpfung,
    Und ein stilles Gesetz lenkt der Verwandlungen Spiel.
Sprich, wie geschiehts, daß rastlos erneut die Bildungen schwanken,
20   Und die Ruhe besteht in der bewegten Gestalt?
Jeder ein Herscher, frei, nur dem eigenen Herzen gehorchet
    Und im eilenden Lauf findet die einzige Bahn?
Willst du es wissen? Es ist des Wollauts mächtige Gottheit,
    Die zum geselligen Tanz ordnet den tobenden Sprung;

Die der Nemesis gleich an des Rhythmus goldenem Zügel 25
Lenkt die brausende Lust und die verwilderte zähmt.
Und dir rauschen umsonst die Harmonien des Weltalls?
Dich ergreift nicht der Strom dieses erhabnen Gesangs?
Nicht der begeisternde Takt, den alle Wesen dir schlagen?
Nicht der wirbelnde Tanz, der durch den ewigen Raum 30
Leuchtende Sonnen schwingt in kühn gewundenen Bahnen?
Das du im Spiele doch ehrst, fliehst du im Handeln, das Maß!

Schiller.

Schauspielkunst.

Wenn Shakespeare nicht ein eben so großer Schauspieler in der
Ausübung gewesen ist, als er ein dramatischer Dichter war, so hat er
doch wenigstens eben so gut gewußt, was zu der Kunst des einen, als
was zu der Kunst des andern gehört. Ja vielleicht hatte er über die
Kunst des ersteren um so viel tiefer nachgedacht, weil er so viel weni- 5
ger Genie dazu hatte. Wenigstens ist jedes Wort, das er dem Hamlet,
wenn er die Komödianten abrichtet, in den Mund legt, eine goldene
Regel für alle Schauspieler, denen an einem vernünftigen Beifall gelegen ist. „Ich bitte Euch," läßt er ihn unter andern zu den Komödianten sagen, „sprecht die Rede so, wie ich sie Euch vorsagte; die Zunge 10
muß nur eben darüber hinlaufen. Aber wenn ihr mir sie so heraus-
halset, wie es manche von unseren Schauspielern thun, seht, so wäre mir
es eben so lieb gewesen, wenn der Stadtschreier meine Verse gesagt
hätte. Auch durchsägt mir mit Eurer Hand nicht so sehr die Luft, sondern macht alles hübsch artig; denn mitten in dem Strome, mitten in 15
dem Sturme, mitten, so zu reden, in dem Wirbelwinde der Leidenschaften,
müßt ihr noch einen Grad von Mäßigung beobachten, der ihnen das
Glatte und Geschmeidige gibt."

Man spricht so viel von dem Feuer des Schauspielers; man
zerstreitet sich so sehr, ob ein Schauspieler zu viel Feuer haben könne. 20
Wenn die, welche es behaupten, zum Beweise anführen, daß ein Schauspieler ja wol am unrechten Orte heftig oder wenigstens heftiger sein
könne, als die Umstände erfordern, so haben die, welche es leugnen,
Recht zu sagen, daß in solchem Falle der Schauspieler nicht zu viel
Feuer, sondern zu wenig Verstand zeige. Ueberhaupt kommt es aber wol 25
darauf an, was wir unter dem Worte Feuer verstehen. Wenn

22*

Geschrei und Contorsionen Feuer sind, so ist es wol unstreitig, daß der Acteur darin zu weit gehen kann. Besteht aber das Feuer in der Geschwindigkeit und Lebhaftigkeit, mit welcher alle Stücke, die den Acteur ausmachen, das ihrige dazu beitragen, um seinem Spiele den Schein der Wahrheit zu geben, so müßten wir diesen Schein der Wahrheit nicht bis zur äußersten Illusion getrieben zu sehen wünschen, wenn es möglich wäre, daß der Schauspieler allzuviel Feuer in diesem Verstande anwenden könnte. Es kann also auch nicht dieses Feuer sein, dessen Mäßigung Shakespeare selbst in dem Strome, in dem Sturme, in dem Wirbelwinde der Leidenschaft verlangt; er muß bloß jene Heftigkeit der Stimme und der Bewegungen meinen. Und der Grund ist leicht zu finden, warum auch da, wo der Dichter nicht die geringste Mäßigung beobachtet hat, dennoch der Schauspieler sich in beiden Stücken mäßigen müsse. Es gibt wenig Stimmen, die in ihrer äußersten Anstrengung nicht widerwärtig würden; und allzu schnelle, allzu stürmische Bewegungen werden selten edel sein. Gleichwol sollen weder unsere Augen noch unsere Ohren beleidigt werden; und nur alsdann, wenn man bei Aeußerung der heftigen Leidenschaften alles vermeidet, was diesen oder jenen unangenehm sein könnte, haben sie das Glatte und Geschmeidige, welches ein Hamlet auch noch da von ihnen verlangt, wenn sie den höchsten Eindruck machen und ihm das Gewissen verstockter Frevler aus dem Schlafe schrecken sollen.

Die Kunst des Schauspielers steht hier zwischen den bildenden Künsten und der Poesie mitten inne. Als sichtbare Malerei muß zwar die Schönheit ihr höchstes Gesetz sein; doch als transitorische Malerei braucht sie ihren Stellungen jene Ruhe nicht immer zu geben, welche die alten Kunstwerke so imponierend macht. Sie darf sich, sie muß sich das Wilde eines Tempesta, das Freche eines Bernini öfters erlauben, es hat bei ihr alles das Ausdrückende, welches ihm eigentümlich ist, ohne das Beleidigende zu haben, das es in den bildenden Künsten durch den permanenten Stand erhält. Nur muß sie nicht allzulang darin verweilen; nur muß sie es durch die vorhergehenden Bewegungen allmählig vorbereiten, und durch die darauf folgenden wiederum in den allgemeinen Ton des Wolanständigen auflösen; nur muß sie ihm nie alle die Stärke geben, zu der sie der Dichter in seiner Bearbeitung treiben kann. Denn sie ist zwar eine stumme Poesie, aber die sich unmittelbar unsern Augen verständlich machen will; und jeder Sinn will geschmeichelt sein, wenn er die Begriffe, die man ihm in die Seele zu bringen gibt, unverfälscht überliefern soll.

Es könnte leicht sein, daß sich unsere Schauspieler bei der Mäßigung, zu der sie die Kunst auch in den heftigsten Leidenschaften verbindet, in Ansehung des Beifalles nicht allzuwol befinden dürften. Aber welches Beifalles? Die Gallerie ist freilich ein großer Liebhaber des Lärmenden und Tobenden, und selten wird sie ermangeln, eine gute Lunge mit lauten Händen zu erwidern. Auch das deutsche Parterre ist noch ziemlich von diesem Geschmacke, und es gibt Acteurs, die schlau genug von diesem Geschmacke Vortheil zu ziehen wissen. Der Schläfrigste rafft sich gegen das Ende der Scene, wenn er abgehen soll, zusammen, erhebt auf einmal die Stimme und überladet die Action, ohne zu überlegen, ob der Sinn seiner Rede diese höhere Anstrengung auch erfordere. Nicht selten widerspricht sie sogar der Verfassung, mit der er abgehen soll; aber was thut das ihm? Genug, daß er das Parterre dadurch erinnert hat, aufmerksam auf ihn zu sein, und wenn es die Güte haben will, ihm nachzuklatschen. Nachzischen sollte es ihm! Doch leider ist es theils nicht Kenner genug, theils zu gutherzig, und nimmt die Begierde, ihm gefallen zu wollen, für die That.

Lessing.

§. 36. Kunstindustrie.

Nennt man Kunst und Handwerk nebeneinander, so bezeichnet man damit in der Regel den Gegensatz einer poetischen und prosaischen, einer idealen und praktischen Thätigkeit. Aber diese Gegensätze schließen sich nicht aus, sondern sind untrennbar verbunden. Die Kunst bedarf des Handwerkes, und geht in ihren äußersten Ausläufen wol selbst ins Handwerk über, wenn sie nicht mehr bloß ästhetischen, sondern auch praktischen Bedürfnissen dient; das Handwerk aber verwildert, wenn es nicht in Verbindung mit der Kunst bleibt und sich nach ästhetischen Grundsätzen richtet. Man spricht darum von einer „Kunst im Handwerke", wenn der Mensch Dinge, die zunächst seinem praktischen Bedürfnisse dienen, nach künstlerischen Grundsätzen herstellt und dadurch auch den Geschmackssinn befriedigt.

Es gibt allerdings Arten des Handwerks, welche, da sie gemeinen Bedürfnissen dienen, eine ästhetische Veredlung gar nicht zulassen. Aber andere können sich, wenn auch in verschiedenem Grade, zu künstlerischer Bedeutung erheben. Man faßt sie unter den Namen Kunstindustrie, Kleinkunst, technische Künste zusammen.

Die Aufgabe der Kunstindustrie ist es, das Nutzbare durch die dem Zwecke angepaßte Form und Verzierung zu veredeln.

Die Zweige der Kunstindustrie sind außerordentlich mannigfaltig; sie unter=
scheiden sich sowol nach den Stoffen, die bearbeitet werden, als nach den Zwecken,
denen sie dienen. Die meisten für den Menschen verwendbaren thierischen, vegetabi=
lischen und mineralischen Stoffe bearbeitet auch die Kunstindustrie, und den verschieden=
artigsten Bedürfnissen des menschlichen Lebens dienen ihre Werke. — Man faßt die
mannigfaltigen Zweige (nach Semper) in vier Hauptgruppen zusammen und
unterscheidet

1. Die textile Kunst (Weberei), worunter alles Geflechte und Gewebe,
Stickerei und Linienornamentation verstanden wird.

2. Die keramische Kunst, die Gefäßbildnerei aller Art aus Holz, Thon,
Glas und Metallen.

3. Die Tectonik (Zimmerei), die Kunst des Zusammenfügens starrer, stab=
förmiger Theile, Bildung von Rahmen, Geschränk, Stützwerk und Gestellen aller Art.

4. Die Stereotomie (Maurerei), die Kunst der Steinconstruction, des
großräumigen Bauens, die wahrhaft monumentale Technik.

Die Tectonik und Stereotomie fallen zum Theil mit dem Gebiet der Baukunst
zusammen, stehen immer unter den Gesetzen der Architektur, und sind derselben
dienstbar.

Die keramische Kunst ist der Plastik zunächst verwandt, weil sie den Stoffen
eine einheitliche feste Form gibt.

Für die textile Kunst sind Zeichnung und Farbe entscheidend; auf sie finden
also Grundprincipien der Malerei Anwendung.

Ton= und Dichtkunst haben kein Analogon im Handwerk; aber sie selbst sinken
zum Handwerke herab, wenn sie nicht höheren Interessen, sondern nur dem gemeinen
Bedürfnisse der Unterhaltung dienen. — Dieß ist z. B. bei der Tanz= und Salon=
musik, sowie bei der Roman= und Theaterliteratur der Fall.

Der Stil in der Kunstindustrie hängt einerseits vom Stoffe und
seiner Bearbeitung, anderseits vom Zwecke, dem Gebrauche ab, zu dem das
Werk bestimmt ist. — Die Form muß sowol der Eigenart des Stoffes, als dem
Zwecke entsprechen, soll das Werk stilvoll sein. — Jeder Stoff hat seine eigen=
tümlichen Vorzüge, welche zur Geltung gebracht werden müssen, und jeder Zweck er=
fordert naturgemäß eine eigentümliche Gestaltung des Gegenstandes. — Willkürliche Ver=
wechslungen von Formen, Nachahmungen von Stoffen sind stilwidrig und geschmacklos.

Blüte und Charakter der Kunstindustrie hängt mit den Epochen der allge=
meinen Kunstgeschichte aufs innigste zusammen. Der Stil der hohen Kunst prägt
auch dem Handwerke seinen Charakter auf; auch in der Kunstindustrie kann man
z. B. einen griechisch=römischen, einen gotischen und Renaissancestil unterscheiden.

Die Kunstindustrie dient den verschiedenartigsten Bedürfnissen des Menschen.
Zu ihren Hauptaufgaben gehört die Ausstattung der Kirche, des Hauses und des
menschlichen Körpers.

Für die Kirche liefert das Kunsthandwerk außer dem, was zum Schmucke
und der Einrichtung des Gebäudes gehört, noch die mannigfachen Geräte und Ge=
wänder, die der Kultus erfordert. In dieser Beziehung bietet der katholische Kultus
den reichsten Anlaß zu künstlerischer Bethätigung.

Im Hause ist es besonders die Ausstattung und Einrichtung der Wohnung, welche der Kunstindustrie zufällt. Sowol die Bekleidung der Wände, der Decke und des Bodens, als jedes bewegliche Einrichtungsstück kann in Form und Farbe ästhetischen Anforderungen entsprechen, stilvoll sein, wenn das nötige Verständnis und die erforderlichen Mittel vorhanden sind. — Zur ästhetischen Ausstattung des Hauses gehören ferner die Geräte für die Tafel (Speise und Trank), sowie der bewegliche Schmuck, den man irgendwo im Zimmer aufstellt. — Das alles repräsentiert die „Kunst im Hause", die so recht geeignet ist, das alltägliche Leben zu verschönern und zu veredeln.

Die Ausstattung des menschlichen Körpers ist das, was wir Tracht nennen. In ihr spricht sich die ästhetische Bildung der Zeit, ja die herrschende Kulturströmung besonders lebhaft aus. Farbe und Schnitt der Kleidungsstücke, die Behandlung des Haarwuchses, die Verwendung unterschiedlicher Schmuckgegenstände, die man an Körper und Kleidung zu tragen liebt, alles hängt vom ästhetischen Verstand oder Unverstand der Zeit und der Persönlichkeit, dem jeweiligen Zustande des Handwerkes ab. — Der größte Unverstand tritt in der Mode zu tage, für welche das Geschmackloseste Wert hat, wenn es nur das Neueste ist. — Da die Mode auf den Wechsel angewiesen ist, die Grundsätze der Aesthetik aber immer dieselben bleiben, so wird sie zu den widersinnigsten Formen getrieben.

Zur Förderung der Kunstindustrie in Oesterreich besteht seit 1863 in Wien das „Oesterreichische Museum für Kunst und Industrie" unter der Leitung des Hofrates R. v. Eitelberger.

Kunstindustrie des Altertums.
(„Berlins antike Bildwerke". Düsseldorf 1871, II. Bd., S. 1.)

1.

Die Sitte, das zum Leben Notwendige mit Anmut zu zieren, ist so alt wie die Menschheit. Wir kennen kein Volk, dem die Kunst in der elementaren Bedeutung als Verzierung des praktisch Nützlichen fehlte, und die historische Betrachtung vermag in den früheren Perioden der Geschichte nirgends eine Zeit oder ein Volk oder ₅ auch nur die Berechtigung zur Annahme eines solchen zu entdecken, das in seiner Thätigkeit ausschließlich den Gesichtspunkt des bloß Nützlichen verfolgt hätte.

In Zeiten einseitiger abstracter Verstandesbildung freilich, da löst sich das Band zwischen Nutzen und Schönheit, und der Nutzen tritt mit roher ₁₀ Prätension unverhüllt hervor, etwa wie in den Fabrikgebäuden in Manchester, großen Kasten von Stein mit ausgesparten Löchern, die auf Schinkel einen so höchst unheimlichen Eindruck machten. Aber wenn wir in die frühere Geschichte der Menschheit blicken, wo die Poesie des Mythus erwachsen,

15 wo die Sprache in reicherer Fülle der Formen dahinrauscht, wo kindliche Anschauung und Phantasie herschen, da kann nicht getrennt werden,
was auch in der Natur nicht getrennt ist, Zweck und Schönheit. Dem
indlichen Menschen ist es notwendig, all sein Thun mit Anmut zu
zieren, jedem Gerät ein Ornament zu verbinden, das ein Ausdruck
20 seiner Lust und Phantasie ist und das Gerät aus der Sphäre des rohen
Bedürfnisses heraushebt. Es ist ihm so notwendig, wie das Bild in der
Rede, wie Poesie und Gesang neben der Prosa, wie Gemüt und Phantasie neben dem Verstand, es ist wahrhaft menschlich, unter der Anforde-
rung des Bedürfnisses nicht die Freiheit und den Schwung des inneren
25 Lebens ersterben zu lassen.

Diese Anlage zur Ornamentierung des Notwendigen,
die allen Völkern gemein ist, während die höhere Kunst nicht
allen Völkern gemein ist, tritt natürlich nicht überall in gleicher
Stärke hervor. Wenn ein Volk mehr dem inneren Leben zuge-
30 kehrt ist, wird es leicht etwas unempfindlich gegen die Schönheit des
äußeren Lebens, aber den Griechen, als einem geborenen Kunstvolke,
war es Bedürfnis, daß der Mensch und seine ganze Umgebung sich in
schönen und edlen Formen präsentierten. Es genügt zu erinnern an den
Enthusiasmus dieses Volkes für die Schönheit der Körperformen, für
35 die Schönheit der Tracht und des Faltenwurfs, für den Rhythmus und
Adel der Bewegung, um zu begreifen, daß sie auch gegen die Schönheit ihrer täglichen Umgebung nicht gleichgiltig waren, und einige signi-
fikante Beispiele mögen hier gleich aufgeführt werden. Bei uns siegelt
man mit Namen, im Altertum siegelten auch die Aermeren mit Bildern;
40 bei uns werden die Oertlichkeiten, die man vor Beschädigung oder Be-
schmutzung zu wahren sucht, durch ein in Worten ausgesprochenes Ver-
bot geschützt, im Altertum schützte sie ein Bild, vornehmlich das einer
Schlange; bei uns sind die Meilenzeiger und Wegweiser rohe Steine
oder Pfähle, die in kürzester Fassung ihre Weisung geben; in Attika
45 waren es Bilder des Wegegottes Hermes, die nicht in Prosa, sondern in
Versen redeten und dem Wanderer außer den nötigen Anweisungen auch
einen edlen und schönen Spruch mit auf den Weg gaben. Was gibt es
für künstlerische Gestaltung scheinbar Unempfänglicheres, als ein Ge-
wichtstück, und doch sind eine große Anzahl der antiken Gewichte nichts
50 weniger als formlose Massen, sondern in der mannigfaltigsten Weise
figürlich gestaltet. Besonders charakteristisch ist endlich auch der Umstand,

daß sich unter den Fabriksstempeln allerliebste kleine Bildchen finden, die fast auf Kunstwert Anspruch machen können. So sehr wurde auch das scheinbar Entlegenste und Unbedeutendste in die das ganze Leben des Volkes durchdringende Atmosphäre hineingezogen.

Aber die Principien, nach denen in der Ornamentierung der Geräte verfahren wurde, verdienen eine nähere Erörterung. Die Belebung des mechanisch Gewordenen durch Formen der organischen Natur ist das oberste und allgemeinste Princip und die nähere Bestimmung ist diese, daß die Wahl dieser Formen sich nach Form oder Zweck des Gerätes richtet, so daß also der Begriff des willkürlich Ersonnenen und Ausgekünstelten von der Ornamentierung der Geräte fern zu halten ist.

2.

Wir beginnen mit der Verwendung einzelner Glieder organischer Wesen zu tektonischen Zwecken, des Fußes, der Hand und des Fingers, des Kopfes und des Mundes, resp. Mauls.

Daß die Geräte des Altertums, Tische und Stühle, Dreifüße und Kandelaber, Kisten und Kästchen u. s. w. ihrer großen Mehrzahl nach nicht bloß einen sogenannten, sondern wirklichen Fuß haben, ist bekannt genug. Selten ist dazu ein menschlicher Fuß genommen; Weihrauchbecken findet man einzeln auf Menschenbeinen ruhend; gewöhnlich aber ist es eine Thierklaue, die viel geeigneter ist, da der menschliche Fuß wegen seiner länglichen Form nicht so passend und auch fast zu edel für solchen Dienst erscheint. Auch hufenförmige Füße sind selten, das Gewöhnlichste und unleugbar Schönste ist der krallenförmige Fuß mit seiner runden, compakten und schön belebten Form. Er ruft zugleich die Vorstellung eines festen Standes hervor, indem er sich gleichsam in den Boden einkrallt. Man hat wol gesagt, das Gerät solle durch die Füße als ein gleichsam wandelndes, tragbares, nicht im Boden wurzelndes bezeichnet werden, aber konnte ein so abstracter und prosaischer Gedanke in poetisch gestimmter Zeit Ausdruck finden, oder ist es nicht natürlicher, den Grund der Sache in dem Bestreben zu finden, das Gerät nicht bloß praktisch nützlich, sondern auch anmutig für die Anschauung zu machen?

Die Hand wird in der verschiedensten Weise benützt, und der Gestus, den sie macht, ist natürlich darnach verschieden. Die ausgestreckte Hand findet sich oft an Haarnadeln und andern Geräten als

Griff, sie streckt sich gleichsam zum Anfassen einladend aus. Oder aber
sie krümmt sich zusammen und macht den Gestus des Zusammenscharrens,
und in diesem Sinn findet sie sich an Geräten, die unsern Kohlenschau-
feln entsprechen. Auch der Henkelschluß hat an verschiedenen Geräten
die Form einer Hand, besonders hübsch und passend bei solchen Henkeln,
welche die Form eines Bügels haben und zum H e b e n der betreffenden
Vase dienen. Da legt sich der Henkel mit anfassenden Händen an den
Bauch des Gefäßes und spricht durch diese Ornamentierung seinen Zweck
auf das Sinnlichste und Deutlichste aus.

Der F i n g e r kommt auch als Griff an Geräten vor, er ist ja
auch das Organ des Anfassens. Außerdem aber finden sich isolierte Finger, die den Gestus des Einhakens machen und an der Stelle unserer
nichtssagenden Haken gebraucht wurden. So findet man zum Beispiel
unten an der Wagendeichsel statt der Haken oder Ringe, durch welche
der Jochriemen gezogen wird, auch gekrümmte Finger, die sich um den
Riemen gleichsam herumkrümmen und ihn auf diese Weise festhalten.

Außerordentlich mannigfaltig ist die Verwendung des menschlichen
und thierischen K o p f e s. Am häufigsten wird er gebraucht, um den
Abschluß, die Spitze, gleichsam den Kopf eines Dinges zu markieren.
Die Wagendeichsel präsentiert nicht roh ihr abgeschnittenes Ende, sondern
läuft häufig in einen Kopf aus, ebenso die Rücken= und Seitenlehnen von
Stühlen, und die Griffe der verschiedenartigsten Geräte, Spiegel, Schöpf=
löffel, Messer u. s. w. Man kann beobachten, daß es durchgehends
spitzzulaufende Thierköpfe sind, die man für diesen letzteren Zweck gewählt hat, denn breite Köpfe wären da, wo es darauf ankommt, einen
Griff oder ein ähnliches langgestrecktes Ding auslaufen zu lassen, nicht
am Platze. Wie die Form des Geräts die Wahl des Thierkopfs bedingt, das zeigen sehr sinnig die Rücklehnen der Sessel und der Griff
des Schöpflöffels, die in Schwanenköpfe auslaufen, weil für diese gewissermaßen langhalsigen Geräte kein anderes Thier eine so treffende
Analogie darbot. Eben so sinnreich ist es, wenn die Arme eines Saiten-
instrumentes oder der hochragende oben gekrümmte Bügel des altgriechischen und altetrurischen Helms in Form eines Schwanenkopfs gebildet sind.

Wo es endlich eine Flüssigkeit auszugießen gibt, da ist der M u n d
resp. das Maul das notwendige Organ, denn das Wasser, wie es freilich heutigen Tages so oft der Fall ist, aus einer bloßen unverzierten
Röhre hinausfließen zu lassen, ist zwar praktisch genügend, aber im übrigen

roh. Ich erinnere mich unter den zahlreichen antiken Abbildungen von ¹²⁵
Brunnen keiner einzigen, wo das Wasser nicht aus einem Thiermaul
herauskäme und viele derartige Köpfe in Bronce und Marmor sind
uns erhalten. Auch hier kann man dieselben feinen Rücksichten in der
Wahl des Thierkopfes verfolgen, von denen oben die Rede war. Man
wählte nämlich Thiere mit breitem Kopf, wo es, wie an Brunnen und ¹³⁰
Dachrinnen, auf das Ausspeien eines dicken und vollen Strals ankam; wo dagegen, wie bei einer gewissen Klasse von Trinkhörnern, ein
feiner, dünner Stral auszusenden war, wurden Thiere mit spitzzulaufen-
dem Kopf vorgezogen. Uebrigens sind nicht nur Thierköpfe, sondern auch
menschliche Köpfe zu Brunnenmündungen benützt, doch erinnere ich mich ¹³⁵
nur Köpfe von Wasserdämonen, namentlich Silenen, in solcher Verwendung gesehen zu haben.

3.

Dieß mag hier genügen, um die sinnvolle Dekoration der antiken
Geräte durch organische Formen anzudeuten. Daß sich auch manches
Barocke findet, wird niemand wundern, und namentlich sind die Lampen ¹⁴⁰
reich an willkürlichen, seltsamen Erfindungen, wie wenn sie in Form
eines menschlichen Fußes, einer Ente, eines Elephantenrüssels u. s. w.
gebildet sind. Aber im allgemeinen ist der künstlerische Charakter der
antiken Geräte unverkennbar und in seiner Wirkung auf die Bildung
des Geschmacks nicht zu unterschätzen. Denn man darf nicht glauben, ¹⁴⁵
daß die figürliche Dekoration etwa nur bei einzelnen, theuren Geräten
angewandt und daher nur den Reicheren zugute gekommen sei; man
vergleiche nur die Spiegelgriffe oder die Schöpflöffel, die fast immer in
Thierköpfe auslaufen, oder die älteren etruskischen Candelaber, die ja
in reicher Anzahl erhalten und auch fast immer mit zierlichen Figuren ¹⁵⁰
geschmückt sind.

In der vorstehenden Erörterung ist die Dekoration der Geräte aus
dem allgemeinen Princip der Belebung des mechanisch Gewordenen durch
organische Formen, deren Wahl sich nach Zweck oder Form des Geräts
richte, abzuleiten gesucht. Es kann nicht geleugnet werden, daß in ¹⁵⁵
einzelnen Fällen auch noch andere Gründe auf die Wahl der Ornamente Einfluß gehabt haben. Wenn der Pompejaner Vaccula die von
ihm in die Thermen gestifteten Geräte mit Kuhköpfen verzierte, so ist
der Grund sofort klar; es ist aber ebenso klar, daß dieser Fall vereinzelt steht. Häufiger mag die Dekoration eines Geräts durch aber- ¹⁶⁰

gläubische Rücksichten veranlaßt sein, die Armbänder in Schlangenform
haben gewiß auch den Wert eines Amulets gehabt, da die Schlange
ein sehr gewöhnliches Schutzsymbol gegen Zauber und bösen Blick war.
Allein dieß sind einmal doch nur ganz bestimmte Symbole, und zudem
165 wird man auch in diesen Fällen darauf Bedacht genommen haben, daß
das Symbol den sonst zu nehmenden Rücksichten nicht hinderlich, sondern
eben förderlich wurde. Die Rücksichten aber, die in der Fabri-
kation der Geräte vor allem maßgebend sind, bleiben immer
und überall dieselben, es ist einerseits die praktische Tauglichkeit
170 und andererseits die Gefälligkeit der Erscheinung. Der Künstler
geht weiter als der Fabrikant, er ist nicht mit der bloßen Gefälligkeit
seiner Ornamente zufrieden, sondern strebt auch danach, sie bedeutsam
zu machen; es ist etwas anderes, ob Phidias einen Sessel für den
olympischen Zeus, oder ob ein Fabrikant einen einfachen Lehnstuhl ver-
175 fertigt. Aber die Geräte, die wir in unseren Museen haben, sind ja
eben Fabrikarbeit, und es hieße den Fabrikanten zu viel zutrauen, wenn
man in der Ornamentierung der Geräte allerhand verborgene Ar-
spielungen suchte.   C. Friederichs.

Holbein und das Kunsthandwerk.
("Holbein und seine Zeit". Leipzig 1866, II., S. 295.)

Was außer Bildnisköpfen noch sonst an Zeichnungen aus Holbein's
englischer Zeit vorhanden ist, besteht fast lediglich aus Entwürfen ornamentalen Inhalts, aus Skizzen für die mannigfaltigsten Zweige der
Kunstindustrie. Derartige Arbeiten gibt es schon aus der Baseler
5 Zeit des Malers und, daß er sich ihnen mit Vorliebe widmete, ist im
höchsten Grade bezeichnend für sein Erfülltsein von dem Geist der Renaissance. In Albrecht Dürer, der sein Leben lang ächt nürnbergisch
denkt und fühlt, regt sich der Geist seiner gewerbthätigen Heimatstadt
auch insoweit, daß es ihm Bedürfnis ist, sich in allen möglichen Tech-
10 niken zu versuchen, zu bossieren, zu schnitzen, zu modellieren; was er
von seinem Vater, der ihn erst zu seiner eigenen Kunst, dem Gold-
schmiedshandwerk, hatte ausbilden wollen, in früher Jugend gelernt,
übte er fortwährend, nicht nur dadurch, daß er in Kupfer stach, sondern
indem er Reliefcompositionen aus Kehlheimer Stein schnitt und Medaillen,
15 welche zu den glänzendsten Arbeiten in flacherhabener Technik gehören,
bossierte. Von Holbein berichtet nun freilich Mander ebenfalls, daß

er wunderartig und sauber in Wachs bossiert habe — wovon wir zwar
keine Probe kennen — doch im allgemeinen nahm er eine andere Stel=
lung zum Kunsthandwerk ein: er war meist nicht selbst in ihm thätig,
wol aber entwarf er ihm Vorbilder von allerlei Art. Er verfährt darin 20
ganz nach Art der großen italienischen Meister. Diese waren nicht bloß
Baumeister, oder Bildhauer, oder Maler, sondern alles das zusammen,
sie waren Künstler überhaupt. Was Menschenhände schufen, wollten
sie schön sehen, welchem Gebrauch es auch diente, und welcher Technik
es entstammte, und fanden sie für alles die geeignete Form. Bauten sie 25
stattliche Paläste, in deren heiterer, festlicher Pracht alle Weltlust der
Renaissance in die Erscheinung trat, so waren sie nicht bloß auf das
Architektonische allein bedacht und ließen dann andere Künstler und Hand=
werker kommen, um für das Uebrige zu sorgen. Nein — alles, was
zu Schmuck und Ausstattung diente, war in ihrem eigenen Geist er= 30
sonnen, die Eisengitter der Portale, die Malereien an den Wänden, die
Stuccaturen der Decke, ja sogar die Möbel, die Teppiche, das Gerät.
Michelangelo wird der Entwurf zu Werken der Kunsttischlerei, wie der
Decke in der laurentianischen Bibliothek in Florenz zugeschrieben.
Rafael, indem er die Loggien des Vatican schmückte, hatte nicht bloß 35
die figürlichen Compositionen gemacht, sondern in den bezaubernd=
phantastischen Verzierungen der Pilaster und Füllungen ein neues
System der Dekoration erfunden und ebenso die Ausführung von
Bariles holzgeschnitzten Thüren unter seine Leitung genommen.

(II., S. 314.)

Aber auch die Thätigkeit im Kleinen, wie Holbein sie zu üben 40
hatte, ist hoher Beachtung wert und namentlich die Gegenwart, in
welcher alle künstlerisch Gesinnten für die Förderung des Geschmackes
in der Kunstindustrie Interesse fassen, wird Holbeins Leistungen auf
diesem Felde zu würdigen wissen. Gegen die Mitte des 16. Jahr=
hunderts war das Kunsthandwerk Deutschlands in allen 45
seinen Zweigen zu einer Blüte gelangt, die wir heute be=
wundernd betrachten müssen. Nicht im mindesten stand es gegen Italiens
Leistungen zurück und hatte Frankreich an Adel des Geschmacks und
Kraft der Erfindung überholt. Als das Schönste aber, was der
deutsche Geist auf diesem Felde ersonnen hatte, stehen die Schöpfungen 50
Hans Holbein's da. Den sogenannten Kleinmeistern, welche durch ihre

Ornamentstiche so wirksam zur Verbreitung des Renaissance = Geschmacks beitrugen, war die Entwickelung seines ornamentalischen Stils der Zeit nach schon vorangegangen und er überholte sie ebenso an Geist und an
55 Reinheit des künstlerischen Gefühls. Mit manchem der Dolche oder mit Jane Seymurs Pokal vermag sich kein Werk des Benvenuto Cellini oder jener zahlreichen anderen Meister, deren Arbeiten heut gewöhnlich unter Cellinis Namen gehen, zu messen.

Baute Holbein dem englischen Monarchen nicht auch die Räume
60 selbst, in welchen dieser hauste, so war doch ein großer Theil ihrer Ausstattung seiner Erfindung zu danken, nicht nur die Gemälde, welche sie schmückten, sondern auch Kamine und sonstige Prachtstücke, die kunstvoll geschmiedeten Waffen, welche die Wände dekorierten, die Geräte und köstlichen Gefässe, die in den Sälen und Gemächern zur Schau
65 standen, bis auf die kleinsten Zier= und Gebrauchsgegenstände, ja bis auf das Costüm und den Schmuck der Menschen, welche in diesen Räumen wohnten. Die Erscheinung des Königs, wie Holbein ihn von Kopf bis zu Fuß im Wandbilde zu Whitehall gemalt, war auch im Original zum großen Theil sein Werk. Er hatte die Fassung der Ju=
70 welen an Kleid und Hut entworfen, die Stickereien, welche das Wamms überzogen und den Saum des Mantels schmückten, vorgezeichnet, die prächtige Halskette und die Medaille auf der Brust, den Dolch mit seinem reichen Griff und seiner zierlichen Scheide, ja vielleicht selbst die Hutschnur und das spanisch Werk am Kragen ersonnen. So faßte
75 der Meister im Sinne der Renaissance das Schöne als ein befruchtendes und beglückendes Element auf, welches das ganze Leben durchdringen musste, und hielt das Kleinste für wert, so behandelt und gestaltet zu werden, dass es einem hochgebildeten Kunstgefühl entsprach. —

Alfred Woltmann.

Die österreichische Kaiserkrone.
Ein Meisterwerk der Kunstindustrie.

Die Kunstindustrie ist nicht ein niedrigeres Bereich, nicht ein untergeordneter Zweig der Kunst, sondern sie ist diese selbst, in ganzer Vollgiltigkeit, so gut als Architektur und Bildnerei und Malerei. In ihr sind seltener einzelne Aufgaben von hervorragender Bedeutung ge=
5 geben, nicht monumentale Schöpfungen hinzustellen, vielmehr ergießt sich

der befruchtende Strom der Kunst hier in alle Fasern und Theile des gewöhnlichen Lebens und seiner Bedürfnisse; aber das dabei gestaltend thätige, geistige Element ist nicht minder Kunst als der Gedanke des Baumeisters, der Dome aufthürmt, des Bildners, unter dessen Meißel Götterbilder entstehen. Dasjenige Volk, bei dem auch die Erscheinung des alltäglichen, zu niedrigem Dienste bestimmten Gegenstandes des Hausgebrauches von solcher Berührung durch die Kunst geadelt ist, steht daher auf einer hohen Stufe der Kultur. Von dem Tempelgefäß, das zu Ehren der Gottheit verwendet wird, vom Thron und den Insignien des Herschers, von den Waffen des Helden bis zur geringen, thönernen Hydria der Nausikaa weiß die Kunstindustrie jeglichem Geräte des gemeinen Lebens die Weihe der Schönheit zu verleihen, eine Fülle von Technikern, ein Heer von Handwerkern steht ihr zu Gebote, denn ihr ist der hohe Beruf, nach jeder Richtung hin das praktisch notwendige mit dem Geist der Kunst zu durchdringen und diese so zu einem unentbehrlichen Element im gesammten Leben zu machen.

Wie sehr sie aber auch befähigt ist, ebenbürtig der sogenannten großen Kunst, hervorragende Interessen des Völkerlebens zu verherlichen, das zeigen hunderte von Werken, die sie im Dienste der Kirche, der Herscher geschaffen. Wie die Macht und Würde der staatlichen Gemeinde äußerlich sichtbar in der geheiligten Person des Fürsten repräsentiert ist, versinnbildet dessen Hoheit wieder der leuchtende Schmuck des Diadems, die Krone. In wie herlicher Weise das Kunstgewerbe auch so hohen Aufgaben zu genügen weiß, — Anforderungen, die in ihrer Art nicht geringer, nicht leichter sind, als jene des Baukünstlers, Bildners, oder Malers, — das mag aus einer Betrachtung der österreichischen Kaiserkrone hervorgehen.

Das wundervolle Werk, von welchem wir sprechen, wird als eines der ersten Kleinode des habsburgischen Hauses in der kaiserlichen Schatzkammer bewahrt. Es gibt zwar kaum eine Krone der Welt, die an historischem Interesse ärmer wäre, als dieses prachtvolle Diadem: neben den hochberühmten Kronen des deutschen Reiches oder jenen des heiligen Stephan von Ungarn oder der eisernen Krone Italiens, an welche sich Geschicke von welthistorischer Bedeutung knüpfen, verschwindet diejenige der österreichischen Krone; an künstlerischem Werte, an Schönheit dagegen ist ihr nicht eine zu vergleichen, ist sie selber aller Kronen Krone. Nach der unten angeführten Inschrift ließ sie

Kaiser Rudolf II., der große Freund der Künste, im Jahre 1602 an=
fertigen, sie führt den herkömmlichen Namen der Hauskrone, gilt aber
seit der Annahme des österreichischen Kaisertitels durch Kaiser Franz I. als

(Fig. 30.) Die österreichische Kaiserkrone.

Krone von Oesterreich. Noch nie hat sie, so viel man weiß, auf dem
Haupte eines Fürsten geruht, sie hat keine Geschichte und ist aus den Räu=
men des Schatzgemaches in Dom und Thronsaal noch niemals gekommen.

Wie alle Kronen jüngeren Ursprunges ist sie keine eigentliche Reif=
krone, auch keine eigentliche Bügelkrone, sondern vereinigt die Eigen=

tümlichkeiten von beiden, und hat außerdem noch als Uebergang zwischen Reif und Bügel runde Kappenschilder, welche dem Ganzen eine geschlossene Form verleihen. Diese Umhüllungen der innen befindlichen Kronkappe von kirschrotem Sammt sind von dem Künstler zum Glanzpunkte der ganzen Schöpfung erkoren, sie enthalten figurale Szenen, alles übrige ist in ornamentaler Weise ihnen untergeordnet. Daher figuriert der eigentliche Kronreif gewissermaßen nur als Sockel des ganzen Aufbaues. Er war ehemals unten und oben mit dichtgedrängten Perlenreihen eingefaßt, der breite Raum dazwischen ist mit größeren, völlig runden Perlen und Diamanten besetzt. Je zwei Perlen stehen übereinander, jede als Mittelpunkt einer Sternblume dienend, deren Blättchen von milchweißem Email auf Gold gebildet werden. Um dieselben gruppieren sich Ornamentranken von demselben Material, auf viereckiger Grundfläche sich ausbreitend, so daß dieses Ganze die Form eines Feldes erhält. Acht solcher zierlicher Ornamente wechseln auf dem Reif mit ebenso vielen, aus Diamanten in der folgenden Weise gebildeten ab.

In der Mitte prangt ein großer viereckiger Tafelstein, selbst wieder im Quadrat von etlichen zwanzig kleinern Diamanten umrahmt. Der äußere Rand ist blau emailliert und geht in geschmackvolle Zacken aus. Ueber jedem dieser acht aus Diamanten gebildeten Felder erhebt sich nun auf dem obern Rande des Kronreifes eine jener Verzierungen, welche die Gestalt einer stilisierten Lilie haben und schon an Kronen der gotischen Kunstperiode — auf Gemälden namentlich als Auszeichnung der heiligen Jungfrau — vorkommen. Vier davon überragen die übrigen an Größe und Pracht, alle acht zusammen mit dem Reif und ohne das Uebrige gedacht bilden eine sogenannte Zinkenkrone, die in früheren Epochen der Goldschmiedekunst als selbständige Form erscheint. Ihre Contouren sind von runden Perlen umsäumt. Zwei der größeren, und zwar jene, hinter welchen der Bügel emporsteigt, enthalten als Stern einen ungeschliffenen Rubin von seltener Größe, die beiden andern zwei kleinere, facettierte Rubine, sämmtlich von zierlichen Greifenklauen statt Klammern gehalten, — eine sinnreiche Anspielung auf die alte Fabel von diesen mythischen Ungeheuern, von welchen es hieß, daß sie Gold und Edelsteine in ihre Schlupfwinkel zusammentrügen. Unter diesen Rubinen prangt bei allen vieren ein flacher Diamant, drei kleinere pyramidale in den drei Blättern der Lilie oben. Den übrigen Raum der Blume füllen durchbrochen gearbeitete Ranke

Egger   23

von Email, auf der Spitze ist eine große, tropfenförmige Perle ange=
bracht. Den Körper der kleineren Lilien bildet je ein horizontaler und
90 ein darauf senkrecht stehender Balken von Rubinen; die Perlen, die
lichtblau=emaillierten Ranken finden sich hier wie an den größeren.

Jede der beiden Kappen, welche an den Seiten sich emporwölben,
jedoch nur zu solcher Höhe, daß über Stirn und Hinterhaupt die Sammt=
kappe im Inneren sichtbar wird, hat die Gestalt eines sphärischen Drei=
95 ecks. Die Basis ruht auf dem Kronreif, dessen Lilien die Bildwerke
der Kappen theilweise überdecken, an den oberen Rändern der Kappe
laufen Perlenschnüre hinauf. Ganz unten, hinter den Lilien halb ver=
borgen, reicht zuerst ein ziemlich breiter Fries herum, mit den wunder=
vollsten Gebilden in translucidem Email auf einem funkelnden Streifen
100 von Goldblech bedeckt. Man erblickt in reizender Zeichnung, unglaublich
zart und genau ausgeführt, eine große Zahl von Blümchen, Schmetter=
lingen, Schnecken, Libellen in buntschillernden Farbentönen. Etwas
schmälere Streifen säumen die Kappen unter den Perlenreihen an den
Schenkeln des Dreieckes ein, auch hier entfaltet sich der Reichtum der
105 Phantasie ihres Künstlers in einer Fülle von Zierraten, Blüten und
Vögelchen; dieselben sind jedoch auch auf opakem, milchweißem Grunde
angebracht; außerdem setzte er auf die so geschmückten Bänder, in Abständen
vertheilt, erhabene Rosetten von email en relief. Ein dritter Reif der=
selben Art theilt jede Kappe in zwei kleinere Dreiecke, auf welchen, in
110 Gold erstaunlich fein getriebene Scenen aus den Festlichkeiten der Krönung
und die Apotheose des Kaisers zu sehen sind. Da erblicken wir den Akt
der Krönung vor dem Altar des Herrn im Dome, das Schwingen des
Reichsschwertes auf dem Hügel, den Krönungszug, bei welchem die In=
signien dem Herscher vorgetragen werden, und endlich den von Viktorien
115 mit dem Lorbeer gekrönten Fürsten, zu dessen Füßen die feindlichen Waffen
liegen, während vom unbewölkten Aether die Sonne, in deren Scheibe
wieder der Lorbeer schwebt, auf ihn herableuchtet. Der Durchschnitt des
Bügels ist ein Oblongum. Alle drei sichtbaren Seiten tragen reichen
Schmuck von großen runden und ovalen Perlen, deren jede einzelne auf
120 einer Rosette von kleinen Rubinen aufsitzt, eine Dekoration, zu deren
milder Wirkung sich die Glut von Demanten und Rubinen gesellt. Jeder
dieser Steine ruht in einer niedlichen, mit blauem und schwarzem Email
ornamentierten Fassung. Den Gipfel des Bügels ziert das Kreuz, golden
und weiß emailliert, über welchem ein ungeschliffener, tiefblauer Saphir.

An der Unterseite des Bügels stehen die Worte: Rud. Rom. Imp. [125]
Hung. Et. Boh. Rex. Construxit. MDCII.

Schon aus der Beschreibung tritt der Phantasie ein Bild von un-
endlicher Pracht der Farbe entgegen. Die Goldschmiedekunst hat
ihren ganzen Schatz geleert, um in freigebigstem Maße das erhabene Werk
aufs herrlichste zu schmücken. Und dennoch, wie unsäglich maßvoll, mit welch' [130]
weiser Beschränkung hat nicht der kunstreiche Meister die überschwellende
Prachtfülle zu regeln gewußt, den materiellen Prunk der Stoffe durch
geschmackvolles Maßhalten geadelt. Der Geist des denkenden, schaffenden
Menschen ist wie eine gestaltende Gottheit über die schimmernden Schätze
der Natur gekommen und hat ihnen höhern Wert verliehen, indem er [135]
ihnen den Stempel seines Waltens durch Anwendung und Zusammenstellung aufdrückte. Die natürliche Schönheit dieser Scharen von Perlen
und kostbarem Gestein ist eine überaus große, aber größer noch die Kunst,
die nicht aufgeht in der rohen Pracht des Stoffes, sich nicht unterordnet
unter die blendende Erscheinung desselben, sondern in diesem Glanze ebenso [140]
unbeirrt ihren selbständigen Wert, die ihr zukommende Hauptrolle zu bewahren weiß, wie sie aus dem Gebilde von Thon und schlichtem Stein
zu uns redet.

Wer der große Künstler gewesen, dem das Wunderwerk den Ursprung verdankt, wissen wir nicht. Viele schreiben es dem Augsburger [145]
Goldschmied David Attemstetter zu, der gerade in der Anfertigung
solcher schimmernder Emails, wie die Krone enthält, berühmt gewesen,
und von dem die Grabschrift meldet: Auri et argenti caelator in orbe et
urbe nulli secundus. Nach anderen wäre sie eine Schöpfung von Prager
Goldschmieden, — die Entscheidung wird immer schwer fallen. Kaiser [150]
Rudolf versammelte eine ungeheure Zahl von Künstlern, die besten
Maler, Kupferstecher, Krystall- und Gemmenschneider und Goldschmiede
um seine Person, von denen gar viele Werke erhalten sind, ohne daß
ihr Schöpfer sicher zu bestimmen wäre.

Die Schatzkammer in Wien kann sich rühmen, die historisch merk- [155]
würdigste und die künstlerisch vollendetste Krone der Welt zu besitzen,
jene des h. römischen Reiches, und jene aus der rudolfinischen Zeit. Das
schlichte Handwerk ist es, das ehedem befähigt war, auf solche Weise
ein Herold großer Momente der Völker- und der Kunstgeschichte für die
Späterlebenden zu werden; das Kunstgewerbe hat auch die Erreichung [160]
dieser höchsten Ziele anzustreben gewußt, wenngleich sein vielleicht wich-

tigerer Beruf ein bescheideneres Walten ist, die Aufgabe, das gewöhnliche,
einfache Leben, nicht bloß einzelne schimmernde Momente des Daseins,
sondern unser ganzes materielles Thun und Treiben zu durchgeistigen
mit dem göttlichen Hauche der Kunst. So war es bei dem Volke Griechenlands, dessen unerreichter Sinn für die Kunst sich weniger selbst in den
größten einzelnen Schöpfungen derselben, als darin ausspricht, daß auch
die geringfügigsten Gegenstände des alltäglichen Lebens ihr reiner Schimmer
so gut umfloß, als jene in Erz und Marmor. Albert Ilg.

Die Kunst im Hause.

(Aus „Die Kunst im Hause". Geschichtliche und kritisch-ästhetische Studien über die
Dekoration und Ausstattung der Wohnung. Wien 1871.)

1.

Betrachten wir die Wohnung unter dem Gesichtspunkt der klima-
tischen Einflüsse, so finden wir die größten Verschiedenheiten, die
auch ästhetisch von Bedeutung sein müssen. Der Nordländer richtet sich
die Wohnung ein vorzugsweise zum Schutze gegen des Winters Kälte,
der Südländer gegen des Sommers Hitze. Dieser braucht luftige Hallen,
kühle Wände, steinernen Estrich, jener dicht geschlossene, nicht zu große,
selbst enge Räume, Holz und Teppiche auf dem Fußboden, auch wol an
den Wänden.

Ein anderer Gesichtspunkt ist der von Stadt und Land, von
Winter und Sommer. In der Stadt wendet sich die Aesthetik der
Wohnung, wie das Leben der Familie, nach innen; draußen auf dem
Lande läßt man die schöne Natur und die freie Luft mitwirken und rechnet
auf ihren Genuß. Die Natur wirkt auf die Anlage und die Anordnung
ein, auf die Verhältnisse, auf die Art des Schmuckes, die Wahl der
Farbenstimmung und verschafft sich so auch ästhetische Geltung. Uns auf
die Reize der Natur verlassend, sind wir gewohnt, Schmuck und Einrichtung der Landwohnung einfacher, minder kostspielig zu halten, während
wir das, was wir an Behaglichkeit, an inneren Reizen, an Luxus und Pracht
für notwendig oder wünschenswert erachten, der Winterwohnung zuwenden.

Wiederum bilden die Großstädte und Kleinstädte einen Unterschied. In den letzteren ist das kleine Familienhaus und die feste Wohnung die Regel; der Besitzer ist mehr veranlaßt, sich solide auf die
Dauer einzurichten und sein Haus mit bleibendem Schmuck zu versehen;
nur daß die Kunst selbst den Kleinstädten noch ferner steht, und ein kunst-

mäßiger Schmuck schwerer zu erreichen ist. In den Großstädten dagegen und ihren Mietkasernen herscht die Wanderung von Wohnung zu Wohnung, von Straße zu Straße. Ungewiß über die Zeit unseres Bleibens und vielleicht nur wenige Monate oder Jahre noch dazu beschränkter Herr in den gemieteten Wänden — wie sollten wir uns nicht schwerer darein finden, uns mit Reizen oder einem Luxus zu umgeben, den wir vielleicht nur zu bald für andere wieder verlassen müssen! Und doch sind wir in den Großstädten weit eher dazu geneigt, sei es, daß all das Schöne und Angenehme, was wir sehen, uns reizt; sei es, daß wir uns für die Entsagung eines Gartens, des eignen Hauses und des leichteren Verkehrs in freier Natur durch die größere Behaglichkeit und Annehmlichkeit der Wohnung entschädigen wollen, sei es endlich wegen der größeren und reicheren Ausbildung des socialen Lebens.

Neue Schwierigkeiten erheben sich, wenn wir den Unterschied der Stände und des Vermögens, des Reichtums und der bescheidenen Mittel betrachten. Leichter ist es dort, wo wie in England eine allgemeine Durchschnittshöhe der Verhältnisse sich gebildet und eine mehr gleichmäßige Lebensweise hervorgerufen hat. Hier kann man kurzweg das Haus des Gentleman als Muster annehmen, denn selbst die Wohnungen der berühmten „oberen Zehntausend" sind in künstlerischer Ausstattung kaum abweichend oder im Zahlenverhältnis so gering, daß sie wenig in Frage kommen. Weit größer sind die Unterschiede bei uns, und wenn wir, unserm Bestreben treu bleibend, die ästhetische Harmonie — sie kostet ja nicht mehr als die Disharmonie — und mit ihr Woligkeit und Behaglichkeit auch nach unten hin in das Haus verbreiten wollen, so müssen wir schon diese Unterschiede berücksichtigen. Eines aber schickt sich nicht für alle, und man mag dem Palast der vornehmen Repräsentation und einer berechtigten Prachtliebe in großen Hallen Dinge gestatten, die in den engeren Räumen einer bürgerlichen Wohnung sich von selber versagen.

Endlich ist auch der Individualität des Bewohners und der individuellen Bestimmung der Räume Rechnung zu tragen. Die Wohnung ist gewissermaßen unser weiteres Kleid, und es mag sich immerhin die Eigentümlichkeit des Besitzers darin spiegeln und ihr seinen Charakter aufdrücken, sei es Ernst oder Heiterkeit, Einfachheit oder Vornehmheit, Gemütlichkeit oder Glanz, Wärme oder Kälte. Es werden auch andere Bedingungen gestellt werden und andere Dinge erlaubt oder geboten

sein, je nachdem die Räume zu Gesellschafts= oder Schlafzimmern, Herren=
oder Damenwohnungen, zum Salon oder Speisezimmer bestimmt sind.

Bei solcher gegebenen Sachlage erscheint uns die Aufgabe, die wir
uns gestellt haben, nicht ohne Verwicklung und Schwierigkeit. Indeß
unter allen Umständen bleibt es doch immer ein und derselbe Gegenstand,
der seine Grundbedingungen in sich trägt. Es ist der begränzte, ge=
schlossene Raum mit seinen vier Wänden, mit Fußboden und Decke, es
ist das Mobiliar, das seinen bestimmten Zweck zu erfüllen und aus be=
stimmtem Material zu bestehen hat; aus dem Gemeinsamen, das hierauf
beruht, müssen sich auch allgemeine Principien ableiten lassen, die uns
eben als Maßstab zu dienen haben.

Auch in diesem kritischen wie in dem geschichtlichen Theile ist es
natürlich nicht das eigentliche Haus, nicht die Wohnung als Werk des
Architekten, was wir zu besprechen haben; es ist auch dießmal der
Schmuck der Innenräume, die Arbeit des Malers, des Kunsthand=
werkers, des Dekorateurs, des Tischlers und Tapeziers. Was wir besprechen
wollen, ist vor allem dasjenige, was abhängig ist vom Geschmack und
der Wahl des Bewohners, was abhängig ist von unsern wechselnden
Wünschen und Bedürfnissen.

Wir geben gerne zu, daß diese Trennung mehr noch für eine kritische
Beurtheilung als für eine geschichtliche Darstellung ihre bedenkliche Seite
hat. Wer möchte leugnen, daß in der höchsten, künstlerischen Auffassung
das ganze Haus wie aus einem Guß bestehen soll, daß Aeußeres und
Inneres in Einklang sich befinden müssen, und sie zusammen erst das
volle Kunstwerk ergeben! Und somit sollte dieses Kunstwerk auch aus
dem Kopfe eines einzigen Künstlers entsprungen sein, vorausgesetzt, daß
er einer so einheitlichen und doch so vielseitigen Aufgabe gewachsen ist.
Aber wir leben eben nicht in idealen Zuständen und die wirklichen Ver=
hältnisse liegen anders. Die Forderung einer im Aeußeren und Inneren
durchgeführten künstlerischen Harmonie kann vernünftiger Weise nur dort
gestellt werden, wo das Haus auch die ausschließliche Wohnung und das
ausschließliche Eigentum einer und derselben Familie bildet, nicht aber in
den Kasernenhäusern unserer modernen Groß= und Mittelstädte, die der
abgesonderten Existenzen und Familien so viele beherbergen. In England
ist allerdings die überwiegende Regel, daß die Familie ihr Haus für sich
hat, aber trotzdem vernachlässigt der Engländer den Schmuck des Aeußeren,
er gibt es ästhetisch völlig preis, und was er von Dekoration und künst=

lerischer Ausstattung anbringen will, das verwendet er bei der Abge=
schlossenheit seines Familienlebens ausschließlich für die Schönheit der 100
inneren Räume. Was draußen am Hause ist, das sieht er nicht und
für die Leute auf der Straße baut er nicht. Es liegt etwas Rücksichts=
loses darin, es ist wahr —, aber auch jedenfalls mehr Vernunft als in
dem Umgekehrten, als in einem reich dekorierten Aeußeren mit kahlen
Innenwänden und dürftiger schmuckloser Ausstattung. 105

Die Trennung also, die wir im Sinne haben, die Trennung des
inneren Schmuckes von der Arbeit und Aufgabe des Architekten ist mög=
lich, weil sie existiert; nicht wir sind es, die sie machen, sondern die Zeit=
verhältnisse, die wir nicht ändern können. Diejenigen Fälle, in denen
das Werk des Architekten mit dem Bau abgeschlossen ist, und die Aufgabe 110
des inneren Schmuckes und der inneren künstlerischen Ausstattung an
andere Kräfte, an die Entscheidung des Bewohners selbst herantritt, diese
Fälle sind die zahllos überwiegenden.

In den wenigen und verschwindend seltenen Fällen, wo die Mög=
lichkeit vollendeter künstlerischer Durchführung gegeben ist, mag immer= 115
hin der Künstler sein Werk einheitlich in dem gleichen Geiste beginnen
und vollenden. Aber wir gestehen, daß auch hierin des Guten zu viel
geschehen kann, daß man diese Einheit in richtigem und verständigem
Sinne, nicht als künstlerischer oder archäologischer Pedant auffassen muß.
Haus und Wohnung sollen künstlerisch geschmückt, aber schwerlich ein 120
Kunstwerk im höchsten, im monumentalen Sinne sein.

2.

Die künstlerische Harmonie beruht auf zwei Momenten, auf der
Farbe und auf der Form; sie setzt bei beiden Einheit, den Einklang
und die Zusammenstimmung des Verschiedenen voraus.

Für den gewöhnlichen Blick, und man kann wol sagen überhaupt, 125
ist bei der Verzierung und Ausstattung der Wohnung die Farbe noch
von größerer Bedeutung als die Form. Die Farbe macht den ersten
und auffallendsten Eindruck, sie gibt die allgemeine Stimmung, und man
kann mit ihr Fehler und Ungleichheiten der Form, wenn nicht verdecken,
doch der Beachtung entziehen. Obwol es nur eine seltene Gabe ist, sich 130
über feinere Farbenwirkung Rechenschaft zu geben, so ist doch das Gefühl
für coloristische Verstöße und Disharmonien allgemeiner, als für diejenigen
in der Form, zu deren Beurtheilung eine gewisse Kenntnis nötig ist. Die

Farbe ist es, welche vor allem den Charakter einer bestimmten Wohnung
ausmacht, und wir können mit ihr diesen Charakter nach unserm Belieben hervorbringen. Mit der Farbe können wir das Zimmer enge
oder weiter, niedriger oder höher erscheinen lassen. Wollen wir das
Zimmer ernst oder heiter, nackt oder reich, einfach oder prächtig gestalten,
wollen wir ihm eine gemütlich-anheimelnde, eine poetische, eine kalte oder
warme Stimmung verleihen, wollen wir uns einen träumerischen Ruhe-
winkel schaffen, eine Stätte der Einsamkeit und des beschaulichen Nachdenkens oder eine Stätte des Vergnügens und der Geselligkeit — unser
erstes und letztes Mittel wird die Farbe sein. Die Farbe ist eine Fee,
eine Zauberin, die Gutes und Schlechtes, Freude und Sonnenschein,
Trauer und Düsterheit bringt, niemals aber gleichgiltig bleibt, oder sich
mit Gleichgiltigkeit behandeln läßt. Sie stößt ab und zieht an, schafft
Wohligkeit und Behagen, steigert das Wolgefallen bis zum Entzücken, aber
auch das Misbehagen und Misfallen zum Schrecken und Entsetzen. Wer
ihre Reize begehrt, der darf nicht, nach der heutigen Regel und dem heutigen
Farbengeschmack, sich schwächlich und unmännlich erweisen, sondern muß ihr
Kühnheit zeigen gleich dem, der die Schönheit erobern will. Kühnheit kostet
der erste Schritt, die Wahl der Hauptfarbe. Diese ist die entscheidende und
zieht den Künstler für die anderen, die folgen, in die Consequenzen. Dennoch ist seine Freiheit in der Wahl der Farben und der Töne so groß, daß
ihm die volle Möglichkeit zu einem melodieenreichen Spiele bleibt.

Wenn wir somit auch auf die Farbe, auf die farbige Dekoration
den Hauptnachdruck legen müssen, so ist deshalb, weil die Ungleichheiten
der Form sich gewöhnlich nur dem kundigen Auge bemerkbar machen, doch
die Einheit oder Gleichartigkeit derselben keineswegs zu vernachlässigen.
Mit dieser Einheit der Form meine ich allerdings, wie das schon
gesagt, nicht einen bestimmten historischen Stil, nicht einen von denjenigen,
die einmal Bedeutung in der Kunstgeschichte gehabt haben. Von dem
griechischen, gotischen, Renaissance-Stil und wie sie heißen mögen, wollen
wir ausdrücklich absehen, und dennoch eine Einheit, ja sogar einen Stil
oder vielmehr Stil überhaupt verlangen. Stil kann eine Zeichnung,
eine Dekoration, ein Gerät besitzen, ohne einer jener vielgenannten Kunst-
epochen, sei es als Original, sei es als Copie anzugehören, wie ein
Gemälde Stil hat und doch nicht im Geschmack irgend eines Meisters,
einer Zeit oder einer Schule geschaffen zu sein braucht. Der Stil ist
die Idealisierung des Gegenstandes, die harmonische Uebereinstimmung der

Form mit dem Mittel und dem Zweck, die Uebereinstimmung des Gegen=
standes mit sich selber, mit seiner Idee. Ein Gerät hat Stil, wenn es
in vollendeter Weise das ist, was es sein soll, wenn es genau die Con=
sequenz seiner Bestimmung ist, und diese Bestimmung mit unzweifelhafter
Klarheit an der Stirne trägt. Unter diesem Gesichtspunkt kann das ein= [175]
fachste und das reichste Gerät, die einfachste und die prachtvollste Woh=
nung stilvoll sein. Ein türkischer Divan z. B. gehört zum stilvollsten
Hausrat, obwol er nicht ein bischen Holz zeigt, darin ein bestimmter
Stil sich erkennbar machte, obwol oder vielleicht gerade deshalb, weil er
keine bestimmte scharfsinnige Form hat. Eine Generation von Künstlern [180]
oder Kunsthandwerkern, die von der Wahrheit dieses Princips durchdrungen
ist, wird in allem, was sie schafft, Stil zeigen, und eine ganze Epoche,
welche diese Wahrheit verkennt, wird ebenso nur Stilloses schaffen, auch
wenn man ihr (wie z. B. dem achtzehnten Jahrhundert) einen gemein=
samen Stil, in Richtigkeit vielmehr eine gemeinsame Manier, zuschreiben [185]
muß. Wir haben heute in allen modernen Kunstarbeiten
den Stil verloren, weil wir es verlernt, weil wir es für zu gering ge=
achtet haben, für den Gegenstand die wahre und richtige Form zu finden:
wir wollten immer neues und ungewöhnliches. Endlich zur Einsicht ge=
kommen, suchten wir das Heil der eine im Griechentum, der andere in [190]
der Gotik, der dritte im Rococo, anstatt in den Dingen selber, in unsern
Bedürfnissen, Mitteln und Zielen. Auf jenem Wege sind wir nun dahin
gekommen, fremde Weisen zu affektieren, und wir haben uns oft genug
mit den ärmlichsten Mitteln beholfen und geglaubt, mit einem Mäander,
mit einigen Palmetten oder mit einem bischen gotischen Fialen= und [195]
Maßwerk Wunder was geschaffen zu haben. Auf diesem Wege finden
wir uns selber wieder, entsprechen den verlangten Zwecken, unseren
praktischen und ästhetischen Bedürfnissen und kommen zur Harmonie mit
uns selbst, mit unserer Zeit und unserm Ideal.

    Was wir hier für die moderne Wohnung verlangen, diese Art von [200]
Stil, das will nichts anderes sagen, als die Idealisierung der Wohnung,
das ist Verschönerung und Veredlung auf Grundlage der Wahrheit, der
Einheit mit sich selbst durch das Mittel der Farbe und der Form. Halten
wir daran fest, so werden wir uns manchen Irrtümern gegenüber, wie
sie heute begangen werden, in vielen schwierigen Fragen mit Sicherheit [205]
zurechtfinden.   Jakob Falke.

Anmerkungen.

Aesthetik. Kunstgeschichte. §. 4. — Literatur:

Fr. Th. Vischer. „Aesthetik oder Wissenschaft des Schönen." Zum Gebrauche für Vorlesungen. Stuttgart 1857. Drei Theile.

Karl Köstlin. „Aesthetik." Tübingen 1869. (Sehr anregend.)

Gottfried Semper. „Der Stil in den technischen und tektonischen Künsten oder praktische Aesthetik." Ein Handbuch für Techniker, Künstler und Kunstfreunde. München 1860—63. Drei Bände (der dritte fehlt noch). — Epochemachend. —

Heinrich Otte. „Archäologisches Wörterbuch zur Erklärung der in den Schriften über mittelalterliche Kunst vorkommenden Kunstausdrücke." Leipzig 1857.

J. Overbeck. „Griechische Kunstmythologie." Leipzig 1871.

R. Zimmermann. „Geschichte der Aesthetik." Wien 1858.

„ „ „Allgemeine Aesthetik." Wien 1865.

Ernst Förster. „Vorschule der Kunstgeschichte." Leipzig 1862.

Leitfaden für den Unterricht in der Kunstgeschichte der Baukunst, Bildnerei, Malerei, Musik für höhere Lehranstalten und zum Selbstunterrichte. Bearbeitet nach den besten Hilfsmitteln. Stuttgart 1868. (Für Schüler sehr empfehlenswert.)

Becker. „Charakterbilder aus der Kunstgeschichte." Leipzig 1869. 3. Auflage.

Andere Werke, aus denen Lesestücke entnommen sind, finden sich bei denselben angeführt.

Basilika. (S. 54.) Der Grundriß der Basilika „St. Paul vor den Mauern Roms" veranschaulicht die Arkadenhalle des Vorbaues, das breite Mittelschiff (u) und die vier Seitenschiffe, durch Säulenreihen getrennt; die Stufen, welche zum Altar führen, der im Querbau sich erhebt, endlich die abschließende Apsis.

Baukunst. §. 8. — Literatur:

Wilhelm Lübke. „Geschichte der Architektur." Leipzig 1870. 4. Auflage.

Eitelberger und Heider. „Mittelalterliche Kunstdenkmale des österr. Kaiserstaates." 2 Bände. Stuttgart 1860.

Mittheilungen der Centralcommission für Erforschung und Erhaltung der Baudenkmale. Wien seit 1856.

Jahrbuch der Centralcommiffion für Erforschung und Erhaltung der Baudenkmale. Wien 1856.

Karl Weiß. „Alt= und Neu=Wien in seinen Bauwerken." Wien 1864.

Wilhelm Lübke. „Vorschule zum Studium der kirchlichen Kunst." Leipzig 1870. 5. Aufl.

E. Freih. v. Sacken, „Katechismus der Baustile oder Lehre der architektonischen Stilarten von den ältesten Zeiten bis auf die Gegenwart". Leipzig 1870. 3. Auflage.

Beurtheilung der Kunstwerke (S. 21) von Winckelmann. — Bernini (3. 21), italienischer Architekt und Bildhauer aus dem 17. Jahrhundert. Vertreter der zum Barockstil ausgearteten Renaissance, aber als der Michelangelo seiner Zeit gepriesen. „Apollo und Daphne" war sein erstes größeres Werk. Für den Petersdom entwarf er das Tabernakel und den Baldachin mit dem Stuhle des heiligen Petrus; beides heute wegen Geschmacklosigkeit berüchtigt. — Auch der Säulengang von St. Peter ist Bernini's Werk. — Rafael's „Schule von Athen" (3. 30) ist ein Bild seiner weltberühmten Stanzen (Zimmer des Vatikans), welches die Geistesheroen des griechischen Altertums darstellt. — Zuccari (3. 33) oder Zuccharo, Maler der nach= rafaelischen Schule, aber bereits sehr maniriert. Sein Hauptwerk: „Das jüngste Ge= richt" im Dome zu Florenz enthält 300 Figuren von zum theil 50 Fuß Größe.

Byzantinisch. (S. 54.) Aus dem Grundrisse der Hagia Sophia in Konstantinopel ist ersichtlich, daß eine doppelte Vorhalle den Zugang vermittelt, daß die große Hauptkuppel auf vier starken Pfeilern ruht, daß dieselbe nach Osten und Westen durch zwei gewaltige Halbkuppeln erweitert wird und, daß die Apsis für den Altar das östliche Ende bildet

Christliche Kunsttypen. (S. 151.) Der Fisch (3. 22) galt darum als Symbol des Heilandes, weil das Wort Ichthys (Fisch) als Akrostichon des Glaubens= satzes Jesus Christus Theon Uios (Gottes Sohn) Soter (Erlöser) angesehen wurde.

Das christliche Madonnen-Ideal. (S. 152.) In der altchristlichen Kunst finden sich keine selbständigen Marienbilder, welche erst seit dem Aufkommen der Marienverehrung in der Kirche üblich wurden. Man stellte die Mutter des Heilandes, in den Gesichtszügen ihrem Sohne ähnlich, als Matrone von 40—50 Jahren dar; im 13. Jahrhundert erscheint sie jünger und ziemlich von gleichem Alter mit Jesus, gegen Ende des Mittelalters oft als Mädchen von 15—20 Jahren, stets aber als Ideal edelster Weiblichkeit. — Sie trägt außer dem langen Untergewande einen weiten, oft zugleich als Schleier dienenden Mantel; die typischen Farben ihrer Kleidung sind blau und rot. — Seit den Kreuzzügen kommen viele Marienlegenden in Aufnahme, welche von Einfluß auf die bildlichen Darstellungen waren. Dieser späteren Zeit ge= hören auch erst die zahlreichen Mariensymbole und Typen an.

Durch die Beimischung des Legendarischen hat sich ein eigentümlicher Cyklus marianischer Darstellungen gebildet, bei deren Aufzählung wir dem ausschließlich diesem Gegenstande gewidmeten Prachtwerke der Frau Anna Jameson folgen: I. Marien= bilder als Gegenstand religiöser Verehrung: 1. Die Jungfrau ohne das Kind. Nach dem Mosaiktypus (in St. Maria in Porto zu Ravenna aus dem 7. Jahr= hundert) als verschleierte Matrone mit betend ausgebreiteten Armen; zur rechten Hand ihres verherlichten Sohnes sitzend als Sponsa Dei; in einem Buche lesend als Virgo sapientissima; von Gott Vater und Christus gekrönt als Virgo incoronata; ihren Mantel ausbreitend über die gläubige Gemeine als mater misericordiae; unter dem Kreuze stehend; ein Schwert, auch fünf oder sieben Schwerter in der Brust, mit Beziehung auf ihre sieben Schmerzen: die Beschneidung Jesu, die Flucht nach Aegypten, die Verlierung Jesu im Tempel, die Kreuztragung Jesu, seine Kreuzigung, Abnahme vom Kreuze, Grablegung; (im Gegensatze zu den sieben Freuden: die Verkündigung, die Heimsuchung, die Geburt Christi, die Anbetung der Weisen, die Auferstehung Christi, die Ausgießung des heil. Geistes, die Krönung durch Gott Vater und Christus) als Mater dolorosa; auf der Mondsichel stehend als Virgo purissima, Regina sine labe originale concepta. — 2. Die Jungfrau mit dem Kinde; üblich seit den nestorianischen Streitigkeiten. Auf einem Throne sitzend mit dem Kinde auf ihrem Schoß, in feierlich ernstem Typus als Sancta Dei genitrix, Virgo deipara; das Kind auf den Armen haltend, in reizend lieblichem Typus als Mater amabilis, alma mater. — II. Historische Bilder. 1. Das Leben der Jungfrau von ihrer Geburt bis zu ihrer Verheiratung mit Joseph. (Die Legende von Joachim und Anna. Die Verkündigung der heil. Anna. Joachim ein Lamm tragend, von dem Hohenpriester aus dem Tempel gewiesen. Er hütet die Schafe im Gebirge. Sein Zusammentreffen mit Anna an der goldenen Pforte. Die Geburt der Maria. Die [dreijährige] Maria ersteigt mit einer brennenden Kerze in der Hand [15] Stufen, welche nach dem Tempel von Jerusalem hinaufführen. Die Vermälung der vierzehnjährigen Jungfrau mit dem greisen Witwer Joseph.) — 2. Das Leben der Jungfrau von der Verkündigung bis zur Rückkehr aus Aegypten. (Die Verkündigung. Die Heimsuchung. Die Reise nach Bethlehem. Die Geburt Christi. Die Anbetung der Hirten. Die Anbetung der Weisen. Die Darstellung im Tempel. Die Flucht nach Aegypten. Die Ruhe auf der Flucht. Die Rückkehr aus Aegypten.) 3. Das Leben der Jungfrau von dem Aufenthalte in Aegypten bis zur Kreuzigung Jesu. (Die heilige Familie: Maria mit dem Kinde, der kleine Johannes der Täufer, Joseph, Anna, Elisabeth. Die Zimmerwerkstatt. Der Knabe Jesu lernt lesen. Er wird im Tempel lehrend von seinen Aeltern gefunden. Der Tod Josephs. Die Hochzeit zu Kana. Die Kreuztragung. Die Kreuzigung. Die Abnahme vom Kreuz. Die Grablegung und Beweinung. 4. Das Leben der Jungfrau von der Auferstehung Jesu bis zu ihrer Himmelfahrt. (Der Auferstandene offenbart sich seiner Mutter. Die Himmelfahrt des Herrn. Die Ausgießung des heil. Geistes. Die Apostel verabschieden sich von Maria. Tod des Leibes und Himmelfahrt der Seele der von den Aposteln umgebenen Maria. Ihr Begräbnis durch die Apostel. Die Verherrlichung und Krönung der heil. Jungfrau.) — Heinrich Otte, „Handbuch der kirchlichen Kunstarchäologie des deutschen Mittelalters". Leipzig 1868. S. 899 und 940. — Der Holzschnitt kann begreiflicher Weise die künstlerische Vollendung der Rafaelischen Sixtina nicht wiedergeben, sondern läßt nur Anordnung der Gruppe und die Gattung der Personen im allgemeinen erkennen.

Das Pantheon in Rom (S. 66) von Schnaase. — Attika (Z. 45) ein über dem Kranzgesims sich erhebender Aufsatz im Halbgeschoß zur Maskirung des

Daches. — **Pilaster** (Z. 48), Wandpfeiler, gewöhnlich flach aus der Wand hervor=
tretend. — **Prostylos** (Z. 71) ein Tempel mit einer Säulenstellung an der Schmal=
seite, an welcher sich Eingang und Vorhalle befinden. — Neueste Monographie: „Das
Pantheon zu Rom." 31. Programm zum Winckelmannsfest der archäologischen
Gesellschaft zu Berlin von Friedrich Adler (Berlin 1871).

Aus dem Grundrisse (S. 67) ist die Form des Rundbaues mit der angefügten
Eingangshalle und die Vertheilung der Nischen in der Mauer ersichtlich. — In der
dem Eingange gegenüber liegenden Nische steht heute der Altar. — Der Durch=
schnitt des Gebäudes (S. 68) erlaubt einen Einblick in das Innere, und zeigt die
Stellung der Säulen vor den Nischen, der Götterstandbilder in denselben, die Ein=
theilung der Kuppelwand in Cassetten und die Lichtöffnung an der Spitze. — Auch
die Gliederung der Vorhalle ist ersichtlich.

Das Schiller-Goethe-Denkmal in Weimar (S. 129) von Oppermann. —
Dieses Doppelstandbild schmückt den Platz vor dem Theater in Weimar und ist in
Gypsabgüssen weit verbreitet. Goethedenkmale stehen sonst noch in Frankfurt und
München; Schillerdenkmale aber in Stuttgart, Mannheim, Mainz, Hannover, Ham=
burg, Berlin und Salzburg (in der Villa Schwarz). Vorbereitet werden solche in
Wien und Marbach am Neckar. (Vergleiche „Schiller und Goethe" von Feuchters=
leben in meinem „Deutschen Lehr= und Lesebuche", II. Theil, 2. Band, S. 284 und
Anmerkung S. 313.) Lessings Standbild von Rietschel steht in Braunschweig. —
Die Herderstatue ist in Weimar vor der Kirche und die Wielandstatue auf
dem Frauenplane aufgestellt. — Vorliegendes Lesestück zeigt an einem hervorragenden
Beispiele die Hauptmomente in der Geschichte eines Denkmals: Bestellung, Her=
stellung des Modells, Guß, Enthüllung.

Der Kaiserdom zu Speier (S. 69) von Lützow. — Chor (Z. 429), der öst=
liche Theil der Kirche mit dem Altar, ursprünglich nur für die Geistlichkeit bestimmt.
Heute wird der Ausdruck auch für Emporkirche gebraucht, wo sich die Orgel be=
findet. — Kämpfer (Z. 484) ist ein auf einem Pfeiler, einer Säule ruhendes, oder
aus der Mauer vortretendes Glied, das einen Bogen trägt. Krypta (Z. 470) nennt
man eine Kapelle, welche in romanischen Kirchen unter dem Chore angebracht zu sein
pflegt. Die ursprüngliche Bestimmung dieser Kapellen ist unklar. — Die Krypta des
Speierer Domes ist die größte in Deutschland. — Die Ansicht des Kaiserdoms
(S. 71) zeigt die Eigentümlichkeiten des romanischen Stils im Aufbau, den Rund=
bogen in den Thor= und Fensterwölbungen, den Gallerien und Ornamenten, sowie
den kleinen Nischen über dem Portale. Das Mauerwerk macht den Eindruck des
Massiven, Festen; selbst den Thürmen fehlt das schlank Emporstrebende des gotischen
Stiles. Die Erhebung des Mittelschiffes über die Seitenschiffe, die Anlage von
vier Thürmen findet sich nicht bloß im romanischen Stile. — Der Grundriß
(S. 72) gibt Aufschluß über die Stellung des Lang= und Querhauses, wie der Vor=
halle und der Thürme, über das Verhältnis des Mittelschiffes zu den Seitenschiffen,
und die Stufen, welche aus beiden zum Chore und zum Querhause führen.

Der Kölner Dom (S. 75) von Lützow. Sulpiz Boisserée (Z. 590)
und sein Bruder Melchior gehörten zu den ersten und wichtigsten Förderern des

Studiums altdeutscher Kunst und des Kölner Domes insbesondere. Angeregt durch die ästhetischen Schriften der Romantiker und die Vorträge Friedrich Schlegel's machten sie seit 1808 die Erforschung und Sammlung altdeutscher Kunstdenkmale zu ihrer Lebensaufgabe. — Sulpiz hat 1808—1813 zuerst Zeichnungen vom Kölner Dome entworfen und die Aufmerksamkeit auf dieses Hauptwerk altdeutscher Kunst gelenkt in einer Zeit, wo ganz Deutschland unter dem Drucke der napoleonischen Herrschaft schmachtete. 1822—1831 wurden diese Zeichnungen durch ein Prachtwerk veröffentlicht. — Das von Boisserée geweckte Interesse führte zur Restauration und den Ausbau des Domes, und es ist eine denkwürdige Fügung des Schicksals, dass heute der Kaiser des neuen deutschen Reiches nach dem großartigsten Kampfe, den die Welt gesehen, aus erbeuteten französischen Kanonen eine Glocke für den Dom gießen läßt, dessen Studium im Anfange des Jahrhunderts dazu diente, die Deutschen in ihrem größten politischen Jammer aufzurichten. — So ist Verfall und Wiederaufbau des Domes zum Symbol des deutschen Reiches geworden.

Der Grundriss (S. 76) läßt die ganze Majestät der Anlage ahnen. Das Langhaus mit fünf, das Querhaus mit drei Schiffen, die stolzen Reihen mächtiger Pfeiler, die das Gewölbe tragen; der Kapellenkranz, der den großartigen Chor umgibt, alles wirkt zusammen, um den Eindruck der Erhabenheit zu machen. — Die Ansicht (S. 78) zeigt die überaus reiche Gliederung des Aufbaues, wie sie nur dem gotischen Stile eigen. — Da ist alles Mauerwerk aufgelöst in hohe Fenster und Strebepfeiler, wie sie der romanische Stil nicht kennt. — Ueber den niedrigen Seitenschiffen führen luftige Strebebogen von den stützenden Pfeilern hinüber zur Last des Mittelschiffes; und alle stützenden und tragenden Glieder laufen in leichte Fialen aus, um dem Ganzen den Charakter des Aufwärtsstrebenden zu verleihen. — Der Spitzbogen schließt Fenster und Thüren ab und ist auch in kleinen Ornamenten durchgeführt. — Wie der Dom hier im Bilde steht, so wird er in seiner Vollendung aussehen. Die Thürme sind bekanntlich noch nicht ausgebaut. Wie leicht und schlank erheben sich dieselben im Vergleiche mit den romanischen Thürmen des Speirer Domes!

Der Parthenon (S. 59) von Michaelis. Das Meisterwerk des griechischen Altertums ist in deutscher Sprache gründlicher und umfassender nie dargestellt worden als durch das Prachtwerk von Adolf Michaelis. — Stereobat (Z. 79) so viel als Felsenhügel. — Die Schätze des britischen Museums (Z. 190) bestehen aus den reichen Ueberresten plastischer Kunst, welche seit 1800 durch Lord Elgin's Bemühung vom Parthenon abgelöst und nach England gebracht, 1816 durch Parlamentsbeschluss für das britische Museum angekauft und dadurch vom Untergange gerettet wurden. — Christen, Türken, Venetianer und Lord Elgin (Z. 215) haben in verschiedenem Grade Antheil an der Zerstörung des wundervollen Werkes der perikleischen Zeit.

Die Christen gestalteten den Tempel der Athene Parthenos seit dem 6. Jahrhundert in eine Kirche, erst der christlichen Weisheit (Hagia Sophia) dann der Mutter Gottes um. Als solche war sie lange Zeit die Metropole von Athen. — Das kostbare Werk des Phidias, die Statue der Pallas war schon früher aus dem Tempel entfernt worden; man weiß nicht, wohin sie gekommen. — Das Gebäude erhielt ein neues Dach und die Cella christlichen Bilderschmuck. — Die Türken (seit dem 15. Jahrhundert) entfernten den christlichen Altar und Bilderschmuck und erbauten an der Südostseite ein Minaret, um die Halle als Moschee benutzen zu können. Sonst ließen sie den Bau ziemlich unberührt. Erst die Venetianer legten am 27. September 1687 den Wunderbau durch eine Bombe in Trümmer. In einem Kriege gegen die Türken hatten sie die Akropolis belagert, wohin sich die türkischen Bewohner von Athen geflüchtet. Eine Bombe entzündete den im Parthenon aufbewahrten Pulvervorrat und Iktinos Meisterwerk barst auseinander, 300 Männer, Weiber und Kinder unter seinen Trümmern begrabend, große Marmorblöcke hoch durch die Luft bis hinab zu den Belagerern schleudernd.

Lord Elgin war von 1799 bis 1803 britischer Gesandter zu Konstantinopel. Als solcher erwirkte er sich vom Sultan die Erlaubnis, von den Kunstwerken der Akropolis nicht nur Zeichnungen anfertigen, sondern auch Gypsabgüsse machen zu lassen, endlich selbst „Steinblöcke" nach Gefallen fortzunehmen. — Auf diese Weise kam er in den Besitz zahlreicher plastischer Werke, welche entweder auf dem Boden lagen, oder ausgegraben, oder wol auch vom Baue losgelöst werden mußten.

Seit 1816 bilden diese Kunstschätze die Hauptzierde des britischen Museums, welches dieselben sowol durch glückliche Aufstellung, als durch Publikationen der gebildeten Welt zugänglich machte und dadurch eine neue Epoche der Betrachtung griechischer Kunstgeschichte einleitete. Wenn man Lord Elgin den Vorwurf machte, daß er den Parthenon beraubte, so dankt ihm der Genius der Kunst die Erhaltung vorzüglicher Werke, welche bei der Rohheit der Türken und der Unwissenheit der Griechen einem sicheren Verderben preisgegeben gewesen wären.

Der Grundriß des Parthenon zeigt zunächst die Säulenstellungen auf den Längen- und Schmalseiten, dann die Eintheilung des eigentlichen Tempelhauses. — Aehnlich angelegte Vorhallen öffneten den Zugang im Osten (links) und Westen (rechts). Die eine, Pronaos oder Proneos, diente zur Aufbewahrung von Festgeräten und Weihgeschenken; die andere, Tamieion oder Parastos, war Amtslokal für die Schatzmeister. — Aus dem Proneos tritt man in die dreischiffige Cella, welche wieder in den Hekatompedos und den eigentlichen Parthenon zerfiel. Hekatompedos (Hundertfüßig) bezeichnete eigentlich die Cella von 100 Fuß Länge, Parthenon den Platz, wo die Statue der Athene Parthenos stand (die Nische im Grundriß). Beide Bezeichnungen werden auch vom ganzen Baue gebraucht. — Von den Seitenschiffen der Cella führen Thüren in den Opisthodom oder das Schatzhaus, den Raum zur Aufbewahrung der Bundeskasse, dessen Decke von vier Säulen getragen wurde.

Die Ansicht des Parthenon zeigt die dorische Säule in ihrer ganzen Ausdehnung, ohne Basis auf dem Unterboden (Stylobat) ruhend, nach oben verjüngt, kannelliert und mit einfachem Kapitäl. Darüber den Architrav und den Fries mit den Triglyphen und dem plastischen Schmucke der Metopen, endlich als Krönung der Front die herlichen Statuen des Giebelfeldes.

Der Stephansdom (S. 82) von Lützow. — Grab des Neithart Fuchs (S. 89). Dieses Grabdenkmal ist sowol auf den Hofnarren Herzog Otto des Fröhlichen als auf den Minnesänger Reithart von Reuenthal gedeutet worden. Da die Person des Hofnarren Herzog Otto's selbst eine sagenhafte ist, so verliert die erste Deutung jeden Halt. Eine neuerlich auf der Universitätsbibliothek in Königsberg aufgefundene Abschrift des Epitaphiums, das auf dem Denkmale aber nicht mehr zu lesen, läßt keinen Zweifel übrig, daß wir das Grabdenkmal des Minnesängers Reithart vor uns haben. (Oest. Wochenschrift für Wissenschaft und Kunst. 1872, S. 416.) — Nur hat Reithart hier den Beinamen „Fuchs", den er in der Sage erhalten. — Aus dem Grundrisse (S. 84) wird klar, wie sehr dieser Bau von der Anlage des Kölner Domes abweicht. Chor und Langhaus greifen nicht so ineinander, sondern unterscheiden sich scharf. Das Querhaus ist nur durch den Unterbau der Thürme angedeutet; diese stehen daher nicht an der Façade, wie beim Kölner Dom. — Die beiden kleineren Thürme am Hauptthore stammen aus der romanischen Bauperiode. — Die Ansicht (S. 88) zeigt den Dom von der Südseite, an welcher der großartige Thurm in die Wolken ragt, der weithin sichtbar ist in der Umgebung der Stadt. — Der Riesenkörper des Mittelschiffes hebt das Dach zu einer ungewöhnlichen Höhe, und da dasselbe auch über die Seitenschiffe fortgeführt ist, entfallen die Strebebogen. Die hier sichtbare Façade läßt deutlich die romanische Bauweise erkennen, die der Gotik vorangieng. — Dem massiven Mauerwerk sowol, als den Rundbogen begegnet man in den übrigen Theilen des Baues nicht mehr.

Der Torso (S. 113) von Winckelmann. — Der weltberühmte Torso des Herakles am Eingange des Belvedere im Vatikan ist ein Werk des Atheners Apollonios. — Von anderer Art ist der **farnesische Herakles** (im Saale des farnesischen Stieres zu Neapel) eine Colossalstatue vom Athener Glykon, welche den Helden ruhend auf seine Keule gestützt darstellt. — **Phlegräische Felder** (Z. 25) heißt die an der Küste Kampaniens zwischen Kumä und Kapua sich hinziehende Ebene mit vulkanischem Boden. — **Achelous** (Z. 28), Flußgott, kämpft mit Herakles um Dejanira in dreifacher Gestalt. — **Antäus** (Z. 39) war im Ringkampfe unüberwindlich, so lange er die Erde berührte. Herakles überwand ihn, indem er ihn emporhob. — **Geryon** (Z. 40) besaß große Herden auf einer Insel im äußersten Westen. Herakles raubte die Herden und erschlug Geryon, der ihn verfolgte. — **Hyllus** (Z. 110) des Herakles Sohn, und Jole, Tochter des Königs Eurytos, die Herakles geraubt. — Winckelmann's begeisterte Worte zeigen einerseits wie frevelhaft menschlicher Unverstand die Werke der Kunst verstümmeln lassen, andrerseits wie viel das gebildete Auge selbst aus dem verstümmelten Werke noch herauslesen kann, wie kein Zug am Marmorgebilde unbedeutend sein darf. — Fast alle plastischen Denkmäler des Altertums sind heute mehr oder weniger Torso; viele, welche wolerhalten aussehen, sind nur durch Restauration ergänzt.

Die Gemma augustea in Wien (S. 116) von Sacken. — Diese so hochwichtige Kamee, ein Hauptschatz des kaiserlichen Antiken-Kabinetes ist meines Wissens noch in keinem Werke abgebildet und beschrieben worden. — Der gegenwärtige Director des Kabinetes, Eduard Freiherr von Sacken, gestattete mir freundlichst, aus dem längeren Vortrage, den er über diesen Gegenstand im Wiener Altertumsvereine gehalten, einen Auszug für mein Buch zu verwenden. — Herr F. W. Bader hat die lebhaft bewegte Scene, so gut es gieng, in Holzschnitt wiedergegeben. So wird der Jugend die Kenntnis eines Kunstdenkmals vermittelt, das als Meisterstück der Steinschneidekunst überhaupt, als in seiner Art einziger Rest des klassischen Altertums, als ältestes historisches Bildwerk und Denkmal der Geschichte der Donauländer einen klassischen Bildungswert besitzt. Der materielle Wert des Gegenstandes ist heute geradezu unbestimmbar; denn nach dem heutigen Stande des Kunsthandels würde dafür vielleicht das Zehnfache von dem geboten werden, was Kaiser Rudolf II. gezahlt. — Horoscop (Z. 63) Stundenzeiger, dann Schicksalsdeutung aus den Gestirnen bei der Geburt eines Menschen. — Eckhel (Z. 71), ein gelehrter Jesuit und Director des kaiserl. Münzkabinetes († 1798), Begründer der Wissenschaft der Numismatik. Sein Hauptwerk Doctrina nummorum veterum (8 Bände, 1798) ist gegenwärtig noch unübertroffen.

Die Hera von Polyklet (S. 111) von Lübke. — Juno Ludovisi (Z. 13) war einst das Entzücken Goethe's und erschien ihm wie ein Gesang Homer's, und Burckhardt (der Cicerone II. 425) sagt von ihr, daß man selten griechisches Maß und griechische Schönheit in so vollendeter Weise vor sich sehen werde. Eine zweite Kolossalbüste der Hera im Museum von Neapel hat einen ältern strengern Typus, dem zur vollen Majestät noch die Anmut fehlt, während aus der Juno Ludovisi eine königliche Milde hervorblickt. — Manche halten die Büste von Neapel für das ächte Abbild der polykletischen Hera von Argos, und die Juno Ludovisi für ein Werk späterer Kunst. — Zur Ergänzung des Lesestückes seien hier die begeisterten Worte Schiller's angeführt, mit denen er in seinen Briefen über ästhetische Erziehung des Menschengeschlechtes (XV. Schluß) die Juno Ludovisi schildert: „Es ist weder Anmut, noch ist es Würde, was aus dem herrlichen Antlitz einer Juno Ludovisi zu uns spricht; es ist keines von beiden, weil es beides zugleich ist. Indem der weibliche Gott unsere Anbetung heischt, entzündet das gottgleiche Weib unsere Liebe; aber indem wir uns der himmlischen Holdseligkeit aufgelöst hingeben, schreckt die himmlische Selbstgenügsamkeit uns zurück. In sich selbst ruhet und wohnt die ganze Gestalt, eine völlig geschlossene Schöpfung, und als wenn sie jenseits des Raumes wäre, ohne Nachgeben, ohne Widerstand. Da ist keine Kraft, die mit Kräften kämpfte, keine Blöße, wo die Zärtlichkeit eindringen könnte. Durch jenes unwiderstehlich ergriffen und angezogen, durch dieses in der Ferne gehalten, befinden wir uns zugleich im Zustande der höchsten Ruhe und der höchsten Bewegung, und es entsteht jene wunderbare Rührung, für welche der Verstand keinen Begriff und die Sprache keinen Namen hat."

Die Künste (S. 25) von A. W. Ambros. — Iktinos und Kallikrates (Z. 34) haben den Parthenon, Mnesikles die Propyläen erbaut. — Belvederischer Apoll (Z. 56) oder Apoll vom Vatikan genannt, eines der berühmtesten Kunstwerke der Römerzeit, befindet sich in einer Halle des Vatikans, Belvedere genannt. — Theseion (Z. 60) ein Tempel des Theseus in Athen, noch ziemlich gut erhalten, diente im Mittelalter wirklich als Kirche, wird jetzt zur Aufbewahrung von Altertümern benutzt. — Niobiden (Z. 89) die sterbenden Kinder der Niobe in der berühmten Niobengruppe zu Florenz. Einzelne Statuen davon wurden 1583 in

Egger. 24

Rom gefunden; später entdeckte man auch an andern Orten Köpfe und Figuren, die demselben Cyklus angehören. — Obwol man weiß, daß es in einem Apollotempel des alten Roms eine aus Griechenland gebrachte Niobidengruppe gegeben habe, so ist man heute doch nicht im Klaren über die Anordnung der vorhandenen Bruchstücke, — Laokoon (Z. 90), eine Gruppe im Belvedere des Batikans, ein Werk der Künstler Agesander, Polydorus und Athenodorus von Rhodus aus dem 3. Jahrhundert, 1506 in den Thermen des Titus gefunden. — Barbarengruppe der Billa Ludovici in Rom (Z. 94) stellt einen Kelten vor, der sein Weib getötet hat, und nun sich selbst ersticht, um der Gefangenschaft zu entgehen. — Man hat die beiden Figuren früher fälschlich Arria und Pätus genannt, die neuere Kunstkritik hat sie unzweifelhaft als Barbarengruppe nachgewiesen. Sie gilt als ein Meisterwerk römischer Kunst. — Hackert (Z. 144), ein Maler, der in persönlichem Verkehr mit Goethe stand, und dessen Biographie Goethe selbst geschrieben. — Schnaase (Z. 153), einer der ausgezeichnetsten deutschen Kunsthistoriker, Verfasser der gediegenen „Geschichte der bildenden Künste". (Düsseldorf 1866. 2. Auflage.)

Die österreichische Kaiserkrone (S. 350) von Albert Jlg. Das vorliegende Lesestück ist, so viel mir bekannt, die erste umständliche Beschreibung des Kunstwerkes. Abgebildet wurde die Krone zuerst in dem Prachtwerke: „Die hervorragendsten Kunstwerke der Schatzkammer des österr. Kaiserhauses," 1871, und dann in Lützow's „Zeitschrift für bildende Kunst", 1871. — Nebst den (Z. 35—40) erwähnten Kronen nimmt in archäologischer Hinsicht eine bedeutende Stelle die gegenwärtig im Reliquienschatz des Aachner Münsters bewahrte prachtvolle Königskrone von vergoldetem Silber ein. Viele Edelsteine und Kameen vollenden den Schmuck des in der Mitte des 13. Jahrhunderts entstandenen Werkes, welches wahrscheinlich bei mehreren deutschen Königskrönungen vorübergehend in Gebrauch war. Es soll die sogenannte corona argentea des deutschen Reiches sein.

Bügelkrone (Z. 50) ist die deutsche Kaiserkrone und die ungarische Königskrone. — Reifkrone das eiserne Diadem Italiens.

Email (Z. 108). Schon bei den frühesten Völkern finden wir die Sitte, Metallgegenstände, Schmuckwaare und Waffen dadurch zu verzieren, daß die ornamental ausgeführten Muster an denselben mit einer glasartigen Schmelzmasse, die nach dem Erkalten poliert wurde, gefüllt wurden. Solche Arbeiten hat man in den Gräbern sehr verschiedener und sehr entfernt wohnender Völker entdeckt, bei andern noch blühenden Nationen steht die Technik zum theil noch in hohem Flor. Die Orientalen leisten seit urältesten Zeiten vorzügliches in dieser Kunst, von der aber auch ägyptische, keltische und germanische Altertümer, vielleicht auch jene der klassischen Völker des Altertums Spuren aufweisen. Das Material unterscheidet sich im wesentlichen nicht von dem des Glases, es ist eine Art Glasfluß, welches in die einzelnen Felder oder Vertiefungen in heißflüssigem Zustande eingelassen und durch mancherlei mineralische Ingredienzen verschiedenartig gefärbt wird. Der französische Name Email, das italienische smalto, das altdeutsche gesmelz kommen von derselben Wurzel und zeigen also durch den Namen schon die Hauptsache der Herstellungsweise an.

Dieselbe zerfällt in zwei von einander abweichende Hauptarten: email champlevé, oder Grubenemail, und email cloisonné oder Zellen-, auch Stegemail genannt.

Es wird nämlich einerseits die Platte von Gold oder vergoldetem Kupfer, auf welcher die Darstellungen in Email angebracht werden sollen, vertieft, ausgegraben, wie es die vorliegende Zeichnung verlangt und das Email dann in die Gruben eingefüllt, so daß seine polierte Oberfläche schließlich mit jener des Metallgrundes in einer Ebene liegt — email champlevé. Oder man lötet auf die Platte seine drahtartige Streischen desselben Metalls in der Weise auf, daß durch sie die Umrisse des darzustellenden Musters gebildet werden. Diese Dräte heißen Stege, cloisons, die dazwischen ent= stehenden, rings umschlossenen Räume die Zellen, in welche nun das Email gefüllt wird. Grubenemail stand in besonderer Blüte in den Schulen von Limoges und Köln im Mittelalter, sowie bei den byzantinischen Goldschmieden, die jedoch auch andere Arten kannten; Zellenemail ist den Orientalen, darunter Chinesen und Ja= panern, in vorzüglichstem Grade eigen. — Email translucide, d. h. eigentlich durch= sichtiges Email, ist eine feurig schimmernde, wie Glas klare Abart, im Gegensatz zu dem anderen undurchsichtigen und steinartig glanzlosen, dem opaken Email. Italienische und altdeutsche Goldschmiede haben herrliche Werke von Transluciden=Email hinter= lassen, das aber die Byzantiner gleichfalls zu fertigen verstanden. Nach Verlauf des Mittelalters nahm die Vorliebe für diese Arten ab. Transluciden=Email erhielt sich jedoch noch länger, wie die rudolfinischen Werke bezeugen. Ein neues Genre war das mit dem Pinsel nach gewöhnlicher Malertechnik aufgemalte Email, sogenannte Maler= email, welches ebenfalls in Limoges die höchste Vollkommenheit erreichte. Im Zeit= alter des Zopfes und im laufenden Jahrhunderte geriet die Kunst immer tiefer in Verfall, in allerjüngster Zeit aber hat man Versuche einer Neubelebung derselben gemacht.

Die Pietà von Michelangelo (S. 126) von Hermann Grimm. — Die Jungfrau und Mutter Maria, sowie Christus als Kind und leidender Heiland, bilden die Hauptideale der christlichen Kunst, der Plastik wie der Malerei. Von künstlerischen Anfängen des Mittelalters bis zur Gegenwart begegnet uns die Darstellung dieser Ideale in der verschiedensten Auffassung. — Die Mutter Maria mit dem Leichname Christi bildet den Gegensatz zur Madonna mit dem Kinde; beide gehören zu den beliebtesten Objecten der Kunst. Beide sind auch in unsterblichen Werken gestaltet. Nach Michelangelo hat Rietschel in Dresden eine be= rühmte Pietà geschaffen, die aber nur Modell geblieben. — Der Holzschnitt gibt eine allgemeine Vorstellung von der künstlerischen Composition; die ganze Schönheit des plastischen Werkes läßt sich durch diese Technik nicht wiedergeben.

Die St. Peterskirche zu Rom (S. 95) von Lützow. — Tribuna (Z. 189), hier gleich Apsis, die halbrunde Ausladung der römischen Basiliken, auch Tribunal genannt. — Tambour (Z. 148) oder Trommel, der cylindrische oder polygone Unterbau einer Kuppel, der sich über das Schiff erhebt. — Laterne (Z. 157) ein kleiner, von Fenstern durchbrochener Aufsatz auf einem Kuppeldache. — Aus dem Grundrisse (S. 98) ist ersichtlich, daß der Dom nach Bramantes ursprünglichem Plane die Form eines gleicharmigen griechischen Kreuzes erhalten sollte. Auch Michel= angelo's Bauten setzten diese Grundform voraus. Aber Maderna, dem 1605 die Fortführung des Baues übertragen wurde, gieng davon ab und gestaltete ein lateini= sches (ungleicharmiges) Kreuz. Die Vollendung des Baues leitete der berühmte Ber=

24*

nini seit 1629. — Ueber dem Kreuzungspunkte erhebt sich die großartigste Kuppel der Welt, ein Werk Michelangelo's. Wie das Langhaus, so schließt auch das Querhaus mit einer Apsis (Tribuna) ab, über welche sich eine Halbkuppel wölbt. — Die Innenansicht (S. 100) zeigt das prachtvoll cassetierte Tonnengewölbe, das auf gewaltigen Pfeilern ruht, die Construktion der Seitenschiffe, die Lichtung des Kuppelraumes, den reichen und plastischen Schmuck aller Flächen und Räume, endlich im Hintergrunde Bernini's Tabernakel (Baldachin über dem Altar), das Burkhardt vom ästhetischen Standpunkte „entsetzlich" nennt, weil es die ausgeartete Renaissance repräsentiert.

Geschichte der Tonkunst (S. 174). — Die Gründungsgeschichte des Wiener Männergesangvereins erzählt Hanslick in seiner „Geschichte des Concertwesens in Wien" (S. 318): Die Gründung des Wiener Männergesangvereins, des ersten in der Monarchie, war ein Ereignis, dessen Bedeutung ohne Kenntnis der vormärzlichen Zustände Oesterreichs gar nicht gewürdigt werden kann. Die Geschichte der Entstehung dieses Vereins bietet dem politischen Geschichtschreiber fast mehr Stoff als dem musikalischen. Seit Zelter in Berlin (1808) und Nägeli in Zürich (1810) die ersten deutschen Liedertafeln gestiftet, hatte sich der vierstimmige Männergesang in raschem, siegreichem Vordringen ganz Deutschland erobert. Ganz Deutschland — ohne Oesterreich, wie sich das ja damals von selbst verstand. Kaum war eine Stadt in Deutschland so klein, sie hatte ihren — Männergesangverein. Während sogar Holland, Belgien und Elsaß bereits Liedertafeln nach deutschem Muster gebildet hatten, gab es in ganz Oesterreich, dem gesangfreudigen und stimmenreichen, keine Liedertafel; selbst das Männerquartett war bis in die vierziger Jahre sehr wenig und vereinzelt betrieben. Von allen namhaften Männergesangvereinen ist der Wiener der allerjüngste. Die Ursache solch unbegreiflicher Verspätung lag, wie kaum bemerkt zu werden braucht, in der Bevormundung durch eine Polizeiregierung, die aus einem Zustand von politischem Angstschweiß nie herauskam und in dem Vortrag des „Deutschen Vaterland" eine schwere Gefahr für das System witterte. Den „Gesang" hat man in Wien jederzeit geliebt, auch in hohen und höchsten Kreisen, aber die Verbindung von „Männer" und „Verein" war für die Behörden ein unausdenkbarer Gräuel. „Halten Sie mir ja dieses Gift aus Deutschland nieder" — so soll der allmächtige Minister Metternich den obersten Polizeichef ermahnt haben, als dieser ihm die Entstehung eines Gesangvereins in Wien meldete. — Es war im Oktober 1843, als August Schmidt (Redacteur der Wiener Musikzeitung) in einem Gasthaus der Vorstadt „Landstraße" dreißig Freunde versammelte, die sich vornahmen, einmal in der Woche zur Uebung im vierstimmigen Männergesang sich zu vereinigen. Dieß war der erste Anfang des Wiener Männergesangvereines, welchem sich bald Männer aus allen Ständen mit Lust und Eifer anschlossen. Als sich der Verein aber als solcher constituieren wollte, stieß er auf die raffiniertesten Hindernisse von Seite der Behörden. Drei Jahre existierte factisch dieser Verein, ohne die Bewilligung zu existieren erlangen zu können.

Schon am 17. December 1843 hatte der kaum erstandene Verein sich in dem von Aug. Schmidt für die Abonnenten der Musikzeitung veranstalteten Concert mit fünf Chören produziert. Diesem ersten Auftreten folgte im Jahre 1844 ein zweites, drittes und viertes im „goldenen Kreuz", in Streicher's Claviersalon und im Josefstädter Theater. Dem enthusiastischen Beifall des Publikums schloß sich sogar der kaiserliche Hof an, vor dem sich unser Männergesangverein in Schönbrunn produzierte. Noch immer aber war sein Bestehen nicht behördlich anerkannt, seine Statuten nicht genehmigt. Endlich drückte doch die Gewalt der Thatsachen und der öffentlichen Meinung so stark auf die obersten Behörden, daß diese ihre Genehmigung officiell ertheilen mußten. Das „Gift aus Deutschland" war glücklich eingeschmuggelt und ist bald für ganz Oesterreich ein erquickender Trunk geworden. Der „Wiener Männergesangverein" gab am 1. Mai 1845 sein erstes großes Concert für die unterstützenden Mitglieder im großen Redoutensaale, das mit einem Prolog von Carl Rick eingeleitet wurde. Außerdem wirkte der Verein bei Wolthätigkeitsakademien und besonderen Festlichkeiten mit, gab „Liedertafeln" und veranstaltete „Sängerfahrten". Aug. Schmidt, der verdienstvolle Begründer des Vereins ward zu dessen Vorstand ernannt. Der Verein gieng bald über die gewöhnliche Liedertafelkost hinaus und führte im Jahre 1846 (bereits mit 150 Sängern) zweimal Mendelssohn's Musik zur „Antigone" auf, veranstaltete 1847 eine große „Mendelssohn-Feier", im Jahre 1850 eine „Schubert-Feier" u. s. w. Im Jahre 1868 begieng der Verein unter allgemeiner Theilnahme die Feier seines 25jährigen Bestehens.

Gestalten aus Leonardo's Abendmal (S. 159). In Goethe's Studie: „Josef Bossi über Leonardo da Vinci Abendmal zu Mailand" erscheint dieses Fragment unter dem Titel „Vergleichung". Es soll neben den allgemein gehaltenen Lesestücken über malerische Kunstwerke zur Betrachtung der Einzelheiten anleiten. — Vespino (Z. 4) eigentlich Andrea Bianchi, ein Mailänder, welcher 1612 im Auftrage des Kardinals Friedrich Borromeo eine Copie des Abendmals in der Größe des Originals anfertigte, welche sich noch in der ambrosianischen Bibliothek zu Mailand befindet. — Bossi (Z. 9) nicht Vossi, wie es im Texte heißt, copierte Leonardo's Abendmal 1807 im Auftrage des Vicekönigs Eugen Beauharnais. Ueber diese Copie berichtet Goethe ausführlich in seiner Studie. — Marco (Z. 22) eigentlich Marcus von Oggiono, ein Schüler Leonardo's, der schon 1510 eine Copie das Abendmals im Kleinen anfertigte. — Castellazzo (Z. 139), ein Kloster, in dessen Refectorium Leonardo's Schüler Marco eine Copie des Abendmales an die Wand malte.

Holbein's Madonna (S. 157). — Der Holzschnitt soll weniger die Herlichkeit des Bildes wiedergeben, als eine Vergleichung der Holbein'schen mit der Rafaelschen, der deutschen mit der italienischen Madonna ermöglichen. Es wird dieß eine interessante Aufgabe für den Scharfsinn der Schüler bilden. Diese Madonna ist, wie keine zweite, in zwei Exemplaren vorhanden; das eine befindet sich im Privatbesitze der Großherzogin von Hessen-Darmstadt, das andere in der Dresdner königl. Gemäldegalerie. Sie gleichen sich bis auf kleine, unwesentliche Unterschiede. Das Darmstädter Bild ist erst in neuerer Zeit bekannt geworden; früher wurde die Dresdner Madonna allein bewundert. — Seit man aber beide Bilder 1871 bei der Holbein-Ausstellung in Dresden verglichen, wurde das Darmstädter Bild als das ursprüngliche und ächte, das Dresdner als Copie erkannt, von der es nicht sicher ist, ob sie von des Meisters Hand selbst herrührt.

Holbein und das Kunsthandwerk (S. 348) von Woltmann. — Hans Holbein der jüngere wirkte von 1512—1526 in Basel, wo er die berühmte Madonna des Bürgermeisters Mayer schuf, und übersiedelte 1526 nach England, wo er in die Dienste des Königs Heinrichs VIII. trat. — Er starb dort 1559 an der Pest.

Islamitisch. (S. 56.) Die Moschee von Cordova ist gegenwärtig eine Kirche. Der Grundriß zeigt aber deutlich den islamitischen Charakter der Anlage. — Der große Vorhof (B) war ursprünglich zu religiösen Waschungen bestimmt; an der Stelle des Minarets vor dem Eingange erhebt sich jetzt ein Glockenthurm. Das Innere der Moschee bildet einen Raum von 600' Länge und 440' Breite, und ist durch Säulenreihen in 19 Schiffe getheilt. Nur einmal, in der Längen= und Querrichtung, sind Pfeiler statt der Säulen angebracht; sie bezeichnen das ursprüngliche Mauerwerk vor der Erweiterung der Moschee. — Beide Abtheilungen haben ein Hauptschiff (A. — Im Hauptschiffe der größern Abtheilung befindet sich die Maksura (o) mit dem Throne des Kalifen, und es endet in dem Mihrab (a. b), der Kapelle, welche die Richtung gegen Mekka anzeigt und den Koran umschließt. Rechts und links schließen sich an den Mihrab andere Kapellen; eine (d) befindet sich in der Mitte, neben der Maksura (o).

Kampfgruppen (S. 123) von Goethe. — Fronton (Z. 4) soviel als Giebelfeld. Tippo Saib (Z. 66) Sultan von Mysore in Ostindien, fiel nach langjährigem Kampfe mit den Engländern 1799.

Kunstindustrie (S. 341). Ueber das Wesen und alle Zweige der Kunst=industrie belehrt eingehend und allgemein verständlich Bruno Bucher „Die Kunst im Handwerke", Vademecum für Besucher kunstgewerblicher Museen, Aus=stellungen ꝛc. (Wien 1872. Das Büchlein ist für Lehrer und Schüler in gleicher Weise zu empfehlen.

Nachahmung der Natur (S. 14) von A. W. Schlegel. — Die Reise=natur des Prinzen in Goethe's „Triumph der Empfindsamkeit" (Z. 29). Cavalier Merkulo in Goethe's „dramatischer Grille" schildert dieselbe folgendermaßen: Der Prinz ist der empfindsamste von allen Männern und trägt für die Schönheiten der Natur ein gefühlvolles Herz. Aber er ist von so zärtlichen, äußerst empfindsamen Nerven, daß er sich gar sehr vor der frischen Luft, den kühlen Thälern, den Mücken, Ameisen und Spinnen der freien Natur hüten muß. Darum hat sich der Prinz entschlossen, sich „eine Welt in der Stube zu verschaffen". Seine Zimmer gleichen Lauben, seine Säle Wäldern, seine Kabinete Grotten. In jedem Lustschloß hat er so „seine Natur" und will sie selbst auf Reisen nicht entbehren. Darum hat er sich eine eigene Reisenatur anfertigen lassen und dafür einen „Naturmeister" Directeur de la nature ernannt. In Kasten führt er Quellen, Vogelsang und Mondschein mit sich. Rasenbänke, Felsen, Gebüsche, Lauben und Wolken bilden sein Reisegepäck. —

Pallas Athene und der olympische Zeus von Phidias (S. 107) von Lübke. — Zeus Verospi hat seinen Namen vom Hause Verospi, in dem die kolossale Marmorstatue früher gestanden. Er thront mit nacktem Oberleib, den Donnerkeil in

der Rechten und den Scepter in der Linken. — Die Zeusbüste von Otrikoli
hält man mehr für eine Umgestaltung des Zeusideales durch Lysippos, als eine Nachbildung des Zeus von Phidias. (Burckhardt, „Der Cicerone". Eine Anleitung
zum Genuß der Kunstwerke Italiens. Leipzig 1869, II. 417.) — Als treueste
Nachbildungen des olympischen Zeusideales hat man zwei Münzen erkannt,
welche unter Hadrians Regierung in Elis geprägt wurden und deren Aechtheit er-
wiesen ist. Die eine (im Münzkabinet zu Florenz) stellt Zeus in ganzer Gestalt dar;
die andere (im Pariser Münzkabinet) ist mit dem Kopfe des Zeus geschmückt.
Beide abgebildet in Overbeck's „Griechischer Kunstmythologie", I. Band, Münz-
tafel I. Nr. 34, und II. Nr. 4, und beschrieben S. 36 ff. — Die Darstellung auf
diesen Münzen weicht in einigen Stücken vom Zeus Verospi, wie von der Büste von
Otrikoli ab. — Unter den statuarischen Darstellungen des Zeus nach Phidias, und
zwar unter den 17 erster Klasse, welche dem thronenden Zeus des Phidias am nächsten
stehen, nennt Overbeck (Griech. Kunstmythologie I, 121) die 15 Cm. hohe Broncestatuette aus Lydien, welche sich im kaif. Antikenkabinete in Wien befindet, und im
Texte abgebildet ist. — Sacken nennt sie „sehr großartig, majestätisch in der Erscheinung, das Auge gewaltig blickend, der Körper in breiten Massen, die Gewandung
in reichen Falten; eine Figur von großer Bedeutung," und Overbeck fügt hinzu:
„Ohne Zweifel gehört diese schöne Statuette zu den besten Broncen dieses Kreises" und
rühmt ihre großartige Auffassung und schöne Ausführung. In der Rechten hat man
sich den Blitz zu denken und die erhobene Linke auf das Scepter gestützt. — Im
kaif. Antikenkabinete befinden sich außerdem eine Zeusstatuette mit Eichenkranz und
eine Zeusbüste mit Eichenkranz und Schleier. —

Poesie und Malerei (S. 232) von Lessing. Für Schülerlectüre zu empfehlen:
D. W. Cosack. „Lessing's Laokoon" für den weitern Kreis der Gebildeten bearbeitet
und erläutert. (Berlin 1869.) — Scharfsinnig und witzig (Z. 22) als Gegensatz ist dem Sprachgebrauche des 18. Jahrhunderts eigen, in welchem man mit dem
Worte Witz das ungründliche, flinkernde, nur auf Ueberraschung berechnete Geist-
reichthun bezeichnete. Simonides (Z. 40), ein griechischer Lyriker des 5. Jahrhunderts, seines Scharfsinns wegen selbst von Plato gerühmt. — Graf Caylus,
(Z. 96), ein französischer Kunstfreund und Kunstschriftsteller (1692—1765). Lessing
nimmt besonders Bezug auf dessen Werk: Tableaux tirés de l'Iliade, de l'Odyssée
d'Homère. Paris 1757. — Dryden (Z. 133), britischer Dichter des 17. Jahrhunderts. Seine berühmte Ode auf den Cäcilientag wurde 1725 von Händel in
Musik gesetzt.

Schönheit und Charakter in der Kunst (S. 35) von Goethe. — „Der
Sammler und die Seinigen" ist eigentlich eine Novelle in Briefen, welche
Goethe 1798 und 1799 für die von ihm und Heinrich Meyer herausgegebene Zeit-
schrift „Propyläen" verfaßte. In Schiller's Zeitschrift „Horen" war 1797 ein
Aufsatz über die Laokoongruppe vom Archäologen Hirt erschienen, der eine der
Winckelmann'schen Auffassung ganz entgegengesetzte Deutung dieses Kunstwerkes enthielt
und den Grundsatz aufstellte, nicht Schönheit, sondern Charakteristik sei höchste
Aufgabe der Kunst. — Dagegen schrieb Goethe zuerst seine Abhandlung über Laokoon

(für die „Propyläen") und in Gemeinschaft mit Schiller bearbeitete er dann die ästhe=
tische Streitfrage in der Form von brieflichen Mittheilungen eines Kunstsammlers an
die „Propyläen". Er wollte darin die verschiedenen ästhetischen Anschauungen, welche
an Künstlern und Liebhabern hervortreten, auf heitere Weise darstellen. — Der Be=
sitzer der Sammlungen (der Oheim) ist Arzt; sein ästhetischer Standpunkt ist der
Goethe's; sein Verwandter (der Philosoph), ein junger Mann, der eben die Uni=
versität absolviert hat, bewegt sich ganz in Schiller's Gedankenkreis; im Gaste
aber hat Goethe deutlich genug seinen Gegner Hirt charakterisiert. — Wir haben
hier also Repräsentanten der Hauptrichtungen der Aesthetik, der idealistischen und
realistischen Anschauung in dramatischem Wechselverkehr. — Dirce (S. 91) ist die
weibliche Hauptgestalt in der berühmten Gruppe des farnesischen Stieres (im Museum
zu Neapel). Sie wird von den Söhnen der Antiope aus Rache wegen Mishandlung
ihrer Mutter an die Hörner eines wütenden Stieres gebunden. — Paralytischer
Tod (Z. 97), d. i. der auflösende, die Lebenskraft lähmende Tod. —

Schubert (S. 196) von Hanslick. Im Jahre 1862 beschloß der Wiener
Männergesangverein, dem gefeierten Liederkünstler Franz Schubert ein Denkmal
zu errichten, das im Stadtparke aufgestellt werden sollte. Im Jahre 1868 wurde die Aus=
führung desselben dem jungen Wiener Bildhauer Kundmann, jetzt Professor an
der Akademie der bildenden Künste, übertragen. Am 15. Mai 1872 fand die feier=
liche Enthüllung des Monumentes statt. Schubert ist sitzend dargestellt, den rechten
Fuß etwas zurückgezogen, den linken vorwärts bewegt; auf dem Schoße hält die
linke Hand ein offenes Buch. Es ist der Moment der künstlerischen Inspiration.
Der Blick ist nach oben gerichtet und die rechte Hand hält den Griffel, um die
unsterblichen musikalischen Gedanken aufzuzeichnen. — Die ganze, künstlerisch voll=
endete Marmorstatue hebt sich vortrefflich ab vom grünen Hintergrunde des Stadt=
parkes. Die Vorderseite des Postamentes trägt die Inschrift: Franz Schubert. Seinem
Andenken der Wiener Männergesangverein. 1872.

Ueber Franz Grillparzer (S. 324) von Michael Enk. Die hier gerügte
Vernachlässigung und Herabsetzung Grillparzers von Seite der deutschen Kritik hat
seither einer gesteigerten Anerkennung Platz gemacht. Zuerst trat Heinrich Laube
für Grillparzer in die Schranken mit einer literarisch=kritischen Studie: „Franz
Grillparzer" im Familienbuche des österreichischen Lloyd, III. Band, 1853. — Später
widmete Karl Gödeke in seinem Grundriß der Geschichte der deutschen Literatur
(3. B.) Grillparzer einen eingehenden und trefflichen literarhistorischen Artikel.
Im Jahre 1871 feierte Oesterreich den 80. Geburtstag des Dichters in groß=
artiger Weise, und ganz Deutschland nahm daran herzlichen Antheil. — Die zahl=
reichen Schriften, welche nach dessen Tode 1872 erschienen, sind ebensoviel Beweise,
daß man heute Grillparzer's dichterische Begabung nicht mehr für unzulänglich halte.

Eine der gediegensten Darstellungen seines Dichtercharakters liefert Professor
Wilhelm Scherer in der österreichischen Wochenschrift für Wissenschaft und Kunst
(1872, S. 577 ff.). — Eine Gesammtausgabe der Werke Grillparzer's wird erst
durch Laube und Weilen vorbereitet.

Verskunst (S. 210). Werke für Schulbibliotheken: Heinrich Viehof, „Vorschule der Dichtkunst", Theoretisch-praktische Anleitung zum deutschen Vers- und Strophenbau mit vielen Aufgaben und beigegebenen Lösungen (Braunschweig 1860). Ernst Brücke. „Die physiologische Grundlage der nhd. Verskunst". (Wien 1871.)

Eduard Niemayer, „Abriß der deutschen Metrik nebst metrischen Aufgaben." Dresden 1872. — Dritte Auflage.

Volksdichtung (S. 243) von Uhland. — Ein interessantes Beispiel noch lebendiger Volksdichtung schildert Miklosich in seiner Abhandlung über „Die serbische Epik":

In jenen Theilen des serbischen Sprachgebietes, wo epische Dichtung noch im vollen Schwange geht, gibt es selten einen Menschen, der nicht einige Lieder oder wenigstens Bruchstücke von Liedern kennte; manche besitzen deren über fünfzig, und es gibt auch Leute, die deren mehr als hundert singen oder sagen können. Wer eine größere Anzahl von Liedern weiß, der kann bei einiger Begabung auch ein neues Lied dichten, wobei die Leute durch die Sorglosigkeit unterstützt werden, in der sie noch immer leben. Niemand rühmt sich, ein Lied gedichtet zu haben. Der Dichter gibt es daher in jenen Ländern eine Unzahl. Das Dichten ist keine besondere, von wenigen Auserwählten geübte Kunst, es ist eine fast allen gemeinschaftliche Gabe Gottes.

Die Verbreiter der epischen Lieder sind meist die Blinden, Reisende und Räuber (hajduci). Die Blinden wandern durch das ganze Land, gehen von Haus zu Haus, singen vor jedem Hause ein Lied und erbitten sich dafür eine Gabe. Dazu aufgefordert, singen sie auch mehrere Lieder nacheinander; an Feiertagen, namentlich bei Kirchweihen (paradjur) finden sie sich bei Kirchen und Klöstern ein und singen ganze Tage. Wenn der Reisende abends in die Herberge kommt, wird er aufgefordert zu singen; in jedem Chan findet man zu diesem Ende die Gusla. Die Hajduci bringen im Winter die Tage in ihren Verstecken zu, in der Nacht jedoch trinken und singen sie, natürlich meist vor ihren Standesgenossen.

Es ist nicht uninteressant, die Personen kennen zu lernen, aus deren Munde der klassische Liedersammler Vuk seine Lieder aufgezeichnet hat. Es ergibt sich aus einer solchen Uebersicht, daß in der That die gebirgigen Theile Serbiens, Bosniens und Montenegros der Mittelpunkt und die wahre Heimat der epischen Poesie, und die Blinden und Hajduken die eifrigsten Verbreiter derselben sind. Der hervorragendste unter diesen Sängern ist Tešan Podrug oder Podrugović, so genannt wegen seiner Größe, eigentlich: „anderthalb Mann groß", denn mit seinem wahren Namen hieß er Gavrilović. Im Dorfe Kozanci in der Herzegovina um das Jahr 1780 geboren, ward Tešan, nachdem er in der Notwehr einen Türken erschlagen, Hajduk und kam 1807 nach Serbien. Vuk lernte ihn in Karlowiz kennen, wo er in großer Dürftigkeit lebte. Bei dem Wiederausbruche des Krieges gegen die Türken in demselben Jahre kehrte er nach Serbien zurück, gieng nach geschlossenem Frieden nach Bosnien, und kam nicht lange darauf um. Ihm verdankt Vuk einige der ältesten und schönsten Lieder seiner Sammlung; er zählt deren 22 auf und bemerkt, daß Podrugović noch wenigstens hundert solche Lieder wußte. Vuk kannte niemand, dem eine solche Fülle von Liedern bekannt gewesen wäre, als Podrugović; zudem war jedes seiner Lieder gut, denn er verstand und fühlte das Lied. Er spielte die Gusle vortrefflich, allein dazu singen wollte oder konnte er nicht; er recitierte die Lieder, und solche Leute sind dem Liedersammler am willkommensten, weil sie auf die Gedankenfolge achten, was den Sängern seltener nach= gerühmt werden kann. Philipp Višužić, zu Medjaš in den sechziger Jahren des vorigen Jahrhunderts geboren, kam 1809 nach Serbien, flüchtete 1813 vor den Türken nach Sirmien und ließ sich daselbst im Dorfe Grk nieder. In der Kindheit in Folge von Blattern blind geworden, durchwanderte er Lieder singend Bosnien und kam bis nach Skutari. Vuk, der 1815 mit ihm zusammenkam, nachdem Podrugović bereits nach Serbien zurückgekehrt war, erhielt von ihm Lieder aus der Zeit des Kara Georg, die nach Vuks Meinung alle von Višužić gedichtet sind. In Sirmien gieng es Višužić ganz nach Wunsch. Seiner Lieder wegen überall ein gern gesehener Gast, kam er jedesmal reich beschenkt nach Hause. Von 1809—1813 lebte er, ein zweiter Tyrtäus, Lieder singend im serbischen Lager. Er starb in den zwanziger Jahren. — Milija, aus Kolašin in der Herzegowina, kam unter Kara Georg nach Serbien und ließ sich in der Požeger Nahija nieder. Vuk verdankt ihm das große Lied von der Brautfahrt des Maksim Crnojević. Er konnte die Lieder nur singen, nicht recitieren.

Der Gesang und die Instrumentalbegleitung der epischen Lieder sind im höchsten Grade einfach, und es scheint diese Einfachheit in der Natur der Sache begründet zu sein; „denn die epische Poesie", sagt Lazarus (Leben der Seele, 2. 371), „dürfte kaum mehr als den musikalisch intonierten Rhythmus zulassen, wenn bei ihrem langsamen Fortschritt in der Entfaltung der Anschauungen das Musikalische nicht ein Uebergewicht erhalten soll, wodurch jene völlig gestört würde. Auch kann der Zweck der musikalischen Begleitung hier kaum ein anderer sein, als eine Durchdringung des rein materiellen Elementes der Poesie, nämlich der Laute, mit idealen Verhältnissen, so daß der Zu= hörer das, was der poetische Inhalt fordert, zugleich durch den sinnlichen Vortrag er= reicht, nämlich in eine über dem gewöhnlichen Leben erhabene, rein ästhetische Sphäre versetzt zu werden. Daß die kürzere Ballade und Romanze bei mehr sympathetischem Inhalt und knapper Form sich dem Lyrischen mehr zuneigt, ist leicht ersichtlich. S. Kapper scheint es, als ob Vortrefflichkeit des Textes mit der des Gesanges in der Poesie der Völker nur selten oder nie Hand in Hand gehen, und als ob die Un= bedeutendheit der Melodie die Poesie bei voller Kraft erhalten sollte. (Oesterr. Revue 1863, II. Band.)

Von deutscher Baukunst (S. 79) von Goethe. — Der Straßburger Münster (Z. 37) begeisterte den jungen Goethe schon 1770 für die gotische Bauart als man das Verständnis derselben unter Publikum und Künstlern noch vergebens suchte. Goethe's Abhandlung „Von altdeutscher Baukunst" (1772) war darum bahn= brechend. In wahrhaft dithyrambischer Weise sprach er seine Begeisterung später aus in „Wallfahrt zu Erwin's Grabe". — Wie aus dieser Skizze hervorgeht, wandte sich seine Aufmerksamkeit von diesen Gegenständen ab, bis sie 1810 durch die Brüder Boisserée wieder auf den Kölner Dom gelenkt und das Interesse bei ihm, wie im ganze Volke neu belebt wurde. — Moller's Bilderwerk, das gotische Bauten ver= schiedener Entwicklungsstufen, darunter den Originalplan der Thürme des Kölner Doms enthält, veranlaßte 1823 vorliegende Anzeige von Goethe's Hand. — Indem Goethe von seinem persönlichen Verhältnis zu dieser Bauart spricht, deutet er auch das Schicksal derselben im Urtheile der gebildeten Welt an. — Wie bezeichnend ist nicht das Citat aus dem französischen Schriftsteller für die anfangs widerwillige und nur halbe Anerkennung der Gotik. Der Franzose sieht zwar Maß und Proportion in den Massen, aber die oft herrliche Ornamentation macht ihm den Eindruck des „Wustes und der Verworrenheit". Es könnte das höchstens bei der ausgearteten Gotik richtig sein. — Nachdem die gotischen Bauten Jahrhunderte lang ohne sonderlichen Eindruck dagestanden, wurde ihre Wirksamkeit in den letzten Zeiten um so mächtiger. — Und diese Wiederbelebung der Gotik gieng vor allem vom Kölner Dome aus.

Vor dem Stephansdome (S. 92) von Anastasius Grün. — „Ein deutscher Meister war's vom Rhein" (Z. 5) gilt nicht von einem bestimmten Architekten, denn an der Stephanskirche arbeiteten viele und keiner stammte nachweisbar vom Rheine. Aber es will sagen, der Dom sei ein Werk der deutschen Baugenossenschaft, welche über das ganze Reich sich verbreitete und in Straßburg ihren Hauptsitz hatte. Der Großmeister der deutschen Steinmetze in Straßburg leitete die Angelegenheiten der vier „Haupt-Bauhütten" in Straßburg, Köln, Zürich und Wien, in welche Deutschland eingetheilt war. — Die Haupthütte von St. Stephan reichte donauaufwärts bis Passau und donauabwärts, soweit überhaupt christliche Kultur drang. Einflüsse derselben lassen sich sogar bis Siebenbürgen verfolgen. — (Weiß, Gesch. der Stadt Wien, 1871. — II. S. 255.)

Winckelmann (S. 20) von Schelling. Schriften über Winckelmann: Goethe „Winckelmann und sein Jahrhundert." Tübingen 1805. — Otto Jahn „Winckelmann". Eine Rede. Greifswald 1844. — Justi. „Winckelmann. Sein Leben, seine Werke und Zeitgenossen". Leipzig 1866.

Zauner's Reiterstatue Josef II. (S. 136) von Eitelberger. Das Lesestück behandelt eines der hervorragendsten Monumente Wiens und Oesterreichs, hervorragend sowol durch künstlerischen Wert als durch politische Bedeutung, weil man in ihm mit Recht auch eine Verkörperung des Reichsgedankens sieht. Da ich in der Literatur vergebens nach einer passenden Darstellung suchte, war Hofrat von Eitelberger so freundlich, mir eine solche für das Lesebuch zu liefern. — Sie berührt die Stellung des Werkes in der Geschichte der Kunst, berichtet über des Künstlers Bildungsgeschichte und schildert das Denkmal und dessen Bedeutung. Der Holzschnitt macht dasselbe noch anschaulicher. — Neben dem Schiller-Goethe-Standbilde repräsentiert es die andere Gattung von Monumenten, die Reiterstatue, die für Herscher und Feldherrn in Anwendung kommt. Auch das Costüm bildet einen interessanten Gegensatz und illustriert die ästhetische Streitfrage, ob die Tracht der neueren Zeit künstlerisch zulässig, und ob das römische Costüm für moderne Gestalten anwendbar sei. Für das Josefsmonument ist das römische Costüm wol auch dadurch motiviert, daß die deutsche Kaiserwürde traditionell als Fortsetzung der römischen galt, und Josef II. ja selbst den Titel „römischer König" führte.

Inhalt.

Lehrstoff.

Lesestoff.

Holzschnitte.

Anmerkungen.

Erhalten Erläuterungen und Ergänzungen zum Lehr= und Lesestoffe in alphabetischer Ordnung. —

Buchdruckerei von Eduard Sieger in Wien.